普通高校"十三五"规划教材·营销学系列

市场营销学
（第2版）

黄聚河 ◎ 主　编

宗　毅　赵春妮　蒋亦斌　裴淑媛 ◎ 副主编

清华大学出版社
北京

内 容 简 介

本书紧密结合市场营销理论引进中国 30 年来企业经营管理实践的变化和学术领域研究的最新动态,科学严谨地设计了市场营销学的框架体系,系统地介绍了现代市场营销学的基本原理和实务,使市场营销的国际化和中国特色的本土化得到了有机的结合。体系完整,论述系统,而且每章都附有开篇案例,引导读者形象地领会相关理论和内容。论述通俗易懂、易学易用,具有很强的可操作性和借鉴性。

图书在版编目(CIP)数据

市场营销学 / 黄聚河主编. —2 版. —北京:清华大学出版社,2017(2023.7 重印)
(普通高校"十三五"规划教材·营销学系列)
ISBN 978-7-302-48123-2

Ⅰ.①市… Ⅱ.①黄… Ⅲ.①市场营销学—高等学校—教材 Ⅳ.①F713.50

中国版本图书馆 CIP 数据核字(2017)第 205948 号

责任编辑:杜 星
封面设计:汉风唐韵
责任校对:宋玉莲
责任印制:宋 林

出版发行:清华大学出版社
  网 址:http://www.tup.com.cn, http://www.wqbook.com
  地 址:北京清华大学学研大厦 A 座   邮 编:100084
  社 总 机:010-83470000   邮 购:010-62786544
  投稿与读者服务:010-62776969,c-service@tup.tsinghua.edu.cn
  质量反馈:010-62772015,zhiliang@tup.tsinghua.edu.cn
  课件下载:http://www.tup.com.con,010-83470332
印 装 者:三河市人民印务有限公司
经 销:全国新华书店
开 本:185mm×260mm   印 张:23.25   字 数:536 千字
版 次:2013 年 1 月第 1 版 2017 年 8 月第 2 版 印 次:2023 年 7 月第 3 次印刷
定 价:59.00 元

产品编号:076313-02

前　言

进入 21 世纪后，经济全球化和信息化的发展，尤其是中国经济的快速增长，为中国企业带来了勃勃生机，也为中国营销管理人才提供了成长和一显身手的广阔天地。"我有幸成为 20 世纪的美国人，20 世纪是美国的世纪，21 世纪是中国的世纪，而你们有幸成为 21 世纪的中国人。"——这是美国著名营销实战大师米尔顿·科特勒 2009 年 4 月在天津商业大学演讲时的名言。时代呼唤能够在国内外市场上驰骋的中国企业家，时代呼唤谙熟国内外市场规则的中国营销管理者，时代呼唤能够享誉国际的中国营销实战大师和学术大师。中国的市场营销教育事业也迎来了快速发展的良机。为适应高校教学及各类企业营销人员学习的需要，在多年教学研究积累和精品课建设提升的基础上，结合国内外营销理论及实践的快速变化，我们组织精兵强将，并参考了国内外的一些最新研究成果和教辅资料，编写出这部最新的营销学教材。

参加本书编写的人员均为多年从事市场营销学教学、科研及实践的中青年骨干教师，具有丰富的理论知识和实践经验。写作具体分工为：黄聚河第 1 章；赵春妮第 2 章、第 3 章、第 4 章；蒋亦斌第 5 章、第 6 章、第 7 章；裴淑媛第 8 章、第 9 章、第 10 章；宗毅第 11 章、第 12 章、第 13 章。全书由黄聚河提出写作思路并统纂修正，副主编不分先后顺序，均为第二作者。本书是天津商业大学市场营销学精品课教学团队全体老师心血的结晶。同时，在写作过程中也参阅并引用了国内外许多学者和企业家的研究成果，清华大学出版社对本书的出版、再版付出了很多心血，在此一并表示感谢！若书中有不足之处，还望广大读者批评指正。

编　者

2017 年 2 月

教　学　建　议

教学目的：

　　市场营销学是建立在经济学、管理学和行为科学基础上的交叉应用性学科。它主要介绍现代市场营销的基本理论以及以市场营销组合为核心的各种市场营销策略。通过本门课的学习，要求学生掌握现代市场营销的基本理论、基本原理和基础知识，提高市场调研、市场分析与规划、市场开拓和营销管理等方面的基本能力。

　　前期需要掌握的知识：管理学原理、经济学等课程相关知识。

课时分布建议：

教 学 内 容	学 习 要 点	课时安排 MBA	课时安排 本科	案例使用建议
第 1 章　绪论	（1）了解市场营销学的产生及发展过程； （2）初步了解市场营销的内涵； （3）了解市场营销学的知识体系及学习市场营销应注意的有关方面	2	4	开篇案例
第 2 章　市场与市场营销管理	（1）理解市场的基本含义； （2）了解市场的主要分类； （3）熟悉市场营销管理的任务； （4）熟练掌握主要市场营销观念的内容	2	4	开篇案例
第 3 章　市场营销环境	（1）了解企业的市场营销环境； （2）熟悉企业的微观和宏观环境的构成； （3）理解营销环境对企业营销活动的影响； （4）能运用所学知识分析企业的营销环境	4	4	开篇案例
第 4 章　市场营销战略规划	（1）了解营销战略、战略规划的概念； （2）掌握营销战略的实施过程； （3）掌握企业发展新业务的方法； （4）理解业务单位的评价方法； （5）了解市场营销计划的内容	4	4	开篇案例
第 5 章　市场购买行为研究	（1）了解消费者市场与组织市场的区别； （2）了解影响消费者购买的因素； （3）掌握消费者购买行为模式理论及其应用； （4）掌握消费者购买类型的分类及其相应的营销策略； （5）掌握消费者购买决策过程理论及应用	4	4	开篇案例
第 6 章　市场营销信息系统	（1）市场营销信息系统理论及应用； （2）掌握市场营销调研及其实施的方法和过程； （3）掌握调查问卷设计方法和操作； （4）掌握营销调研报告的撰写	4	3	开篇案例

续表

教 学 内 容	学 习 要 点	课时安排 MBA	课时安排 本科	案例使用建议
第7章　目标市场与市场营销组合	（1）了解STP战略理论及其内涵； （2）掌握市场细分的标准及原则； （3）掌握目标市场战略理论及应用； （4）掌握市场定位战略及方法； （5）理解市场营销组合策略及其灵活运用	2	4	开篇案例
第8章　产品策略	（1）了解产品的整体概念； （2）了解产品组合策略； （3）熟悉品牌与包装策略； （4）掌握产品生命周期理论； （5）熟悉新产品开发与扩散过程	4	6	开篇案例
第9章　价格策略	（1）了解影响定价的因素； （2）掌握几种常见的定价方法； （3）熟悉常见的定价策略； （4）掌握价格变动时企业的对策	4	4	开篇案例
第10章　渠道策略	（1）了解分销渠道的概念与职能； （2）了解分销渠道的类型； （3）熟悉分销渠道的选择； （4）掌握分销渠道的管理； （5）了解零售与批发的概念	4	4	开篇案例
第11章　沟通与促销策略	（1）促销组合理论及其应用； （2）整合营销传播（IMC）理论及其运用； （3）掌握广告促销的具体策划和运用； （4）掌握人员推销的具体策划和运用； （5）掌握销售促进的具体策划和运用； （6）掌握公共关系（宣传）的具体策划和运用； （7）掌握直接营销的具体策划和运用	4	6	开篇案例
第12章　市场营销组织与控制	（1）市场营销组织的主要类型； （2）掌握市场营销组织的设计方法； （3）了解市场营销控制的内容	2	4	开篇案例
第13章　国际市场营销	（1）国际市场营销的含义，以及与国际贸易、市场营销的区别； （2）国际市场营销的环境分析； （3）企业进入国际市场的方式； （4）把握国际市场营销策略分析			开篇案例
课时总计		40	51	

说明：

（1）在课时安排上，对于 MBA 可以是 40～48 个学时，管理类专业本科生应不少于 51 个课时，非管理专业本科生可按 36 个学时安排；由于多数学校开设了国际市场营销学课程，最后一章可以不讲。主讲老师可根据不同专业的特殊要求或所开课的性质（必修或选修）做灵活调整。

（2）讨论、案例分析等时间已经包括在前面各个章节的教学时间中。

目 录

第 1 章

绪 论

本章提要

市场营销学是西方发达国家近一百年以来形成的一门新兴的学科，它主要研究企业在市场上进行交易的活动过程，并致力于提高这些活动的有效性。它将经济学、管理学等学科的内容进行交叉和融合，总结了企业经营和管理活动中带有普遍性的规律。它是市场经济发展到高级阶段的产物，并将随着社会和经济的发展而不断丰富、深化和完善。

本章是市场营销学的绪论部分，它总括地介绍了市场营销学的基本概念、市场营销学的产生和发展过程、市场营销学在中国的传播及应用情况等。最后就如何学习好市场营销的相关问题进行了介绍。

学习目标（重点与难点）

通过本章的学习，主要掌握以下内容：

1. 了解市场营销学的产生及发展过程。
2. 初步了解市场营销的内涵。
3. 了解市场营销学的知识体系及学习市场营销应注意的有关方面。

框架结构（见图1-0）

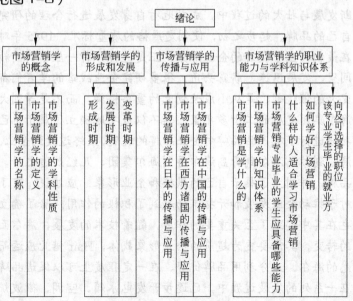

图 1-0　第 1 章框架结构

现代营销成就了海尔神话

"名牌就是：别人卖不出去，我能卖出去；别人卖得少，我卖得多；别人卖得便宜，我卖得贵。"

——张瑞敏

海尔，是一个在中国企业界响当当的名字。但你可曾知道1984年张瑞敏初到海尔时的情景？那是一个亏损147万元、资不抵债、工人拿不到工资、人心涣散、管理极为混乱的集体企业——青岛电冰箱总厂。张瑞敏新官上任的第一把火是"厂区内不许随地大小便"。就是这样一个名不见经传的小企业，这样的烂摊子，你能想象它是如何走向国际化集团的发展道路，取得今天神话般的成就吗？而当时和它情况相似的无数个国有和集体企业纷纷被市场淘汰，很多职工被迫下岗。

悉数海尔的发展历程，不难看出，它的壮大得益于多方面因素。而在众多因素中，其正确而超前的现代营销战略则起到了决定性的作用。追本溯源，海尔营销战略成功的关键是什么呢？在认真总结其发展历程和多次战略调整所产生的影响之后，我们认为，海尔营销战略成功的关键在于其充分认识到：品牌制胜是企业得以长期发展并立于不败之地的法宝。海尔将其品牌战略作为发展的第一要务，并在实际成长中不断深化，不断改进，将由品牌所引发的营销魅力发挥得淋漓尽致，所以在今天，我们提到海尔，更多的联想到的是一个品牌，而不单单只是一种产品（由产品营销转向品牌营销）；是一种形象，而不单单是一个企业；是中国征服世界的象征，而不单单是打入国际市场。可见，品牌战略制胜对于企业的营销战略起到了极大的推进作用。正是这样一种持续的用品牌去影响营销，最终让"海尔"深入人心，昂首立于中国民族品牌之林。

首先，品牌的确立为营销战略的施行奠定了良好的基础，成为其强有力的支持后盾。海尔集团在不断发展与壮大的过程中，成功地对自身发展进行合理的研究，并很早就提出要建立属于自己的品牌。起步之初，便制定严格的质量标准，1985年对不合格冰箱的处理，为海尔在最初树立了良好的企业形象。正是这样一种一丝不苟的精神，才使它在短短的几年时间里，发展迅速，崭露头角。很多研究企业战略的学者们都认为：名牌战略是企业从小变大的催化剂，是从小成长到大的重要桥梁，而不是等到大了之后才能收获的成果。在海尔集团发展的二十多年里，其不仅成功地确立了属于自己的品牌，更在品牌战略上成功地进行了从产品品牌向企业品牌的蜕变，最终过渡到企业品牌战略中来。从琴岛—利勃海尔到琴岛海尔到青岛海尔再到海尔集团，几经改造之后，真正让海尔有了自己的企业品牌，并树立了属于自己的风格和企业形象。应该说，有了属于海尔自身的品牌标识，对于推动企业发展和开拓市场起到了积极的作用。除了确立品牌，品牌策略有效地应用也在其中起到了至关重要的作用。随着技术的发展，海尔面临多角化和国际化经营模式的转变，其需要更为超前的企业形象载体，Hair借此应运而生，成就我们今天所最为熟悉的海尔。充分利用品牌优势，在一定程度上可以促进品牌延伸。时至今日，海尔集团在一系列的发展过渡中，已逐步开发电冰箱、空调、微波炉、洗衣机等多类产品，2000多个品种。如此庞大的产品家族，每类产品既各具特色，又同属海尔品牌旗下，这样一种品牌的影响力，在整合企业信息、突显产品特性上起到了一箭双雕的良好效果。除此之外，有了整体的品牌战略的指导，海尔并非是孤立地宣传新产品质量与特性，而是以集团整体形象为消费者展示一个信得过的印象。即使是新产品，也让消费者可以在短时期内认可，因为海尔已经成为了一种高质量、高水平售后服务的象征。品牌则代表了它所有产品的内在，无须多言。

其次，海尔利用品牌构建企业文化，丰富企业内涵，并提升企业精神，从不同的角度及不同层次诠释集团总体形象，从而推进整体营销战略的有效施行。时下很多企业都打出品牌战略，但很大一部分都是虚张声势，缺少内涵。而海尔的品牌战略绝非空谈，它是在实践中逐步提升本企业实力，本着实至名归的原则用"真诚到永远"换回与消费者长久的、广泛的信任关系。在现今的市场竞争中我们不难发现，大规模的广告宣传的狂轰滥炸是商家惯用的手法之一，但其中却很少见到海尔的身影。从不进行大量的广告宣传，也未搞过类似价格战之类的策划，但其产品却仍然可以旺销。或许可以说，很难找到它的营销战略的创新在哪里。但就是这样一种无声胜有声的力量，使海尔不必过多强调营销的方式和手段，总能走在同行业的最前端。因为，它用品牌中的文化征服了消费者。这使我想起在美国企业界流传的一句话：或许你不知道 GE 的所有产品，却知道GE。那么在中国我们可以说：或许你不知道海尔的所有产品，但是却知道海尔。恐怕这就是品牌战略的艺术所在吧。无须多余的言语，一个为人所信得过的品牌是不需要主动推销的，品牌本身就可以推销自己，使企业获得更多利润。20多年来品牌的构建，赋予其中深刻的文化内涵，海尔正是凭借这种精神，一步一步走在同行业的前沿。

再次，在发展中继续打造品牌，不断发展，全面突破，将提升品牌价值视为企业终生奋斗的目标。继而打开国门，走向世界，拓展全球营销战略。海尔从发展之初就意识到：品牌就是竞争优势。在现代社会里，如果说产品是企业占有市场、获取利益、生存发展的支柱，那么品牌则是企业的核心。正是因为认清了这样一个道理，海尔才会在不断追求和探索中最大限度地挖掘其可开采价值，不断深化其品牌价值。

最后，我们重新回味海尔用品牌领导全局的战略，这样一种战略，是经年累月得以积淀而成的。可以说，没有品牌战略，营销战略则难以常青。以品牌制胜，营销自然大放异彩。20多年风雨兼程，打造今天的海尔，从单一走向多元，从国内走向国际，它一直秉承着品牌战略为核心构建其他经营战略。固守着自己的发展方向从不变更，不能说它固执，而只能说它顽强，顽强地屹立在世界的东方。所以，我更坚定地认为，海尔营销战略的成功，源于它品牌战略的打造！是现代营销成就了它的昨天、今天并将成就它的未来！

资料来源：
（1）韩明升，等. 名牌之路——海尔集团实施名牌战略侧记[J]. 集团经济研究，1997，(8).
（2）Maple. 试析海尔营销战略成功的关键. http://blog.sina.com.cn/s/blog_4ca8c8e601000asy.html. 2007.6.
由编者加工整理。

1.1　市场营销学的概念

市场营销学于 19 世纪末 20 世纪初产生于资本主义经济发达的美国，是一门历史较短的学科，并且由于它与社会经济的发展密切联系，其学科体系和基本概念处于变动和完善的过程中，对市场营销学科的性质及体系认识存在社会背景的差异和学科不断完善过程中带来的研究视角和侧重点不同的差异。

1.1.1　市场营销学的名称

市场营销学最初起源于西方，它的名称是由英文的 marketing 一词翻译而来的。在对该词的翻译上，主要有"市场学""行销学""营销学""市场营销学""销售学""市场经营学"等诸多的翻译方式，这主要是由于译者对英文原文的理解不同所致，也有中国内地和中国香港、中国台湾等不同的地区在用词上的差异的原因。实际上，一般认为，比较流行的"市场学"的叫法并不科学，容易使人们误认为这一学科是研究市场整体功能的学科，如市场体系、市场机制、市场调控等。较为科学的叫法应该是"市场营销学"。在对市场营销学的理解上，主要应该注意以下两个方面。

1. 场合不同

英文原文在不同的场合有不同的含义，不能将其混为一谈。有时它是指企业的一些经营活动，即市场营销活动和市场经营活动等。而有时则是指一门学科，即"市场营销学"，是指以企业的市场营销活动为研究对象的一门学科。

2. 在不同的历史阶段的内涵不同

英文原文的"市场营销"一词最初是以"推销"（selling）一词的同义语出现的。在产品不丰富的时期，企业认为，只要能够把产品卖出去就完成了市场营销的任务，不懂得推销工作仅仅是市场营销活动的一部分，而且还不是市场营销工作的最重要部分。市场营销大师菲利普·科特勒就曾经明确指出："推销不是市场营销的最重要部分，推销仅仅是市场营销冰山的尖端。推销是企业市场营销人员的职能之一，但不是最重要的职能。"这是因为，如果企业的市场营销人员做好市场研究、了解购买者的需要，按照购买者的需要来设计和生产适销对路的产品，同时合理定价，做好分配、销售促进等市场营销工作，那么这些产品就能够轻而易举地销售出去。

市场营销与市场是两个不同的概念，市场营销（marketing）是一个含有动词性质的名词，而我们通常所说的市场（market）包含的是静态的含义，它是指一个对象或范畴，是一个纯粹的名词。

1.1.2　市场营销学的定义

要给市场营销下一个定义并非易事，因为市场营销活动涉及的范围广泛，有关专家和学者对它的理解也各异，形成了不同的定义方式，其中，美国著名市场营销学者菲利普·科特勒教授在《市场营销管理》（1997 年，第九版）中是这样定义的：市场营销是个人和集体通过创造、提供出售并同别人交换产品和价值，以获得其所需所欲之物的一种社会和管理过程。

在这一概念中，包含的主要内容体现在以下几个关键词上。

1. 需要、欲望和需求

需要是指未得到某些基本满足的感受状态。欲望是对特定满足需要对象的愿望，即想得到基本需要的具体满足物的愿望。需求是有能力和愿望购买特定产品的欲望。产品是用于满足需要和欲望的任何事物。关系营销是与顾客建立长期的满足的偏好和业务，一个双赢的关系类型。

2. 产品

在市场营销中产品的概念较一般的理解有很大的扩展，包括：货物、服务和观念。货物和服务较为普遍，而观念比较特殊，它是一种非常特殊的产品，往往是一种思想，例如，社会行为就是一种特殊的观念产品，为了形成一种良好的交通环境，向司机灌输"安全第一"的思想就是一种观念营销。

3. 价值、成本和满意

价值是指消费者对产品满足各种需要的能力的评价。同时一个人要满足一种需要，就意味着失去了其他的机会，即要计算机会成本。因此，满足一种需要不仅要考虑价值，还要考虑价格，即成本支出。因此综合这两个方面，价值是最低的获取、拥有和使用成本之下所要求的顾客满意。

4. 交换和交易

交换是指通过提供某种东西作为回报，从某人那里取得所需东西的行为。交换是否能够产生取决于买卖双方找到交换的条件，并通过交换满足各自的需要，因此，实际上交换是一种价值的创造过程。交换是一个过程，这个过程被称为交易，交易是由双方的价值交换所构成的。

5. 关系和网络

交易构建了顾客、供应商、分销商等交易主体的关系。企业在市场营销中努力同有价值的客户、分销商和供应商建立长期的、互相信任的"双赢"关系，这种营销就是关系营销。而关系营销的最终结果是建立起企业的最好资产，从而形成一个营销网络。

6. 市场

市场是由那些具有特定的需要或欲望，而且愿意并能够通过交换来满足这种需要或欲望的全部潜在的顾客所构成。市场营销中的市场与传统的市场和经济学的市场概念有区别，这里的市场概念是由需要构成的综合体，是由不同的顾客群体构成的。

7. 营销者和预期顾客

市场营销离不开市场，也离不开从事营销活动的人，如果市场上的一方比另一方更主动、更积极地寻求交换，那么，他就是营销者，营销的对象就称为预期顾客。营销者是寻找一个或更多的能与他交换价值的预期顾客的人，而预期营销者是指营销者所确定的有潜在愿望和能力进行交换价值的人。

除了菲利普·科特勒的定义之外，其他著名的研究市场营销问题的学者对市场营销下的定义可以归结为以下几种。

美国哈佛大学的马尔康·迈克纳（Malcolm Mcnair）认为市场营销就是创造和传送

生活标准给社会。

国内学者给市场营销下的定义如下。中国人民大学教授郭国庆认为：市场营销是与市场有关的人类活动，即以满足人类的各种需要和欲望为目的，通过市场变潜在交换为现实交换的活动。此外，吴世经教授认为：市场营销是企业在以消费者和用户为中心的前提下，所进行的一系列经营销售活动。

结合以上对市场营销的不同理解和定义，市场营销是以满足个人和团体的需求和欲望为目标的社会的和管理的过程，而需求和欲望的满足是通过创造、提供和交换价值实现的。市场营销是一个活动过程，市场营销学则是研究这一活动过程的一门学科。

在明确市场营销概念的基础上，我们还应该进一步弄清市场营销管理的概念。2004年8月，美国波士顿，在 AMA（the American Marketing Association，美国市场营销学协会）夏季营销教学者研讨会上，AMA 定义委员会对市场营销管理的最新定义是：市场营销既是一种组织职能，也是为了组织自身及利益相关者的利益而创造、传播、传递客户价值，管理客户关系的一系列过程。这个定义包含了以下几个层次的含义：市场营销是一个过程，包括分析、计划、执行和控制等具体内容，它覆盖商品、服务和创意，它建立在交换的基础上，最终的目的是达到对各方面需求的满足。

1.1.3   市场营销学的学科性质

菲利普·科特勒（Philip Koteler）[1]教授于 1987 年 5 月在"美国市场营销协会成立50 周年暨世界市场营销学大会"上所做的报告中说："市场营销学的父亲是经济学，母亲是行为科学，数学乃市场营销学的祖父，哲学乃市场营销学的祖母。"这种说法指出了市场营销学深厚的理论根基。在这里，菲利普·科特勒教授只是道出了市场营销学的渊源。实际上，市场营销学的有关内容还涉及更广泛的系统科学、管理科学、传播学等，甚至军事学都与它有着密切的联系。20 世纪 80 年代后，日本产品畅销世界，引起了美国等西方国家的严重恐慌，全球范围的商业竞争一时被称为继第二次世界大战之后的一场"没有硝烟的世界大战"。市场营销的内容不但自成体系，同时还受到其他学科的影响并发生交叉关系。

总之，市场营销学是一门建立在经济科学、行为科学和现代管理理论基础之上的一门应用性学科。

1.2   市场营销学的形成和发展

市场营销学的形成和发展是和社会经济的发展密切相关的，是社会经济发展的反映和折射。同任何学科的发展都是现实需要与科学研究双向互相推动一样，市场营销学的发展也遵循着同样的规律。近一个世纪的市场营销学，一方面紧贴企业实践中出现的新情况、新问题，另一方面不断从其他学科汲取养分，丰富和完善学科体系与方法，反过

---

1   Philip Koteler，美国西北大学凯洛格管理学院教授，被尊称为现代营销学之父。其弟 Milton Koteler 为著名营销实战大师。

来指导企业实践，使市场营销学始终处在不断更新发展之中。19 世纪末 20 世纪初，工业革命后的资本主义经济得到了长足的发展，生产力水平空前提高，生产力水平提高的直接后果就是企业面临的供过于求的局面，企业要生存和发展，需要解决产品的销路问题，于是产生了研究市场规律的必要，市场营销学也就应运而生。市场营销学的形成和发展经历了形成时期、发展时期和变革时期三个阶段。

1.2.1　形成时期

从 19 世纪末到 20 世纪 30 年代，是市场营销学的形成时期。市场营销学形成的原因有两个。一方面，自从 1825 年资本主义世界爆发第一次经济危机以来，每隔 10 年就爆发一次。在经济危机期间，商品的销售很困难，这就客观上要求企业了解市场的需求，使所生产出来的商品能够适销对路。因而，一些经济学家就开始注意研究市场方面的问题。另一方面，在这一时期，各主要资本主义国家经过工业革命，生产增长迅速，城市经济发达，到 20 世纪初，美国工程师泰勒的《科学管理原理》一书问世。泰勒的科学管理理论产生的时代背景是，由于大批移民的涌入，劳动力资源充足，因此，工厂主任意克扣工人的工资，引起了消极怠工，生产效率降低。泰勒在此时提倡科学管理运动，实行了差别工资制、作业方法的科学化等一系列的改革，起到了积极的作用。由于它符合企业的要求，提出了生产管理的科学理论和方法，因而受到了普遍的重视。同时，美国许多大企业开始推行泰勒的科学管理，使得生产效率大为提高，出现了生产能力的增长速度超过市场需求的增长速度的现象，在这种情况下，少数有远见的企业主在经营管理上开始重视商品推销和刺激需求，着手从理论上研究商品的销售问题。随着工业革命的结束，以美国为代表的资本主义经济蓬勃发展，市场规模迅速扩大。自 1860 年至 1900年 40 年间，美国人口由 3140 万人增加到 9190 万人。同期，城市化速度加快，城市人口占美国人口的比例由 21% 增加到 40%，到 1920 年增至 51%。同时，按人均收入计算的市场规模也有很大的提高，人均收入 1859 年为 134 美元，1889 年为 185 美元，而到 1894年就达到了 285 美元。这意味着 20 世纪初美国的市场规模较 19 世纪 60 年代翻了一番多。市场规模的急剧扩大为大规模生产提供了机会，同时也带来了新的竞争因素。市场规模的扩大极大地刺激了生产厂商的扩张欲望，科学技术的进步又使得大规模生产成为可能，到 1913 年 10 月，福特汽车公司全部实行流水作业，每生产一辆汽车的工时由 5 年前的12 小时降至 2 小时，每天出产汽车 1 000 多辆；同时政府也通过免费提供工厂场地、给予税收优惠政策等各种方式推动社会由农业经济向工业经济转化、由家庭作坊向大规模工厂转化。这些因素有力地推动了美国的生产力发展，与此同时，供求关系也开始逐步变化，卖方市场开始向买方市场转化，市场营销活动日益成为影响企业效益的重要因素。

美国社会环境的另一个重要变化是商品流通体系的重大变化。市场规模的扩大、商品的迅速丰富、需求的多样化等因素改变了原有的商品流通体系，中间商体系开始形成，出现了与第一流生产企业并驾齐驱的大型百货商店、邮购商店和连锁商店等。同时，生产企业内的销售队伍也开始迅速膨胀，并日益成为由与生产线管理同等重要的组织构成。中间商的引入、产品市场由本地市场向全国市场甚至国际市场的扩张，也产生了供应商与消费者之间的信用等问题，要求企业必须对这些新生因素进行有效的管理。

　　在商品交换受到重视的条件下，忽视中间商和企业内非直接创造价值活动的古典经济学遇到了空前的挑战。新的商品价值形成学说以及对中间商、营销组织等新增价值的管理问题开始引起重视。传统的经济学家一般是从宏观和政治经济学的角度来考察市场问题，而当时的管理学家如泰勒、韦伯等则主要关注企业内的组织与效率。

　　在此大背景下，市场营销学作为一门站在企业角度，研究企业如何在市场条件下提供有效供给，并能在企业、中间商、消费者之间建立有效沟通，以提高企业效益的学科就应运而生了。1900 年左右，美国的密歇根大学、加州大学、宾夕法尼亚大学、威斯康星大学和伊利诺伊大学等高等院校先后开设了市场营销学课程，并形成了若干个市场营销学的研究中心。当时，较多地采用的名称是"分销学"，例如，1902 年，在密歇根大学开设的课程名称是"美国分销和管理行业"（Distributive and Regulative Industries of the United States）。1906 年的俄亥俄州立大学则称为"产品的分销"（The Distribution of Products）。威斯康星大学的拉尔夫·斯达·巴特勒等人认识到了用分销或贸易来概括这门学科的内容已经遇到了很大的困难，开始采用"市场营销"一词。1912 年，美国哈佛大学的教授赫杰特齐出版了第一本以"市场营销学"命名的教科书，这本书的问世是市场营销学作为一门独立的学科出现的里程碑，但这本书主要是阐述商品分销和广告方面的问题，与现代市场营销学有很大的差异。1915 年成立了全美广告教师协会，1926 年改组成为全美市场营销学和广告学教师协会。但在这个阶段，市场营销学的研究只是局限在推销和广告上，只注重研究方法，没有形成完整的理论体系。同时，研究活动基本上局限在大学里，没有引起企业和社会的广泛重视。

1.2.2　发展时期

　　从 20 世纪 30 年代到第二次世界大战结束（20 世纪 40 年代末 50 年代初），是市场营销学的发展时期。将市场营销学的理论研究成果应用于实践的原因是 1929 年至 1933 年爆发于整个资本主义世界的大危机，这次危机震撼了整个资本主义世界，由于生产严重过剩，商品销售困难，企业纷纷倒闭。经济危机期间，美国的国民生产总值从 1929 年的 2 030 亿美元下降为 1933 年的 1 410 亿美元，失业人口达 1 300 万人，大批工厂倒闭。这时企业面临的已经完全不是供不应求的卖方市场，而是供过于求的买方市场。面对尖锐的市场问题，与企业休戚相关的不是怎样扩大市场和降低成本，而是如何把产品卖出去。

　　在市场营销学的发展过程中，十分注重职能研究。1932 年，弗莱德·克拉克（Fred Clark）和韦尔德出版了《农产品市场营销》一书，在书中，列举了市场营销的七项职能，包括：集中、储存、融资、承担风险、标准化、销售和运输。拉尔夫·亚历山大、萨菲斯、艾尔德和奥德逊在其所著的《市场营销》（1940）中继续强调职能研究。克拉克在《市场营销原理》中提出市场营销的三大职能是：交换职能——销售（创造需求）和收集（购买）；物流职能——运输和储存；辅助职能——融资、风险承担、市场信息沟通和标准化。

　　早在资本主义世界爆发大规模经济危机前夕的 1929 年，美国总统委员会在《美国经济新动向》报告中就指出："过去企业比较关心的是能够满足需求的产量，现在企业所关心的是产品的销售活动。"有的市场营销学家为帮助企业争夺市场，解决产品的销售问题，提出了创造需求的概念，并开始重视市场方面的调查研究，分析、预测和刺激消费者的需求，这就为大规模开展市场营销学的研究开辟了道路，市场营销学就进入了其在流通领域的发展应用阶段，对企业在市场上的竞争起到了指导作用。

以 1926 年成立的全美市场营销学和广告学教师协会为基础，在 1937 年成立了现在的"美国市场营销协会"（American Marketing Association）。但在这一阶段，企业重视的仍是如何在更大的规模上推销已经生产出来的产品，学科的研究对象仍然局限于推销术和广告术，以及推销商品的组织机构和推销策略等问题上。

1.2.3　变革时期

从 20 世纪 50 年代到现在，市场营销学的原理、概念等发生了许多重大变革，形成了现代市场营销学，称为市场营销学的变革时期。

这一时期形成的原因有二：①第二次世界大战以后，军事工业转向民用工业，美国的劳动生产率有了很大的提高；②美国政府接受了经济危机的教训，政府的政策导向是推行所谓的高工资、高福利、高消费以及缩短工作时间等，来刺激人们的购买力，使市场需求在量和质的方面都发生了巨大的变化。这时，市场的基本趋势是产品进一步供过于求，消费者的需求不断变化，竞争的范围更加广阔。原有的市场营销学的内容越来越不适应新形势的要求。

市场营销学的变革主要体现在市场营销理念的更新、市场营销对象内涵和外延的扩大和理论基础的不断丰富三个方面。

市场营销理念的更新历经了生产观念、产品观念、推销观念、市场营销观念、生态市场营销观念和社会市场营销观念等几个阶段。每一个新观念的提出都是对前一个观念的扬弃，它使营销理念不断深化和全面，而且日益表现出企业应对顾客、社会和环境所承担的责任的关注。市场营销对象和内涵、外延的不断扩大表现为早期的市场营销理论主要用于研究和指导企业行为。现在它已经作为一种强有力的理论被推广应用到如医院、学校、社会福利等非营利机构，也被应用到诸如争取国外援助、旅游开发、农业开发等政府项目中来。此外，市场营销学关于市场及其市场中各种行为主体的研究取得了日新月异的重大进展。市场细分概念与方法的提出极大地推动了市场营销学的发展。今天，人们谈论市场已不再是以前的同质性市场，而是将其看作有明显差异的多样化市场，并以此为基础来具体分析每个细分市场的具体情况，更有针对性地指导市场营销实践。消费者市场、生产者市场、政府市场、中间商转卖市场甚至更细的或不同范畴的市场规律正在被越来越清晰地描绘出来。相应地，这些细分市场中各种行为主体的动机、需要和行为方式也日益被清楚地揭示出来。早期市场营销学最重要的核心概念——产品，正在不断被赋予新的含义，服务、创意、Know-How 等无形产品已成为广泛产品内容的组成部分，而且逐渐成为较之有形产品更具价值、更有意义、更为重要的产品，深刻地反映了社会变迁、产业升级等当今世界经济生活中的重要主题。最后，市场营销学日益成为一门实用的管理科学。市场营销学诞生伊始，它就是一门应用科学。但在早期，其途径、方法和工具还很不完善，难以发挥实际作用，现在这种情况已有了极大的改变。经过变革，现代市场营销的理论和观念在这一时期形成。市场营销研究的进展主要体现在以下几个方面。

（1）在这一阶段继续重视职能研究，有两部著作问世，一部是由范利、格雷瑟和柯克斯合著的《美国经济中的市场营销》（1952），一部是梅纳德和贝克曼的《市场营销原理》（1952）。《美国经济中的市场营销》一书认为市场营销能够平衡供给和需求，并把营销当作一种分配稀缺资源的指导力量。《市场营销原理》一书提出了研究市场营销的五种方法：产品研究法、机构研究法、历史研究法、成本研究法和职能研究法。奥德逊（W. Alderson）和柯克斯（R. Cox）针对侧重商品推销的旧观念提出了潜在交换的概念，即，生产者的产品和劳务要符合潜在消费者的需要和欲望。另一个主要的理论是实现了由市场是生产的终点向市场既是生产的终点又是生产的起点的观念体系的转变，实际上与潜在交换的概念是相辅相成的。

（2）注重市场营销管理（1956—1965 年），代表人物是奥德逊、霍华德和麦卡锡。奥德逊在其《营销活动和经理行动》（1957）一书中提出了"职能主义"的概念。认为职能主义是一种科学哲学，它从寻找某种行动机制入手，并力求解释这种机制是如何运转的。他指出，职能主义是发展营销理论的最有效途径，每一机构在市场营销中都有其独特的职能，其存在的关键比其他机构更有效地提供某种服务。市场营销的职能就在于促进有利于双方的买卖。霍华德的《市场营销管理：分析和决策》一书主张从市场营销管理的角度论述市场营销理论和应用。霍华德是首次提出市场营销管理的学者。该书有四个特点：①管理决策导向；②运用分析方法；③强调经营经验；④引进了行为科学理论。他还区别了可控因素和不可控的因素。不可控的环境因素有社会、政治和经济环境，具体是：法律、流通机构、竞争、需要和非营销费用。可控因素有产品、分销渠道、定价、广告、人员推销、商店店址等。市场营销经理的任务就是运用这些手段来实现最佳的环境适应。麦卡锡在《基础市场营销》一书中，在营销管理方面提出了许多新见解，他首先把消费者看成是一个特定的群体，称为目标市场。企业一方面要考虑各种外部环境，另一方面要制定营销组合策略，通过策略的实施，适应环境，满足目标市场的需要，实现企业的目标。

（3）注重协同和发展（1966—1980 年）。市场营销学逐渐从经济学中独立出来，又吸收了行为科学、管理科学、心理学和社会学的理论，得到了进一步的发展。做出突出贡献的是乔治·道宁（George S. Downing）和菲利普·科特勒。道宁首次提出了系统研究法。他在《基础市场营销：系统研究法》（1971）中指出：市场营销是企业的总体活动，通过定价、促销和分销活动，并通过各种渠道把产品和服务供应给现实和潜在的顾客。他强调企业要不断修正自己的行动，以增强环境的适应性。菲利普·科特勒的《市场营销管理》一书在 1967 年出版后，成为美国管理学院最受欢迎的教材。菲利普·科特勒继承了奥德逊、霍华德和麦卡锡等人的研究成果，并全面发展了现代营销管理理论，认为其管理体系包括：①分析市场营销机会；②确定营销战略；③制定营销战术；④组织营销活动；⑤执行和控制营销，即分析、计划、执行和控制。他还指出，市场营销是与市场有关的人类活动，市场营销理论既适用于营利组织也适用于非营利组织，扩大了市场营销学的研究领域。到了 20 世纪 80 年代（1981—1993 年），莱维·辛格（Ravi Singh）和菲利普·科特勒对"营销战"这一概念以及军事理论在营销战中的应用进行了研究，几年后，列斯和特罗（Al Ries and Jack Trout）出版了《营销战》一书。1981 年，瑞典经济学院的克里斯琴·格罗路斯（Christian Gronroos）发表了内部营销的论文，菲利普·科特勒也提出要在企业内部创造一种营销文化，即企业营销文化的观点。1983 年，西奥多·莱维特（Theodore Levitt）对"全球营销"问题进行了研究，提出过于强调对各个当地市场的适应性，将导致生产、分销和广告方面规模效益的丧失，从而使成本增加。因此，他呼吁多国公司向全世界提供一种统一的产品，并采取统一的沟通手段。1985 年，巴巴拉·本德·杰克逊（Barbaba Bund Jackson）提出了"关系营销""协商营销"等新观点。1986 年，菲利普·科特勒提出了"大营销"的概念，研究了企业如何进入被保护市场的问题。此外，20 世纪 90 年代以来，直接营销、定制营销、网络营销、服务营销、整合营销等新思想不断出现。

总之，现代市场营销学的特点可以归纳为以下几个方面：现代市场营销学是在买方市场的条件下发展起来的；现代市场营销学着重考察企业市场营销的战略问题；现代市场营销学所涉及的范围日益扩大，各分支系统也更加清晰，发展出许多分支市场营销学，如农业市场营销学、服务市场营销学、旅游市场营销学等。

1.3　市场营销学的传播与应用

市场营销学作为一门应用性学科，它顺应市场经济中企业竞争发展的需要，又有理论研究和实践经验的支撑，很快便在世界各主要国家传播开来，并得到广泛应用。市场营销学形成于资本主义经济最为发达的美国，形成之后由美国传播到欧洲和日本，又传播到中国香港和中国台湾等地，我国实施改革开放政策之后，又传播到中国内地。目前，在研究上处于领先地位的还是美国。

1.3.1　市场营销学在日本的传播与应用

日本被认为是世界上第一流的市场营销者。早在 20 世纪 30 年代，美国的市场营销学思想就开始传入日本，并被应用到企业的经营实践中。20 世纪 50 年代，日本经济开始复苏，消费品需求急剧扩大，大批企业涌入消费品生产领域。随着竞争的加剧，企业界人士对市场营销学的兴趣大增。1953 年日本东芝电气公司总经理石板泰三赴美国参观访问，回到日本后的第一句话就是："我们要全面学习市场营销学。"1957 年日本营销协会成立。20 世纪 60 年代以后，日本经济进入快车道，市场调研、产品开发、质量改进、广告促销、市场营销组织建设、分销渠道控制等市场营销理论被普遍推广应用，极大地提高了日本企业的市场营销竞争力。迫于日本国内市场的狭小和资源的严重匮乏，日本奉行贸易立国的方针，早在 20 世纪 50 年代，日本摩托车等加工行业在美国市场就形成了一定的气候。在 20 世纪 70 年代的西方国家石油危机期间，以低成本、节能型的汽车为先锋，带动了彩电、冰箱等家庭消费品开始大举挺进美国和欧洲市场，并取得了绝对的竞争优势。至 20 世纪 80 年代，日本企业在市场营销全面贯彻"顾客至上""质量第一""成本控制""全球观念"等思想，大大地促进了市场营销理论的发展，以至于 20 世纪 80 年代以后，在世界范围内形成了向日本学习的风潮，提起市场营销必提及日本。就连市场营销学发源地美国的市场营销专家也惊呼："市场营销在日本。"市场营销学在日本的传播与应用造就了一批诸如索尼、松下、丰田、铃木、雅马哈等市场营销楷模，它们的实践使包括市场营销理论在内的企业管理理论在20世纪80年代产生了一次质的飞跃。

1.3.2　市场营销学在西方诸国的传播与应用

目前，在发达的资本主义国家里，各类商学院中都开设了市场营销学课程，就连较为保守的英国、法国在20世纪60年代以后也陆续增开了市场营销学课程。根据市场需要组织生产经营活动，已经成为西方企业界的基本指导思想。重视市场调研与预测工作，建立高效的市场信息系统，并根据市场发展变化的趋势，制定、调整企业的市场营销策略，已成为企业，特别是大中型企业经营活动的基本模式。德国的奔驰、瑞典的沃尔沃、瑞士的雀巢、美国的微软等都是市场营销理论应用得好，并为市场营销理论的发展做出贡献的世界领先级企业。应当说，市场营销学在西方国家的广泛传播与应用，不仅给西方国家的企业注入了新的活力，而且对战后资本主义经济的发展也起到了重要的推动作用。

1.3.3　市场营销学在中国的传播与应用

市场营销学在我国的传播较早，早在1933年，复旦大学出版社就出版了由丁馨伯先生译编的《市场学》教材。新中国成立前，我国在国外的不少留学生都修读过市场营销学课程，有的留美学者还参加了美国市场营销协会（AMA）的研讨活动。但是可以想见，在半殖民地半封建的旧中国，在市场经济十分落后的情况下，市场营销学的传播与应用必然受到严重阻碍。新中国成立后，由于片面强调计划经济，抑制市场的作用，再加上我国高等院校课程设置长期照搬苏联模式，因此，在高等院校的经济管理类院、系中都停开了市场营销学课程。

1979年，外贸部、一机部和少数大专院校开始聘请外籍教师来华讲授市场营销学。1980年，中、美两国政府合作举办的中国工业科技管理大连培训中心成立。大连培训中心在系统引进美国企业管理理论培训我国大中型企业的厂长经理，包括一些大学教师时，将市场营销学作为一门核心课程。多次聘请美国著名的大学教授系统讲授市场营销学和国际市场学，并将他们的讲课内容编译整理，以《市场学》和《国际市场学》为名，由中国企业管理出版社出版发行。这在国内当时市场营销学刚刚引入、书籍资料奇缺的情况下，无疑是雪中送炭，首开先河，在国内产生了较大的影响。与此同时，外贸部与设在日内瓦的国际贸易中心（International Trade Centre，ITC）合作，邀请美国、加拿大、联邦德国和法国的专家来华在北京举办市场营销学培训班。

从1980年开始，广州、上海、成都、西安等地，多次邀请中国香港中文大学闽建蜀教授来内地讲授市场营销学并为内地培训市场营销学师资。

市场营销学理论研究状况是，在著作方面分为三种情况。一是纯翻译，如：《营销管理》（*Marketing Management*）（中国台湾、中国大陆都有出版）、《市场学原理与应用》（黑尔等著，机械工业出版社）。二是中国港台出版的市场营销著作：《市场学》（王德馨）、《行销管理学》（石衍长）。三是中国内地出版的种类众多的市场营销著作，如《市场学》

［杭州商学院（现浙江工商大学）］、《销售学原理与应用》（罗真颢，1982）、《市场学概论》《市场学原理》（邝鸿）、《市场营销管理——理论与原理》（郭国庆）和《市场学》（李景泰、白长虹主编等）。

20 世纪 80 年代初，市场营销学课程开始列入我国高校的教学计划。不少大专院校陆续开设市场营销学课程。1984 年，广西商业高等专科学校经自治区教委批准，开设大专层次"市场营销专业"，1986 年又增设"国际市场营销专业"。1988 年，原国家教委批准山东大学试办"市场营销专业"，同年招收本科生。

到目前，全国高校凡设经济管理专业的几乎都已开设市场营销学课程并成立了市场营销专业，招收市场营销本科生和硕士、博士层次的研究生。在高等院校、企业、政府和社会各界的共同努力下，全国、地区性的各级各类市场营销学研究学会纷纷成立。1984 年 10 月，"中国高等院校市场学研究会"成立。1991 年，"中国市场学会"成立。两个学会的成立标志着市场营销学在中国的研究与传播已经进入了新的时期。

如今，现代市场营销的理论和方法在中国得到了普及。有不少地区和企业运用现代营销取得了巨大成功。如福建泉州，自从采用现代营销方法至今，已成功塑造诸如恒安、七匹狼、安踏、柒牌、利郎、特步、九牧王、劲霸、富贵鸟、木林森、海天国际、鸿星尔克、旗牌王、361°、与狼共舞、惠泉啤酒、亚礼得、匹克牌、九牧洁具、辉煌水暖、达利食品、亲亲食品、雅客食品、喜多多食品等 160 多个知名品牌。但与此同时，我们也发现还有许多企业连什么是营销都不知道，依然把推销当作经营的核心。所以，今天的中国企业最需要营销却又最不会营销。

1.4　市场营销学的职业能力与学科知识体系

1.4.1　市场营销是学什么的

市场营销不是人们通常理解的"推销"，它是通过了解与预测顾客需求，找准市场机会，选择有效的目标市场，设计有针对性的营销方案，开发有针对性的产品，制定合理的价格，选择合理的分销渠道，实施有效的促销（包括：广告促销、人员推销、公关促销、销售促进和直接销售等手段），通过合理有效地实施品牌战略和整合营销传播，在满足顾客需求的基础上，占领市场求生存、扩大销售求发展。推销只是促销的一种手段，而促销只是营销的一个环节。若把营销比作一棵大树，那么推销只能是一根小树枝。

"可以设想，某些推销工作总是需要的，然而营销的目的就是要使推销成为多余。营销的目的在于深刻地认识和了解顾客，从而使产品或服务完全适合顾客的需要而形成产品自我销售。理想的营销会产生一个已经准备来购买的顾客，剩下的事就是如何便于顾客得到这些产品或服务。"——彼得·德鲁克。

概括地说，企业的市场营销活动主要包括以下环节。

（1）通过市场调研，了解并掌握顾客的需求；

（2）根据顾客的需求特点和企业自身的状况选择合适的目标市场；

（3）针对选定的目标市场制定相应的产品策略；

（4）根据产品的优势进行准确的市场定位和产品定位（突出自己产品的卖点）；

（5）为产品制定合理的价格策略；

（6）为产品选择有效的分销渠道；

（7）进行有效的推广宣传（包括广告宣传、公关宣传、销售促进和人员推广）；

（8）制定有效的售后服务措施；

（9）市场营销的组织与控制等。

所以，市场营销主要是学习与以上内容相关的理论、方法和策略。

1.4.2　市场营销学的知识体系

市场营销学是一门研究企业经营实践活动的学科，企业通过创造产品和价值并在市场上进行交换，以满足各种消费者的需要，取得利润。企业的市场营销活动是一系列相互联系、相互作用的活动，包括对市场的认识、消费者行为分析、市场环境分析、企业市场营销战略的制定、市场细分和选择为之服务的市场、市场营销组合活动、市场营销的组织设计等内容。

市场营销学以经济学、管理学和现代行为科学为基础，通过将这些学科内容有机结合并总结企业最新的市场营销实践，提出了市场营销活动的一般规律和方法，又将其用于指导企业的市场营销实践。本书力求较为完整地归纳和总结市场营销的基本框架，主要内容体系包括以下几个方面。

1. 总体介绍部分

对本书的总体介绍集中在第1章绪论中，主要解释市场营销学的产生和发展的历史、研究对象，包括市场营销学的研究对象、市场营销学形成和发展过程、市场营销学的传播与应用等内容。

2. 市场与市场营销观念

本章着重分析与市场相关的一些问题，是介入市场营销学的基础。主要内容包括市场的基本概念、市场的构成要素、市场的分类、市场需求形态的分类、企业经营观念的发展和演变过程等。

3. 市场营销环境

市场营销环境的分析是市场分析的继续，市场营销环境是笼罩在企业周围的、影响企业经营和发展的外部因素。企业在市场营销活动中，只有通过深入地调查和认真地分析，认清环境的性质，掌握环境变化的规律，才能适应环境，使企业的市场经营更有科学性，更好地把握时机。市场环境分析主要包括以下内容：市场营销环境的概念和特征、宏观环境和微观环境分析、环境分析中环境机会和环境威胁的界定、企业的环境对策等。

4. 市场营销战略规划

市场营销战略规划是对企业的市场营销活动的总体规划，它规定了企业市场营销活动的方向，同时，这个局部的规划又与企业的总体规划相连接，构成企业整体战略的一个重要分支。市场营销战略规划主要包括确定企业的任务、规定企业的业务投资组合计划和企业新业务计划等内容。

5. 市场购买行为研究

市场是由各种类型的顾客构成的，顾客的需求是企业开展市场营销的前提和基础，企业分析顾客的需求是进行市场营销的关键，只有清楚顾客的需求是什么，才能有的放矢地开展企业的市场营销工作，在研究顾客的购买行为中，首先，顾客从大的方面可以分为消费者和产业购买者两类。其次，每一种购买行为都会受到相关因素的影响，因此，这部分的主要内容包括：顾客分类、影响消费者购买行为的因素、消费者的购买决策过程、产业市场的购买行为等。

6. 市场调查

企业分析市场不能是凭空进行的，需要对市场的基本状况有一个清楚的了解，因而，开展市场调查是企业做出正确的市场营销决策所必需的。市场调查主要包括市场调查的基本内容、有关调查问卷的设计和调查报告的撰写的技术问题等方面的内容。

7. 目标市场策略与市场营销组合策略

市场的范围很广阔，企业仅仅是满足市场一个或几个方面的需要。究竟企业应该满足哪些顾客的需要是企业在进行环境分析、市场分析并结合企业的整体战略必须做出的决策。找到合适的目标市场并为之服务可以使企业更科学和有效地利用有限的资源发挥最大效用的途径。这部分的主要内容包括：市场细分、目标市场的选择和进入策略、市场定位策略等。

市场营销组合是开展市场营销活动的企业可以控制的因素的总和，主要包括开发适合市场需要的产品、为产品规定一个合理的价格、为产品设计一个通畅的销售渠道和为产品能够在市场上顺利销售制定科学的促销规划等几个方面的内容。

8. 产品策略

产品策略是市场营销组合策略的第一个因素，也是最重要和最基础的因素，它是企业制定其他市场营销组合策略的出发点。企业在市场经营活动中，不仅要提供一种本公司生产出来的产品，而且应该是能够满足顾客需求的产品。顾客需求在不断变化，产品性能、结构、大小、款式、包装、价格等也应该相应地随之改变。在产品策略中主要有以下几个方面的内容：产品整体、产品组合策略、产品生命周期策略，以及产品品牌、商标及包装策略、新产品开发策略等。

9. 价格策略

为了使顾客能接受本公司的产品，又能使公司获取最合适的利润，就需要制定合理的价格策略。价格不是一个独立的因素，它与产品的市场定位、促销方式、销售渠道都是密切相关的。对于高档产品必须制定较高的价格，对于低档产品则应该有一个较低廉的价格。为产品制定一个合理的价格，使企业能够盈利，同时市场又能够接受，是企业在市场开拓中获得成功的关键。为了制定一个合理的价格，企业要分析影响企业定价的因素从而制定一个合理的定价。本章的主要内容包括影响企业定价的因素、定价目标与定价方法、定价策略、价格调整等。

10. 渠道策略

企业产品进入市场都要经历一定的环节，市场的中间环节越少，越直接，成本越低，利润就越大，获得市场信息反馈的可能性也越大。销售渠道的合理规划，还涉及物流的合理化问题。这部分内容主要包括市场营销渠道的性质与中间商类型、市场营销渠道的选择、市场营销渠道的管理、渠道发展动向和渠道冲突管理。

11. 促销策略

促销策略是企业伴随产品进入市场的推入性措施，促销手段运用得当，可以有力地帮助企业开拓和巩固市场。这部分的主要内容包括：促销与促销组合、广告策略、人员推销策略、营业推广策略和公共关系策略等。

12. 市场营销组织与控制

企业为了满足消费者和用户的需要，并取得满意的利润，需要对与市场有关的各种活动进行组织和控制过程。要想在竞争激烈的市场上立于不败之地，就必须尽可能地适应各种环境的变化要求，将企业的各项市场营销活动纳入有序的管理和控制中。这部分的内容主要包括：市场营销组织的演化及各部门的职能、市场营销控制等。

13. 国际市场营销

国际市场营销是跨越国界的市场营销活动，在我国已经加入 WTO 的今天，我国的企业面临更为激烈的国际竞争。国际市场风云变幻，面临的社会、文化、经济、法律和政治环境与国内的这些环境有很大的差别，需要企业更认真地考察国际市场的环境变化，针对国际市场的发展变化趋势，及时调整企业的对策。这部分主要包括国际市场营销的含义、国际市场营销环境、进入国际市场的方式及国际市场营销组合策略等内容。

1.4.3　市场营销专业毕业的学生应具备哪些能力

通过四年的学习，该专业学生应获得以下几方面的知识与能力。

（1）掌握管理学、经济学和现代市场营销学的基本理论、基本知识；

（2）掌握市场营销的定性、定量分析方法；

（3）具有较强的语言与文字表达、人际沟通以及分析和解决营销实际问题的基本能力；

（4）熟悉我国有关市场营销的方针、政策与法规及了解国际市场营销的惯例和规则；

（5）了解本学科的理论前沿及发展动态；

（6）掌握文献检索、资料查询的基本方法，具有一定的科学研究和实际工作能力。

概括地说，市场营销专业培养具有宽厚的管理、经济、法律等方面知识基础，商学素养与营销实战功力扎实，知识学习与实践能力并重、诚信做人与创新能力兼备的复合型、创业型高级应用人才。通过四年的学习和训练，学生能熟练掌握市场调研与分析、创业（投资）机会识别与判断、营销战略与策略的策划与实施、市场开拓与谈判、财务分析与控制以及人力资源管理等方面的知识与方法，能在企事业单位及政府部门从事市场营销管理以及科研、教学等方面工作市场营销学科高级应用人才。

1.4.4　什么样的人适合学习市场营销

市场营销专业未来在工作中主要从事市场机会分析、营销方案策划、营销资源整合、企划案组织实施、市场拓展、商务谈判、销售团队管理、品牌管理、效果监控与调整等。所以，对搜集与运用信息、资源整合与策划、创新思维方法的运用、人际关系沟通技巧等能力有一定的要求。性格外向、思维活跃、富有激情、会交朋友的同学最适合报考市场营销专业。市场营销不可能用同一种方法适用于所有客户，需要灵活应变，而不是像有些职业那样的重复性劳动。所以需要创新，需要不断学习和思考。因此，我们看到的市场营销人员总是西装革履、朝气蓬勃、保持着一颗年轻的心。

1.4.5　如何学好市场营销

从市场营销学科的自身规律和特点出发，结合市场营销专业优秀毕业生的经验，总结出学好市场营销学及市场营销专业应注意的主要方面。

1. 要转变角色

市场营销是应用性较强的学科，要学好市场营销必须转变角色。即以营销人的身份来学习。急等着用的东西，学起来就快且有兴趣。要把自己扮演成某行业、某营销岗位的决策者，提前进入角色。方法是一定要给自己一个职业方向的规划，明确自己的学习目的。否则，等你临近毕业的时候就会感觉到你即使学了几年的专业课，还是感觉在就业上很没底。所以，一定要明确学习的目的和自己的职业规划。市场营销从这个专业的术语来看，也是先把市场放在前面，"营销"两个字在后面。就是说，你都没了解市场，都不懂市场规律，又怎么可能做得好营销呢？学好了，不一定就可以做得好，学和做是两回事。所以希望同学们在选择这个专业学习的时候，要清楚自己要或者愿意从事什么领域的工作。有了这个职业定位为前提，就可以在面临就业的时候更清楚地选择自己的职业，而不至于那么茫然。

2. 争取多兼职锻炼

利用课余时间或假期兼职锻炼。一方面提高了动手能力；另一方面加深了对专业知识的理解和对专业的兴趣。

3. 一定要多研究案例

现在成功和失败的营销案例都很多，多数可以从网上直接下载。甚至有的案例介绍的细节和营销过程很具体，对我们汲取经验很有帮助。

4. 要善于积累

平时一定要养成好的习惯，随身带着纸和笔，遇到好的创意或成功的营销点子一定要及时记下来，这些积累很可能就是你未来某个成功营销案例的钥匙。

1.4.6　该专业学生毕业的就业方向及可选择的职位

目前很多中国企业最需要营销，却又最不会营销（目前只懂做推销），所以营销人才总的来说是紧缺的，发展前景非常好。

市场营销作为一个实战性很强的职业，具有广泛的适用性。也就是说，所有涉及市场营销的行业都需要这一职业。包括房地产、汽车、保险、银行、医药、餐饮、商场、超市、广告、咨询、投资、食品及所有制造行业公司，以及机关事业单位和教育岗位等。就刚毕业学生的具体职位看，主要有市场调研及分析、营销策划、业务员、品牌维护、售后服务、客户关系管理等，工作两年后，大部分都提升为销售经理、品牌经理、策划主管甚至营销总监、营销副总等，这些都是企业薪水丰厚的岗位。有些地产营销师、汽车营销师、寿险营销师、金融营销师的年薪超百万元。

　　还要提醒准备学习市场营销专业的同学，市场营销工作需要富有生活和工作激情的人，虽然收入较高，但工作较辛苦，出差次数较多（尤其是前两年）。若你喜欢挑战自我、挑战高薪，建议你报考本专业。另外，本专业不存在性别方面的工作差异，甚至有许多女性成为市场营销领域里很亮的星星。一般工作三年以上，了解了市场运作规律和营销技巧，掌握上、下游客户资源，具有了一定的人脉和资金积累后，都具备自己单独创业、开办公司的条件。

　　中国今天最缺的不是推销人员，而是运用现代营销方法和手段提升产品和品牌价值从而提升销售量的高级营销人才。跻身世界 500 强的企业哪个是靠推销起来的？"我有幸成为 20 世纪的美国人，20 世纪是美国人的世纪，21 世纪是中国人的世纪，而你们有幸成为 21 世纪的中国人。"这是著名营销实战大师米尔顿·科特勒 2009 年 4 月在天津商业大学演讲时的名言。未来将会有更多的中国品牌进入世界前列，自然需要更多掌握现代营销方法的营销人才，营销人才是未来中国职场的超级潜力股，有巨大的需求空间和施展才华的天地。也将会有更多来自中国的国际级营销实战大师。想挑战自我、挑战高薪，想在未来中国经济腾飞中成为抢手人才的同学，需提前为自己的职业生涯布局。

本 章 小 结

　　市场营销学产生于 19 世纪末 20 世纪初，总结了企业经营和管理活动中带有普遍性的规律，将经济学、管理学、行为科学等学科的内容进行交叉和融合，是市场经济发展到高级阶段的产物，并随着社会和经济的发展而处于不断丰富、深化和完善之中。

　　本章是市场营销学的绪论部分，它总括地介绍了市场营销学的基本概念，其中，美国著名市场营销学者菲利普·科特勒教授在《市场营销管理》（1997 年，第九版）中的定义最权威，他是这样定义的：市场营销是个人和集体通过创造、提供出售并同别人交换产品和价值，以获得其所需所欲之物的一种社会和管理过程。

　　在明确市场营销概念的基础上，我们还应该进一步弄清市场营销管理的概念。美国市场营销学协会定义委员会（the American Marketing Association，AMA）对市场营销管理的定义是：市场营销管理是计划和执行关于商品、服务和创意的观念、定价、促销和分销，以创造能够符合个人和组织目标的交换的一种过程。即为了实现个人和组织目标而进行的交换过程。

　　市场营销学的形成和发展经历了 19 世纪末 20 世纪初的形成时期、20 世纪 30 年代到第二次世界大战结束的发展时期和 20 世纪 50 年代到现在的变革时期，从而形成了现代市场营销学。

　　市场营销学作为一门应用性学科，它顺应市场经济中企业竞争发展的需要，又有理论研究和实践经验的支撑，很快便在世界各主要国家传播开来，并得到广泛应用。传播途径首先在资本主义经济最为发达的美国形成，之后由美国传播到欧洲和日本，又传播到中国香港和中国台湾等地，我国实施改革开放的政策之后，又传播到中国内地。

　　本书的框架是以市场营销组合为核心，还包括市场环境的分析、市场营销战略计划的制订以及市场细分和选择目标市场等内容，包含了市场营销学学科体系的主要内容。

思 考 练 习

1. 市场营销学是如何发展演变的？
2. 市场营销学在中国的传播情况如何？
3. 如何学好市场营销？

案 例 讨 论

1. 从案例中了解到现代营销的威力了吧，你知道海尔营销的成功秘诀是什么了吗？
2. 从中我们知道，营销是你先前理解的推销吗？海尔是否把重点放在推销上？

推 荐 阅 读

1. [美]菲利普·科特勒，凯文·莱恩·凯勒，卢泰宏. 营销管理[M]. 13 版. 卢泰宏，高辉，译. 北京：中国人民大学出版社，2009.
2. 中国营销传播网（http://www.emkt.com.cn）。

第 2 章

市场与市场营销管理

本章提要

市场与市场营销观念在营销中具有非常重要的意义。正确地理解市场的含义有助于企业树立正确的市场营销观念，而正确的市场营销观念则是企业制定有效的营销策略的基础。本章详细地介绍了市场的内涵和市场的分类。市场营销管理的实质是需求管理，结合市场需求的不同情况，本章还对市场营销管理的八大任务做了详细的分析。最后，在介绍市场营销观念从传统营销观念到现代营销观念的演变过程的基础上，重点探讨了生产观念、产品观念、推销观念、市场营销观念以及社会营销观念，并介绍了市场营销观念的新发展。通过本章的学习，我们将对这些市场营销的基础概念与基础理论有明确的认识，为以后的各章学习奠定基础。

学习目标（重点与难点）

通过本章的学习，要求学习者能够：

1. 理解市场的基本含义。
2. 了解市场的主要分类。
3. 熟悉市场营销管理的任务。
4. 熟练掌握主要市场营销观念的内容。

框架结构（见图2-0）

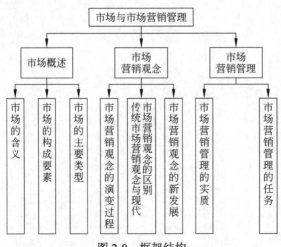

图 2-0　框架结构

本田的营销转变

20世纪80年代是日本汽车业蓬勃发展的黄金时期，本田汽车公司也正是在此期间涌现出来的优秀的汽车公司。该公司是一家以其卓越的发动机技术以及传奇式的创始人——本田宗一郎而闻名世界的大公司。然而进入20世纪90年代之后，日本泡沫经济的破碎却使得本田的经营出现了困境：1993年和1994年，本田汽车公司的轿车出口量持续下降，轿车的出口销售一直都是本田赖以生存的重要支柱，出口量的下滑最终也导致了本田的轿车销售额全面下降。到了1994年，本田汽车公司的销售额竟滑落到马自达公司之后，仅名列第五位。本田公司已有了某些严重衰退的兆头。在这个危急的关头，信弘川本上任。他的上任对本田汽车来说无疑是新的开始。

本田宗一郎对技术的痴迷几乎到了一种迷信的地步。正是因为本田这种坚定地以技术为中心的理念，才创造了"技术的本田"的神话。信弘川本在上台之前也是一名工程师，是本田的一级方程式赛车计划的主导者。然而在成为公司的新领导人之后，他不断思考"指引这个公司40年的传统"是否还适用，是否能够带领公司走出困境。信弘川本意识到现在市场发生了巨大的变化，本田公司也就必须相应地进行重大的改革，企业的营销观念也必须有所改变，以适应市场的变化。经过认真地思考，他果断地指出："指引这个公司40年的传统现已不能正常运作。我们对顾客的注重是含混不清的，这一点必须搞清楚。"

那些已不能正常运作的传统有很多，其中最重要的一条就是创始人本田宗一郎先生笃信的以技术为中心的理念。1991年本田宗一郎去世之前，信弘川本拜见了他并说出了别人不敢说的话："公司必须进行改革。"信弘川本认为本田先生太注重工程学了，直接导致了他之后的人都按他的方式思考，这样的思维方式能使本田保持技术的先进，却使得以市场为中心的简单法则变得模糊不清。在信弘川本的领导之下，本田开始探索着新的道路。多年来，本田的成功都是在它的工程师们的带动之下。他们把在设计一级方程式赛车上所取得的经验运用到其轿车产品上。但信弘川本早就意识到工程师们太沉醉于他们自己的目标，设计的轿车难于建造，成本太高，又不能迎合买主的口味。信弘川本决心把本田由"技术第一"改为"市场第一"。

在新的理念指导下，信弘川本实施了一系列的改革新举措，其中最重要的变化就是改变以往工程师们在公司第一的地位，相比技术人员，更加注意倾听营销人员的声音，也即更加注重来自市场的声音。为迎合日本拥挤的道路，本田设计了以轿车为基础的更小的体育用车，给人以一种有身价的激动感。日本人对轿车的喜好也是朝三暮四，针对日本人喜欢追逐时尚的这一特点，本田仅用不到18个月设计、推出新跑车，并随时跟随变化着的时尚。

由于实施了新的举措，本田的市场发生了巨大的变化：在销售人员身边挤满了年轻的顾客。作为日本最年轻的汽车制造商，本田已名列《财富》杂志评选出的全球500强企业的第四十六位；它的440亿美元的销售额已使它跃居世界级汽车制造巨人之列。在日本汽车公司中，本田现在已超过了势头强劲的三菱公司而排名第三。

资料来源：从技术第一到市场第一[J]. 大众科技，1998（02）：35-36.

市场营销学是研究企业市场营销活动及其规律性的应用科学，它从企业经营活动中来，又反过来指导企业的经营活动。而企业的各种经营活动必须以市场为中心，在正确的经营理念下做出正确的营销决策，才能决胜于千里之外。因此，准确把握市场、市场营销的概念，正确认识市场营销管理的任务，全面理解市场营销管理哲学的内容，关注市场营销管理的最新动向，对于转变营销理念、改进经营管理、适应市场的需求具有非常重要的意义。

2.1　市　场　概　述

2.1.1　市场的含义

市场（market）是随着商品经济的发展而产生、发展、成熟的。市场的含义在不同的时期从不同的角度也有不同的表述。

从商品经济发展的角度去看，在较长时期里，人们认为市场是在一定的时间进行商品交换的场所，即狭义的市场概念。如小商品批发市场、服装市场、农贸市场等。但随着商品经济的发展，人们发现这一概念越来越难于说明现代市场的空间范围、活动内容和多种存在形式，并且随着专门从事商品流通的商人的出现，交换关系更加复杂。于是，经济学家从理论上给市场做了高度抽象的概括，认为：市场是买者和卖者实现商品交换关系的总和，也即广义的市场概念。

在市场经济条件下，企业遇到的困难和问题不再是资源方面的约束，无论是生产者或是经营者获取生产和经营要素都不是困难的事，唯有需求的约束会制约企业的生存与发展。因此，从企业市场营销的角度看市场，是站在卖方的角度作为供给一方寻求买方，已不再把卖方看作市场，卖方相互间仅视对方为同行竞争者，认为只有买方才构成对本企业产品或劳务的需求，才是实际意义上的市场。所以，市场营销学认为，市场是某种产品或劳务的现实购买者与潜在购买者需求的总和。亦即指具有特定需要和欲望，并具有购买力使这种需要和欲望得到满足的消费者群。

由此可见，现代市场营销学对市场的定义不同于经济学中对市场的表述。它是一种变无生命、静态的时空为有生命、动态的人；变泛泛的研究和抽象概括为更具体、更现实、更有针对性的事物——买方及其需求。

2.1.2　市场的构成要素

市场由人口、购买力与购买欲望三个要素构成。菲利普·科特勒指出：市场中的购买者的集合是"那些可以想象购买一定产品的任何人。这就是说，第一，这种人（包括人或组织）对某种产品可能有潜在兴趣；第二，这种人有取得这种产品的手段。一个购买者是潜在的愿意和能够购买产品的任何个人或组织"。

市场的构成用公式表示即：市场＝人口＋购买力＋购买欲望

1. 人口

这里首先指的是人口的多少，人口数量越大，产品的市场越大。其次，还包括具有对某种产品共同需求的人群数量，即企业能够满足的目标顾客的数量。数量越多，市场越大，越能满足企业生存与发展的需要。因此企业在选择目标市场时首先应考虑选择人口密集的地区进入，同时还要考虑选择需求量较大的市场介入，才能满足企业迅速推广产品、获取利润的目的。所以"人口"决定了市场规模的大小。

2. 购买力

购买力即人们购买所需产品时的货币支付能力。这种能力首先取决于人们收入的多少，其次取决于物价的高低，还取决于人们信贷的能力。因此企业在进行定价时首先要考虑价格合理与公道；其次考虑是否可以采用多种付款方式，增加需求者的货币支付能力。

3. 购买欲望

购买欲望即人们购买某种产品的要求与愿望。这种欲望产生于需求者的生理及心理上的需要。市场营销者不能创造需要，但市场营销者可以向人们指出何种特定产品可以满足其特定需要，通过使自己的产品富有某种吸引力来引导人们的购买愿望。

市场的这三个构成要素是互相统一、互相制约的。人口因素是构成市场的基本要素，人口越多，现实和潜在的消费需求就越大；购买力因素是指人们支付货币购买商品或劳务的能力，购买力水平的高低是决定市场容量大小的重要指标；购买欲望是指导致消费者产生购买行为的驱动力、愿望和要求，它是消费者将潜在购买力变为现实购买行为的重要条件。例如，一个国家（或地区）虽然人口众多，但收入水平很低，购买力有限，则市场狭窄；反之，尽管一个国家或地区居民收入水平很高，但人口很少，市场规模同样十分有限。只有人口众多，又有一定的收入水平的国家和地区，才能形成一个规模和容量都很大的市场。中国是一个人口众多的国家，改革开放以来，人民生活水平逐年得到大幅度提高，因此形成了一个庞大的市场。但如果商品货不对路，引发不了消费者的购买欲望，购买力不能转化为购买行为，则对卖方而言仍不能形成现实的市场。因此，对市场来说，只有将这三者结合起来才能构成现实市场，并共同决定着市场的规模和容量。当这三个构成要素同时存在时，这个市场是一个现实的市场；当这三个构成要素有一个或几个缺少时，这个市场就是一个潜在的市场，需要市场营销人员去创造条件，大力开发，以便使潜在的市场转化为现实市场，满足消费者与企业的需求。

2.1.3 市场的主要类型

1. 按照购买者和购买目的不同分类

这种分类方法可以把市场分为消费者市场和组织市场。组织市场又包括产业市场、中间商市场和非营利组织市场。

（1）消费者市场

消费者市场指所有为了个人消费而购买物品或服务的个人和家庭所构成的市场，又称生活资料市场。

（2）组织市场

组织市场是由各种组织机构构成的对产品和劳务需求的总和，是由各类组织购买者所形成的市场。根据购买目的的不同，组织市场又可分为产业市场、中间商市场和非营利组织市场。

① 产业市场又称生产者市场，是指一切购买产品和服务并将其用于生产其他产品和劳务，以供销售、出租或供应给他人的组织。换言之，这个市场上购买者的目的是加工盈利。

② 中间商市场又称转卖（售）市场，是指那些通过购买商品和劳务以转售或出租给他人获取利润的组织，主要包括批发商和零售商。

③ 非营利组织市场是指由政府机构、各类社会团体及其他各种非营利性机构所组成的市场，其购买目的是保证这些非营利性机构的正常运转。其中，政府市场是那些为执行政府的主要职能购买或租用商品的各级政府的所属机构和事业团体。各国政府通过税收集中了相当大的一部分国民收入，用于社会再分配，所以形成了一个很大的市场。

2. 根据竞争程度分类

按这种方法可以把市场划分为完全竞争市场、完全垄断市场、垄断竞争市场和寡头竞争市场。

（1）完全竞争市场，指竞争行为不受任何阻碍和干扰的市场形态。即在市场上，没有任何卖者或买者能够通过自己的买卖行为左右市场价格的变动；卖主和买主只能按照由市场供求关系决定的市场价格来买卖商品。

（2）完全垄断市场，指在一个行业中某种产品的生产和销售完全由一个卖主独家经营和控制。它有两种形式：一是政府垄断；二是私人垄断。其中私人垄断又包括私人管制垄断和私人非管制垄断。

在完全垄断的条件下，在一个行业中只有一个卖主，没有竞争者，这个卖主完全控制了市场价格，它可以在国家法律允许的范围内随意定价。

（3）垄断竞争市场。垄断竞争市场是介于完全竞争市场和完全垄断市场之间的市场形式。它既有垄断倾向，同时又有竞争成分。在垄断竞争的市场上有许多卖主和买主，但各个卖主所提供的产品在实质上或购买者心理上的差异，使其对产品有相当的垄断性，能控制其产品价格。

（4）寡头竞争市场。在寡头竞争市场中，一个行业中只有少数几家大公司，它们所生产和销售的某种产品占这种产品的总产量和市场销售量的绝大比重，它们有能力影响和控制市场价格。各个寡头企业是相互依存、相互影响的。寡头竞争包括完全寡头竞争和不完全寡头竞争。

3. 按照市场主体地位不同分类

按这种方法可把市场分成卖方市场和买方市场。

（1）卖方市场，是指卖方处于支配地位，由卖方左右的市场，即市场在具有压倒优势的卖方力量的统治下运行。其表现形式是：市场上商品供应量少于需求量，价格有上升的倾向，交易条件有利于卖方，买方形成竞相购买的态势。

（2）买方市场，是买方处于支配地位，由买方左右的市场，即市场在具有压倒优势的买方力量的控制下运行。其表现形式是：市场上商品供应量超过需求量，价格有下降的趋势，买方有更大的挑选商品的范围和机会，卖方则成为积极的营销者并由此展开竞争。

4. 按构成市场交易对象的商品形态分类

这种分类可把市场划分为商品、资金、技术、信息、劳动力、房地产、服务等市场。

（1）商品市场，通常是指有形的产品市场，主要以各种生活消费品、生产资料等为交易对象。因此，商品市场包括消费品市场和生产资料市场。

（2）资金市场，又称金融市场，是沟通或协助沟通资金供给者和资金需求者之间的联系，推动资金流通的专业市场。资金市场包括货币市场和资本市场。

货币市场又称短期资金市场或短期金融市场，指经营期在一年以内的货币资金融通市场，包括银行的短期存贷款市场、企业间短期借贷市场、商业票据承兑贴现市场、国库券和可转让存单市场、短期拆借市场等。这类市场具有融资期限短、信用工具变现力强等特点，可以为经济单位调节其资金流动提供便利。

资本市场又称长期资金市场，指经营一年以上中长期资金借贷和证券的金融市场。包括中长期存贷款市场、股票市场和债券市场，后两者合称证券市场。证券市场按证券职能作用不同，又分为发行市场（一级市场）和转让市场（二级市场）。与货币市场相比，资本市场的融资期限长，受影响因素多，风险较大。资金市场是现代经济运行的中枢和血脉。它可以加速资金积累，为筹集资金提供有效形式和渠道，有利于引导资金合理配置，并为社会提供多种投资工具。

（3）技术市场，是指把技术成果作为商品进行交换的市场。交易的产品一般以知识形态体现，如图纸、专利、发明等。交易方式包括技术转让、专利买卖、技术引进、有偿技术服务、技术承包、技术咨询、技术培训等。技术市场是科学技术社会化、商品化的必然产物。通过技术市场的交换活动，可以促进科学成果应用，实现科学技术向生产力的转化，推动科研机构与生产部门的密切联系，提高企业的技术吸纳能力和产品的技术含量，促进技术人才的合理流动。

（4）信息市场，是进行信息商品交换的市场，是促进信息产品在信息生产者、经营者和信息用户之间有偿交流的市场。信息是一种特殊的商品资源，它具有可转换、可压缩、可共享、与载体不可分、可传递等物质产品所不具有的特性。信息市场的职能就是将信息生产者、经营者和信息用户组织在一起，通过信息服务、信息咨询、信息转让等经营形式，促成信息的有偿交换，推动信息流通，从而减少信息的无向传递，避免信息的盲目流失。信息市场的高度发展也是商品市场、技术市场、金融市场等高效率运转的重要条件。

（5）劳动力市场，是把劳动力作为商品进行交换的市场。劳动力作为劳动者的劳动能力，是生产过程中活劳动的直接提供者。因而，劳动力市场是生产要素市场中重要的市场之一。在我国其经营方式和组织形式多种多样，主要有：职业介绍所、人才交流中心、技术工人交流市场、家庭劳动服务市场和在职人员从事第二职业、离退休人员再就业、停薪留职与其他行业人员自由流动的市场等，以及农民进城从事劳务承包、个体和私营企业雇工、企业通过市场招聘员工、劳务出口等。

（6）房地产市场，是进行房地产交易的市场，它由房产市场和地产市场两部分组成。目前，我国的房产交易形式主要有：房产买卖，即房产所有权的有偿转移；房屋租赁，即房产所有者把一定时期的房产使用权有偿转让给承租人；房产互换，即房屋所有者在自愿互利的基础上，互相交换房产的使用权；房产抵押，即把住房作为抵押品，换取银行或其他融资机构的信贷资金。

我国现阶段的土地市场大体由三级市场组成：一级市场，是由国家垄断经营的市场，它涉及集体土地所有权的变更和国有土地所有权的实现；二级市场，是由具有法人资格的土地开发公司对土地进行综合开发、经营所形成的市场；三级市场，是用地单位土地使用权的横向有偿转让的市场。土地市场的经营方式主要有出售、出租、有偿转让、转卖、转租、抵押等。

（7）服务市场，是利用一定的场所、设备和工具，对消费者出售或同产品连在一起进行出售的活动、利益或满足感的市场。它包括旅游、交通、餐饮、教育、文化娱乐、咨询、修理等服务。

5. 按照市场地理位置或空间范围分类

按这种分类方法可以把市场分为国内市场、国际市场和边境市场。

（1）国内市场：一切市场活动都在本国进行。它包括若干个以经济活动地域专业化分工为基础的区域市场。各个区域市场既在局部空间范围内相对独立，又与其他区域市场紧密联系，互为供求关系。

按照地理位置，国内市场还可分为城市市场和农村市场。

（2）国际市场：在国际范围内不同国家或地区间进行商品交换活动。

（3）边境市场：在本国与邻国边境进行商品交换活动。

6. 按交易方式分类

这种分类方法可以把市场分成现货市场、期货市场和易货市场。

（1）现货市场。指买卖的商品、有价证券及外汇等实物均以现货的形式，当即实现商品所有权转移的市场。在现货市场上，买卖双方必须遵照以下规则：①成交与交割基本同时进行，即采取"一手交钱，一手交货"的即期一次完成的交易方式。②交易对象为实物，即卖方须向买方转移商品实体。③在交割时，购买者必须支付现款。

现货交易有时也可通过谈判签订远期现货合同，指定数量和等级的商品，应根据合同的规定在规定时间内交货。

现货市场的交易方式灵活多样、交易方法简单快捷、交易范围覆盖面广、能够灵敏提供供求信息。按照交易对象不同，现货市场可分成商品现货市场、证券现货市场及外汇现货市场。按照交易方式不同，也可以分为批发市场和零售市场。

（2）期货市场。是买卖商品或金融工具的期货或期权合约的市场。期货市场是在现货市场基础上发展形成的一种高级形态的市场形式。它是从事期货交易者按照法律所组成的一种非营利性的会员制的有组织的市场。期货市场的特点主要表现在：①成交和交割不同步，交割是在成交后的一定时期后进行的。②期货市场在交割时不一定进行实物交换，而可以对冲了结。③交易的商品是标准、规范化的期货合约，而不是实际货物。④期货交易既有套期保值者又有投机者。⑤期货市场是高度规范化的市场。

（3）易货市场。买卖双方把对方需要而各自闲置的物品进行等价交换。在易货市场上没有货币的转移，只有商品所有权的转移。进行交易的基础就是双方所认可的等量关系。

除以上分类外，还可以采用其他标准对市场进行多种区分，如按性别、年龄、职业、社会阶层、民族等人文标准，分成男性市场、儿童市场、知识分子市场、高收入阶层市场等。按商品消费频率可分成耐用消费品市场和非耐用消费品市场；按消费者购买习惯可分成日用品市场、选购品市场、特殊品市场和非渴求品市场；按商品质量和档次可分成精品市场、大众商品市场等。

各种分类标准，均从不同角度对市场结构进行了剖析，市场营销学主要根据购买者及其购买目的进行市场划分。即把市场划分为消费者市场和组织市场，其中组织市场包括产业市场、中间商市场和政府市场。

2.2　市场营销观念

2.2.1　市场营销观念的演变过程

市场营销观念（也称为市场营销管理哲学）是企业经营活动的基本指导思想，是一种理念、态度或思维方式，是企业在进行市场营销管理过程中，制定营销方案、组织和从事营销活动的指导思想。

企业、顾客和社会之间存在着各种利益关系。企业必须全面地分析所处的营销环境，正确地处理三者的利益关系，而这需要企业必须有自己明确的原则和取向用于指导营销实践。企业的市场营销观念即是企业处理上述问题的原则，它的核心是企业如何处理企业、顾客和社会三者之间的利益关系。

市场营销观念是随着社会生产和科学技术的进步，商品日趋丰富、竞争日益激烈、市场经济不断发展而逐渐演变的。纵观世界一些经济发达国家的企业营销管理哲学的变化过程，一般经历了传统市场营销观念和现代市场营销观念两个阶段。

1. 传统市场营销观念

（1）生产观念（production concept）

生产观念是指导销售者行为的最古老的观念之一，这种观念产生于 20 世纪 20 年代前。企业经营哲学不是从消费者需求出发，而是从企业生产出发。其主要表现是"我生产什么，就卖什么"。生产观念认为，消费者喜欢那些可以随处买得到而且价格低廉的产品，企业应致力于提高生产效率和分销效率，扩大生产，降低成本以扩展市场。因此，企业把全部精力和重点都投入到如何提高产量，对消费者的需求和愿望很少关心。其生产或销售活动都从自身出发，不进行市场调查与研究。这是一种重生产、轻市场营销的观念。

在那个时期，以美国为代表的资本主义经济高速发展，由此带动了市场不断扩大，需求较为旺盛。与需求相比，生产能力明显不足，可供应的产品不够丰富，物资短缺。因此，市场的总体趋势是商品供不应求，卖方市场居于主导地位。企业只要扩大生产，提高产量并降低成本，就可以获得巨额利润，而无须考虑产品销路。消费者处于被动地位，只要有商品可买，无论花色、品种如何，都愿意并只能接受。在这种情况下，生产观念被众多企业接受。

【例2-1】

"生产观念"使福特T型车陷入困境

亨利·福特出生在一个农民家庭。16岁时，他离家来到底特律，在爱迪生照明公司当工人。当时汽车刚诞生不久，亨利·福特迅速被这新奇的玩意儿吸引住了。1903年6月16日，靠亨利·福特和其他11位投资者筹措的2.8万美元，福特汽车公司在底特律的一间由货车车间改造而成的窄小工厂中宣告成立。1903—1908年间，亨利·福特和他的工程师们狂热地制造了19种车型，其中不乏非常成功的车型。然而1908年10月1日诞生的T型车才真正具有划时代的意义，似乎怎么形容这款车对于福特汽车公司乃至世界汽车业历史的意义都不为过。T型车赢得了千千万万美国人的心，人们亲切地称之为"莉齐"，第一年的产量就打破了汽车业的历史纪录。随后当T型车的价格降至259美元时，数百万的美国家庭从此拥有了第一辆汽车。从一定意义上说，传奇的T型车创造了美国汽车工业史，也使福特从此成为世界知名的汽车品牌之一。在短短的7年时间里，福特公司一跃成为世界上最大的汽车制造商。然而，由于奉行"以生产为中心"的观念，公司管理的核心是尽可能多地生产，并由此产生了流水线作业。在生产观念的指导下，T型汽车的生产效率非常高，生产成本不断降低。T型车在1921年的时候曾占据美国汽车市场上56%的市场占有率。生产观念在商品生产量不多、供应不充足、竞争不激烈、产品不愁没有销路的经济发展阶段还是有一定的指导作用的。但随着科学技术和社会生产力的发展以及供求形势的变化，其适用范围将越来越小。到20世纪中期，汽车市场由卖方市场转变为买方市场，而福特公司仍然不考虑市场需求发生的变化，福特的老总甚至宣称"不管顾客需要什么颜色的汽车，我只生产一种黑色T型车"，而这种不顾顾客需求的做法使得福特在遭遇式样和色彩多样的通用雪佛兰时很快就陷入市场困境。

案例来源：徐向阳. 从福特T型车的兴衰谈汽车营销理念的转变[N]. 中国汽车报,2004年12月13日第29版,由编者加工整理.

（2）产品观念（product concept）

这是与生产观念并存的市场营销观念。同样存在于"卖方市场"形势下。它认为消费者喜欢购买高质量、多功能和具有某种特色的产品，企业应致力于提高产品质量，不断开发新产品。这种观念改变了由于单纯追求效率而造成的产品质量上的问题，是营销观念上的进步，在提高产品质量方面做出了贡献。但这种观念容易造成"市场营销近视症"，即企业不适当地把注意力放在产品上，而不是放在市场需要上，在市场营销管理中缺乏远见，只看到自己的产品质量好，看不到市场需求在变化，致使企业经营陷入困境。产品观念的典型表现就是"只要产品质量好，就一定有销路"。然而当市场条件发生变化后，企业如果仅仅关注自己的产品而不考虑消费者真正的需求，产品观念也一样会成为企业发展的障碍。

（3）推销观念（selling concept）

推销观念产生于资本主义国家由"卖方市场"向"买方市场"过渡的阶段。在1920—1945年，由于科学技术的进步，科学管理和大规模生产的推广，产品产量迅速增加，逐渐出现了市场产品供过于求、卖主之间竞争激烈的新趋势。特别是 1929 年爆发的空前严重的世界性经济危机，使大批企业面临产品积压、市场萧条、破产倒闭的严重威胁。在这种形势下，多数企业意识到仅依靠扩大生产规模和降低成本是远远不够的。许多企业家感到：即使有物美价廉的产品，也未必能卖得出去；企业要在日益激烈的市场竞争中求得生存和发展，就必须重视推销工作。

推销观念认为：消费者通常不会主动选择和购买某种商品，而只能通过推销的刺激作用，诱导其产生购买行为。由于任何顾客都可能通过推销工作被说服，因此，企业只要努力推销某种产品，消费者就会更多地购买该产品。在推销观念的指导下，企业坚持以销售为中心，纷纷采用加强推销机构、增加销售工作内容、增加和培训推销人员、研究推销技术和大力进行广告宣传等办法，来努力推销自己的产品。企业相信产品是"卖出去的"，而不是消费者主动购买的。奉行推销观念的企业被称为推销导向企业，其典型表现就是"我推销什么，你就买什么"。

由于企业以推销出去产品作为经营的目的，而对产品是否符合消费者需要、是否让顾客满意等重视不够，因此，这一观念仍有其局限性。在执行中，有的企业甚至不惜采用各种手段，硬性兜售产品，形成所谓"高压推销"或"强力推销"，使消费者利益受到潜在损害。

2. 现代市场营销观念（marketing concept）

1）市场营销观念

20 世纪 50 年代以来，美国等发达资本主义国家相继进入市场经济阶段。一方面，随着科学技术的高速发展和战时庞大的军事工业转产为民用产品，社会产品供应量剧增，品种花色丰富多样，产品更新换代的周期逐渐缩短；另一方面，由于发达国家普遍实行高工资、高福利、高消费政策，促使消费者的购买力大幅度提高，消费需求和欲望不断变化，人们不仅比以往富有，而且更精明，要求更苛刻。这样企业仅仅在产品生产出来之后再考虑推销问题已经不能适应变化了的市场需求。买方市场要求企业必须在生产之前就要花费相当的力量来研究消费需求。企业的生存与发展完全依赖于对消费者需求的识别能力，以及适应需求变化而调整营销策略的应变能力。相应地，在企业营销中便出现了一种全新的思想观念，即以消费者需求为中心的市场营销观念。

市场营销观念是一种以顾客的需要和欲望为导向的市场营销管理哲学，它以整体营销为手段，来取得顾客的满意，从而实现企业的长期利益。"消费者需要什么，我们就生产什么"；"市场需要什么，我们就卖什么"；"哪里有消费者的需要，哪里就有营销机会"。所以市场营销观念变"制造产品并设法销售出去"为"发现需要并设法满足"；不再是"推销已经生产出来的产品"，而是"制造能够销售出去的产品"。这样，要求在此观念指导下的企业，必须从设计产品起就调查消费者想什么、需要什么，然后才根据消费者的要求去进行设计和生产。产品生产出来以后，还要运用整体营销手段，以适当的价格，在适当的时间，运用适当的方式与途径，送达到消费者手中。产品销售后，还要了解消费者购买产品或使用产品时有什么意见，据此改进产品设计、品质、规格、包装、式样、颜色、商标、定价及分销渠道、广告和售后服务等。总之企业的一切营销活动都围绕消费者需求这个中心来进行。

市场营销观念的理论基础是"消费者主权论"，即决定生产何种产品的主权不在于生产者，也不在于政府，而在于消费者。在生产者和消费者的关系上，消费者是起支配作用的一方，生产者应当根据消费者的意愿和偏好来安排生产。只要生产出消费者所需要的产品，就不仅可以使消费者的需求得到满足，而且可以使自己获得利润，否则他们的产品是不会有销路的。显然，这一观点只有在商品供过于求的买方市场条件下才能形成并盛行。

市场营销观念要求企业树立两个基本观点：①企业的一切营销活动都以顾客为中心，并将满足顾客的需求作为企业生存和发展的条件。②企业的经营活动以利润为目标，但不能着眼于一次利润的大小，而要在满足顾客需求的基础上，力求长期利润的最大化。

市场营销观念较之传统的经营观念是一次根本性的变革，由以产定销过渡到以销定产，由生产导向过渡到了市场导向，在起点、中心、手段、终点都表现出不同（见表 2-1）。

表 2-1　现代市场营销观念与传统市场营销观念的比较

	起点	中　心	产销关系	手　段	目　的
传统市场营销观念	工厂	企业擅长的产品	以产定销	推销及促销	通过销售获得利润
现代市场营销观念	市场	顾客需求	以销定产	整体营销	通过满足顾客 需要获得利润

从上面的起点、中心、产销关系、手段和目的几个方面来分析，首先，市场营销观念注重的是企业找到准确的目标市场，并有效地为之服务。市场是巨大和广阔的，即使是大型企业也不可能满足所有顾客的所有需要，企业的任务就是进行市场细分，并根据环境条件找到目标市场，这样，企业市场营销活动的针对性才更强，效果才更好。其次，在企业的市场营销活动中要围绕着顾客的需要这个中心来开展工作。认识顾客的需要并非一件易事，因为有时可能连他们自己也很难说得出真正的需要是什么。再次，一个企业的市场营销活动是由不同的部门共同努力才完成的。因此，在市场营销观念下，要求企业的不同部门都能够围绕企业的市场营销目标来开展工作。当企业的所有部门都在为满足顾客的利益服务时，就可以通过整合营销途径实现企业的目标。最后，在满足顾客需要前提下的盈利能力，在一个竞争激烈的市场环境下，主动地贯彻市场营销观念的企业虽然最终目标是获得利润，但在利润的追求过程中，关键之处不在于追求利润本身，而是把获得利润当成整个市场营销工作的副产品。

20 世纪 70 年代以后，市场营销观念普遍被工商企业所应用。但有些企业片面地理解了以消费者需求为中心的思想，在营销实践中也出现了偏差。有的企业的生产和销售仅仅考虑市场的需要，而忽视了企业自身的资源条件和营销能力，因而经营效果并不理想，甚至于有些企业因此而衰亡。

2）社会市场营销观念（social marketing concept）

社会市场营销观念认为：企业的任务是确定各个目标市场的需要、欲望和利益，并以保护或提高消费者和社会福利的方式，比竞争者更有效、更有利地向目标市场提供能够满足其需要、欲望和利益的物品或服务。社会市场营销观念要求企业市场营销者在制定市场营销政策时，要统筹兼顾三方面的利益，即企业利润、消费者需要的满足和社会利益。

社会市场营销观念适应人类社会发展进步的要求,是对市场营销观念的修改和补充。在这一观念指导下,企业市场营销不再以消费者需要作为唯一出发点,而是充分考虑社会利益,寻求消费者、社会与企业利益的平衡点。见图 2-1。

综合以上对市场营销观念的阐述,现代市场营销观念的特点可以概括为:①顾客导向。包括确定顾客需求的真正含义、寻找细分市场、差异化营销、研究顾客行为、采取适当行动等。②整体营销。各部门配合一致、营销要素配合一致。③顾客满意。帮助而非取悦、"双利行为"、社会利益与企业利益一致、帮助稳定顾客群。

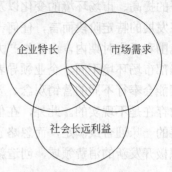

图 2-1　社会市场营销观念

2.2.2　传统市场营销观念与现代市场营销观念的区别

传统市场营销观念与现代市场营销观念在指导思想、出发点、手段运用、最终结果上存在着本质的区别。

1. 指导思想方面的区别

传统市场营销观念把消费者作为企业获取利润的主要来源,忽视消费者自身的利益和要求;现代市场营销观念则是把消费者的需要视作企业生存发展的前提和动力,满足需求是企业进行市场营销的核心工作。

2. 营销活动出发点方面的区别

传统市场营销观念从企业的要求和产品本身出发,根据自身的生产能力决定生产产品的品种和数量,在生产过程开始前不考虑市场销路;现代市场营销观念则以消费者需求作为营销活动的出发点,强调从市场调查预测开始,深入研究消费者的需求特点,根据消费者的需求生产适销对路的产品。

3. 营销手段方面的区别

传统市场营销观念的手段比较单一,偏重于通过提高生产效率、降低成本、提高产品质量来提高价格,或借助各种推销手段促成产品销售;现代市场营销观念则强调营销手段的综合性、整体性,运用产品设计、定价、分销渠道、促销等多种手段的有效配合,把商品销售给消费者,从而全方位地满足消费者的多种需求。

4. 营销活动目标及实现途径方面的区别

传统市场营销观念以获取盈利为唯一目标,考虑如何把产品换成现金,力求通过每次销售取得最大的即期利润;现代市场营销观念则强调企业盈利与消费者及社会长远利益的兼顾与平衡,强调通过满足消费者需要和维护社会长远利益来实现企业的长期利益。

5. 营销观念适用背景方面的区别

传统市场营销观念适用于产品供不应求,卖方居于支配地位的卖方市场背景;现代市场营销观念则适用于产品供过于求,卖主竞争激烈,买方居于主导地位的买方市场背景。

在现代市场经济条件下，传统市场营销观念的落后和束缚是显而易见的。从传统市场营销观念向现代市场营销观念的转变是一个渐进的过程。这一过程是与生产力发展水平的提高、市场环境的变化以及社会的文明进步程度密切联系在一起的。相对于商品经济发展的特定阶段而言，任何一种营销观念的存在都有其必然性和合理性。在一定社会范围和历史时期内，由于生产力发展不平衡，不同行业、不同地区、不同产品的微观或局部市场环境不同，企业领导者的认识水平和价值取向也不尽相同。因此，不同的企业可能会奉行不同的营销观念。要求营销观念整齐统一，简单地摒弃或否定某种营销观念的存在是不现实的。此外，在倡导新的营销观念时，应注意避免片面强调对现有消费需要的一味迎合或满足，而忽略了运用现代科学技术发明和制造新产品，主动引导消费，积极开发新的消费领域，创造新的消费需求。

2.2.3 市场营销观念的新发展

市场营销观念自 20 世纪 90 年代之后有了一些新的发展。这是市场营销理论随着社会实践的不断深化而不断完善、不断成熟的表现。比较有代表性的有生态市场营销观念、绿色市场营销观念、整体市场营销观念和顾客让渡价值观念。

1. 生态市场营销观念（ecological marketing concept）

这种营销观念是市场营销观念的修改与补充。生态市场营销观念认为：任何企业都如同生物有机体一样要同其生存环境相适应、相协调。工商企业的一切活动，都应像生物适应自然环境那样，与市场环境相适应。既要考虑市场的消费者需求，又要顾及自己的能力与条件，使企业在两者之间取得"生态平衡"。生产既能满足消费者需要，又是企业擅长的产品。它是一种将市场需求同企业优势相结合的市场营销观念，是针对个别企业片面奉行市场营销观念，忽视本身实力组织生产，造成资源浪费的现象而提出来的。见图 2-2。

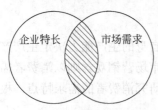

图 2-2　生态市场营销观念

在这种市场营销观念指导下，企业既可满足消费者的需要，又能取得企业的生存与发展。但它回避了消费者需要、消费者利益和长期社会利益之间隐含着冲突的现实。特别是 20 世纪 70 年代以来，西方发达国家在经济高度繁荣的同时，面临着一系列带有普遍性的社会问题，诸如环境污染、资源浪费、通货膨胀、忽视社会服务等。如清洁剂的使用，满足了人们洗涤物品的需要，但其废水的排放严重污染了水源。与此同时，随着西方消费者保护运动再度兴起，许多国家成立了保护消费者利益的组织，政府部门制定了相应的法律。商业欺诈、不健康、不安全、不文明等消费行为受到消费者的广泛抵制和谴责。这种变化要求企业在满足消费者个人需要的同时，更要考虑社会和消费者自身的长远利益。因此，又提出了"社会市场营销观念"。

2. 绿色市场营销观念（green marketing concept）

绿色市场营销观念强调企业在进行市场营销活动时，要努力把经济效益与环境效益结合起来，尽量保持人与环境的和谐，不断改善人类的生态环境。

绿色市场营销观念要求企业要尽可能地采用符合环保标准的生产技术、原材料、制造工艺，生产符合环境要求的绿色产品，使用可以自动降解的包装材料，并指导人们合理使用，以降低对环境的不利影响；在分销和促销过程中，应积极引导消费者在产品售前、售中、售后服务中，注意节省资源、减少污染。

3. 整体市场营销观念（total marketing concept）

1992 年，市场营销学界权威菲利普·科特勒提出了整体市场营销。他认为，从长远利益出发，公司的市场营销活动应囊括构成其内、外部环境的所有重要行为者，他们是：供应商、分销商、传媒、一般大众、最终顾客、职员、财务公司、政府、同盟者、竞争者等。

4. 顾客让渡价值（customer delivered value）

顾客让渡价值观念是菲利普·科特勒在 1994 年提出的。他指出：顾客让渡价值是顾客总价值与顾客总成本之间的差额。顾客总价值是指顾客购买某一产品与服务所期望获得的一组利益，包括产品价值、服务价值、人员价值和形象价值等。顾客总成本是指顾客为购买某一产品或服务所耗费的时间、精神、体力及所支付的货币资金等。它包括货币成本、时间成本、精神成本和体力成本等。

由于顾客在购买产品时，总希望把有关成本包括货币、时间、精神和体力等降到最低限度，而同时又希望从中获得更多的实际利益，以使自己的需要得到最大限度的满足，因此，顾客在选购产品时，往往从价值与成本两个方面进行比较与分析，从中选择出价值最高、成本最低，即"顾客让渡价值"最大的产品作为优先选购的对象。

企业为在竞争中战胜对手，吸引更多的潜在顾客，就必须向顾客提供比竞争对手具有更多"顾客让渡价值"的产品，提高顾客满意度，使他们更多地购买本企业的产品。要提高顾客的满意度，企业可以从两个方面来改进：一方面可以提供顾客总价值；另一方面可以降低顾客的总成本。

1）增加顾客总价值

增加顾客总价值可以通过增加产品价值、服务价值、人员价值和形象价值等方面来实现。

（1）产品价值。产品价值是由产品的功能、特性、品质、品种与式样等所产生的价值。它是顾客需要的中心内容，也是顾客选购产品的首要因素。因而一般情况下，它是决定顾客购买总价值大小的关键和主要因素，产品价值是由顾客需求来决定的。因此，要求企业必须认真分析不同经济发展时期顾客需求的共同特点以及同一发展时期不同类型顾客需求的个性特征，并据此进行产品的开发与设计，增强产品的适应性，从而为顾客创造更大的价值。

（2）服务价值。服务价值是指伴随产品实体的出售，企业向顾客提供的各种附加服务，包括产品介绍、送货、安装、调试、维修、技术培训、产品保证等所产生的价值。服务价值是构成顾客总价值的重要因素之一。在同类产品的质量与性质大体相同或类似的情况下，企业向顾客提供的附加服务越全面越优质，产品的附加价值越大，顾客从中获得的实际利益就越大，从而购买的总价值越大；反之，则越小。因此，在提供优质产品的同时，向消费者提供完善的服务，已成为现代企业市场竞争的新焦点。

（3）人员价值。人员价值是指企业员工的经营思想、知识水平、业务能力、工作效益与质量、经营作风、应变能力等所产生的价值。企业员工直接决定着企业为顾客提供的产品与服务的质量，决定着顾客购买总价值的大小。人员价值对企业、对顾客的影响作用是巨大的，并且这种作用往往是潜移默化、不易度量的。因此高度重视企业人员综合素质与能力的培养，加强对员工日常工作的激励、监督与管理，使其始终保持较高的工作质量与水平就显得至关重要。

（4）形象价值。形象价值是指企业及其产品在社会公众中形成的总体形象所产生的价值。包括企业的产品、技术、质量、包装、商标、工作场所等所构成的有形形象所产生的价值；公司及其员工的职业道德行为、经营行为、服务态度、作风等行为形象所产生的价值；以及企业的价值观念、经营管理哲学等理念形象所产生的价值等。形象价值与产品价值、服务价值、人员价值密切相关，在很大程度上是上述三个方面价值综合作用的反映和结果。良好的形象是企业宝贵的无形资产，会对企业及其产品产生巨大的支持作用，赋予产品较高的价值，从而带给顾客精神上和心理上的满足感、信任感，使顾客的需要获得更高层次和更大限度的满足，从而增加顾客购买的总价值。因此企业应不断塑造和提升自身的社会形象。

2）降低顾客总成本

顾客总成本不仅包括货币成本，而且还包括时间成本、精神成本、体力成本等非货币成本。一般情况下，顾客购买产品时首先要考虑货币成本的大小，因此，货币成本是构成顾客总成本大小的基本因素和主要因素。在货币成本相同的情况下，顾客在购买时还要考虑所花费的时间、精神、体力等，因此这些支出也是构成顾客总成本的重要因素。下面我们主要分析一下后面三种成本，即时间成本、精神成本和体力成本（统称精力成本）。

（1）时间成本。时间成本是指顾客为购买某一特定产品或服务所耗费的时间。在顾客总价值与其他成本一定的情况下，时间成本越低，顾客购买的总成本就越小，从而"顾客让渡价值"越大。如以服务企业为例，顾客为购买餐馆、旅馆、银行等服务行业所提供的服务时，常常需要等候一段时间才能进入正式购买或消费阶段，特别在营业高峰期更是如此。在服务质量相同的情况下，顾客等候购买该项服务的时间越长，所花费的时间成本越大，购买的总成本就会越大。同时，等候时间越长，越容易引起顾客对企业的不满意感，从而中途放弃购买的可能性也会增大。反之，亦然。因此，努力提高工作效率，在保证产品与服务质量的前提下，尽可能减少顾客的时间支出，降低顾客的购买成本，是为顾客创造更大的"顾客让渡价值"、增强企业产品市场竞争能力的重要途径。

（2）精力成本（精神与体力成本）。精力成本是指顾客购买产品时，在精神、体力方面的耗费与支出。在顾客总价值与其他成本一定的情况下，精神与体力成本越小，顾客购买产品所支出的总成本就越低，从而顾客让渡价值就越大。因为消费者购买产品的过程是一个从生产需求、寻找信息、判断选择、决定购买到实施购买，以及购后感受的全过程。在购买过程的各个阶段，均需付出一定的精神与体力。如当消费者对某种产品产生了购买需求后，就需要搜集该种产品的有关信息。消费者为搜集信息而付出的精神与体力的多少，会因购买情况的复杂程度不同而有所不同，就复杂购买行为而言，消费者一般需要广泛全面地搜集产品信息，因此需要付出较多的精神与体力，对于这类产品，如果企业能够通过多种渠道向潜在顾客提供全面详尽的信息，就可以减少顾客为获取产品情报所花费的精神与体力，从而降低顾客购买的总成本。因此，企业采取有效措施，对增加顾客购买的实际利益，降低购买的总成本，获得更大的"顾客让渡价值"具有重要意义。

3）提高顾客让渡价值应注意的问题

企业在提高顾客让渡价值的工作中应注意以下几个问题。

（1）顾客让渡价值的多少，受顾客总价值与顾客总成本两个方面因素的影响。顾客总价值与顾客总成本的各个构成要素之间也是相互作用的，因此企业在制定各项市场营销决策时，应综合考虑构成顾客总价值与顾客总成本的各项因素之间的相互关系，从而用较低的生产经营费用为顾客提供具有更多"顾客让渡价值"的产品。

（2）不同的顾客群对产品价值的期望与对各项成本的重视程度是不同的。企业应根据不同顾客群的需求特点，有针对性地增加顾客总价值，降低顾客总成本，使顾客的需要获得最大限度的满足。

（3）为了争取顾客，战胜竞争对手，巩固和提高产品市场占有率，企业往往采取顾客让渡价值最大化策略。应该看到，企业追求顾客让渡价值最大化往往会导致成本增加、利润减少。因此，企业在市场营销实践中应掌握一个合理的限度，而不应片面追求顾客让渡价值最大化，顾客让渡价值的大小应以能够实现企业营销目标为原则。

2.3　市场营销管理

在现代市场经济条件下，企业必须高度重视市场营销管理，根据市场需求的现状与趋势，制订计划，配置资源，通过有效地满足市场需求来赢得竞争优势，求得生存与发展。

2.3.1　市场营销管理的实质

市场营销管理是指为了实现企业的营销目标，创造、建立和保持与目标市场之间的互利交换和关系而规划和实施的理念、产品和服务构思、定价、促销和分销的过程，它包括分析、计划、执行和控制，目标是满足各方面的需要。市场营销管理的基本任务就是为达到企业目标，通过营销调研、计划、执行与控制来管理目标市场的需求水平、时机和性质。因此市场营销管理的实质是需求管理。在营销实践中，企业营销管理人员不仅要善于发现和满足顾客需求，而且要借助管理职能，采取不同的营销措施和策略去应付各种需求状态。

2.3.2　市场营销管理的任务

根据需求水平、时机和性质的不同，可归纳出八种不同的需求状况。在不同的需求状况下市场营销管理的任务有所不同。

1. 改变负需求

负需求是指绝大多数人对某个产品感到厌恶甚至回避的需求状态。而这种状态不是由于企业所提供的产品造成的，而是人们对这种产品的认识和理解产生了偏差。针对这种需求的特点，市场营销管理者应该分析其产生的原因，加强广告说服工作，向其说明产品的成分、用途和实际效用，使其改变对产品的认识和理解，从而积极购买和采用这种产品。

【例 2-2】

及时改变负需求的雀巢速溶咖啡

雀巢速溶咖啡刚上市时，销售情况非常不好，甚至有的消费者对其表现出厌恶。为了找到销售不畅的原因，雀巢咖啡请来了心理学家对消费者的购买行为进行研究。研究者首先进行了第一个测试：通过把顾客的眼睛蒙上，品尝各种咖啡并评价其口味。这项测试的结果显示消费者对雀巢咖啡的产品不排斥，并且感觉其产品品质很好。这就表明销售不畅的原因并不在于产品本身。研究者接着进行了下一个测试：打印了两份超市的购物清单，两张清单购买的货品几乎相同，唯一的差异就是一张买的是传统的咖啡，一张买的是雀巢速溶咖啡。访问员请被访者描述拿着这两张清单的家庭主妇的形象，结果是大部分的受访者把买了传统咖啡的人描绘为一个勤快的主妇，而把买了雀巢速溶咖啡的人描绘成一个懒惰的主妇。原来在主妇的潜意识里，只有懒惰的媳妇才会用速溶咖啡给丈夫做咖啡。因此，这些主妇在购买咖啡时会有意识地回避速溶咖啡。找到消费者产生负需求的原因之后，雀巢改变了原来的营销策略，不再一味地强调口味的好，而是通过专门的广告策略向消费者传递了速溶咖啡给忙碌的上班族带来的方便与优质生活。

资料来源：吴柏林. 广告心理学[M]. 北京：清华大学出版社，2011.

2. 刺激无需求

无需求是指目标顾客对为其设计、提供的产品漠不关心，认为可有可无的需求状态。这种状态产生的原因是人们不了解产品；不习惯使用这种产品；认为过去没有这种东西没觉得不好，现在有了这种产品也没感觉有太大变化。针对这种需求特点，市场营销管理者应通过大力促销及商品演示等其他市场营销措施，努力将产品所提供的利益与人们的自然需要联系起来，激发消费兴趣，使其真正体验到新产品比原有产品具有更多的好处，从而产生购买和使用的积极性。如微波炉在我国的推广，一开始由于烹饪方法与中国传统烹饪方法有很大区别，使消费者不能接受。后来有些厂家在电视台制作有关微波炉烹饪技巧的专题节目，并当消费者购买时，在商品包装中附有 365 日菜谱，从而激发了消费者的兴趣，真正感受到了它省时、省力、节省能源等诸多好处，使微波炉的销售日渐火爆。

3. 开发潜伏需求

潜伏需求是指消费者对某种产品有强烈的需求，但现实情况下无法实现的状态。这种状态产生的原因是：现实中没有满足需求的产品、购买能力有限等。针对这种需求状态，市场营销者应努力开展市场营销研究和潜在市场范围的测量，进而开发有效的产品和服务来满足需求。或改变付款形式，或创造消费条件，将潜伏需求转变为现实需求。如消费者在使用洗衣机时，希望有一种洗衣机可以同时洗涤不掉色与掉色两种衣物，套缸洗衣机的产生就满足了这种需求。

4. 扭转下降需求

下降需求是指需求呈下降趋势的状态。这种状态产生的原因有：某种产品普及率较高，需求减少；某种产品的换代品出现，冲击了原有产品市场；人们的消费兴趣发生转移等；针对这种需求状态，市场营销管理者应分析需求衰退的原因，在积极开拓新市场的同时，改进原有产品的特色、外观，开发原有产品的新用途或新市场，采用更有效的沟通手段来刺激需求，使老产品的需求得到恢复，并通过创造性的产品再营销来扭转需求下降的趋势。

【例 2-3】

蔡氏贡掸是如何扭转下降需求的

鸡毛掸子，是过去百姓生活中的必需品之一。但随着人们生活条件的改善和生活方式的快速变化，鸡毛掸子不再是生活中的必需品了，其需求也开始下降。天津的"蔡氏贡掸"却并没有在市场需求的变化中退出市场。蔡氏贡掸选料精细，外形美观，羽毛自然与掸杆成接近 90°角，且不生虫。蔡氏贡掸旧时就曾是上流社会的宠儿，掸子插在瓶中，寓意"平安吉祥"。而今天蔡氏贡掸再次给每一个贡掸赋予吉祥的寓意：墨龙掸全黑，寓意"镇宅避邪，永保平安"；玉兔掸全白，寓意"祛病消灾，健康长寿"等，蔡氏贡掸为产品配置相应的配件：漂亮的包装、根雕的掸架等。蔡氏贡掸正是通过对产品内涵和外延的调整，扭转了下降的需求，给产品带来了新的生命力。

资料来源：案例根据《今晚经济周报》2009.1.16,《一把鸡毛掸 内有大名堂》，由编者加工整理。

5. 协调不规则需求

不规则需求是指某些产品或服务的供给与需求在时间上不一致、波动很大的状态。造成这种需求状态的原因有些是由于生产的常年性、消费的季节性或生产的季节性、消费的常年性造成的；有些是由于消费者的生活节奏造成的。如公休日、节假日、下班时间与平时繁忙时间的销售就有些不均衡。针对这种需求状态，市场营销者应通过灵活的季节差价大力促销、调整经营时间、采用先进的科学技术等手段来调整供给与需求的时间模式，尽量使供给与需求在时间上协调一致。

6. 维持充分需求

充分需求是指某种产品或服务的目前需求水平和时间与预期的需求水平和时间一致的状态。这是企业最理想的一种需求状态。市场营销者应努力保持产品质量，经常测量消费者满意程度，通过降低成本来保持合理价格，并激励推销人员和经销商大力推销，千方百计维持现有的需求水平。

7. 限制过量需求

过量需求是指某种产品或服务的市场需求超过了企业所能供给的水平的状态。这种状态产生的原因有产品供应数量由于生产的限制而不足，企业资源的限制等使产品供不应求。针对这种需求状态，市场营销管理者可通过提高价格、减少附加服务和项目等手段暂时限制需求水平。需要强调的是，限制需求是暂时的，一旦生产或资源状况有了改善，就可以采用促进的手段，满足需求。

8. 抑制有害需求

有害需求是指对某些不利于人们身心健康的产品或服务的需求。市场营销者应大力宣传其严重危害性，劝阻消费者放弃这种需求。

【例2-4】

新加坡政府抑制烟草的有害需求

大家都知道新加坡政府执法的严厉，对于烟酒的限制更是闻名于世。在新加坡，人们不能在除了酒吧以外的所有冷气室内吸烟，烟商也不准打广告、搞促销或进行任何商业赞助活动。新加坡同时对香烟课以非常高的赋税，香烟市价有超过一半是用来支付税收。2004年6月15日新加坡卫生官员表示，为了更有效地劝阻烟客吸烟，从2004年8月1日起，当局将强制规定香烟盒上印有"震撼性教育图像"，图像包括"受癌症细胞感染的肺部""鲜血淋淋的脑部"等。当局一共准备六款图像，并已明确告知厂商，必须把图像清楚印在香烟盒上显眼之处，图像面积也必须占烟盒面积50%或以上。新加坡政府的这些管制措施都有助于抑制吸烟这种有害需求。

资料来源：案例根据亚洲新闻网（2004-06-22）：新加坡香烟盒必须印上"震撼性教育图像"，由编者加工整理。

本 章 小 结

市场是某种产品或劳务的现实购买者与潜在购买者需求的总和。亦即指有特定需要和欲望，并具有购买力使这种需要和欲望得到满足的消费者群。市场由人口、购买力与购买欲望三个要素构成。

市场营销管理是为了实现企业目标，而对营销方案所做的分析、计划、执行与控制，以达到创建和保持与目标市场之间的互利交换和关系。针对市场需求的八种情况，企业应该采取改变负需求、刺激无需求、开发潜伏需求、扭转下降需求、协调不规则需求、维持充分需求、限制过量需求以及抑制有害需求等不同的营销管理策略。

市场营销观念（也称为市场营销管理哲学）是企业在进行市场营销管理过程中，制定营销方案、组织和从事营销活动的指导思想。即企业在开展市场营销管理的过程中，处理企业、顾客和社会三者利益方面所持有的态度、思想和观念。

传统的营销观念中生产观念和产品观念是最早出现的。生产观念强调消费者喜欢那些可以随处买得到而且价格低廉的产品，企业应致力于提高生产效率和分销效率，扩大生产，降低成本。生产观念的典型表现就是"我生产什么，就卖什么"。产品观念则认为消费者喜欢购买高质量、多功能和具有某种特色的产品，企业应致力于提高产品质量，不断开发新产品。产品观念的典型表现就是"只要产品质量好，就一定有销路"。这种观念很容易导致"营销近视症"的发生。推销观念产生于资本主义国家由"卖方市场"向"买方市场"过渡的阶段，这种观念认为消费者通常不会主动选择和购买某种商品，而只能通过推销的刺激作用，诱导其产生购买行为。推销观念的典型表现就是"我推销什么，你就买什么"。传统的营销观念都是以生产为出发点。

市场营销观念和社会市场营销观念是现代营销观念的代表。市场营销观念是一种以顾客的需要和欲望为导向的市场营销管理哲学，它以整体营销为手段，来取得顾客的满意，从而实现企业的长期利益。这种观念奉行"消费者需要什么，我们就生产什么"。社会市场营销观念认为：企业的任务是确定各个目标市场的需要、欲望和利益，并以保护或提高消费者和社会福利的方式，比竞争者更有效、更有利地向目标市场提供能够满足其需要、欲望和利益的物品或服务。社会市场营销观念要求企业市场营销者在制定市场营销政策时，要统筹兼顾三方面的利益，即企业利润、消费者需要的满足和社会利益。

现代营销观念自 20 世纪 90 年代之后有了一些新的发展，出现了生态市场营销观念、绿色市场营销观念、整体市场营销观念和顾客让渡价值观念等营销新观念。

思 考 练 习

1. 你对市场的概念是如何理解的？
2. 市场需求都有哪些状态？如何应对？
3. 市场营销观念是如何演变的？
4. 你认为根据我国目前的市场情况，企业应树立哪些营销观念？应如何实施？
5. 顾客让渡价值理论的主要内容是什么？它对企业营销有何指导意义？

案 例 讨 论

认真阅读开篇案例回答以下问题：
（1）你认为现代企业应是技术向导，还是市场向导？
（2）本田宗一郎领导下的本田的营销观念发生了怎样的变化？ 它们分别代表了怎样的营销观念？
（3）为什么营销观念的变化能够给本田带来巨大的变化？

推 荐 阅 读

[美]菲利普·科特勒，加里·阿姆斯特朗. 市场营销原理[M]. 第 11 版. 郭国庆，等，译. 北京：清华大学出版社，2007.

第 3 章

市场营销环境

本章提要

市场营销环境是指作用于企业营销活动的一切外界因素和力量的总和。任何企业的营销活动都会受到市场营销环境的影响和制约。企业的任何营销决策都应建立在对营销环境分析的基础上。本章将首先介绍市场营销环境的概念与特征，并依次讨论影响企业营销活动的宏观环境，包括人口环境、经济环境、自然环境、技术环境、政治法律环境以及社会文化环境以及影响企业营销活动的微观环境，包括企业自身、营销渠道企业、顾客、竞争者以及公众。最后探讨两种企业营销环境的分析方法，包括环境威胁与市场机会矩阵分析法和 SWOT 分析法。

学习目标（重点与难点）

通过本章的学习，要求学习者能够：

1. 了解企业的市场营销环境。
2. 熟悉企业的微观和宏观环境的构成。
3. 理解营销环境对企业营销活动的影响。
4. 能运用所学知识分析企业的营销环境。

框架结构（见图 3-0）

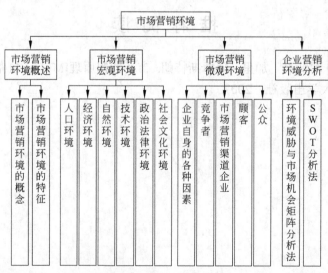

图 3-0　第 3 章框架结构

美特斯·邦威——从"名牌"到连续亏损

1994年美特斯·邦威（以下简称美邦）成立。2000年年初，美邦将总部从浙江搬迁至上海，并于2008年在深交所成功上市。2009年、2010年，创始人周成建两次登上中国内地服装首富。借助央视打广告，美邦的品牌认知度很快建立起来，也因此成就了被美邦引以为傲地称为"借网捕鱼"的模式。考虑到门店租金、装修、人员工资、税收等投资巨大，美邦采取特许连锁经营策略，根据区域不同，每年分别向加盟商收取5万～35万元的特许费。在1995—2003年，美邦在各地的专卖店数量从几十家飙升到1100多家。而顶峰时期的2012年，美邦的门店数量高达5 220家。

随着中国经济的快速发展，居民消费能力也迅速跟上。如美邦一样的品牌发展繁荣，也吸引了大量的国际品牌。原来仅仅是美邦、森马、真维斯、佐丹奴等品牌之间的竞争，突然加入了大量的国际品牌的竞争，产品、营销的优势不复存在。然而，在2008年美邦鼎盛时期，对于国际品牌的竞争，美邦公司并未有足够重视。当时周成建曾对媒体说，"虽然众多海外的大众时尚品牌进驻中国，一定程度上改变了国人的消费观，但相比美邦，它们还缺乏对中国市场的了解和研究，或者说还缺乏针对中国市场的发展战略"。

与此同时，另一个更为凶猛的压力来自互联网。资深服装行业分析师马岗分析："美邦所处的可以说是偏休闲和跨时尚的板块，它面临强大的国际竞争对手，如H&M、优衣库等；同时从价格上讲，整个互联网的服装品牌都是它的竞争对手。因为美邦所处的价位大概在300元以内，这是整个互联网服装卖得最好的价格带，而服装行业又是电商化最彻底的行业之一。这对美邦服饰的冲击力，是不言而喻的。"

互联网转型前景未明

美邦在2010年踏上互联网转型之路。相比较其他同类服装品牌，美邦在互联网转型上的举措可谓行业"先驱"，但效果并不理想。2010年12月，美邦上线电商平台邦购网，此举被认为是美邦在互联网转型中的"首秀"。消费者通过这个平台，可以在实体店内扫码消费，也能实现线上购物和线下退换。遗憾的是，邦购网运营还不到一年就草草收场，美邦为此投入的6 000万元打了水漂。

酝酿了两年之后，2013年10月，美邦宣布启动O2O战略。为了打造线下体验店，美邦关闭了一些加盟店，增开了1000多家直营店。美邦还试图将城市特色和店铺主题结合起来，引入"一城一文化，一店一故事"的理念，构建情景式购物。此时，独立运营了两年之久的邦购网也重新回归到公司体系内，全力配合周成建的O2O战略蓝图。然而在业内人士看来，美邦打造的体验店看客寥寥，O2O试水成效并不大。

2015年11月21日，美邦非公开发行股票42亿元，用于"智造"产业供应链平台、O2O多品牌销售平台及互联网大数据云平台中心的构建。2015年，周成建和周邦威共同发布"有范"APP。而针对这款APP的推广，美邦依然选择烧钱：连续两季高调冠名互联网选秀节目《奇葩说》，并且在2016年夏季让明星李易峰代言。但从市场反应来看，结果并不理想。中国的消费者被培养了在淘宝、天猫此类电商平台上消费的习惯，基本很难扭转向商家自营的电商平台上消费。根据 2016 年 3 月媒体报道，"有范" APP 当时的下载量仅有 37 万左右。

资料来源：美邦濒临*ST 龙头兴衰成行业困境缩影，2016-10-21，网易财经.

任何企业的营销活动都是在一定的市场营销环境中进行的，企业的各种经济行为都受到市场营销环境的影响和制约。企业营销成败的关键就在于能否适应复杂多变的市场营销环境。企业必须建立适当的系统，指定一些专业人员，采取适当的措施，经常监视和预测其周围的市场营销环境的发展变化，并善于分析和识别由于环境变化而造成的主要机会和威胁，制定营销战略和策略，并相应地调整企业的组织结构和管理体系，及时采取适当的对策，使其经营管理与其市场营销环境的发展变化相适应。

3.1　市场营销环境概述

3.1.1　市场营销环境的概念

市场营销环境是指作用于企业营销活动的一切外界因素和力量的总和。这些外界因素和力量所形成的营销环境，由于与企业营销活动的密切程度不同，又分为宏观环境和微观环境。见图 3-1。

市场营销环境各因素的变化，对企业的影响重大而直接。市场营销环境的任何变化对企业的发展都是一次挑战，因此，许多管理学专家都把企业能否在环境因素变化之前就采取行动，作为判断企业是否具有生存能力的一个重要标志。

图 3-1　企业的微观环境与宏观环境

3.1.2　市场营销环境的特征

市场营销环境，具有以下明显的特征。

1. 市场营销环境具有客观性

客观性是市场营销环境的首要特征。企业总是在特定的社会、市场环境中生存、发展。这种环境并不以营销者的意志为转移，有着自己的运行规律和发展趋势，具有强制性与不可控制性的特点。主观臆断营销环境及发展趋势，必然会导致营销决策的盲目与失误，造成营销活动的失败。不管企业是否承认，营销环境的影响作用是客观存在的。如：企业不可能随心所欲地阻止人口的增减与老化，环境的污染与自然生态的日趋恶化也是客观存在的。

2. 市场营销环境具有动态、多变性

构成企业市场营销环境的因素是多方面的，而其中任何一个因素都不是固定不变的，随着时间的推移，各种环境因素都在不断变化之中。企业从选择目标市场开始，虽已考虑了市场营销环境，但是从目标市场的选择，到进入、渗透、扩展的过程中，市场营销环境无时无刻不在变化，完全静止的营销环境是不存在的。这就要求营销人

员把握环境的变化趋势，顺应变化做出适当的决策，从中发现有利的营销机会，以发挥企业的优势。

3. 市场营销环境具有相关性

构成营销环境的各个因素不是孤立的，而是互相影响、互相制约、交叉作用的。某一社会经济现象的出现往往不是由单个环境因素决定的，而是受到一系列相关因素的影响。因此，企业在研究营销环境时，要把它当作一个系统，注意到各因素之间的相关性及影响，切不可把各种因素割裂开来，孤立地片面地加以研究。

4. 市场营销环境是可以利用的

市场营销环境的客观性决定了企业既不能创造环境，也不能阻止环境的变化，但环境却是企业可以利用的。市场营销环境对企业营销活动的影响无非是两个方面：提供新的市场机会、造成新的营销威胁。而机会和威胁往往是并存的，在一定条件下可以互相转化。企业只要能动地把握营销环境的发展变化趋势，就能抓住有利的市场机会得以发展，并尽量地避免和减少环境威胁带来的风险和损失。

此外，市场营销环境还具有集合性（由两个以上的不同的因素所组成）、整体性（整体环境不是各环境因素的简单相加）、层次性（整体环境由政治与法律环境、经济环境、社会文化环境、科学技术环境等较小的环境构成）等特征，所以市场营销环境是一个大的系统，分析营销环境应采用系统分析的方法，把握其整体效应。

3.2 市场营销宏观环境

宏观环境是指那些给企业造成市场机会和环境威胁的主要社会力量，它是间接影响企业营销活动的各种环境因素之和。它包括人口环境、经济环境、自然环境、技术环境、政治法律环境和社会文化环境等。见图 3-2。

图 3-2　企业的宏观环境

3.2.1 人口环境

人口是构成市场的第一位因素，人口数量直接决定市场规模和潜在容量。人口的规模、年龄结构、性别结构、职业、居住分布、人口素质等人口特性，会对市场格局产生深刻影响。企业在分析人口环境的过程中可以从以下几个方面来研究。

1. 人口总量

一个地区人口总量是决定该地区市场容量特别是消费品市场容量的因素。随着科学技术的进步、生产力的发展和人民生活条件的改善，世界人口的平均寿命大大延长，死亡率大大降低，世界人口迅速增长。值得注意的是，与发展中国家人口的快速增长不同的是，发达国家的人口出生率不断下降。人口的增长尤其是发展中国家人口的快速增长意味着全球市场的增长，未来发展中国家将成为更多企业争夺的主要市场。

【例 3-1】

快速增长的世界人口

美国人口资料社的最新预测显示，到 2050 年全球人口将达 99 亿人，与现在 74 亿人的人口数量相比增加 33%。据 2016 年 8 月 29 日报道，人口资料社负责人杰弗里·乔丹表示，尽管全球生育率下降，但预计人口增长还将持续，且程度足够强劲，到 2053 年全球人口将增长至 100 亿人。报道称，42 个国家的人口数量将减少，这些国家主要位于亚洲、拉丁美洲和欧洲。罗马尼亚的人口将从 2 000 万人降至 1 400 万人。中国的人口将减少 3 400 万人。此外，德国、俄罗斯和西班牙的人口也将分别减少 960 万人、790 万人和 350 万人。然而在非洲，尼日尔等出生率最高的国家的人口数量将超过现在的 3 倍。报道称，全世界 10 个生育率最高的国家均位于撒哈拉以南非洲，这些国家的平均生育率为每名妇女生育 6 个子女。欧洲的平均生育率为每名妇女生育 1.6 个子女，美国则为 1.8 个子女。美国人口在 40 年后将达到 3.98 亿人，比当前人口多出 23%。报道称，拉丁美洲的人口数量将仅增长 2.23 亿人，亚洲人口将增长近 9 亿人，而包括澳大利亚和新西兰在内的大洋洲人口则将从 4 000 万人增长至 6 600 万人。

资料来源：2050 年全球人口将达 99 亿 中国或减少 3 400 万人，2016 年 8 月 31 日，新华网.

2. 地理分布

一个国家的人口地理分布、密度大小以及消费习惯等，都会影响消费需求及其支出构成的不同。因此，研究人口分布的地域差别和变化，对商品销售有着重要意义。

随着社会分工和商品经济的发展以及城市化与工业化进程的不断推进，我国也如发达国家当年一样人口开始由农村向城市转移。由于汽车、高速公路等的发展，市场不断扩大，使城市与城市连片，形成超级大都市区域，农村与城市人口的双向迁移并存。这些都为企业的营销带来了生机，开辟了更广阔的市场。

3. 年龄结构

消费者的年龄对商品销售来说，包含着许多不同的意义，它意味着家庭的大小、收入的多少、对商品的不同价格观念等。不同年龄结构层存在着生理与心理上的差别。对年龄结构的研究可以帮助企业细分成许多各具特色的消费者市场，如老年市场、成人市场、儿童市场等。随着发达国家人口死亡率与人口出生率的不断下降，人口老龄化成为日益严重的社会问题。

【例 3-2】

世界人口老龄化

全球 60 岁及以上人口约 9.01 亿人，占世界人口 12.3%。到 2030 年这一比例将达到 16.5%。全球范围内，60 岁以上的人口数如今已超过 5 岁以下儿童的人口数，到 2050 年，60 岁以上的人口数将超过 15 岁以下的人口数。报告称目前中国是世界上老龄人口最多的国家，有 2.09 亿人。另据联合国人口报告显示，在老龄人口比例没有显著差异的情况下，人口大国即老龄人口大国，因此中国、印度、美国是老龄人口最多的国家。不超过 30 年，全世界四分之三的老年人将生活在发展中国家。此外，不管城市化的步伐有多快，发展中国家的绝大多数老人仍将生活在农村。值得注意的是：目前全球移民在数量稳步上升的同时，显现出从欠发达地区向发达地区的单向流动性和移民人群年轻化的特征。发达地区的人口老龄化趋势将因移民而得到缓解。

　　资料来源：全球老龄化状况及其应对措施，2015 年 10 月 10 日，新华网.

　　企业应该注意人口年龄结构的这一变化趋势。由于人口老龄化，一方面市场对于摩托车等青年用品的需求将会下降，这对于以青年为目标市场的企业来说是一个重要的环境威胁；而另一方面，市场对于医疗保健品、老年旅游以及老年人养老服务等产品的需求会增加，这对于以老年人为目标市场的企业是重要的市场机会。最新的数据显示，天津市目前拥有各类养老机构 293 所，床位 2.27 万张，床位与老年人口比为 1.45%，现有的床位难以满足庞大的老年群体的需求。

4．人口性别

不同性别的消费者除了具有对商品或服务的不同需求外，还存在着购买习惯与购买行为的较大差别，如对广告和各种促销措施的反应。一般说来，大多数妇女主持家务，是家庭日用品的主要购买者。除此之外，还要研究一个地区的男女比例，它会区分出这个市场中的主导消费者。随着社会生活水平的提高、妇女就业人数的增加，更多的商品和服务都会有男性、女性之分，企业也将更多地研究不同性别的目标顾客对企业营销措施的反应。

5．家庭单位

家庭单位是社会细胞，也是消费品的采购单位，如住房、成套家具、厨房用品等商品的消费数量就和家庭单位的数量有密切的关系。一个国家或地区家庭单位的多少以及家庭平均成员的多少，对市场影响很大。

近几年来，我国家庭单位激增，一方面，农村四世同堂的大家庭逐渐解体，代之以婚后自居，老年人也习惯于脱离子女单独居住；另一方面，社会离婚率的提高，单身独居有增无减，单位家庭平均人数在不断下降，小家庭越来越多。这些现象表明住宅市场有扩大的趋势；其他的以家庭为单位消费的商品需求量也都有所增加。另外，由于家庭规模的缩小，消费者更需要小型精巧的商品。

6．人口素质

人口素质主要受职业构成和受教育程度的影响，是形成不同需求和购买方式的重要因素。进入 20 世纪 80 年代以来，我国人口有了明显的变化，即平均年龄延长，受教育程度提高，由此影响着企业产品结构和促销方式的变革。文化用品的需求与社会的教育水平呈正比例发展；在消费者素质较高的群体中，企业只需提供产品样本、目录、说明书即可；相反，在素质较低的群体中，同样的产品还应加强形象的图示说明，以及操作培训、帮助安装调试等。

7．民族构成

在长期的历史中，各民族形成了不同的语言、文化和生活习惯等，对消费品也有不同的爱好和要求。我国是一个多民族国家，企业在制定自己的产品组合时应考虑并兼顾到民族的不同需求、欲望和行为。

3.2.2　经济环境

经济环境是影响企业营销活动的又一重要因素，通过对经济环境的分析，企业可以了解所处社会的社会购买力因素。社会购买力是指一定时期内全社会通过零售市场购买商品的货币支付能力。社会购买力是构成市场和影响市场规模大小的一个重要因素，从企业营销角度研究经济环境，主要研究社会购买力以及直接或间接影响社会购买力的消费者的收入与消费结构、所处社会经济发展状况等因素。

1. 消费者收入及其消费结构

1）消费者收入分析

消费者收入是指消费者从各种来源所获得的货币收入的总和。包括工资、资金、红利、股息、利息、提成、遗产继承等。消费者收入的变化主要受国民收入的影响，是形成社会购买力的主要因素，因此，消费者收入是影响社会购买力大小、市场规模及消费者支出多少和支出结构的重要因素。

在分析消费者收入时，我们主要研究：

（1）可支配收入与可任意支配收入。

可支配收入是指个人收入减去直接负担的各项税款（所得税、消费税等）和非税性负担（工会会费、住房公积金等）之后的余额。它是影响消费者购买力和消费者支出的决定性因素。

可任意支配收入是指个人可支配收入减去维持生命所必需的支出（食品费、房租、煤气费、暖气费，水电费等）和其他固定支出（分期付款、归还贷款等）的余额。这部分收入是消费者支出中最活跃的因素，这部分收入越多，人们的消费水平越高，企业的营销机会也就越多。

（2）货币收入和实际收入。

货币收入是指消费者收入的总和。实际收入则是指考虑通货膨胀因素之后，这些货币收入所具有的实际购买力。

实际收入影响实际购买力。假设消费者的"货币收入"不变，如果物价下跌，消费者的"实际收入"便会增加；相反，如果物价上涨，消费者的"实际收入"就会减少。即使消费者的货币收入随着物价的上涨而增长，但如果通货膨胀率超过了货币收入增长率，消费者的实际收入也会减少。

实际收入的变化影响着购买力的实现及实现程度。市场物价稳定，人们消费正常。而在通货膨胀条件下，一方面人们会因对价格预期恐慌而提前购买、集中消费；另一方面，也会"被迫储蓄"延期购买。企业必须清楚并预见收入的变化对企业目标市场规模的影响，采取各种措施扩大市场份额，以保证预期目标的实现。

企业最高管理层不仅要分析研究消费者的平均收入，而且要分析研究各个阶层的消费者收入。此外，由于各地区的工资水平、就业情况有所不同，不同地区消费者的收入水平和增长率也有所不同。

2）消费结构

消费结构是指消费者有支付能力的需求构成。消费结构直接受消费者收入的影响。

德国统计学家恩斯特·恩格尔 1857 年根据他对美国、法国、比利时许多工人家庭的收支预算的调查研究，发现了工人家庭收入变化与各方面支出变化之间比例关系的规律性，称之为恩格尔定律。即随着家庭收入的增加，用于购买食品的支出占家庭收入的比重（这个比重称为恩格尔系数）下降；用于住宅建筑和家务劳动方面的支出占家庭收入的比重大体不变；用于服装、交通、娱乐、卫生、保健、教育等方面的支出和储蓄占家庭收入的比重会有所上升。

近年来，我国的消费结构发生了很大的变化，首先是恩格尔系数的不断下降，服装、家电消费不断升温，目前正在向汽车消费和住宅消费进军。服务性消费的比重也在逐步上升，交通、旅游、娱乐等消费近年来明显增加。另外，随着社会福利体系改革的深入，原来属于社会福利的教育、医疗、社会保障等也逐步市场化和商品化，从而消费结构中这一类支出也明显增加。

3）消费者储蓄和信贷

在分析经济环境时，企业还应该注意消费者的支出不仅仅受到其收入的影响，还直接受到消费者储蓄和信贷情况的影响。在一定时期内，如果消费者的收入不变，消费者储蓄与购买力的关系一般是储蓄增加，购买力即消费支出减少；反之，如果储蓄减少，购买力即消费支出增加。但从长期来看，储蓄是购买力的积蓄。因此，储蓄又可称为一种待实现的购买力。

消费者不仅仅会用直接的货币满足消费需求，还可以通过借贷的方式来购买商品。消费者信贷，是指消费者凭信用先取得商品的使用权，然后按期归还货款的买卖商品的结算方式。这种方式的主要特点是，消费者不仅以其货币收入购买他们需要的商品，而且可以通过借款即赊销来购买商品，从某一时点来看，这无异于增加了消费者的收入，使购买力加大。所以，消费者信贷与现实购买力成正比。这种允许人们在购买商品时超过自己现实购买力的信贷消费方式在我国逐步流行起来。如分期付款购买房产、购买机器、购买汽车；信用卡等信用工具被广泛使用，它必将对中国的消费需求与消费支出产生深远的影响。

消费者信贷主要有以下几种形式。

（1）短期赊销：即消费者购买商品后无须立即付清货款，可在规定的期限内结清。一般在规定的期限内付清货款不付利息，超过期限，应视为纯粹意义的借款，要计利息，一般其数额较小。

（2）分期付款：即购买商品的货款在一定期限内的不同时期按照规定的比例支付。

（3）信用卡信贷：即某些公司或金融机构向消费者发放的可在所属商店赊账购买货物的凭证。消费者凭卡可以到与发卡银行（公司）签订合同的任何商店、饭店、医院、航空公司等企业单位去购买商品，发卡银行（公司）在这些企业、单位与顾客之间起中间担保人的作用，是一种方便消费者购买，避免长途携款、烦琐交易的一种极好的形式。因而发卡银行（公司）不仅要向客户收取一定的费用，而且要向这些企业、单位收取一定的佣金。

2. 国民经济发展状况

国民经济发展速度是否正常，比例是否协调，直接影响一个国家的国民收入水平，以及由此决定的消费者收入水平，从而影响企业的市场营销机会与规模。我们应主要关注以下几个方面。

（1）生产发展的规模和速度。反映这一指标是否合理最有代表性的是固定资产的投资规模，它与经济增长之间存在着明显的正比例关系。如据有关研究表明，我国投资每增加 1%，经济就会有 0.84% 的增长。固定资产投资扩张，带来的直接后果是生产资料价格普遍上涨，吸引资源转向投资，使消费品生产减少，增加了消费品短缺的可能，会导致市场物价水平上升，消费者将被迫减少他们的实际消费而形成"被迫储蓄"。这种情况既为生产资料销售提供了相对广阔的市场，也为消费品的销售增加了难度。

（2）第三产业中的商业、饮食业、服务业、公用事业、旅游业、金融业、保险业等的发展，信息咨询和技术服务等新兴行业的发展，既为企业市场营销提供了机会，同时在社会购买力相对稳定的条件下，又为企业的营销增添了竞争的难度。

（3）财政和金融状况。财政与金融状况综合地反映了国民经济的发展速度和比例是否合理与协调，它是通过价值分配、货币流通来体现的。若财政多年出现赤字，在增收节支、发行债券后仍不能弥补时，必须向银行透支，迫使银行非经济发行货币，造成信贷逆差，即银行资金运用大于正常的资金来源，这种贷款上的非经济发行导致的直接后果就是通货膨胀，它给企业营销带来了一系列问题，如，营销成本的增高、产品价格上涨、用户对价格的预期恐慌而导致购买的集中和时间的前移等。

3.2.3　自然环境

企业营销的自然环境是在企业发展过程中对其有影响的物质因素。自 20 世纪 70 年代以来，企业面临的自然环境不断恶化，全球气温升高、臭氧层破坏、水源污染、噪音污染、海洋赤潮、酸雨、生物多样性锐减、水土流失和荒漠化等问题的日益严重，已逐渐引起世界各国的重视。自然环境的变化会给企业带来各种"环境威胁"或"市场机会"。企业在分析自然环境时主要考虑以下几个方面。

（1）自然资源的短缺。地球的自然资源主要有三类：第一类是"取之不尽、用之不竭"的资源，比如空气、阳光等。第二类是有限但可以更新的资源，如粮食、森林等。第三类是有限但不能更新的资源，如石油、煤炭等矿物。随着现代工业的不断发展、人口的不断增加，对自然资源的消耗急剧增加，第一类资源受到严重的污染；第二类资源也由于生产的有限性以及森林的不断砍伐而导致生态失衡、水土流失、气候恶化等问题；对于不可再生的第三类资源，政府多对其价格和开采等有相对严格的限制。自然资源的短缺必然会导致企业的能源成本增加，而一些企业不得不设法寻找替代原材料或转向新的经营业务。

（2）环境污染日益严重。在许多国家，工业化和城市化的发展带来了环境的严重污染，公众对此越来越关心。由于社会对环境保护的重视，加强了对企业在生产制造或其他营销活动中产生的环境污染的管制，造纸、钢铁、化工等行业的企业要么被迫迁往郊区或其他国家，要么安装先进的环保装置，对这些行业是一种环境威胁，这使企业的生产成本大大增加，企业不得不设法从其他方面减少支出，增强竞争力。而同时，对于从事环保产品与设备生产的企业却是很好的市场机会。

（3）政府对环境的干预日益加强。由于公众环保呼声的加强，政府的环保立法更加严密，这些立法已深入到企业营销过程的许多环节。如噪声标准、包装材料、操作者健康、产品保质期、化学残留量等都有越来越具体的规定。如果企业的商品和服务不符合这些规定，就会受到严厉的制裁，因此，企业在营销过程中，不仅要自觉提高环保意识，还要严格遵守政府颁布的各种环保立法。同时，各国政府对于商品的进出口环保检验也日益严格。

（4）公众的生态需求和意识不断增加。由于生态环境的不断恶化，公众的生态意识开始觉醒，人们对产品的原材料、添加物、包装、储存方式等开始全面关注，期望商品制造及营销过程中的所有环节均符合生态要求。许多传统产品如敌敌畏、链霉素、聚氯乙烯包装材料等，由于不符合现代生态意识，被许多国家的政府禁止使用，而符合环保要求的"绿色产品"的销售方兴未艾。这就要求企业改进生产工艺与技术。绿色商品的售价要比普通商品高，这在补偿企业的绿色化高投入和增加利润上均有积极作用。消费者在享用绿色商品时增加的支出，也会因商品的安全、卫生而减少受损害的可能，从而获得实际上的利益。

3.2.4　技术环境

企业营销的技术环境是指企业在产品的设计、开发、制造和营销过程中所受到的科技发展的影响。企业的营销人员必须看到，新的科学技术都会给某些企业造成新的市场机会，因而产生新的行业；同时，还会给某些企业造成环境威胁，使这些行业受到冲击。因此，西方学者认为，技术是一种"创造性的毁灭力量"，这一认识高度概括了科学技术的发展对企业营销的影响。

科学技术的发展对企业营销活动的影响主要体现在以下几个方面。

（1）平均的商品寿命周期越来越短。人类正在进入一个信息爆炸的时代，新的技术、新的发明层出不穷，商品从发明创新进入市场，到被更新的产品淘汰退出市场的周期不断缩短，现代电脑制造技术的飞速发展，平均每 18 个月就会使原先产品的制造成本下降一半，同时新产品在技术上就会上一个等次。商品寿命周期的缩短，一方面，加速了新产品上市的竞争，使很多企业被迫增加技术开发投入；另一方面，企业的产品营销周期也必须大大缩短，在成本核算、价格制定和营销策略上要顺应这种短周期的特点。

（2）新技术革命会影响零售商业结构和消费者的购物习惯。微电子技术和网络技术的普及运用，正把人类社会引向一种虚拟化或数字化的生存方式。在很多国家，由于新技术革命的迅速发展而出现的电视购物、网上购物等在家购物方式正在日益增加。人们可以借助计算机网络去传达一切所需的信息，企业越来越感到通过信息垄断的方式去刻意创造自己产品的差异感已非常困难，因为所有的企业都可以通过网络向顾客介绍自己的产品，消费者在网络上轻而易举地就能对各种产品进行比较，因此，企业之间的竞争比过去更加趋于实质化；电脑网络普及带来的另一个影响是改变了人们的购物方式，计算机网络可以提供一个供世界各地人们自由进入的虚拟购物中心，顾客可以在国际互联网上搜寻、选择和购买自己需要的商品，购买地点和购买时间等这些通常值得营销决策者重视的要素变得不那么重要了，网络打破了购物的时空界限。而企业也应该调整自己的营销策略以适应新的环境，利用网络系统来进行广告宣传、营销研究以及商品销售。

（3）新技术革命有利于企业改善经营管理。电子技术的应用和推广，使许多企业提高了企业管理水平。如营销管理、生产管理、财务管理、存货控制等大量使用计算机系统，使企业的经营范围扩展、工作效率提高，尤其是决策支持系统的应用，提高了企业决策的科学化的水平。新技术也被广泛用于改善服务，提高企业的服务质量和效率。如眼镜店利用计算机技术验光、服装店使用电子试衣镜、房屋设计装修公司利用计算机技术为顾客提供各种方案等，不仅减少了顾客的等候时间，而且提高了满足消费者需求的程度。

【例 3-3】

<h3 style="text-align:center">中国电商消费行为特征</h3>

2017 年 1 月 12 日，京东联合 21 世纪经济研究院发布电商消费行为报告。报告指出电商用户消费总体趋向健康理性，品质越来越受关注。2016 年，我国电子商务交易市场规模稳居全球第一，预计电子商务交易额超过 20 万亿元，占社会消费品零售总额的比重超过 10%。

首先，人群分布方面，在电商消费人群中，26～35 岁的"80 后"年龄段用户占比很高，是线上销售的主要购买者。其消费特点是注重商品品质，重视多元的精神和文化体育消费，对国外品牌接受度高，是电商消费的核心主导型用户。

其次，职业方面，白领与一般职员群体占比最高，是互联网消费的主要群体；学生和教师群体的购买用户也相当庞大，占据全平台近 1/3。对品质的进一步追求，被认为是电商消费模式成熟的另一大体现。从母婴、体育及全球购等品类的数据来看，越来越多的中国人注重品质消费，对品质的关注度越来越高。在品质关注度方面，浙江、上海、北京、江苏等发达地区，成为消费者对品质最关注的省市；价格仍然是电商消费的吸引力之一，促销对消费作用明显。

同时，在消费区域方面，在一线城市，电子商务渗透率高，物流相对便捷，已经形成了较为成熟的电商消费观念和模式，在消费结构特征、品类选择上显示出多元化、全品类的特征。网上超市在这些区域发展迅猛，消费频次高，购买量大的食品饮料、个护化妆、母婴等百货商超品类，开始取代服饰与数码手机，成为销量最大的品类。同时，生鲜、图书等品类，在一线城市的占比往往较高。二三线城市互联网消费市场与一线城市的差距正在缩小。二三线城市相对一线城市来说，生活压力小，可支配收入比肩一线城市，消费能力和购买力潜力正在显现。二三线城市的中产人群将是电商品质消费的中坚，有望诞生更多未来的新一线消费城市。三线以下的中小城市和乡镇虽然没有一线城市多元化和全品类的电商消费，但在部分品类上如家电、通信产品等大宗物件上，其消费实力直逼一线城市。但在生鲜电商类消费方面，冷链物流等基础设施的建设在一定程度上制约了发展的速度。而在文体消费方面，一线城市引领风潮，中小城市精神文化层面的用户习惯和消费趋势仍在培养中。

总体来看，移动端订单量占所有电商消费的近八成，在购买方式上处于主导地位，同样，在支付形式上，基于移动端的线上支付开始成为主流。移动支付的发展，使线上付款方便快捷，微信成为最受消费者青睐的支付方式之一。

资料来源：新浪财经，2017 年 1 月 12 日.

3.2.5　政治法律环境

在任何社会制度下，企业的营销活动都必须要受到政治与法律环境的规范、强制和约束。企业每时每刻都能感受到这些方面的影响或者不如说，企业的营销活动总是在一定的政治与法律环境下进行的。

1. 政治环境

政治环境是指那些对企业营销活动存在一定影响的各种政治因素的总和。政治环境对企业活动的影响主要表现为国家政府所制定的方针政策，如人口政策、货币政策、物价政策、能源政策、财政政策等。比如国家通过降低银行货币利率来刺激消费的增长；通过增加对烟酒的消费税来抑制人们的消费需求，这些方针政策不仅影响到本国企业的营销活动，而且在国际贸易中，不同的国家也会制定一些相应的方针政策来干预外国企业在本国的营销活动。目前，国际上各国政府采取的政策和干预措施主要有：进口限制、高额税收政策、价格管制、外汇管制、国有化政策等。

1）政治制度、政府的方针和政策对营销活动的影响

一个国家的政治制度、政府的方针和政策及它们的调整与变换不仅规范着企业的生产经营方向与行为方式，也直接影响到社会购买力的提高和人们消费结构的变化。如我国是社会主义国家，其基本政治制度是人民民主专政与人民代表大会制，我们的企业在生产经营中必须坚持社会主义方向；当前国际政治环境复杂多变，一些国家正在进行经济体制的改革，这些变化对国内外市场必然会产生重大的影响或制约作用。

2）政局的稳定和政治事件

政局的稳定是经济活动的重要保障。我国政局的长期稳定，是企业得以正常营销的有利条件，企业不需考虑政局动荡带来的市场风险。但在国际营销中，则必须考虑对象国家政局变动和社会治安情况。如 1981 年的两伊战争，使我国与该地区部分合同无法履行。2001 年"9·11"事件造成了世界范围内的经济恐慌。因此，一个国家的政局是否稳定以及稳定程度如何，直接影响到这一国家的经济发展和人们的生活，从而给企业营销带来很大的影响。政局稳定，会为企业发展创造良好的外部条件；政局动荡，对企业的发展会带来不利的影响。

3）国际市场营销政治环境

国际市场营销政治环境的研究，一般分为"政治权力"和"政治冲突"两部分。随着经济的全球化发展，我国企业对国际营销环境的研究将越来越重视。企业在向境外扩展时，如在国外办厂、开店、设立分支机构或作为企业的目标市场来考虑，首先要了解"政治权力"对企业营销的影响。政治权力是指一国政府通过正式手段对外来企业的权利予以约束，包括进口限制、外汇控制、关税控制、价格管制、劳工限制、国有化等方面。其次，还要研究"政治冲突"对营销活动带来的影响。"政治冲突"主要指国际上重大事件和突发性事件对企业营销活动的影响，包括直接冲突与间接冲突。直接冲突包括战争、

暴力事件、绑架、恐怖活动、罢工、动乱等；间接冲突主要包括政治冲突，国际上重大政治事件，国与国、地区与地区间观点的对立或缓和等。

2. 法律环境

法律环境是指国家或地方政府所颁布的各项法规、法令和条例等，它是企业营销活动的准则，企业只有进行各种营销活动才能受到国家法律的有效保护。我国近年来为适应经济体制改革和对外开放的需要，已颁布的法令法规主要有《中华人民共和国公司法》《中华人民共和国产品质量法》《中华人民共和国商标法》《中华人民共和国专利法》《中华人民共和国环境保护法》《中华人民共和国食品卫生法》《中华人民共和国反不正当竞争法》《中华人民共和国消费者权益保护法》《外汇管理条例》《中华人民共和国标准计量法》《法人登记管理条例》《进出口商品检验法》等。企业必须了解熟知有关的法律条文，遵守这些法律、法规，才能保证企业经营的合法性。

（1）经济立法是企业市场营销活动的准绳。企业的市场营销活动必须在国家法律许可范围内进行，只有在法律保护下，企业的营销活动才是正常的经济活动，否则就会受到国家法律的制裁。

（2）国家的法律、法规、条令等对市场营销组合的影响。

① 对产品的影响：许多国家在法律中明文规定了有关某些产品的成分、结构等方面的限制。如我国规定蔬菜在喷完农药 24 小时之内不准在市场上销售；感冒药中不准含有PPA 成分。美国对洗衣粉也有相应的含量要求，不准含有磷元素以防止环境污染等。这些规定给企业的产品设置了一定的质量标准。

② 对价格的影响："罗滨逊-培门条例"规定，当目的在于减少竞争或建立垄断地位时，差异价格是非法的；"密勒-泰丁条例"中允许产品制造商在州际贸易中具体规定产品的价格，零售商销售这些产品时不能低于这个价格；我国对一些产品规定了最高限价；许多国家也都制定了反倾销法。

③ 对分销渠道的影响：如我国法律明文规定不允许在我国境内进行各种传销活动等。

④ 对促销的影响：如我国广告法规定不允许香烟做电视广告，如做路牌广告则必须在广告上注明"吸烟有害健康"字样等。

（3）除对本国的法律要遵守外，还要了解东道国的法律规定及条例。企业的一切营销活动都必须遵守国家的方针、政策、法令、法规。当国家的方针、政策、法令、法规做了调整或变动时，企业也必须相应地调整自己的经营目标与经营策略。日本的企业研究人员发现美国法规中有这样一条规定：一种产品在美国生产零部件价值若占产品总价值的 50%以上，可认定为美制产品，享受美国产品的种种优惠待遇。日本商人便把这一规定灵活应用于市场营销，将一件由 20 个部件组成的产品，19 件分布在其他地区生产，而将价值最大的部件在美国生产，然后将其他部件运抵美国组装，在美国市场销售，而获得了最大的经营利润。

3.2.6　社会文化环境

社会文化环境是指在一种社会形态下已经形成的民族特征、价值观念、宗教信仰、生活方式、风俗习惯、伦理道德、教育水平、社会道法风尚、相关群体、社会结构等因素构成的环境。

1. 价值观念

价值观念即对周围事物的是非、善恶和重要性的评价。人们对各种事物的评价有轻重、主次之分，这种主次的排列构成了个人的价值体系。价值观和价值体系是决定人们的态度和行为的心理基础，在同一客观条件下，具有不同价值观的人会产生不同的行为，它们对购买行为长期起着指导作用。如摩托车，有的人觉得骑上去神气十足，有的人感到既危险又污染环境。企业必须充分估量价值观念及价值体系的变化对市场需求的影响，并根据轻重、主次，有针对性地进行企业营销活动。

2. 风俗习惯

风俗习惯是指人们受其传统文化影响而世代相传的欲望和行为。它在某一时期形成了社会购买力和主要购买方向。风俗习惯会对消费者的饮食、服饰、居住、婚丧、信仰、节日等具有一定的影响。不同国家、不同民族、不同地区的消费者可能会有不同的风俗习惯。企业营销人员必须注意对风俗习惯有一定的研究，超前、适时地做好产品供应。

【例 3-4】

各国不同的风俗习惯

风俗习惯是某一地区、某一族群的人们在特定环境条件下为适应生存而沿袭下来的特定的思维习惯和行为方式。不同的国家、民族对图案颜色、数字、动植物等都有不同的喜好和不同的使用习惯，中东地区严禁带六角形的包装；英国忌用大象、山羊做商品的装潢图案即是如此。再如中国、日本、美国等国家对熊猫特别喜爱，但一些阿拉伯人却对熊猫很反感；墨西哥人视黄花为死亡、红花为晦气，而喜爱白花，认为可驱邪；法国人忌用核桃，认为核桃是不祥之物；匈牙利人忌用"13"数字；日本人忌荷花、梅花图案，也忌用绿色，认为是不祥的预兆；南亚有些国家忌用狗做商标；在法国，仙鹤是蠢汉和淫妇的代称，法国人非常讨厌墨绿色，这是基于对第二次世界大战的痛苦回忆；新加坡华人多，所以对红、绿、蓝色都比较喜欢，但视黑色为不吉利，在商品上不能用如来佛的形态，禁止使用宗教语言；伊拉克人视绿色代表伊斯兰教，但视蓝色为不吉利；日本人在数字上禁用"4"和"9"，因为在日语发音中"4"同"死"相近，"9"同"苦"相近。

资料来源：由编者加工整理。

3. 宗教信仰

不同的宗教信仰有不同的文化倾向，对人们的价值观念、行为准则有重要的影响，从而也影响了人们的消费习惯。在信奉宗教的国家和地区，市场营销活动的开展必须考虑到宗教信仰的因素。

宗教是构成社会文化的重要因素。世界上宗教分布的大体状况是：天主教主要分布于意、法、比、西、波、匈、葡、美及拉丁美洲各国；伊斯兰教分布于亚洲和非洲，尤其是西亚、北非和东南亚各地；佛教主要分布于印度、中国、日本、朝鲜、越南、泰国、缅甸、斯里兰卡、老挝和柬埔寨等国。在一些地区，宗教组织不仅仅会影响人们的价值观念，还对教徒的购买决策有重大影响。一种新产品出现，宗教组织有时会提出限制，认为该商品与宗教信仰相冲突而禁止教徒使用；相反，有的新产品的出现得到宗教组织的赞同与支持，宗教组织的首领就会号召使用和购买。宗教组织能起到一种特殊的推动作用。

4. 审美观念

审美观念通常指在审美活动中，审美主体所持态度和看法的总称。处于不同时代、不同民族、不同地域的人有不同的审美观念和美感。这将影响人们对商品及服务的看法，营销人员必须根据营销活动所在地区人们的审美观设计产品，提供服务。

5. 生活方式

生活方式是指人们在长期中形成的生存行为模式或生活的固有模式。生活方式由人的经济能力、社会地位、历史传统以及社会成员共同的价值观念形成，它对需求和购买方式具有重要影响。当人们的生活方式发生变化时，企业的商品、广告及产品组合都应随之调整。对企业的营销人员而言，如果对一种新的生活方式的产生保持充分的敏感性，就会随时找到新的营销机会。

6. 语言

语言是人类表达思想的工具，也是最重要的交际工具，是人区别于其他动物的本质特征之一。语言的差异代表着文化的差异。因此，企业在进行国际、国内营销活动时，要看到这种差异及其对消费者购买行为的影响，以针对不同的语言群体制定相应的策略。而这一切的前提是企业的营销人员必须熟练地掌握营销所在国家、地区的语言才能做到。

7. 亚文化群

每一种社会和文化内部都包括若干亚文化群，亚文化群的概念是相对而言的。如相对中国人的概念，北方人可看作一个亚文化群体，而相对北方人来说，东北、华北、西北等又可视作一个亚文化群体。我国是一个地域广阔、人口众多、多民族的国家，因而在国内营销活动中应考虑到不同亚文化群的不同需要，对商品和服务产生特殊要求和需要的亚文化群大致有四种。

（1）民族亚文化群：一个国家和地区往往是多民族的融合体，如我国有 56 个民族，这些民族在语言、风俗习惯、饮食、服饰、爱好等方面都有各自独到之处，由此导致了不同的购买特点。

（2）宗教亚文化群：拥有相同宗教信仰的消费者会具有相似的消费行为。

（3）种族亚文化群：按人种来划分，世界由不同种族构成，如白种人、黑种人、黄种人、棕色人等。这些不同的种族群在生活习惯、口味、爱好、文化风格等方面也各有差异，从而导致在购买决策、购买行为方面的差异。

（4）地域亚文化群：同一民族，居住在不同的地区，由于各方面的环境背景不同，也会形成不同的地域亚文化群，表现出语言、生活习惯等方面的差异。比如，语言上广东人讲粤语，闽南人讲闽南语，汉族人口众多，且都讲汉语；饮食上北方人以面食为主，南方人以米饭为主，形成了"东甜西辣，南淡北咸"的饮食格局。

3.3　市场营销微观环境

微观环境是指对企业服务其顾客的能力构成直接影响的各种力量，包括企业自身及其竞争者、市场营销渠道企业、顾客和各种公众。

见图 3-3。

图 3-3　企业的微观环境

3.3.1　企业自身的各种因素

现代企业为开展营销业务，必须设立某种形式的营销部门。为使企业的营销业务卓有成效地开展，不仅营销部门内各类专职人员需要尽职尽力通力合作，更重要的是必须取得企业内部的协调一致。所有这些企业的内部组织，就构成了企业内部的微观环境。

企业内部的微观环境分为两个层次。第一层次是高层管理部门。营销部门必须在高层管理部门所规定的职权范围内做出决策，并且所制订的计划在实施前必须得到高层领导部门的批准。第二层次是企业的其他职能部门。企业营销部门的业务活动是和其他部门的业务活动息息相关的，营销部门在制订和执行营销计划的过程中，必须与企业的其他职能部门相互配合，这样才能取得预期的效果。

3.3.2　竞争者

在任何市场上，只要不是独家经营，便有竞争对手的存在。很多时候，即便是在某个市场上只有一个企业在提供产品或服务，没有"显在"的对手，也很难断定在这个市场上就没有潜在竞争的企业。企业应该在充分分析竞争对手的基础上选择合适的竞争战略。

1. 分析竞争者

1）界定竞争者

分析竞争者的第一步即是识别界定自己的竞争者。一个企业识别自己的竞争者看似很容易。蒙牛知道伊利是其主要的竞争者，可口可乐知道百事可乐是其主要的竞争者，而麦当劳自然知道肯德基是其主要竞争者。然而一个企业实际和潜在的竞争者范围是非常广泛的。任何一个企业在其营销过程中都可能面对以下四类竞争对手。

（1）愿望竞争者：即满足消费者各种目前愿望的各个企业。如一个顾客有一笔钱，如果买了房子就不能买汽车。这时的房地产开发商与汽车制造商和经销商之间就形成了相互竞争的竞争对手。

（2）一般竞争者：即能满足购买者某种愿望的各种方法的各个企业。如一个顾客想从天津到北京，他可以坐火车，也可坐汽车。那么这时铁路与公路部门就形成了一般竞争者。

（3）产品形式竞争者：即用同一品种的不同规格、型号、档次的产品来满足顾客基本相同的需求的各个企业。比如某人在购买家庭轿车时，是买 1.6 排量的，还是买 1.0

排量的呢？那么提供种类相同但质量、型号、包装等有所不同的产品的各个企业就在这一部分市场上形成了竞争关系，互为产品形成竞争者。

（4）品牌竞争者：即满足顾客某种愿望的同种产品的各种品牌的各个企业。比如上面的消费者觉得购买 1.6 排量的家庭轿车，可以选择的品牌有很多。那么提供种类相同但牌子不同的知名企业之间就在这一部分市场上形成了竞争关系，互为品牌竞争者。

产品形式竞争者和品牌竞争者是企业应该关注的主要竞争者。

2）识别竞争者的目标和战略

确定了谁是竞争者之后，企业还应该进一步识别主要竞争者的战略目标和战略选择。

（1）竞争者的战略目标。对于企业的主要竞争者，我们应该研究竞争者在市场主要追求什么。竞争者的战略目标由多种因素确定，包括其规模、历史、目前的经营管理和经济状况。企业应该明确竞争者的目标是快速成长还是快速地获取利润。

（2）竞争者的战略选择。企业的竞争战略越相近，竞争的激烈程度就越高。战略的差异表现在目标市场、产品档次、技术水平、价格以及销售区域等方面。

3）分析竞争者的优势与劣势

企业需要评估竞争者的优势与劣势，扬长避短，制定有效的竞争战略。在分析竞争者的优势与劣势之前，企业需要收集主要竞争对手近几年的相关市场信息。企业也可以通过对中间商或顾客的市场调查，了解竞争者的优势与劣势。表 3-1 显示了公司要求顾客对其三家主要竞争对手 A、B、C 在五个属性上进行排列的调查结果。

表 3-1　顾客对竞争对手在关键成功因素上的排列结果

	顾客知名度	产品质量	供货效率	技术支持	推销人员
竞争者 A	E	E	P	P	G
竞争者 B	G	G	E	G	E
竞争者 C	F	P	G	F	F

注：E 为 excellent（优秀）；G 为 good（良好）；F 为 fair（中等）；P 为 poor（差）。

图表来源：菲利普·科特勒. 营销管理[M]. 第 11 版. 梅清豪，译. 北京：清华大学出版社，2005.

从表 3-1 中可以看出，竞争者 A 在产品质量和顾客知名度上表现较好，推销人员的服务也能让消费者满意，然而其供货效率和技术支持表现较差。竞争者 B 各项较好，尤其是其供货效率和推销人员。而竞争者 C 多数不够好。通过这些信息，企业可以制定自己的相应的竞争战略，在供货效率和技术支持上进攻竞争者 A，在许多方面都可以进攻竞争者 C。

4）判断竞争者的反应

每个竞争者对于其他企业挑战性的营销活动的反应是不同的。为了准确地评估营销活动可能产生的效果，企业应该深入地研究竞争者的反应模式。

（1）从容不迫型竞争者。这类竞争者行动迟缓或反应不强烈。可能是它们认为其顾客很忠诚，也可能是它们对其他企业的行动缺乏观察力，反应迟钝；还有可能是这些企业根本就没有做出反应的资金。

（2）选择型竞争者。这类竞争者只对某些类型的攻击做出反应，而不理睬其他类型的攻击。比如，可能是对降价做出反应，以证明自己在这方面的抗衡能力，阻止对手降价策略的进一步实施。但对对手其他方面的行动，比如增加广告费用、研发新产品等，它们可能不在意。

（3）凶猛型竞争者。这类竞争者对所有的攻击都做出迅速反应。它们的用意在于向整个市场的竞争对手显示自己的实力与奋战到底的决心，使对手望而却步。比如宝洁就是这样的一个竞争者，一旦受到任何来自竞争者的挑战，宝洁都会发起全面的反击。

（4）随机型竞争者。这类竞争者并不表现出固定的反应模式，即它们对于其他企业的攻击行动可能做出反应，也可能不做出反应。企业很难预料这类竞争者将会采取何种行动。

5）设计竞争情报系统

为及时、准确地了解竞争对手的营销情报，企业还需要通过以下步骤建立自己的竞争情报系统。见图 3-4。

建立系统 ⇨ 收集资料 ⇨ 统计分析 ⇨ 情报传达

图 3-4　建立竞争情报系统

2. 主要的市场竞争战略

对主要的竞争者对手深入分析之后，企业在选择合适的市场竞争战略的时候还应对自己的市场地位有明确的认识。市场营销理论根据企业在市场上的竞争对外把企业分为领导者、挑战者、追随者和补缺者。每种竞争者都有自己独特的竞争战略。

1）市场领导者（market leader）

多数行业都有一个被公认的市场领导者。一般来说，市场领导者是相关产品的市场上市场占有率最高的企业，该企业在价格变化、新产品研发、分销渠道以及促销强度上都在相应的市场上处于支配地位。

市场领导者想要维系其第一的地位往往要从三个方面努力：首先，要不断地扩大市场总需求；第二，要加强防御，保护其现有的市场份额；第三，即使市场规模没有变化，也应努力扩大自己的市场份额。

（1）扩大市场总需求。某一产品的市场总需求扩大时，最先受益也是受益最大的就是处于领导地位的企业。比如，2008 年在中国消费者面对乳制品"三聚氰胺"阴影的时候，作为全自动豆浆机市场领导者的九阳公司大力宣传，鼓励消费者多食用对身体更有益的豆浆，而该企业也在近两年获得快速的发展。市场领导者可以通过以下途径扩大整个市场的总需求。

第一，寻找新的用户。每类产品都有吸引消费者的潜力，消费者没有购买可能是因为价格不适、缺少某种性能或者是根本就不知道该产品。企业可以鼓励那些想使用但未使用的消费者以及非使用者，或者将产品销售到其他地区。强生公司以生产销售婴儿护理品著称，在发达国家人口出生率下降的市场下，强生以"宝宝用好，您用也好"的宣传语向成年人推销自己的婴儿洗护用品。

第二，开发新的用途。企业可以通过发现或推广新的用途而扩大市场总需求。凡士林最初只是被当作一种简单的机器润滑油在汽车配件商店出售，后来，人们发现该产品有多种用途，比如皮肤软膏、痊愈剂以及发蜡等。这些新的用途都扩大了凡士林的市场总需求。

第三，增加使用量。企业可以说服消费者在更多的场合更多地使用产品。宝洁的洗发水会鼓励消费者洗发时"需要时可重复使用"，说服消费者更多地使用洗发水。

【例 3-5】

增加轮胎的使用量

法国米其林是其国内最大的轮胎生产企业，为了增加整个轮胎市场的市场容量，米其林公司做了多种尝试。公司希望法国的汽车用户每年能行驶更多路程，这就意味着这些用户对于轮胎的使用量将增加，会更频繁地更换轮胎。米其林做了看似应该是旅游公司在做的工作：该公司对法国的旅馆进行评分，并指出法国很多的好饭店都在南部，公司还出版了带有地图和沿线风景的导游书，鼓励巴黎人周末驱车去法国南部度假。这样的周末旅行比起平时上班的用车里程会增加很多。

资料来源：[美]菲利普·科特勒.营销管理[M]. 第 11 版. 梅清豪，译. 北京：清华大学出版社，2005：39.

（2）保持市场占有率。在努力扩大市场总需求的同时，处于市场领导者地位的企业还应该时刻注意保持自己的市场份额。市场领导者如果不主动攻击，就必须要坚守阵地，尽可能地减少受攻击的可能性以及危害性。六种防御战略可供选择。见图 3-5。

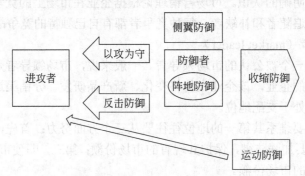

图 3-5　六种领导者的防御战略[1]

第一，阵地防御。阵地防御是在现有的阵地周围建立防线，包括建立强大的品牌威力，使其坚不可摧。但是，阵地防御主要是一种静态的防御，不能作为唯一的筹码。企业应该积极主动地采取其他的防御措施。

第二，侧翼防御。市场领导者除了保卫现有的产品阵地外，还应积极建立某些辅助性基地作为防御阵地，尤其是较为薄弱的侧翼阵地。

【例 3-6】

宝洁的侧翼防御

宝洁公司的主要产品都位于中高端市场，进入中国市场后，受到来自纳爱斯等国产品牌中低端的市场攻击，尤其是纳爱斯的雕牌洗衣粉等产品价格较低。2003 年，在零售

1　[美]菲利普·科特勒. 营销管理[M]. 第 11 版. 梅清豪，译. 北京：清华大学出版社，2005.

终端，纳爱斯已经占据了近 43%，对宝洁的市场构成相当的威胁。同年，宝洁迅速调整战略，原先功能情感诉求的广告不见了，取而代之的是郭冬临一遍又一遍地走街串户，吆喝着汰渍洗衣粉的便宜，价格也由原来的每袋 3 元多降到 1 元多。渠道上，汰渍覆盖了超市卖场到农贸市场，只要有雕牌的地方，就紧随其后。而在 2003 年，宝洁在自己强势品类洗发水中推出超低价位产品——飘柔 200mL／9.9 元的竞争性价格产品。宝洁的侧翼防御气势凌厉。

资料来源：张隽. 宝洁"射雕"，纳爱斯何去何从[J]. 市场观察，2004（03）：77-79.

第三，以攻为守。这是比较积极的防御策略，在对手向公司发动进攻前先发制人。日本精工（seiko）公司把 2300 多种手表分销在全世界，并采用连续不断的价格攻击，造成全方位的威胁，目的就是向竞争者发出信号，劝告它们不要盲目进攻。

第四，反击防御。多数市场领导者受到攻击后会进行反击。反击的方式可以是正面攻击、侧翼包抄或者是钳式运动。明尼阿波利斯/亚特兰大航线是西北航空公司最有利可图的航线之一。一家小航空公司为扩大自己在此市场的份额，进行了大量的广告宣传并做了大幅度的价格调整。西北航空公司迅速做出反击，立刻削减了该航线的票价。而这条航线正是这家小航空公司的主要收入来源，为了减少损失，这家小航空公司不得不将票价提高到正常水平。

第五，运动防御。在运动防御中，市场领导者不仅会防御现有的市场，还会将业务扩展到新的市场，作为未来防御和进攻的中心。

第六，收缩防御。当市场领导者意识到自己无法守住所有的市场时，应该适时地计划收缩，将力量集中到主要的市场阵地上去。

（3）扩大市场份额。通过增加在现有市场的市场份额也可以使市场领导者的利润增加。但公司在增加市场份额时应注意避免引起反垄断活动，还应该注意增加现有的市场份额所付出的成本以及安排合适的营销组合策略。

市场领导者必须致力于在不断扩大市场总需求、获取市场利益、防御挑战者攻击、保持市场占有率以及保证收益的同时扩大市场份额，只有这样才能持久地保持市场领先地位。

2）市场挑战者（market challenger）

在行业中占有第二、第三位置或以后位次的公司被称为市场挑战者或市场追随者。市场挑战者是那些可以攻击市场领导者和其他市场竞争者以获取更多市场份额的企业。市场追随者是那些参与竞争但安于现状不搅乱市场格局的企业。市场挑战者的目标是夺取更大的市场，这样的企业往往会有非常明确的进攻战略。

（1）确定战略目标和竞争对手。挑战者面对不同的竞争对手，可以选择攻击市场领导者，这是一种高风险与高潜在回报的战略；可以选择攻击与自己规模相当的企业，尤其是业务不佳、经营困难者；或者攻击地方性的小企业，采用"大鱼吃小鱼"的方式不断壮大自身的实力。

（2）选择合适的进攻战略。有了明确的进攻目标后，企业还应该选择合适的进攻战略。

第一，正面进攻。进攻是集中全力向对手的主要市场阵地发起进攻，攻击的往往是对手的强项而非弱项。

第二，侧翼进攻。进攻对手的弱点，以强胜弱。任何的竞争者都有自己的弱点，侧翼进攻比正面进攻成功的概率要高。

第三，包围进攻。这样的进攻是全方位的进攻，会从几个阵地攻击竞争对手。当挑战者拥有比对手更强的实力并确信包围进攻足以击垮对手时，包围进攻是有效的进攻战略。

第四，迂回进攻。迂回进攻会绕过竞争对手攻击较容易进入的市场，以扩大自己的资源基础。可以发展与现有经营无关的产品或更新技术替代现有产品，也可以进入新的地区。

第五，游击进攻。这种进攻是针对对手不同领域进行小的、断断续续的攻击，比如选择特定产品在某段时间减价、针对特定市场的宣传促销等。游击进攻的使用者往往都是较小的公司。

不少挑战者通过自己的进攻战略成功地成为该市场的领导者，比如液态奶市场中的蒙牛。但并不是所有居于市场次要位置的企业都有能力成为挑战者。当自身的实力还不够强，做市场追随者比做市场挑战者是更加适宜的选择。

3）市场追随者（market follower）

市场追随者不同于市场挑战者，这样的企业并不以对市场领导者发动进攻为己任，而是自觉地追随市场领导者。但这并不是说市场追随者没有自己的战略，通过选择合适的战略，市场追随者可以保持企业的现有客户以维持市场占有率。主要的市场追随者战略有四个。

（1）仿制战略。仿制、复制领导者的产品与包装，在黑市上销售或卖给贩卖仿制品的经销商。这种假冒伪劣活动对经销商和消费者的权益都有侵害，要予以法律的制裁。

（2）紧密跟随战略。这种战略在各子市场与营销组合上都紧密跟随市场领导者。

（3）距离跟随战略。使用该战略的追随者是在主要的方面模仿领导者，而又在某些方面保持差异。这些追随者可以通过兼并小的企业而使自己得以壮大。

（4）选择跟随战略。这种追随者在某些方面跟随领导者，但并不是盲目地追随，还会根据企业自身的情况对领导者的战略做出适宜的修正。这样的市场追随者很有可能发展成为市场挑战者。

4）市场补缺者（market nicher）

所谓的市场补缺者是那些精心服务于市场上被大企业忽视的细小市场，而不与这些主要的企业竞争，只是通过专业化经营来占据有利市场位置的企业。研究发现小市场的投资回报率要远远高于大市场，很多在总体市场上仅占有较低份额的公司能通过有效的补缺战略获取高额的利润。

市场补缺者可以通过创造补缺市场、扩大补缺市场以及保护补缺市场来实现自己的补缺战略。例如，著名的运动品牌耐克公司不断地开发适合不同运动项目的特殊运动鞋以创造更多的补缺市场，比如专业的登山鞋、自行车鞋、冲浪鞋、慢跑鞋等。在每种运动项目里，耐克还不断开发新的款式，甚至针对某些产品设计星座鞋，以扩大自己在补缺市场的市场占有率。最后，耐克还是一个凶猛型的竞争者，会及时地防御保护自己的补缺市场。

3.3.3　市场营销渠道企业

市场营销渠道企业是指协助企业推广、销售和分配产品及最终购买者的那些企业和个人，主要包括中间商、实体分配机构、营销服务机构和金融机构。各种营销渠道企业是营销不可缺少的中间环节，随着商品经济、市场经济的发展，它们在企业营销中发挥的作用也越来越大，企业必须处理好与这些机构的关系。

3.3.4　顾客

市场营销学根据购买者及其购买目的把市场划分为消费者市场、生产者市场、中间商市场、政府市场和国际市场。

在买方市场条件下，企业的一切营销活动都必须以顾客的需求为中心。顾客对企业提供的产品或服务是否认可及认可程度的高低，标志着企业的营销活动的成绩大小。了解顾客的需求、满足顾客的需求，是企业营销活动的核心。特别应关注消费者群体的力量。

所谓消费者群体的力量是指个体需要与动机的共同性和一致性在群体中的反映。这种共同性和一致性所感染的面越大，表现出的群体力量就越大。因此，企业营销者应关注以下一些消费者群体力量。

（1）顾客高度集中，或者购买的批量很大；

（2）顾客对产品没有特殊需求，换言之，可以是这个行业中任何厂家生产的；

（3）顾客的偏好及成见，对商品、商店形成的一种固定化、具有明显倾向性的态度。

3.3.5　公众

公众是指对企业营销目标的实现有现实或潜在的影响的群体和个人。一个企业的公众除了前面所谈到的顾客、营销渠道企业及竞争者以外，主要还有以下公众。

1. 企业的外部公众

（1）媒介公众：即报纸、杂志、广播、电视等有广泛影响的大众传播媒体。

（2）政府公众：即负责管理企业业务经营活动的有关政府机构。如工商管理局、税务局等。

（3）社团公众：即学校、医院、科研机构等。

（4）金融公众：即影响企业取得资金能力的任何集团，如银行、投资公司等。

（5）一般公众：即与企业无直接利害关系，但其舆论对企业市场营销有潜在影响的公众。

（6）市民行动公众：即各种保护消费者权益组织、环境保护组织、少数民族组织等。

2. 企业内部公众

企业内部公众即企业内部的职工、股东及管理者等。

以上公众，有些虽然可能永远成不了企业的目标顾客，但企业的行为直接或间接影响到他们的利益，企业营销成效也或大或小、或直接或间接地受到各类公众舆论与行动的制约，与各类公众增加沟通与了解，得到各类公众的理解与支持，是企业搞好营销的重要条件之一。

企业要高度重视公众的利益，了解公众的需要和意见，采取有效措施满足公众的各项合理要求，开展一些力所能及的公益活动，努力塑造并保持企业良好的信誉和公众形象，为企业的营销活动创造良好的环境。

3.4 企业营销环境分析

任何企业都置身于错综复杂的环境之中，环境的发展变化有的为企业提供了市场机会，有的则构成威胁。在现实经济生活中，机会和威胁往往是同时存在的。企业营销人员的主要职责之一，就是辨别市场营销环境的变化，不失时机地把握新的机会，迎接新的挑战。

企业的营销环境是动态的、不断变化的，具有强制性、不确定性和不可控性的特点。因此，企业必须主动适应并努力预测其环境的变化，敏锐地体察环境，把握营销环境发展变化趋势，随机应变，善于寻找机会和避免环境威胁，积极地去开拓对自身有利的环境，努力使自己可控制的营销组合因素与不可控制的环境因素相适应，这是保证企业生产和发展的关键。

3.4.1 环境威胁与市场机会矩阵分析法

企业的相关环境总是处于不断变化的状态之中。在一定时期内，经营最为成功的企业一般是能够适应其相关环境的企业。企业得以生存的关键，在于它在环境变化需要新的经营行为时所拥有的自我调节能力。适应性强的企业总是随时注视环境的发展变化，通过事先制订的计划来控制变化，以保证现行战略对环境变化的适应。环境发展趋势基本上分为两大类：一类是环境威胁；另一类是市场营销机会。

1. 环境威胁

1）环境威胁矩阵

所谓环境威胁，是指由于环境的变化形成或可能形成的对企业现有经营的冲击和挑战。企业面对环境威胁要善于分析环境发展趋势，识别环境威胁或潜在的环境威胁，并正确认识和评估威胁的可能性和严重性，以采取相应的对策措施，避免企业陷入困境。

企业市场营销经理应善于识别所面临的威胁，营销者对环境威胁的分析主要从两方面考虑：一是分析环境威胁对企业的影响程度；二是分析环境威胁出现的可能性。见图3-6。

图3-6 环境威胁矩阵图

在第Ⅰ象限内，环境威胁程度高，出现的概率大，表明企业面临着严重的环境危机。企业应处于高度重视状态，必须严密监视和预测其发展变化趋势，积极采取相应的对策。

在第Ⅱ象限内，环境威胁程度高，出现的概率低。虽然出现的概率低，但一旦出现，给企业营销带来的危害特别大。企业应制定相应的措施面对，力争避免威胁的危害。

在第Ⅲ象限内，环境威胁程度低。但出现的概率却很大，对此企业也应该予以注意，准备应有的对策措施。

在第Ⅳ象限内，环境威胁程度低，出现的概率也低，在这种情况下，企业不必担心，但应该注意观察其发展变化，看它是否有向其他象限发展变化的可能。

2）针对环境威胁的企业对策

企业对所面临的主要威胁有三种可能选择的对策。

（1）反抗策略：也称抗争策略。即试图通过自己的努力限制或扭转环境中不利因素的发展。这通常被认为是一积极、主动的策略。如通过各种方式促使（或阻止）政府通过某种法令或有关权威组织达成某种协议。或努力促使某项政策或协议的形成以用来抵消不利因素的影响。如长期以来，日本的汽车、家用电器等工业品源源不断地流入美国市场；而美国的农产品却遭到日本贸易保护政策的威胁。美国政府为了对付这一严重的环境威胁，一方面，在舆论上提出美国的消费者愿意购买日本优质的汽车、电视、电子产品，为何不让日本的消费者购买便宜的美国产品；另一方面，美国向有关国际组织提出了起诉，要求仲裁。同时提出，如果日本政府不改变农产品贸易保护政策，美国对日本工业品的进口也要采取相应的措施。结果，扭转了不利的环境因素。

（2）减轻策略：也称削弱策略。即企业力图通过改变自己的某些策略，达到降低环境变化威胁对企业的负面影响程度。如环境变化导致企业某些主要原材料价格大幅度上涨，致使本企业的产品生产成本增加，在企业无条件或不准备放弃目前的主要产品的经营时，采取的方法一是寻找代用品替代原来的原材料；二是设法通过提高产品的市场销售量、扩大市场份额来减轻由于产品或服务的成本上升对企业经营利润的影响。除此之外，还可以根据情形，部分地改变自己的营销策略以应对。

（3）转移策略：也称转变或回避策略。即指企业通过改变自己受到威胁的主要产品的现有市场或将投资方向转移来避免环境变化对企业的威胁。这实际上包含两种不同的"转移"。第一种转移是，企业原有销售市场的转移。某企业在 A 地市场发展受到阻碍，将目标市场转移到 B 地，以避开环境变化形成的威胁，如地理上的转移。这种做法对企业的原有产品和服务基本不做大的改变。第二种转移策略从总体上分析，在转移的程度上与第一种做法相比要高得多，企业往往不仅仅限于目标市场的改变，而常常是做自身行业方面的调整。两种策略在具体方式上又有区别。第一种方式中发生较小的变动，是在变化个别产品或个别产品线的基础上，以避免危险和威胁，争取主动；第二种方式是，在原有产品或服务经营的基础上，增加新的产品或服务的提供，如增添产品线和扩大企业产品组合的宽度，以适应环境的变化，降低企业营销的风险系数；第三种方式，对企业营销管理来说变化最为显著，指企业依据营销环境的变化，放弃自己原有的主营产品或服务，将主要力量转移到另一个新的行业中以避免受威胁，求得发展。如原机械设备制造厂在对市场营销环境的发展做了分析后，决定转入生物制品行业。

【例 3-7】

传统企业的"互联网+"转型

移动互联网技术的迅猛发展推翻了信息不对称，导致带来了人与信息的无限自由链接，意味着过去所有依靠信息不对称的盈利模式将瞬间坍塌。消费者决定市场，市场决定行业，国家在转型、经济在转型、市场在转型，行业不得不转型。"互联网+"战略是全国人大代表、腾讯董事会主席兼CEO马化腾在人大会议上提出的四个建议之一。"互联网+"战略就是利用互联网的平台，利用信息通信技术，把互联网和包括传统行业在内的各行各业结合起来，在新的领域创造一种新的生态。近两年，众多实力雄厚的传统企业纷纷互联网转型，而众多中小企业由于互联网化成本太高而面临转型难、每况愈下的经济形势，业内不断传出如"传统企业越来越难做了"，"传统行业挣不到钱了"等声音。著名财经作家吴晓波预测："未来五年左右，一切商业都将互联网化，传统制造业将受到互联网冲击，50%的制造企业会破产。"

资料来源："互联网+"形势下传统企业的转型之路，2016年5月19日，搜狐网.

2. 市场营销机会

1）市场机会矩阵

所谓市场营销机会是指由于环境变化形成的对企业营销管理富有吸引力的领域。这些机会可以按其吸引力以及每一个机会可能获得成功的概率来加以分类。企业在每一特定机会中成功的概率，取决于其业务实力是否与该行业所需要的成功条件相符合。

分析环境机会主要有两个方面，一是分析机会的潜在利益的大小；二是分析机会存在的可能性概率的大小。见图3-7。

图3-7　市场营销机会矩阵图

在第Ⅰ象限内，潜在利益和出现概率都很大，表明对企业发展有利，企业也有能力利用环境机会，应采用积极的行动措施。

在第Ⅱ象限内，潜在利益大，但出现概率小，表明企业暂时还不具备利用这些机会的条件，但一旦出现就会给企业带来很大的潜在利益。

在第Ⅲ象限内，潜在利益小，出现概率大，表明企业拥有利用机会的优势，这需要企业再三思考、慎重考虑，制定相应措施。

在第Ⅳ象限内，潜在利益和出现概率都很小，企业应根据发展变化，并依据变化情况及时采取措施。

2）面对市场营销机会的企业对策

对于企业所面临的市场机会，企业的最高领导层首先必须慎重地评价其质量，小心地评估其市场价值。企业利用市场机会可选择的对策有以下几种。

（1）先入为主策略，即先于竞争对手的时间策略。一般来讲，在市场经济条件下，竞争越是激烈，企业可进入的市场空间越小，空间提供给企业的机会时间也越短促。企业应抢先一步进入市场，抓住市场机会，取得主动权。但采用先入为主策略的企业，必须要对市场进行深入的调查研究和掌握大量的信息，这样才能发觉消费者的新需求，紧跟科技发展的新形势，力争在竞争者尚未察觉之前，抢先进入市场。

（2）准备条件、适时利用对策。对在一定时间内不会发生变化的市场机会，而企业目前各种条件又暂不完全具备时，积极准备条件，待各方面条件成熟后再利用。如第二次世界大战结束后，日本发明了家庭用方便泳池，但不适合当时的市场背景，只有等待市场条件的成熟。而现在这种方便泳池已风靡全日本。

（3）放弃机会策略。当企业通过自身努力无法取得理想效果的市场机会时，就应放弃这种机会。如不放弃，这种市场机会就有可能转变为企业的威胁。日本人在第二次世界大战后百废待兴，人们的需求以生存需求为主。某个日本企业大力发展新发明的家庭方便泳池，这对于当时的市场来说是一种享受需求，不可能被消费者所接受，结果造成了该企业的严重亏损，直至破产倒闭。

3. 威胁—机会综合分析

在企业实际面临的客观环境中，单纯的环境威胁和市场机会是少有的，一般情况下的营销环境带来的对企业的威胁和机会是并存的，威胁中有机会，机会中也有挑战。在一定条件下，市场机会与环境威胁是可以相互转换的，市场机会如运用不好，就可能造成对企业的严重威胁；而环境威胁如果处理得当，则可转化为企业的市场机会。企业可以运用威胁—机会矩阵对所处的市场环境加以综合分析和评价，见图 3-8。

图 3-8　威胁—机会综合分析矩阵图

用威胁—机会综合分析，评价企业在一定环境中的业务，可能会出现四种不同的结果，即理想业务、冒险业务、成熟业务和困难业务。

（1）理想业务：即高机会与低威胁的业务，利益大于危险，这是企业难得遇上的好环境，企业必须抓住机遇，万万不可错失良机。

（2）冒险业务：即高机会与高威胁的业务，机会与危险同在，利益与风险并存。企业应当进行全面分析，慎重抉择，争取利益。

（3）成熟业务：即低机会和低威胁的业务，在此条件下，是一种比较平稳的环境，企业一方面按常规经营取得平均利润。另一方面也可以积蓄力量，为进入理想环境做准备。

（4）困难业务：即低机会和高威胁的业务，在此条件下，企业处境十分困难，企业必须想方设法扭转局面，说不定是"柳暗花明又一村"；如果无法扭转，则果断决策放弃，另谋发展。

3.4.2　SWOT 分析法

"SWOT"分析法是重要的环境分析方法。"S"是指企业内部的能力（strengths），它代表企业的发展优势；"W"指企业的薄弱点（weaknesses），是影响企业发展的弱势；"O"表示来自企业外部的机会（opportunities）；"T"表示企业面临外部的威胁（threats）。见表 3-2。

在运用"SWOT"分析法研究企业的营销环境时，应注重寻找四个方面中与企业营销密切相关的主要因素，而不是把所有关于企业能力、薄弱点、外部机会与威胁逐项罗列。在此基础上，还需对企业现实市场竞争地位加以明确地分析。见表 3-3。

表 3-2 "SWOT" 分析表

企 业 内 部	
企业自身能力（S）	企业现存的薄弱方面（W）
企业独有的能力	没有明确的战略方向
充足的资金来源	每况愈下的竞争地位
纯熟的竞争技巧	过时的销售促进方法
购买者对产品的优质有深刻的印象	由于某种原因利润在正常量以下
市场领先者的承认	管理深度和管理才能的缺乏
达到规模经营	关键性技术和能力的丧失
与强大的竞争压力隔绝	影响到战略的不良经营记录
技术方面的专利	内部经营问题的困扰
成本方面的优势	面对竞争压力的脆弱性
竞争方面的优势	过于狭窄的产品线
产品创新能力	企业品牌对消费者浅淡的印象
经过考验的管理能力与水平	竞争方面居弱势
其他	低于市场水平的营销能力与技巧
	没能力根据战略的变化筹措资金
	其他

企 业 外 部	
企业面对的机会（O）	企业面临的威胁（T）
向新增的消费者群体的服务	新的竞争对手可能进入
进入新的市场或新的细分市场	替代性产品销售增长
扩充产品线以满足更大范围的消费者需求	不利于企业发展的政府政策
相关产品的多样化	日益增长的竞争压力
增加产品的附加部分	顾客及供应商讨价还价的能力增强
产品垂直一体化	顾客需要与爱好方面的变化
转向更优战略的能力	于企业不利的人员因素的变化
市场销售高增长	缓慢的市场销售的增长

表 3-3 企业市场竞争地位正、负分析表

正	负
在特定的细分市场上势力强大	处于主要竞争对手的攻击之下
市场占有率正在增加	原有目标市场被竞争对手占领
是一个被证实的坚韧的竞争者	低于市场速度的增长
有一个切实可行、独具特色的企业战略	缺乏有效的关键性的竞争技巧
有顾客增多的基础和对产品的忠诚度	难于应付竞争压力
高于市场水平的市场预见性	处于执行一个注定要失去市场的战略下
快速增长的细分市场的集中	财力方面的拮据

续表

正	负
明显的差别化商品	顾客心目中企业信誉的下降
高于市场水平的边际利润	产品开发减弱
面对市场领先者及主要竞争对手的竞争优势	在大部分市场居弱势、表现出不适应
高于市场水平的营销技术与方法	高费用的生产者
高于市场水平的专业技术与创新的能力	难以形成规模的经营能力
创造性、灵活的管理	没有真正的、与众不同的经营特色
对市场独到的见解	有关领导者缺乏经验或者是没有经过市场活动检验的新手
相对市场机会的投资能力	在正在显现的威胁中所处的位置不乐观
其他	其他

【例 3-8】

耐克公司的 SWOT 分析

耐克是世界上排行第一的运动品牌，产品素以设计独特新颖而著称。

耐克公司没有自己的工厂。耐克会在任何用可能的最低成本生产高质量产品的地方进行外包生产。如果当地生产成本上升了，而其他地区生产更为便宜（相对于同样或更好的产品规格），耐克就会转移到那里进行外包生产。它不会为厂房和工人们所束缚，这使耐克得以成为一个精简的组织。

耐克拥有近百名研究人员，其中许多人有生物、化学、实验生物学、工程技术、工程设计学等多种相关的学位。这种雄厚的研究力量开发出 140 余种不同样式的产品，其中不少产品是市场上最新颖和工艺最先进的。由于耐克全球品牌的高度认知，耐克公司的业务得以在国际间开拓，耐克品牌在全球拥有很多坚定的拥护者。例如，中国和印度等国出现了新的一代富有消费者的市场，这些高收入人群可以任意消费高价体育商品。

耐克公司的运动产品范围广泛、多样。除了运动鞋、运动服装，太阳镜和珠宝等新产品也是高价物品，每一项都有可能给公司带来高额的利润。而这些也逐渐成为耐克关注的市场。然而，公司的收入仍然主要依赖于它在鞋类市场的份额。如果因为任何原因鞋类的市场份额萎缩，耐克都将会受到很大影响。

当然，用不同的货币购买原材料和销售产品，耐克公司也时刻受到国际贸易的影响，成本和利润不能保持长期稳定。这种影响使耐克公司受到亏本生产和（或）销售的威胁。这是所有全球品牌都面临的问题。另外，体育用鞋和体育服装的市场竞争非常激烈。菲尔·耐特在斯坦福商学院时所创立的模式现在正被广泛应用，而且这个模式已经不再是可持续性竞争优势的基础了。竞争对手们正在创建可替代的名牌来夺走耐克的市场份额。而在金融危机的影响下，消费者正在逐渐学习如何更有效地消费，货比三家、寻求更为划算的交易成为更多消费者的选择。这种消费者价格敏感性也是耐克公司不得不面对的问题。

资料来源：由编者加工整理。

本 章 小 结

市场营销环境是指作用于企业营销活动的一切外界因素和力量的总和。这些外界因素和力量所形成的营销环境，由于与企业营销活动的密切程度不同，又分为宏观环境和微观环境。

市场营销环境具有客观性、相关性、多变性，市场营销环境是可以利用的。

宏观环境是指那些给企业造成市场机会和环境威胁的主要社会力量，它是间接影响企业营销活动的各种环境因素之和。它包括人口环境、经济环境、自然环境、技术环境、政治法律环境和社会文化环境等。

微观环境是指对企业服务其顾客的能力构成直接影响的各种力量，包括企业自身及其市场营销渠道企业、顾客、竞争者和各种公众。

竞争者是非常重要的微观环境之一。企业要在分析竞争者的基础上选择合适的竞争战略。依据竞争者地位的不同，竞争战略可以分为四类：市场领导者战略、市场挑战者战略、市场追随者战略以及市场补缺者战略。

环境发展趋势基本上分为两大类：一类是环境威胁；另一类是市场营销机会。所谓环境威胁，是指环境中一种不利的发展趋势所形成的挑战，如果企业不采取果断的市场营销行动，这种不利趋势将伤害到企业的市场地位；所谓市场营销机会是指对企业市场营销管理富有吸引力的领域。在该领域内企业将拥有竞争优势。企业可以通过环境威胁—市场机会矩阵分析企业的营销环境，也可以使用 SWOT 分析矩阵，对企业的内外部环境做综合的分析。

思 考 练 习

1. 什么是市场营销环境？它具有哪些特征？
2. 影响企业营销的宏观环境有哪些？
3. 影响企业营销的微观环境有哪些？
4. 掌握分析市场营销环境的方法。

案 例 讨 论

1. 认真阅读开篇案例，回答下面的问题。
（1）请结合本案例说明企业营销环境中的可控因素和不可控因素各有哪些。
（2）美邦应如何应对发生的环境变化？
2. 认真阅读案例 3-8，做耐克公司的 SWOT 分析。

推 荐 阅 读

1. [美]菲利普·科特勒，加里·阿姆斯特朗. 市场营销原理[M]. 第 11 版. 郭国庆，等,译. 北京：清华大学出版社，2007.

2. [美]迈克尔·波特. 竞争战略[M]. 陈小悦,译. 北京：华夏出版社，2005.

3. 第一财经《中国经营者》的视频《轮胎零售硝烟弥漫的朝阳行业》。

第 4 章

市场营销战略规划

本章提要

市场营销战略可以帮助企业在激烈的市场竞争中求得生存与发展，它是企业市场营销活动较长时期的全局性的行动方案。市场营销战略规划能使企业在制定具体营销方案时站在战略的高度，抓住市场机会，回避营销风险。本章首先介绍了市场营销战略规划的内涵以及市场营销战略规划对企业营销活动的作用，接着研究市场营销战略规划的过程，包括确定企业任务，探讨了确定企业任务时考虑的因素；规定企业目标，介绍了确定目标的原则；安排业务投资组合，介绍了波士顿咨询集团法以及通用电气法两种战略业务单位的评价方法；以及制订密集增长方式、一体化增长方式和多角化增长方式等企业的新业务计划。最后，介绍了如何编制市场营销计划。

学习目标（重点与难点）

通过本章的学习，要求学习者能够：

1. 了解营销战略、战略规划的概念。
2. 掌握营销战略的实施过程。
3. 掌握企业发展新业务的方法。
4. 理解业务单位的评价方法。
5. 了解市场营销计划的内容。

框架结构（见图4-0）

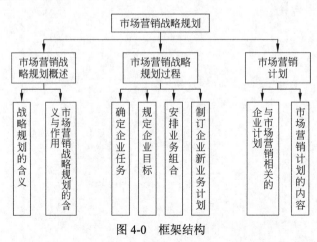

图 4-0　框架结构

云南白药的多元化战略

1. 多元化之云南白药牙膏

20 世纪 90 年代高露洁和佳洁士两大外资牙膏巨头进入中国，中国牙膏行业进入了快速发展时期。云南白药于 2004 年首次突破单纯的药品行业，跨入日化领域寻求多元化发展，并推出云南白药牙膏，依靠"大广告、大终端、大品牌、高价位"的操作模式在进军牙膏市场中获得巨大成功。2014 年公司主营业务收入为 188.14 亿元，同比增长18.97%。首先，其核心产品"云南白药膏"及"云南白药气雾剂"由于品牌认知度高，一直维持稳定增长势头，2014 年药品事业部实现销售收入接近 40 亿元，同比继续增长约 13%，为公司其他业务的发展不断提供现金流支持。

2. 多元化之云茶产业

2010 年云南白药正式进军云茶产业。此后，"树品牌、造平台、建基地"的"三步走"战略。在"树品牌"方面，云南白药控股有限公司的全资子公司——云南白药天颐茶品有限公司旗下的红茶品牌"红瑞徕"已成为中国高端红茶品牌的标杆。从品牌塑造，到渠道、终端建设，"红瑞徕"品牌都在国内获得了广泛认可。建立茶庄园，是云南白药进军茶产业实施的第二步战略。据悉，在临沧，由云南白药投资建立的超五星生态茶庄园——云南白药天颐茶源临沧茶园，已成为集种茶、采茶、制茶、储茶、品茶、食茶、茶 SPA 高端休闲于一体的"玩茶天堂"。庄园自 2014 年 9 月试运营以来，已接待茶人、茶商、茶客等千余人次。茶园建设，是云南白药进军茶产业"三步走"战略中最重要、最复杂的一步。目前，天颐茶品已拥有 5 万亩的茶园基地，并正按步骤继续开展茶园建设。

到目前为止，云南白药在茶产业项目上累计投资已超过了 4.5 亿元，已上市产品累计实现销售 2.4 亿元，并呈现快速增长的态势。项目运营团队目前正在巩固第一、第二步战略成果，并积极推进第三步战略，力争在 2～3 年内完成企业从传统制造商向茶叶服务商的转型。

3. 多元化之医药联动战略

贵州百灵于 2015 年 5 月 9 日发布公告称，根据国家相关规定，与云南白药集团中药资源有限公司签订了《集团战略合作协议书》。据贵州百灵发布的公告，云南白药集团中药资源有限公司利用自身于云南省的医药配送平台优势，协助公司将其直接生产的医药品种全面提升销售能力并加大市场开发力度；双方利用各自的种植优势及区域优势，于中药材、原料的供采方面形成互补互助。

4. 多元化之其他日化产品

由于尝到云南白药牙膏的甜头，云南白药乘势推出洗发水、面膜、沐浴露等产品，并紧随潮流做药妆。2012 年，公司还为养元青洗发水组建了独立的销售团队，现阶段主要通过营销推广提升产品认知度。日化类用品显然已经成为云南白药目前发展的重点。近几年，"药妆"已成为化妆品行业的潮流趋势。正当大家都认为进入"药妆"领域的云南白药又要大放异彩之时，2014 年年底，云南白药主推的"药妆"采之汲面膜，相继在天猫商城、京东商城及自有商城中下架，这无疑让消费者及业界都产生了疑问。云南白药在2015年6月3日披露的《投资者关系活动记录表》中表示，养元青产品2015年的市场销售情况比2014年有所好转，总体发展速度较为平缓，另外洗护产品面临的终端拦截问题较为突出。要打造成"中国强生"的云南白药开拓IT化领域10年，相继推出了不同系列的产品，唯有云南白药牙膏的销量经久不衰，而其旗下的采之汲面膜、养元青洗发水、千草堂沐浴露等却未见起色。

5. 多元化之云南白药置业有限公司

2006年，云南白药集团花费1000万元注册了全资子公司——云南白药置业有限公司。云南白药置业有限公司主要业务收入为房地产开发、城市建设投资及相关项目开发。

资料来源：刘婷. 云南白药多元化投资战略的剖析及启示[J]. 商，2015，15.

"战略"（strategy）一词源于希腊语，意为"将军的艺术"，原指军事方面事关全局的重大部署，现已广泛应用于社会、经济、管理等各个领域。在商品经济高度发达的条件下，市场犹如战场，一个企业为了更加有效地开展市场营销活动，就必须在现代市场营销观念的指导下，根据企业长远、全局的发展需要制定有效的市场战略规划，以提高企业的经营管理水平和市场竞争力。

4.1　市场营销战略规划概述

4.1.1　战略规划的含义

从管理学的角度讲，战略是指企业为了实现预定目标所做的全盘考虑和统筹安排。战略规划的产生源于企业环境的变化。在第二次世界大战以前，由于企业外部环境相对稳定，因而企业可以根据当时的经营与销售状况做出决策。但20世纪60年代后，资本主义国家的经济遭遇了多次经济危机，企业环境变化迅速。面对迅速变化的企业环境，企业没有办法继续之前的经营方式，封闭不变的管理模式受到了极大的挑战，企业的战略规划随之产生。战略规划是企业为了实现其任务和目标，根据外部营销环境和内部资源条件而制订的涉及企业管理各方面的带有全局性的重大计划。企业的战略规划涉及企业经营活动的多个方面，包括生产、营销、财务、人力资源管理等。

一份完整的战略规划必须是可执行的，它包括两项基本内容。

第一，选择企业发展方向。首先，选择企业发展方向意味着对各种看起来有利可图的发展方向进行取舍。迈克尔·波特在《什么是战略》一文中指出："战略就是在竞争中做出取舍，其实质就是选择不做哪些事情。"企业应该在分析内外环境的基础上选择未来的发展方向。

第二，安排企业资源配置策略。在选择企业发展方向之后，通过合理配置企业资源将企业经营各项活动有机地组合起来，从而实现企业战略的目标。

4.1.2　市场营销战略规划的含义与作用

市场营销战略规划是企业战略规划的重要组成部分。在竞争激烈的市场经济中和现代市场经济条件下，每个企业都希望自己能够成为行业翘楚。这一愿望的实现除了要求企业管理者和全体员工着力创造顾客满意外，还应根据市场环境的变化制定和调整企业的市场营销战略规划。市场营销战略规划是企业根据外部营销环境和内部资源条件而对营销活动制定的较长时期的全局性的行动方案。市场营销战略规划能使企业站在战略的高度安排企业的营销活动，更加适应不断变化的市场环境。

市场营销战略规划对于企业的营销活动具有非常重要的作用。市场营销战略规划是企业内部各项活动的总体指导思想，可以从战略的角度协调企业的资金筹集、资源配置、生产销售等工作，使企业人、财、物等资源得到更加有效的利用，有利于企业总体目标的实现。同时，由于市场营销战略规划的制定是建立在对企业内外环境分析的基础上，因此，它能促使企业的管理人员发现、分析市场环境的变化，并对其未来的发展做出慎重的评价。这有利于减少企业营销活动的盲目性，提高市场的竞争力。建立在对未来环境分析和评价基础上的市场营销战略规划还能够减轻甚至消除市场波动可能对企业造成的影响。

4.2　市场营销战略规划过程

企业在研究市场营销战略规划之前，首先应了解企业战略规划的工作过程。市场营销战略规划的实施通常由以下四个步骤组成，见图 4-1。

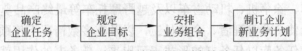

图 4-1　市场营销战略规划实施过程

4.2.1　确定企业任务

一个企业的存在是为了完成某项业务，例如一家企业是生产汽车、照相机，还是经营商场、饭店？在企业的创立之初，一般都有明确的任务。但随着时间的推移，一些管理人员可能对最初的任务已不再感兴趣了；或者该项任务已不适应变化了的市场环境；或者由于企业开发了新的产品和新的市场，原有任务已变得不明确了。这时企业高层管理者应能洞悉这种变化，及时调整企业任务。

企业在制定和调整企业任务时，可向股东、顾客、经销商以及企业员工等有关方面广泛征求意见，并且要考虑以下几个方面。

1. 企业历史

历史是今天的基础，今天的成就离不开企业昨天的奋斗。企业任务的制定和调整必须以其历史为依托，沿着历史的脉搏去发展和创建企业业务。例如，一家以生产食品和药品而知名的企业，若将其任务调整为"通过开发高档住宅商品，满足高收入者的住房需求"。企业任务的这种调整必将使企业面临巨大的风险。

2. 企业所有者和管理者的目前偏好

企业任务的制定必然会受到来自企业所有者和管理者的影响。如希望集团向房地产市场拓展，这显然反映了企业高层人士的意图。如果索尼公司的现任经理要退出电视机市场，那么这种意图必然会对企业任务产生影响。

3. 企业环境的改变

市场环境影响着企业任务。市场环境的改变可能给企业带来市场机会，也可能带来环境威胁。为加强企业的适应性，就要对企业任务进行相应的调整。如国内彩电企业，面对彩电市场的激烈竞争和消费者需求的变化，纷纷调整企业任务，有的向其他领域扩展（TCL 等向通信、计算机领域扩展），有的向高档彩电市场延伸（四川长虹的背投精显王）。

4. 企业所拥有的资源情况

企业资源情况决定了企业可能经营的业务种类和规模，在某种程度上也就决定了企业的任务。中国新华航空公司如将其任务定为世界上最大的航空公司，显然这样的任务与其现有资源之间存在着巨大的差距，亦即企业资源情况无法保障这一任务的完成。

5. 企业的核心竞争力

核心竞争力表现为一种能为企业进入各类市场提供潜在机会，能借助最终产品为所认定的顾客利益做出重大贡献，而且不易为竞争对手所模仿的独特的能力。企业在确立其任务时，要充分利用和发挥企业的核心竞争力，只有这样才能找准市场的切入点，并获得一定的竞争优势。如克莱斯勒公司不再自己生产马达，而向三菱公司购买。同样，日本的本田公司由于拥有生产马达这一核心竞争能力，其设计和改进马达的技能为它们开发汽车、摩托车、除草机、机动雪车以及越野摩托车等最终产品奠定了基础。

企业任务应能使企业管理者、企业员工，以及在多数情况下使顾客和其他公众产生一种使命感。企业任务应以任务书的形式表现出来。任务书的作用就在于使企业管理者和全体员工对公司宗旨、发展方向和可能的机会形成一种共识，它如同"一只看不见的手"，引导着企业各部门的员工独立地，但又相互配合地朝着企业目标前进。

企业任务书的撰写并非易事。有些企业为了写出一份令人满意的任务书往往要花费很长的时间。在这一过程中，它们常常会从自己身上发现许多东西，发现大量潜在的机会。一份行之有效、对企业经营有指导作用的任务书应满足以下几个条件。

1. 企业任务书所反映的目标数量应是有限的、具体的、明确的

企业任务书应集中企业核心竞争力，以目标市场为基础来确定企业目标，其目标数量必然是有限的。如"我们要生产最优质的产品，以最低的价格向顾客提供最高附加值的服务，建立最广泛的分销网络"这样的任务没有反映出企业的核心优势，目标过于笼统，实际缺乏对企业的指导作用。

企业任务书应明确企业要参与的主要竞争领域。具体来说就是：

（1）行业范围。企业应考虑行业范围。有些企业只经营一种行业，有些企业只限于经营一些相关的行业，有些只经营工业品，有些则只经营家用电器产品，有些可能是跨行业经营。

（2）产品和应用范围。如深圳万科通过做"减法"，将其业务主要集中在开发中高档次的房地产商品上；而青岛海尔则通过做"加法"，将其业务发展到多个产品领域。

（3）竞争范围。竞争范围指企业将要掌握和利用的技术和其他核心竞争力。日本 NEC

公司在计算、通信及其元件上建立了自己的核心竞争力，这些竞争力有力地支持了其高档计算机、电视机、手机等产品的生产。

（4）市场细分范围。企业应明确所服务的市场和顾客的类型。如资生堂生产高价化妆品，花王主要满足低档市场的需求。

（5）地理范围。地理范围指企业希望开拓业务的区域、国家或国家群。

2. 企业任务书应是市场导向而非产品或技术导向

大多数企业都经营几种业务，但它们未必将这些任务分得一清二楚。实际中企业常常根据其产品来确定范围，其任务表述为"本企业从事汽车业的生产经营"。但是李维特指出，用市场来界定业务范围要优于用产品来界定。这是因为企业的业务活动是一个不断满足消费者需要的过程，而不仅仅是一个制造或销售某种产品的过程。产品是不断变化的，某种产品终有一天会变得过时而无人问津，但基本需要和顾客群却是永恒的，也就是说市场是永存的。如果企业将任务规定为满足消费者某一方面的需求，就会注意这方面的市场和技术的变化，并及时开发出能满足这一需要的新产品，从而使企业能够保持持久的市场竞争活力。如日本雅马哈公司将自己的经营范围确定为"娱乐工业"，本着这样的经营定位，该公司的产品从早期的电子琴、钢琴到立体音响设备以及滑雪设备、网球拍，甚至是游乐场等，满足了企业长远发展的需要。

表 4-1 中给出了一些知名企业的业务描述的变化，从中我们会得到一些启示。

表 4-1　一些企业业务的产品导向和市场导向的对比

企业名称	产品导向定义	市场导向定义
资生堂公司	我们生产化妆品	我们出售希望
佳能公司	我们生产复印机	我们帮助改进办公效率
标准石油公司	我们出售石油	我们供应能源
星球电视公司	我们安排卫星产品	我们销售娱乐
OKI 公司	我们制造空调	我们提供室内气候控制
富士公司	我们生产胶卷	我们保存记忆
先锋公司	我们生产卡拉 OK 机	我们帮您歌唱

3. 企业任务要切实可行

企业任务书应根据企业的资源特长来规定企业的业务范围。企业业务范围既不能定得过宽也不能定得过窄。例如假日饭店是世界上最大的旅馆连锁店，有 30 多万间客房，它就曾陷入这种困境。它曾将业务界定从"旅馆业"扩展到"旅游业"。于是，它收购了美国第二大公共汽车公司特拉维斯有限公司和三角洲轮船有限公司。但是假日饭店又无力管好这些公司，不久就放弃了这些公司的财产。假日饭店又回到自己所熟悉的业务中来。

4. 企业任务要富有激励性

企业任务要能使员工感到自己的工作是有意义的，通过实施企业任务能够给社会和他人创造价值。这样的企业任务可以鼓舞士气，充分调动员工的工作热情和主动奉献的精神，也有助于企业任务的实现。

让我们比较一下 IBM 和苹果计算机公司的任务报告书，体会两者的差别。

IBM 公司：本公司的目标是要在本世纪末（20 世纪）实现 100 亿元的销售额。

苹果计算机公司：本公司的长远目标是要让每一个人都能掌握计算机的威力。

显然，苹果计算机公司的任务报告书要比 IBM 公司的任务报告书更具激励性。IBM 公司的任务书只强调了企业自身的经济利益；而苹果计算机公司的任务书则强调了社会利益，企业经济利益是通过社会利益的实现而实现的。

又如一家经营农用物资的生产企业，若将其任务描述为"本企业是专门经营农药、化肥等产品的企业"，这样的描述就不如"本企业是为农业生产的发展提供物资保障的企业"更具有激励性。

5. 政策具体、分工明确

任务报告书应强调企业想要实施的主要政策。政策是指员工如何对待顾客、供应商、中间商、竞争者以及其他重要群体。只有政策具体、分工明确，企业各部门人员在处理有关问题时才能按准则行事，不会出现越权及相互推诿的情况。同时也能保证企业各个部门、各级人员向外部传递信息的一致性。

企业任务书应提出公司未来 10 年或 20 年的远景和发展方向。一般来说，为了保证企业任务能够按照预定的步骤贯彻实施，企业任务书不能经常改变。当然，有时企业面临的环境发生了巨大变化或企业发现了新的市场机会，就应及时调整企业任务。环境变化越快，企业就越需要对其任务的规定和表述进行检查。

4.2.2　规定企业目标

企业管理者在规定了企业任务以后，还要把企业任务具体化为一系列的目标体系，使各部门、各级人员都有自己明确的目标，并对相应目标负责。美国管理学专家彼得·德鲁克认为："管理人员应当由他所要达到的目标来管理，而不是由他的上司来指挥和控制"，并把这称为"目标管理"。

企业任务表明了企业的远景规划，企业目标便是实现这一远景规划的阶梯。

1. 企业目标种类

企业常用的战略目标有以下几种。

1）投资收益率

投资收益率指一定时期内企业所实现的利润总额与企业投资总额的比率，它是衡量、比较企业利润水平的一项重要指标。投资收益率越高，意味着单位投资所获得的利润越多。计算公式为

$$销售增长率 = \frac{利润率}{投入资本总额} \times 100\%$$

2）市场占有率

市场占有率是反映企业竞争能力的一个重要指标，它又分为绝对市场占有率和相对市场占有率两种。

绝对市场占有率是指一定时期内一家企业某种产品的销售量（或销售额）在同一市场上的同类产品销售总量（总额）中所占的比重。绝对市场占有率又称市场份额，它与

企业获利水平密切相关。显然，在其他条件不变的情况下，市场份额越大，销售额就越高，企业实现的利润就越多。

相对市场占有率是指本企业的某种产品的销售总额与行业内最大竞争对手同种产品的销售总额之比，或与同行业中销售量前三名的总和之比。相对市场占有率能更好地反映企业在行业中所处的地位，是企业市场竞争力的具体体现。

3）销售增长率

销售增长率又称销售成长率，是指计划期产品销售增加额与基期产品销售额的比值。其公式为

$$销售增长率=\frac{计划期销售额-基期销售额}{基期销售额}\times100\%$$

在其他条件不变的情况下，产品销售额的增长意味着企业利润的增加。因此，追求一定的销售增长率也是企业的重要目标之一。在新产品进入市场的一定时期内，这一指标更为重要。当然，销售增长率的提高并不一定带来投资收益率的提高。有时可能恰恰相反，在前者提高的情况下，后者却不断下降。例如，在成本提高、价格不变的情况下，就有可能出现这种情况。因此，企业不能片面追求销售增长率的提高，而应有选择地实现有利可图的销售额的增加。

此外，产品创新、塑造企业及其产品形象，也是企业重要的战略目标。它们反映了企业的创新能力和企业在市场上的知名度和美誉度，对企业其他目标的实现也有着很大的影响。

2. 制定企业目标的原则

企业目标是实现企业任务的基础。在企业目标体系中如果存在模糊的目标、相互矛盾的目标，势必会影响到企业任务的实现。因此，企业在确定其目标时就要有所选择、有所遵循。美国学者威廉·斯坦顿提出，企业目标应明确具体、要用文字表述出来、大胆而现实、相互协调，尽可能地数量化、有明确的时间性等。

菲利普·科特勒也认为，一个业务单位的各种目标应具有层次化、定量化、现实性、协调性等条件。

（1）层次化。企业任务要分解成层层具有操作性的目标体系。即将企业任务逐级分解为次一级的目标，直到目标具体直观为止。

（2）定量化。只有将目标具体化为一定的数量值，才能便于企业对目标实现情况的考评。如在目标体系中如果只是表述为"本年度力争使销售额有所增加"。显然，这样的目标到期末时很难对其进行考评。可将其表述为"本年度销售额比去年增加 100 万元"，对这种量化的指标进行考评则很容易。

（3）现实性。企业的目标必须是可行的。企业目标体系的建立，是基于企业各部门人员的集体智慧，是综合了企业资源和环境因素的考虑而形成的。它不是企业高层主管主观意志的产物。因而，这样的目标既不好高骛远，又能激励企业员工的工作热情。

（4）协调性。各项目标的建立是为了达到一个共同的目的，即实现企业任务。因此，企业各个阶段、各个层级的目标都应该服从于和服务于企业任务。为了保证企业总体目标的实现，企业战略目标之间应相互协调。这包括不同部门、不同层级、不同时期目标

之间的平衡协调与衔接。在平衡协调中，应注意分清主次，下级目标要服从于上级目标，次要目标要服从于主要目标，短期目标要服从于长远目标。

此外，还应注意不能出现相互矛盾的目标。如"最大限度地增加销售额和利润"。显然，企业要想增加产品销售额，可以采用低价促销、改进产品质量、增加广告投入等方式。不论是哪一种方式，在使销售额增加的同时，相应的成本费用也会提高，企业利润并不一定会随之增加，有时可能还会减少。所以，企业各目标间必须保持一致，否则就会失去指导作用。

4.2.3　安排业务组合

企业管理者在制定了企业任务和企业目标之后，在明确企业战略业务单位的基础上制订其业务投资组合计划。这也是企业战略规划过程的第三个工作阶段。西方企业，尤其是一些规模较大的企业都有许多业务，如各种产品大类、产品、品牌等。过去各企业都将资金划拨给各业务部门，以鼓励各业务单位组织生产、扩大销售、增加盈利。但在实践中企业发现，各业务单位的现状和未来市场情况并不是完全相同的。因此，各业务单位对资金的需求以及资金效益也是不一样的。传统的做法并没有实现企业投资效益的最大化。于是，企业调整了原有的投资策略，开始注重对公司现有的业务单位进行分析与评价，以确定哪些业务单位应当发展，哪些应当维持，哪些应当减少，哪些应当淘汰，即企业必须安排业务组合，以更有效地利用企业的有限资源。

1. 战略业务单位的划分

企业在制订业务投资组合计划时，首先应将企业所有的产品或业务划分成若干个战略业务单位（strategic business units，SBU）。一个战略业务单位通常具有以下特征。

（1）它是一项独立业务，或是一些相互关联但又可分别规划的业务，并同企业其他业务相区分。

（2）它有自己明确的任务。

（3）它要面对一组自己的竞争者。

（4）它有一位专门负责的经理。

（5）它掌握一定的资源。

（6）它能单独计划、考核其营销业绩。

（7）它有自己独立的经营战略，并对战略计划实现的盈亏负责。

可以看出，一个战略业务单位可能包括一个或几个部门，或者是某部门的某类产品，或者是某种产品或某个品牌。

2. 战略业务单位的评价

企业划分战略业务单位的目的是对其进行分析、评价以确定企业的投资组合规划。分析与评价的效果直接关系到企业未来是否能够获得最大的投资组合效益。因此，分析与评价工作必须遵循一定的程序，按照科学的方法来进行。西方学者提出了许多有关企业战略业务单位的评价方法，其中影响最大的是波士顿咨询集团法和通用电气公司法。

1）波士顿咨询集团法（Boston Consulting Group Approach，BCG法）

波士顿咨询集团是美国著名的管理咨询企业，它建议企业用"市场增长率和相对市场占有率"两个指标对企业各战略业务单位进行分析与评价，并将企业战略业务单位划分为四种类型，借此制定企业投资方案。这种方法的工作内容如下。

第一步：分析计算企业各业务单位的相对市场占有率和市场增长率。

第二步：划分战略区域。以市场增长率为纵坐标，相对市场占有率为横坐标，并分别确定两个临界值，将横、纵坐标分成两个区间，形成四个不同区域。如图 4-2 所示。在图 4-2 中取 1 为相对市场占有率的临界值；大于 1 表示高市场占有率；小于 1 为低市场占有率。如相对市场占有率为 2，则表示企业产品的市场占有率为其最大竞争对手的 2 倍。取 10% 为市场增长率的临界值，10% 以上为高市场增长率，10% 以下为低市场增长率。

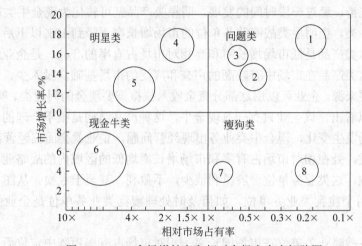

图 4-2　BCG 市场增长率和相对市场占有率矩阵图

第三步：根据各业务单位的计算值，在坐标中确定其位置，并用大小不同的圆圈标明。圆圈的大小反映该业务单位的销售额在企业总销售额中所占的比重。

第四步：根据各业务单位所处的战略区域，将其分成四类，即明星类、现金牛类、问题类和瘦狗类。

第五步：确定各业务单位的投资决策。

现假设某企业所拥有的八个战略业务单位的情况如图 4-2 所示。企业八个战略业务单位分别位于图 4-2 中的四个区域，下面就这四种类型的产品特征进行分析，并提出有关的战略建议。

相对市场占有率，指本企业产品的市场占有率与该市场最大竞争对手市场占有率之比，如前者为 10%，后者为 40%，相对市场占有率为 0.25，即本企业的市场份额只相当于最大竞争对手的 25%。如相对市场占有率为 6，则本企业的市场份额相当于最大竞争对手的 6 倍。

（1）问题类。问题类是指处于高市场增长率和低相对市场占有率区域的业务单位。此例中为战略业务单位 1、2、3。这类业务单位的市场发展是，通过提高相对市场占有率可发展成为明星类业务单位，也有可能在市场增长率下降的情况下沦为瘦狗类业务单位，因此将其称为问题类。企业各战略业务单位初期大多都处于问题类。这类业务单位需要大量的资金支持（用于市场开发、产品改进、营业推广等），以提高其相对市场占有率，赶上市场"老大"。对于问题类产品，企业经营主管应科学决策，一方面让那些确有潜力的产品获得必要的资金，使之发展壮大；另一方面对于没有发展潜力或经营风险较大的产品应及时精简或淘汰，避免造成较大的投资损失。本例中该企业有三个问题类业务单位。显然，企业这类业务单位数量过多，应及时精简。与其将资金分散投入到三个业务单位，不如重点发展一个最有前途的业务单位。

（2）明星类。问题类战略业务单位如果经营成功，就会成为明星类。这类业务单位是高市场增长率和高相对市场占有率的单位。由于这类业务单位的市场增长速度较快，如冉冉升起的明星，因此称为明星类。为了稳定明星类产品在市场上的位置，企业应给予大量的资金支持，经过一段时间的发展，明星类产品就可转化为现金牛类产品。

（3）现金牛类。当明星类战略业务单位的市场增长率下降到 10%以下后，就转为现金牛类产品。这类产品是低市场增长率和高相对市场占有率的产品，是企业最成熟的拳头产品。由于这类产品在市场中有较高的声誉和广泛的市场基础，投入少、产出多，是企业资金的主要来源。企业可以用这部分资金收入扶持需要现金的问题类、明星类产品。从图 4-2 中可以看出，该企业只有一只现金牛，这种产品结构是很不合理的，也是很危险的。一旦市场发生变化，现金牛类业务出现经营问题，企业就会面临经营困境。

（4）瘦狗类。处在相对市场占有率和市场增长率均低的区域内的战略业务单位称为瘦狗类业务单位。这类业务单位一般盈利很少，不盈利，甚至于亏损。从图 4-2 中可以看到该企业有两个瘦狗类业务单位，如何及时处理瘦狗类业务单位是企业亟须解决的问题。

在把企业各战略业务单位在市场增长率—相对市场占有率矩阵中定位后，就要研究其业务组合是否合理。如果瘦狗类和问题类业务过多，或者明星类和现金牛类业务过少，说明企业业务组合不合理，应及时调整。

企业管理者接下来的工作就是，在对各业务单位进行分析、评价的基础上，制定企业应采取的对策。通常企业可供采取的对策有以下三种。

（1）发展。这种战略的目标是提高战略业务单位的相对市场占有率。为了实现这个目标，企业有时甚至放弃短期收入。这种战略主要应用于问题类业务，以促成其向明星类业务转化。

（2）保持。这种战略的目标是维持战略业务单位的相对市场占有率。这一战略适用于现金牛类产品，以保证其能为企业提供源源不断的现金。

（3）收缩。这种战略的目标是增加战略业务单位的短期收入，而不考虑长期影响。这一战略特别适用于弱小的现金牛类业务，因为这类业务很快要从成熟期进入衰退期，相对市场占有率急剧下降，前途黯淡，企业又需要从这类业务中榨取更多的现金。此外，这种战略也适用于问题类和瘦狗类业务单位。

企业各战略业务单位在市场增长率—相对市场占有率矩阵中的位置并不是一成不变的。每项成功的战略业务单位都有一个生命周期，即从问题类业务开始，继而发展成为明星类业务，然后转变为现金牛类业务，最后变成瘦狗类业务以至于从市场上退出。因此，企业在对各战略业务单位进行研究时，既要考察各业务单位在市场增长率—相对市场占有率矩阵中的现有位置，又要考察其动态位置；既要了解每项业务单位过去的情况，又要预测其未来的发展趋势。如果发现某项业务单位的前景不乐观，企业就应迅速采取措施，制定解决方案。

2）通用电气公司法（GE Approach）

通用电气公司法又称战略业务规划网络，是由美国通用电气公司首创的一种多因素的量化分析方法。它选用了行业吸引力和企业业务实力两个综合性指标，对企业各业务单位进行评价来制定投资决策。假设某企业拥有四项业务，其评价过程如下。

第一步：找出并确定影响行业吸引力和企业业务实力的诸因素。影响行业吸引力的因素有：市场增长率、市场规模、竞争强度、技术要求、能源要求。影响企业业务实力的因素有：市场占有率、产品质量、品牌形象、促销能力、生产能力、开发研究水平、物资供应能力等。

第二步：根据影响行业吸引力和影响企业业务实力的各因素的重要程度，分别赋予一定的权数。

第三步：根据行业吸引力各因素评分值与权数加权平均，计算出各业务的行业吸引力综合指标值。同样加权平均计算出各企业业务实力的综合指标值。

第四步：以企业业务实力为横坐标，以行业吸引力为纵坐标，分别确定临界值，将横坐标分成高、中、低三档，将纵坐标分为大、中、小三档，从而形成九个不同的战略区域。

第五步：根据各业务的行业吸引力和企业业务实力的综合值在坐标图中确定其位置，并用圆圈大小表示行业市场的规模，圆圈的浅色部分则代表公司业务的市场份额。

第六步：根据各业务单位在图中的位置，制定各战略业务单位的投资战略。

图 4-3 为通用电气矩阵图。

图示分析：图 4-3 可分为三个地带。

（1）左上角地带，又叫"绿色地带"，这个地带包括的三个小格是"大强""中强""大中"。这个地带的行业吸引力和战略业务单位的业务力量都很强。因此，企业对这个地带的战略业务单位（图 4-3 中 A）要"开绿灯"，采取增加投资和发展增大的战略。

（2）从左下角到右上角的对角线地带，又叫"黄色地带"，这个地带的三个小格是"小强""中中""大弱"。这个地带的行业吸引力

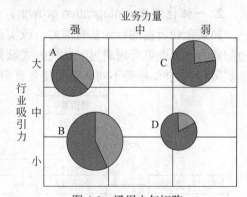

图 4-3　通用电气矩阵

和战略业务单位的业务力量总的说来是"中中"。因此，企业对这个地带的战略业务单位（图 4-3 中 B、C）要"开黄灯"，采取维持原来投资水平的市场占有率的战略。

（3）右下角地带，又叫"红色地带"，这个地带的三个小格是"小弱""小中""中弱"。总的说来，这个地带的行业吸引力偏小，战略业务单位的业务力量偏弱。因此，企业对这个地带的战略业务单位（图 4-3 中 D）要"开红灯"，采取收缩或放弃的战略。

4.2.4　制订企业新业务计划

企业管理者在制订了业务投资组合计划之后，还应对未来业务的发展做出规划，即制订企业新业务计划。它包括以下几项内容。

1. 密集增长（intensive growth）

企业管理者应首先检查是否还有机会增进现有业务的绩效。安索夫发明了"产品—市场扩展方格"的分析方法，来寻找企业新的密集增长机会。如图 4-4 所示。

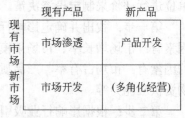

	现有产品	新产品
现有市场	市场渗透	产品开发
新市场	市场开发	（多角化经营）

图 4-4　产品—市场扩展矩阵

（1）市场渗透战略（market-penetration strategy）：指企业设法在现有市场上扩大现有产品的市场份额，以扩展企业业务的一种发展战略。企业可以通过以下三种方式实施这一策略：

① 通过各种方式鼓励现有市场中的顾客多购买本企业的现有产品；

② 吸引现有市场中竞争者的顾客，使之购买本企业的现有产品；

③ 在现有市场上发展新的顾客，使之成为本企业现有产品的顾客。

（2）市场开发战略（market-development strategy）：指企业将现有产品投放到新的市场，以扩展企业业务的一种发展战略。如国内家电制造企业在城市市场已经饱和的情况下，将产品向农村市场和海外市场扩展。

（3）产品开发战略（product-development strategy）：指企业通过增加花色、品种、规格、型号等向现有市场提供新产品或改进产品的一种发展战略。

2. 一体化增长（integrative growth）

如果企业所在的行业富有潜力，或实施一体化后可大大提高效率、盈利能力和市场控制能力，企业可考虑通过一体化方式获得发展。一体化增长是指企业把自己的营销活动扩展到供、产、销等不同环节而使自身得到发展的一种战略。其形式有三种，见图 4-5。

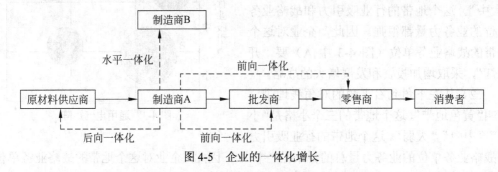

图 4-5　企业的一体化增长

（1）后向一体化（backward integration）。这是一种按照销、产、供的顺序使企业获得发展的一种一体化方式。通常企业可通过收购或兼并上游企业的方式实施这一战略。如某农用机械生产企业通过收购橡胶轮胎公司来扩大企业的经营范围，这就是一种典型的后向一体化。

（2）前向一体化（forward integration）。这是一种以供、产、销为序实现一体化经营使企业获得发展的一种一体化方式。通常是企业在现有业务的基础上通过购买、兼并、联合等方式建立分销系统，实现产销一体化。如拥有知名品牌的服装生产企业一般都通过开设专卖店的方式销售其产品，这即为前向一体化形式。

（3）水平一体化（horizontal integration）。这是一种企业通过收购、联合、兼并它的竞争对手，或与其同类型企业合资经营的一体化方式。

3. 多角化增长（diversification growth）

多角化增长就是企业利用经营业务范围之外的市场机会，增加与现有产品业务有一定联系或毫无联系的新业务，实现跨行业经营的一种发展战略。当企业发现在现有业务范围之外存在着巨大的市场机会时，企业可考虑实施多角化增长战略。

1）多角化增长的必要性

（1）企业现有产品或服务规模的有限性。虽然企业可以通过一定的方式引导消费需求，但某一产品或服务的市场容量是有限的。企业竞争的结果也会使行业市场日趋饱和，在这种情况下，企业业务的进一步增加会变得越来越困难。企业只能通过多角化方式向其他行业寻找发展空间。

（2）外界环境与市场需求的变化性。企业正处在一个剧烈变动的时代，新的技术不断涌现，新的观念层出不穷，各式各样的新的市场也应运而生。所有这些为企业多角化经营创造了条件。

（3）单一经营的风险性和多角化经营的安全性。任何产品和服务的生产经营都有周期性的波动。单一经营可能会使企业在其业务处于市场低潮期时面临很大风险；多角化经营可以利用不同产品和服务波动的时间差，以丰补亏，提高了企业抗风险的能力。

2）企业多角化增长方式

（1）同心多角化（concentric diversification strategy）。它是企业通过开发与现有产品线在技术上和市场营销上有最佳协同效果的新产品来获得业务增长的一种多角化方式。如某无线电厂成立初期只生产收音机，随着市场的变化，增加了组合音响、电视机、DVD等产品。同心多角化有利于发挥企业原有的设备和技术、渠道和市场等资源，因而风险较小，易于成功，是企业发展过程中经常使用的一种战略。

（2）水平多角化（horizontal diversification strategy）。水平多角化又称横向多角化。它是企业向现有市场提供与现有产品不相关的其他产品，来满足现有市场消费者的其他方面消费需求的一种多角化方式。如某农机生产企业原来只生产农用拖拉机，为了更好地满足农业生产对农用机械、农用物资的需求，这家企业又投资开设了农用塑料厂、化肥厂，实现了水平多角化增长。这种方式的优点在于，由于是向原有市场提供产品，企业对市场很了解，易于发展业务，也有利于企业塑造强有力的企业形象；其缺点是企业对新的行业不了解，缺乏技术优势，并需大量投入。

（3）集团多角化（conglomerate diversification strategy）。企业通过投资或兼并等形式，把经营范围扩展到多个行业或部门，开发与现有产品、现有技术和现有市场毫无关联的新业务的一种增长方式。发达国家的许多大企业，如美国的通用汽车公司、通用电气公司、杜邦公司、国际电话电报公司、柯达公司等都采用了集团多角化方式，我国的春兰、海尔等企业在集团多角化方面也发展迅速。集团多角化又有两种情况：一种是仍以原有产品业务为主，兼营其他商品。如柯达公司，除主营摄影器材外，还经营食品、石油、化工和保险公司；另一种是主营业务不明显或称其为拥有多项主营业务。如美国国际电话电报公司除了电话电报业务外，还收购了一家庞大的旅馆集团。

3）实施多角化增长应具备的条件

前面我们已谈到，多角化经营可以充分利用企业的资源，有效分散经营风险，使企业获得规模效益。但多角化利益并不是任何一个企业都能享受的。它要求企业必须具备以下条件。

（1）具有开拓经营项目的实力和管理大规模企业的能力；

（2）具有或可获得足够的资金支持的能力；

（3）具备业务发展所需的专业技术人才；

（4）具备关系密切的分销渠道或有迅速组建分销渠道的能力；

（5）具有极高的知名度或拥有知名的品牌。

4.3　市场营销计划

市场营销计划是在研究目前市场营销状况（包括市场状况、产品状况、竞争状况、分销状况和宏观环境状况等），分析企业所面临的主要机会与威胁、优势与劣势以及存在问题的基础上，对财务目标与市场营销目标、市场营销战略、市场营销行动方案以及预计损益表的确定和控制。市场营销计划是企业计划中非常重要的计划之一。

4.3.1　与市场营销相关的企业计划

在各种企业计划中，至少有八种计划与市场营销有关。

（1）企业计划。它是企业全部业务的整体计划，有年度计划、中期计划、长期计划等，包括企业任务、增长战略、业务组合战略、投资战略和目标。

（2）业务部计划。它是一种类似于企业计划并主要描述业务增长及其利润增长的计划，包括市场营销战略、财务战略、生产战略和人力资源战略等，也有短期计划、中期计划和长期计划之分。

（3）产品线计划。它是一种描述特定产品线的目标、战略和战术的计划，由各个产品线经理负责制订。

（4）产品计划。它是一种描述特定的目标、战略和战术的计划，由各个产品经理负责制订。

（5）品牌计划。它是一种描述特定品牌的目标、战略和战术的计划，由各个品牌经理负责制订。

（6）市场计划。它是一种关于开发特定行业市场或地区市场并为之服务的计划，由各个市场经理负责制订。

（7）产品推广计划。它是一种关于企业在特定行业或地区市场，营销特定产品或产品线的计划。

（8）职能计划。它是一种关于企业某项主要职能的计划，如市场营销计划、生产计划、人力资源计划、财务计划、研究与开发计划等。另外，职能计划还应该描述某一主要职能下的子职能计划，如市场营销计划中的广告计划、销售计划等。

4.3.2　市场营销计划的内容

不同的市场营销计划的详略程度不同，如产品线计划和品牌计划，不过多数市场营销计划应包含以下八个方面的内容。

1. 执行概要和目录

营销计划的目标和建议的简要摘要。营销计划要形成正式的文字，执行概要的目的是让高层主管很快掌握计划的核心内容。

2. 当前营销状况

这一部分将提供有关市场、产品、竞争、分销和宏观环境的背景资料。如市场情况，对于过去几年市场的增长情况、目前的市场容量大小、顾客的需求和购买行为的变化趋势等；产品情况是有关企业主要产品的销量、价格以及盈利情况等；竞争情况主要是有关识别竞争者以及分析竞争者的主要竞争战略；分销情况旨在说明近几年主要经销商的销售情况；宏观环境则应该将主要的环境变化趋势分析清楚。

3. 机会与问题分析

这一部分主要分析环境中对企业有利的市场机会以及可能存在的营销问题。可以使用前面学习的环境威胁—市场机会矩阵或 SWOT 分析。

4. 确立营销目标

该部分应该明确营销计划中想要达到的目标，包括销售量、投资报酬率、市场占有率、利润等。

5. 营销组合策略选择

要实现上述的营销目标，企业管理者所选择的营销策略包括目标市场的选择、定位战略、营销组合策略等。

6. 行动方案

这部分将上面的营销组合策略转化为具体的行动方案，包括如何实施、何时实施、何人负责实施以及何时完成等，都应在计划书中加以陈述。

7. 方案预算

根据行动方案，编制预算。包括预计的销售量以及单价，预计的生产、分销及营销费用。此预算将成为购买原料、安排生产计划、分配营销费用的依据。

8. 执行控制

完整的营销计划还应该包括计划实施过程的监控问题，主要监控的事项包括营销目标的实现情况以及费用的使用情况。在计划中应该将营销目标和财务预算分解为可随时监控的子目标，在计划中还应该指出由哪个部门负责监控。

本 章 小 结

战略规划是企业为了实现其任务和目标，根据外部营销环境和内部资源条件而制订的涉及企业管理各方面的带有全局性的重大计划。市场营销战略规划是企业根据外部营销环境和内部资源条件而对营销活动制定的较长时期的全局性的行动方案。

市场营销战略规划的过程包括：确定企业任务、规定企业目标、安排业务组合、制订企业新业务计划。在企业确定企业任务时，应该考虑企业历史、企业所有者和管理者的目前偏好、企业环境的改变、企业所拥有的资源情况以及企业的核心竞争力。企业的任务应转化为具体的企业目标，包括投资收益率、市场占有率、销售增长率以及产品创新、塑造企业及其产品形象等。企业的业务投资组合就是要对企业的各业务单位在分析评价的基础上所采取的发展、维持、收缩、放弃的策略，是实现企业目标的主要措施。常用的战略业务单位的评价方法包括波士顿咨询集团法和通用电气公司法。制订企业的新业务计划可采用密集型增长，包括市场渗透、产品开发以及市场开发；一体化增长包括前向一体化、后向一体化以及水平一体化；多角化增长包括同心多角化、水平多角化以及集团多角化。

市场营销计划的内容主要包括八个方面：执行概要和目录、当前营销状况、机会与问题分析、确立营销目标、营销组合策略选择、行动方案、方案预算以及执行控制。

思 考 练 习

1. 什么是企业的市场营销战略规划？
2. 确立企业任务应考虑哪些因素？
3. 企业的战略目标有哪些？
4. 企业的市场营销战略规划过程是什么？
5. 对你所熟悉的某家企业现有战略业务单位进行评价并提出你的建议。

案 例 讨 论

认真阅读开篇案例，回答以下问题。

（1）云南白药公司使用了哪些多元化增长方式？

（2）请评价云南白药公司多元化战略的成败之处。

推 荐 阅 读

1. [美]菲利普·科特勒，加里·阿姆斯特朗. 市场营销原理[M]. 第 11 版. 郭国庆，等,译. 北京：清华大学出版社，2007.

2. 谭地洲. 世界 10 大营销新思路[M]. 成都：西南财经大学出版社，2004.

3. 第一财经《中国经营者》正泰 Vs 德力西。

第 5 章

市场购买行为研究

本章提要

市场营销的目的是通过满足目标市场上消费者的需求与欲望实现并创造企业产品价值。但是要想真正了解消费者的需求与欲望并非易事。在实际中消费者对自己需求与欲望的描述与其实际行为并不总是一致的，企业的市场调查等工作很难触及消费者的深层动机。尽管如此，企业营销人员必须了解目标消费者的欲望、观念、喜好和购买行为，这些研究能为确定新产品、产品特性、价格、渠道等市场营销组合因素提供线索。为了深入研究市场各类购买者的购买行为，本章在对市场进行划分的基础上，分别介绍了消费者市场和组织市场的概念。随后，介绍了消费者市场的特征，以及两种最基本的消费者购买行为模式。此外本章分析了影响消费者购买行为的一系列相关因素，以及消费者市场的购买参与者、购买行为类型及消费者的购买决策过程。最后，对产业市场的市场范围和特点、产业市场的购买行为特征与参与者、产业市场的购买行为类型和购买决策过程进行了介绍。

学习目标（重点与难点）

1. 了解消费者市场与组织市场的区别。
2. 了解影响消费者购买的因素。
3. 掌握消费者购买行为模式理论及其应用。
4. 掌握消费者购买类型的分类及其相应的营销策略。
5. 掌握消费者购买决策过程理论及应用。

框架结构（见图5-0）

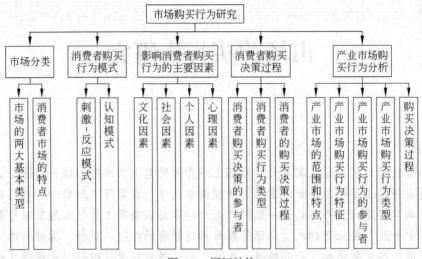

图 5-0　框架结构

随消费者需求灵活应变的星巴克

成立于1971年的星巴克咖啡公司，是世界领先的特种咖啡零售商、烘焙者和品牌拥有者。旗下零售产品包括多款全球顶级的咖啡豆、手工制作的浓缩咖啡和多款咖啡冷热饮料、各式糕点和丰富多样的咖啡机、咖啡杯和商品。1987年，现任董事长霍华德·舒尔茨（Howard Schultz）收购星巴克，带领公司取得了迅速发展。1992年，星巴克作为第一家专业咖啡公司成功上市，推动了公司的业务和品牌发展。星巴克1996年走出北美，第一家国际门店开在了日本东京。无论是星巴克在全球的迅速扩张，还是其经营上的独具特色，都被世人津津乐道着。

星巴克公司最初仅仅是一家咖啡进口公司，它的快速发展基于营销上的主动随消费者需求灵活应变。而它每次之所以能够成功，都因为它紧跟消费者需求和购买行为的变化，及时调整。这些调整包括以下几点。

1. 重新定义咖啡消费

在星巴克出现在美国之前，咖啡仅仅是美国人生活中的日常方便饮料。人们在出门前或办公室工作的间隙随手冲上一袋方便装的咖啡，漫不经心地喝掉它。口感、环境、气氛都不是咖啡消费的重点，而方便包装和便宜的价格才是人们挑选咖啡的依据。

20世纪80年代初，霍华德·舒尔茨到意大利旅行，发现成群的市民每天早晨都会先到咖啡馆喝咖啡。这给了他重新定义咖啡消费观念的灵感——喝咖啡应该是休闲、舒适和享受的。

回国后他试图说服星巴克当时的所有者在美国进行类似的经营，但却遭到了严词拒绝。于是舒尔茨从那家公司离职，从各种投资者那里筹集资金，在西雅图开了一家咖啡馆，取名 II Giornale。最终，舒尔茨买下了最初的那个咖啡进口公司，并把他的咖啡馆改名为"星巴克"（Starbucks）。

2. 塑造独特的咖啡文化

星巴克咖啡豆的产地主要来自美洲、非洲和太平洋地区，每个地区的咖啡豆都有独特的风味，品评的过程就是发现风味、酸度、醇度和气味的过程。

为此，星巴克独创"地理即风味"战略，将葡萄酒的品鉴方式运用到咖啡中。对咖啡爱好者来说，咖啡都拥有浑厚的浓度与深沉的香气，因此概括性的口味描述，不能完全体现咖啡之间的差异，而采用葡萄酒品鉴的手法，以产地为标志，结合烘焙程度（深度、中度和轻度）来区分口味，能够快速传递口味信息。

随后，星巴克又对此战略进行调整。调查发现，很多消费者不会喝深度烘焙或是口味很强的咖啡。于是，星巴克用 8 个月尝试 80 多种配方，推出了一种轻度烘焙的综合咖啡，口味更轻柔，更微妙圆润，从而形成深度、中度和轻度的立体分层，将原本容易"醉咖啡"又渴望咖啡的消费群体吸引过来。

咖啡豆的包装也随之做了调整。由于色彩是人们识别物体的第一反应，星巴克给予三种烘焙深度不同的色系，以此作为口味传达的第一要素。"地理即风味"的特点依旧保留，但作为次一级的传达元素，通过同色系的地域特征图片来展示，同时也加入一些功能性的图片。星巴克的这一包装方法帮助顾客开启了一条更为简单的咖啡分类识别路径。

星巴克的崛起与它提倡的"第三空间"文化是分不开的。所谓"第三空间"，指的是星巴克为人们提供家（第一空间）和办公室（第二空间）之外的可以放松的另一个空间（第三空间）。

星巴克的咖啡馆开在上下班的路上和人们聚会的地方。每个星巴克咖啡馆都有许多诱人的东西，例如作为背景音乐的爵士乐，以及各种商品，如不锈钢热水瓶、随行杯、清洗咖啡粉的天然刷子和家用香浓咖啡制作机。人们来到星巴克，可以充分放松，摆脱繁忙的工作稍事休息，或是约会。人们每次光顾咖啡店都能得到精神和情感上的报偿。

星巴克的广告语"如果我不在办公室，就在星巴克，不在星巴克，就在去星巴克的路上"在大众中广为流传，足见星巴克"第三空间"的魅力和接受度。

3. 以"体验"凝聚消费者和伙伴（员工）

星巴克这个名字来自小说《白鲸》。小说中捕鲸船上的大副名叫星巴克，性格冷静，富有魅力，他的嗜好就是喝咖啡。这一品牌命名为星巴克找到了一群有较高收入和文化品位，同时讲究生活情调的目标顾客。因为有一定文化素养的人才可能读过《白鲸》，而且认同星巴克的人格魅力，乃至产生角色上的自我投射。为了让目标顾客也理解和认同它在咖啡上的与众不同，星巴克认真研究咖啡的基本要素（香味、酸度和稠度），并且寻找世界上最好的咖啡豆。随后星巴克改变产品特色，把牛奶和冲泡咖啡放在滤压壶里蒸，使通过蒸汽加压煮出的咖啡浓香弥漫了整个咖啡店。诸如此类的创新确实为人们提供了与众不同的体验，因为星巴克主张："星巴克出售的不是咖啡，而是人们对咖啡的体验。"它们仔细挑选店面装饰物和灯具，咖啡店给人感觉就像客厅，配合着煮咖啡时的嘶嘶声，将咖啡粉末从过滤器敲击下来时发出的啪啪声，用金属勺子铲出咖啡豆时发出的沙沙声，顾客完全获得了一种体验，一种星巴克格调。

星巴克把自己的员工称为"伙伴"。在星巴克，"伙伴"也是"咖啡师"（barista），他们接受了良好的培训，精通咖啡销售的各个方面。他们与顾客讨论咖啡，向老主顾提供高质量、令人愉悦的服务，努力把顾客在店内的体验化作一种内心的体验——让咖啡豆浪漫化，让顾客浪漫化，让所有感觉都浪漫化。当人们与咖啡师们讨论着咖啡的知识，学习如何以正确的方式闻咖啡和品咖啡，以及确定它什么时候味道最好，在品下去一口之后仔细地描述咖啡的味道时，他们会心甘情愿地花更多钱消费对于他们来说曾经是方便食品的咖啡，并且继续支持这一新的消费习惯。

4. 国际化和本土文化相结合

星巴克的国际化之路走得相当迅速。而伴随着国际化的扩张，星巴克根据世界各地消费者的需求不断进行着产品的多样化和本土文化的植入。

在世界各地开店扩张的同时，星巴克通过特许经营走进大学校园、超市、机场、酒店甚至是军事基地。在暑期、圣诞等固定季节里，星巴克都会定期推出新品饮料、餐点和咖啡豆。2007年年底，星巴克推出了经典红茶拿铁和如意红茶拿铁两款茶饮料，被认为是在向中国人的口味靠拢，在此之前，抹茶星冰乐是唯一一款诞生在中国后来走进全世界星巴克门店的主打产品。2009年星巴克在美国、日本、英国、加拿大等市场同时推出了五款茶饮料，这些产品都很受欢迎。现在，星巴克正越来越多地把"茶"摆上更重要的位置。因为中国早已经成为星巴克眼中的明日之星，面临金融危机影响下世界消费的低迷，中国将发展成星巴克美国之外的第二大市场。也因此，那些原本充满西方情调的星巴克咖啡店可能随时都会变得东方味十足。事实上2009年以来，星巴克正在关注如何让中国文化、中国元素和中国消费习惯更好地融入星巴克。

同时，星巴克与其他公司合作开发的星巴克品牌即饮饮料、巧克力、冰激凌、利口酒等产品销售额每年超过10亿美元；在音乐娱乐领域的尝试也令星巴克创新了商业模式，在苹果iTunes网站上有星巴克的娱乐销售专区，公司还在几大城市开出了星巴克Hear Music咖啡馆。

资料来源：
（1）星巴克中国官网 www.starbucks.cn.
（2）肯尼思·E. 巴洛，唐纳德·巴克. 广告、促销与整合营销传播（第3版）[M].北京：清华大学出版社，2008：46-47.
（3）林汐.星巴克:变味的拯救[J]. 当代经理人,2009（5）：26-27.
由编者加工整理。

事实证明，企业只有把握消费者需求的脉搏并及时调整营销对策，才能紧紧吸引消费者。相反，从不关注消费者需求及购买行为的变化，以不变应万变的做法最终会被顾客抛弃的。

5.1　市　场　分　类

5.1.1　市场的两大基本类型

为了便于深入研究市场上各类购买者的购买行为，有必要对市场进行分类。市场分类的方法很多，这里主要从市场营销学的角度，亦即根据市场上的购买者，而不是按照其购买的商品或服务的种类来对市场进行划分。据此我们可以将市场分为两大基本类型：消费者市场和组织市场。

消费者市场（consumer market）是由那些为满足自身及其家庭成员的日常生活需要而购买商品和服务的人们所组成。在社会再生产的循环中，消费者市场是最终市场，是产业市场及整个社会经济活动为之服务的市场。同时，消费者市场也是研究其他市场的基础。

组织市场（organizational market）是由所有非个人消费者的团体组织构成的，包括生产企业、服务企业、中间商、政府机构和民间机构及各种非营利组织。这些企业和组织购买商品或服务，是为了从事企业经营活动、加工制造产品、转售商品或向社会提供服务。从社会再生产的角度，他们的购买行为属中间消费或生产性消费，构成社会再生产的一个新的起点。

消费者市场和组织市场由不同的购买者组成，有不同的购买目的，在需求和购买行为上也表现出明显的差异性。

5.1.2　消费者市场的特点

消费者市场是现代市场营销理论研究的主要对象。企业市场营销成功的关键是营销人员能否有效地发展对消费者有价值的产品，并运用富有吸引力和说服力的方法将产品有效地呈现给消费者。因而，研究消费者市场的特点、影响消费者购买行为的因素及消费者购买决策过程，对开展有效的市场营销活动至关重要。

消费者市场的购买行为有以下特点：

（1）消费者市场人数众多。人们要生存就要消费，所以消费者市场涵盖了全部人口。中国有 13 亿人口，他们构成了一个世界上最大的、最富有潜力的市场。

（2）消费者市场的购买具有多样性。消费者由于在年龄、性别、职业、受教育程度、收入、居住区域、民族和宗教等方面的不同，消费者有各式各样的需求、欲望、兴趣、爱好和习惯，对不同商品和同种商品的不同品种、规格、质量、外观、式样、服务和价格等会产生多种多样的要求。而且，随着生产的发展和消费水平的提高，消费者的需求在总量、结构和层次上也在不断地变化。

（3）消费者购买属于小型多次购买。消费者是为个人和家庭的消费而购买商品，通常一次购买数量有限，属小型购买。对于日常消费品来说，消费周期短，购买频率较高。

（4）消费者市场需求一般都富有弹性。消费品市场中的绝大多数商品对价格变动较敏感，需求弹性较大。消费品替代性较大，也使需求弹性增大。

（5）消费者一般自发地、分散地做出购买决策，且购买决策变动性较大。消费者做出购买决策时受多种因素影响，又属于非行家购买，所做出的决策易变化。消费者市场的这一特点，增加了企业市场营销活动的难度。

5.2　消费者购买行为模式

消费者购买行为是人类最为普遍同时也是最为重要的活动之一，为了更好地解释这种行为的规律性，许多学者尝试着建立一种描述这种行为的作用机制的标准模式。有关这方面的研究结果可以分为两种最基本的模式。

5.2.1　刺激—反应模式

刺激—反应模式（S-R Model）是对消费者的行为进行分析的最普遍的模式，很多学者都从这个角度建立过自己的模式，其中以霍华德、希斯模式较为实用，也较为著名，其模式如图 5-1 所示。

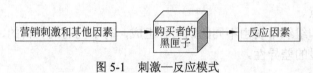

图 5-1　刺激—反应模式

这一模式认为人们的行为是一种内在的心理过程，是消费者内部自我完成的，看不见，摸不着，像一只"黑匣子"，来自外部的刺激经过这个黑匣子（一系列心理活动过程）产生反应，引起行为，人们只有通过对购买者的行为反应进行研究才能了解心理活动过程。这一模式涉及三个要素，即：营销刺激和其他因素、购买者反应因素、消费者的黑匣子。

1. 营销刺激和其他因素（marketing stimulus and other stimulus）

营销刺激包括企业的产品、价格、分销渠道和促销活动等方面。其他刺激是指消费者所处的环境因素，即政治、经济、技术和文化等的影响。如政治经济形势的变化、失业率的变动、消费时尚的改变等，这些刺激通过消费者的黑匣子（心理过程）产生反应，即购买行为。

2. 反应因素（response）

反应因素是指一系列的可以观察到的购买行为反应，如消费者购买了哪家企业的产品、哪一品牌的产品，消费者在什么时间、什么地点（中间商）购买了何等数量的产品。反应因素为我们研究消费者行为提供了线索。

3. 购买者的黑匣子（organism）

介于刺激和反应之间的黑匣子包括两个部分：一是购买者特性（buyer's characteristics），包括购买者的社会和文化、个人和心理的特征，同一刺激作用于不同购买者身上会产生不同的理解和反应。二是购买者的购买决策过程（buyer's decision process），它会影响购买者的最后选择。

5.2.2　认知模式

这一模式试图通过一系列的心理概念解释上述"黑匣子"中的消费者的心理活动过程。

在有关研究中，每个学者的观点都有所区别，从而形成一个复杂体系，其大致的思路是消费者由于受消费观及需要等因素的驱动，引起消费者对某类商品或某类消费的兴趣，经过感觉、知觉所形成的认识过程，导致对某些特定商品或消费的兴趣，通过学习、记忆、联想和思维，从而引起消费者情绪和情感上的变化，再经过消费者的意志和努力，加上一定的外部刺激，使消费者产生购买动机，实施购买行为，而购买之后的评价和多次购买所形成的购买经验，养成了消费者的购买习惯，修正或坚定其消费观念。

虽然这种思路对打开消费者神秘的黑匣子、进一步研究消费者行为的规律性具有重大的意义。但由于消费者心理活动的复杂性和发展性，也增加了我们研究和分析的难度。从目前研究来看，这种思路在概括消费者行为的一般规律方面确有成效，但仍不能被用于对消费者行为的预测和判断，难以准确地解释消费者的心理活动过程，尤其对人类消费行为更是如此。另外，由于影响消费者心理活动的因素很多，而且这些因素又是不断变化和相互影响的，所以难以形成一个公认的消费者心理活动过程模式。

5.3　影响消费者购买行为的主要因素

消费者的购买决策都是一系列相关因素相互作用的结果，这些因素包括文化、社会、个人和心理方面的因素，表 5-1 所示。

表 5-1　影响消费者购买行为的主要因素

文化因素	社会因素	个人因素	心理因素	
文化 亚文化	相关群体 家庭 社会阶层 身份与地位	年龄与生命周期阶段 职业 经济状况 生活方式 性格与自我观念	动机 感觉 后天经验 信念与态度	购买者

5.3.1　文化因素（cultural factors）

文化因素主要包括文化和亚文化群（culture and subculture），文化因素对消费者的行为有着广泛而深远的影响。

文化指人类在社会发展过程中所创造的物质财富和精神财富的总和，是根植于一定的物质、社会、历史传统基础上形成的特定价值观念、信仰、思维方式、宗教、习俗的综合体。文化作为一种观念，尽管看不见、摸不着，但人们能感觉到它的存在和影响，如东西方文化差异。作为其有形的一面，文化可借助于一定的载体（建筑、商品、行为）表现出来。

文化是人类欲望和行为的最基本的决定因素。大部分人尊重自己国家或民族的文化，接受文化中共同的价值观和态度，遵循他们文化的道德规范和风俗习惯。所以，文化对消费者购买行为有着强烈和广泛的影响。这一点可以从一个反面的例子中得到验证。宝洁的佳美（camay）香皂在日本的广告节目中出现男人直接恭维女人外表的场景。这个广告与日本男人并不是以这种方式表达自己的文化相冲突，结果导致这种香皂在日本的滞销，广告活动也因此终止。

每种文化都是由范围更小的亚文化组成，亚文化为其成员带来更明确的认同感和集体感。亚文化包括民族（nationalities）、宗教（religions）和地区（geographical regions）等。许多亚文化构成了重要的细分市场。

（1）民族亚文化。我国是一个多民族的国家，各民族在其发展过程中形成了各自的语言、风俗、习惯和爱好，这些都会影响到他们的欲望和购买行为。

（2）宗教亚文化。宗教是人类社会发展到一定阶段的历史现象，各种宗教对其成员的诸多方面有着深远的影响，特别表现在消费和购买行为上。美国的一项调查研究表明，信奉天主教、新教和犹太教的大学生在选择周末娱乐活动，以及选择标准上有明显的差异。价格对于新教徒而言是一个重要的选择因素，而犹太教徒最关心的是有同伴。天主教徒比其他两组人更喜欢跳舞。

（3）地区亚文化。我国地域辽阔，南方和北方、城市与乡村、沿海与内地、山区与平原等不同地区，由于自然气候、地形地貌、文化传统、经济发展水平的差异，人们具有不同的生活方式、消费偏好，因而表现为消费行为上具有明显的差异性。

5.3.2　社会因素（social factors）

消费者作为整个社会消费活动的组成部分，其购买行为也受到诸如参照群体和家庭等因素的影响。

1. 相关群体（reference groups）

相关群体是指对个人的态度与行为有直接或间接影响的所有群体。其中对个人有直接影响的群体称为成员群体（membership groups），即个人所归属的且相互影响的群体。它又可进一步分为主要群体（primary groups），即与个人有经常持续的相互影响的群体，如家庭、朋友、邻居和同事等。主要群体一般是非正式的。个人同时也归属于次要群体（secondary groups），是比较正式的且非持续性相互影响的群体，如宗教、职业或贸易协会等。

个人还受到非所属群体的影响。个人期望归属的群体称为向往群体，如某个青年人渴望能够进入大学校园，成为一名大学生，则其日常生活中的各种行为会受到大学生这一群体的影响。厌恶群体是个人拒绝接受其价值观和行为方式的群体，如某人不赞同某一社会团体的价值观和生活方式，其在行为方式上必然与之区别开来。

相关群体对人们消费行为的影响表现在：个人可从相关群体中获得大量经验知识，受群体成员观点和行为准则的影响和制约；个人相信在群体影响下做出购买决策可以减少失误和降低风险；个人避免因不遵守群体准则而受到谴责；个人希望通过与群体交往来提高自我形象。个人与群体交往越紧密，个人对群体越尊重，相关群体对个人购买选择的影响就越大。（见例 5-1）

【例 5-1】

玛丽零售店对"红帽子"社团的营销

红帽子社团（Red Hat Society）是由一群追求轻松生活,追求在生活中大胆表现自己的年长女性组成的非正式团体，它的成员以 50 岁以上的女性为主。它的创办人苏·埃伦·库柏（Sue Ellen Cooper）在度假时偶然读到一首诗，这首诗以一个穿紫色外套、戴大红帽子、上了年纪的女人的口吻，劝告她的同龄姐妹解放自己，让自己变得轻松、玩得开心，穿明亮大胆的衣服。她深为认同并且受到自己被感动过程的启发，开始给朋友们送红帽子和这首诗作为生日礼物，此后和朋友们聚集在一起于 1998 年创建了红帽子社团，分享她们的生活信念："我们认为，轻松是生活的喜剧元素。既然我们身处其中，我们当然可以戴红手套，手拉着手，一起寻找快乐。在轻松的背后，我们共享着共同的生活经历所积淀下来的爱，共享着真诚的热情，无论生活将把我们带向哪里。"

红帽子社团经常举办一些活动，其中大部分活动由会员自己筹划，核心就是要充满乐趣。此外，红帽子社团以戴红帽子和穿紫色衣服作为标志，标识会员身份。而不到 50 岁的部分会员则戴粉色帽子、穿淡紫色衣服。

注意到了红帽子社团的活动和穿着需求，零售店老板玛丽·威尔森（Mary Wilson）非常敏锐地打起了在店里对红帽子社团分会会员进行营销的主意，创立了为"红帽子们"提供所需的商店。因此，她的店向不到 50 岁和 50 岁以上的女人卖各种红色、粉色帽子和手套，以及紫色、淡紫色的衣服。这个生意已经持续了几年并且非常成功。她的小店不仅卖衣服和帽子，还卖珠宝、香水。她总是能让来店里的顾客找到新鲜玩意儿。无论是谁，只要想在店里逛一会儿，她都会奉上茶水。店里还播放着 20 世纪 30 年代、40 年代、50 年代轻松的老歌。玛丽一直认为，她成功的关键就是提供了一个温暖、友好的氛围，这种氛围与红帽子社团的目标非常契合。

资料来源：[美]肯尼思·E.巴洛，唐纳德·巴克.广告、促销与整合营销传播[M]. 3 版. 冷元红，译.北京：清华大学出版社，2008：94.

当然，相关群体对个人购买行为的影响因商品的不同而有所差别。对于那些在使用时不易被别人所察觉的商品，如绝大部分生活日用品，其影响相对较小；对于那些主要在公开场合消费的商品，如汽车、服装、香烟等商品，其影响相对较大。在产品生命周期的不同阶段，相关群体对产品选择和品牌选择的影响也不尽相同，一般而言，对于处于介绍期的产品，其影响只表现在产品选择上，在成长期对产品选择和品牌选择都有很强的影响，在成熟期阶段只对品牌选择有较大影响，在衰退期对产品选择和品牌选择的影响都很小。

考虑到相关群体因素，那些产品和品牌受其影响较大的企业应设法接触并影响相关群体中的观念倡导者。观念倡导者既可以是主要群体中在某些方面有专长的人，又可以是次要群体的领导人，还可以是向往群体中人们仿效的对象，他们一旦使用了某种产品，就会起到有效的宣传和推广作用。企业应首先针对他们做广告，或者干脆请他们做广告，以影响群体中的其他成员。

2. 家庭（family）

家庭成员构成了最重要的一种相关群体，消费品生产企业必须认真对待。家庭对个人的影响是深刻、深远的，每个人都从父母那里获得政治、经济和宗教等方面的倾向以及个人抱负、自我价值等方面的意识。即使子女组织了新的家庭，原有家庭对其影响仍然存在。

家庭又是一个最基本的消费单位和购买决策单位。家庭成员在家庭购买决策中的角色和作用程度因所购商品的不同而不同，这一点应引起市场营销人员的高度重视。一般，食品、生活日用品和家常服装的采购通常由妻子承担，但随着职业女性数量的增加，丈夫也开始参与到这类商品的采购活动中。如果日用品的市场营销人员仍然以家庭主妇作为其营销活动的主要对象，那就错了。在购买价值量较大、产品性能复杂的耐用消费品时，市场营销人员需要确定在其中各家庭成员的影响力和购买角色。下面是一些典型模式。

丈夫支配型：人寿保险、汽车、电视机。

妻子支配型：洗衣机、儿童服装、家具、厨房用品。

共同支配型：度假、住宅、子女就学。

实证研究：戴维斯（Davis）发现在美国对于"什么时候购买汽车"的决策，68%的家庭主要受丈夫影响；3%的家庭主要受妻子的影响；29%的家庭则是双方共同决定。对于"购买什么颜色的汽车"的决定；25%的家庭主要受丈夫的影响；25%的家庭主要受妻子的影响；50%的家庭则是双方共同决定。对北京家庭的调查结果也是如此。

3. 社会阶层（social class）

社会阶层是社会中按某种层次排列，较同质且具有持久性的群体，它主要依据职业、收入、教育和价值倾向等因素来划分。处于不同阶层的群体，其价值观、生活习惯、消费行为存在着明显的差异。美国社会学者将其社会划分为七个阶层。

（1）上上阶层。占美国人口不到1%，他们是继承大笔财富、有著名家庭背景的社会名流。他们大量捐助慈善事业，掌握社交大权，拥有多处住宅，是珠宝、古董、住宅和度假的主要市场。他们经常购物，衣着保守，不慕虚荣。他们虽然人数不多，却是其他人的参照群体，以至于他们的消费决策常常流入其他社会阶层，并被模仿。

（2）上下阶层。约占美国人口的2%，主要是在其职业中或生意上有超凡的能力而获得高薪或财富的人，他们中多数出身于中间阶层。他们在社会及公众事物中采取积极的态度，喜欢购买象征地位的东西，如昂贵的住宅、豪华汽车、游艇，送子女进贵族学校就读等。这个阶层的人追求的是进入上上阶层。

（3）中上阶层。约占美国人口的12%，该阶层人士既无显赫的家庭背景也无巨额财富，他们是关注事业、重视教育的职业人士、独立的实业家和公司经理。这个阶层的人经营的是思想或高尚文化，他们喜欢参加各种团体并热心公益。他们是高档住宅、服装、家具和电器的最佳市场。

（4）中间阶层。占美国人口的32%，他们是收入中等的白领和蓝领工人，住在城里的高档地区并希望从事体面的工作，是一般符合大众潮流的产品和少量高档商品的购买者。

（5）中下阶层。占美国人口的38%，主要是具有平均工资的蓝领工人或过着劳动阶层生活的人，是中档商品的主要购买者。

（6）下上阶层。占美国人口的9%，他们是生活标准刚好在贫困线以上，但没有失业的蓝领工人，从事的是无须特殊技能的工作，文化水平不高，是低档商品的主要市场。

（7）下下阶层。占美国人口的7%，他们是社会的底层，靠福利金生活的非熟练工人。他们的受教育水平低、失业率高、购买力差，是旧货市场上的主要购买者。

5.3.3 个人因素（personal factors）

消费者购买行为还受到个人特征的影响，特别是受到其年龄和生命周期阶段、职业、经济状况、生活方式、个性和自我观念的影响。

1. 年龄和生命周期阶段（age and life-cycle stage）

不同年龄的消费者，其需要、欲望和需求有着很大的差别。如儿童是玩具、卡通书和糖果的主要消费者；青少年是文教体育用品的主要消费者；成年人则是服装、化妆品、家具、家用电器的主要消费者；老年人则是医疗服务和保健食品的主要消费者。即使是在同一种商品的消费上，这种差别也是相当明显的。如对食品的消费，婴幼儿以代乳品为主；青少年为了保证其正常的生长和生活活动，应注意各种营养成分的合理搭配；老年人由于器官功能的下降，应更多地考虑食品的易消化性。

各年龄层的基本需求有很大差别，然而现代社会也出现了一些不同以往的人口趋势，表现出一些"另类"的购买行为。营销者也应该善于分析和抓住这些趋势，研究消费者的特殊需求和购买行为。（见例 5-2）

【例 5-2】

消费者的"年龄围城"

当今世界里，似乎存在一种"年龄围城"，一方面，信息生活改变了孩子的成长方式，儿童早熟的程度让人吃惊；而另一方面，许多成年人却不愿意"变老"，他们哼唱着"不想长大"，努力维持年轻时代甚至学生时代的生活方式。

现在的孩子们生活在信息时代里，他们在年龄很小的时候就被广告、视频游戏、电视节目、电影以及其他诸如此类的感官信息包围着。他们在生活和消费中体现出来的种种"非主流"的行为常常刺激着成年人，激起了整个社会对于儿童早熟的关注。许多十几岁甚至小学毕业年纪都不到的孩子穿着露脐装、超短裙、低腰裤等时髦衣服，甚至通过高消费来炫富和显示自己。

但另一方面，许多中年人和老年人显然不想再变老。他们通过种种方式掩盖自己的真实年龄，做皮肤美容，保持健身，买年轻人通常购买的产品，在消费和行事上像年轻人一样，试图以此保持年轻。有的中年人穿大学生们通常会穿的服装，有的仍开快车、跑车或敞篷车，通过年轻化的消费和生活试图保持在 20 多岁的心理和生理状态。这种趋势要求营销人员设计出反映这些行为但又不触犯中年人传统社会规范的营销信息。

资料来源：[美]肯尼思·E.巴洛，唐纳德·巴克.广告、促销与整合营销传播[M]. 3 版. 冷元红，译.北京：清华大学出版社，2008：56.

2. 职业（occupation）

个人的职业也影响着消费模式。如工人是超级市场的主要光顾者，白领阶层则更多地选择专卖店，注重商品的品牌和中间商的社会形象。有时企业可以专为某一特定的群体生产其所需的商品，如计算机软件公司可为品牌经理、工程师、律师和医生设计不同的计算机软件。

3. 经济状况（economic circumstances）

个人的经济状况对商品选择的影响很大。经济状况包括用于消费的收入、储蓄与资产、债务、借贷能力以及对消费和储蓄的态度等。显然，家庭经济状况好，消费者会更多地消费发展资料和享受资料；家庭经济状况差，消费者通常优先满足衣、食、住、行等基本生活需要。企业营销人员应注意对居民收入及变动情况进行调查，以便更好地识别出企业产品的潜在顾客。

4. 生活方式（lifestyle）

即使是亚文化、社会阶层和职业都相同的人，他们的生活方式也可能不同，且表现在其消费活动中。所以，市场营销人员应注意发现自己的产品与消费者生活方式之间的联系，通过适应和创造新的生活方式，促进产品的销售。

实证分析：一项名为 INFOPLAN 的日本人生活方式的调查划分出如下各类人。

温和派：占 28%。主要是女性，即传统角色的妻子，她们渐渐厌烦了自己的角色和强加给她们的期望。

古典派：占 22%。代表着日本社会与统治阶层的精英。他们比日本典型的保守派要灵活，男性稍多，并受过很多的教育，53%是大学毕业。他们往往出身于旧式传统家庭。

保守派：占 19%。这些人很保守，不善社交，对消费没有兴趣。他们是老年人，大多数是男性。

现代派：占 15%。是新式的、年轻的、更自立的个人主义者，是日本人中很具有革命性的，最年轻的，受过最好的教育，60%以上是大学毕业。

开放派：占 16%。也是一类新派人，崇尚高消费。他们会购买和尝试任何东西，在五类人中收入最高，是很重要的新式日本人。

5. 个性和自我观念（personality and self-concept）

个性是一个人的比较固定的特性，如自信或自卑、冒险或谨慎、独立或依赖、主动或被动、勇敢或懦弱等。个性使人对环境做出比较一致和持续的反应，可以直接或间接地影响其消费行为。如喜欢冒险的消费者容易被新鲜事物吸引，是新产品的购买者；而具有谨慎个性的消费者，购买决策过程较长，是成熟产品市场的消费者。

自我观念是与个性相关的一种观念，即人们怎样看待自己。自我观念又可分为理想的自我观念和实际的自我观念。理想的自我是人们对自己的最高设想，而实际的自我则是人们对种种拥有和未拥有的品质的更实际的评价。

理想化自我的形象受到消费者文化的影响，诸如民族英雄等，消费者也许会认为一种产品将有助于达到个人目标从而去购买。产品的购买或者是为了与实际自我的行为保持一致，或者是用以达到理想自我的标准状态。

尽管理想自我与现实自我往往不相符合，对某些人来说，这一隔阂显然比别人大得多。而这些人则是实施"富于幻想的感染力"的营销策略最好的目标顾客。幻想是人类意识中自我改变的最大诱因，有时也不失为一种弥补外界激励不足或面对真实世界的方法。

许多产品和服务的成功正是迎合了这种幻想，这些营销策略使我们置身于非同寻常的、新鲜刺激的环境中，或使我们幻想成感兴趣的、有挑战性的角色，从而重新为自己定位。

5.3.4　心理因素（psychological factors）

消费者心理因素主要包括动机、感觉、学习、信念与态度。

1. 动机（motivation）

正常人只要在头脑清醒的时候，任何一种带目的性的行为都是由一定的动机所驱使的，而动机则是在需要的基础上产生的一种心理倾向。所谓需要，就是客观刺激物通过人体感官作用于人脑所引起的某种缺乏状态。一种尚未满足的需要会产生内心的紧张或不适。当它达到迫切的程度，便成为一种驱使人行动的强烈的内在刺激，并被引向一种可以减弱或消除它的刺激物（如某种商品时），便成为一种动机。

行为决定于动机，动机来源于需要。但并不是每一个动机都会产生行为。因为，一个人同时会存在多种需要，每种需要所引起的动机的强烈程度是不同的。不是每种需要都会产生动机，即使产生动机，也不是每种动机都会引发行为。各种动机之间既有强弱之分，还有矛盾和冲突，只有强烈的动机才会导致行为。

心理学家曾提出许多关于人类行为动机的理论，最著名的有需要层次理论、内驱力理论和认知理论。

（1）马斯洛需要层次理论（Maslow's hierarchy of needs theory）。1960 年马斯洛在其著作《动机与人格》（*Motivation and Personality*）中提出了需要层次学说的理论，他把人的需要分为五个层次：第一个层次是生理需要；第二个层次是对安全的需要；第三个层次是归属和爱的需要；第四个层次是尊重的需要；第五个层次是自我实现的需要。一般只有在较低层次的需要得到满足之后，高层次的需要才可能出现。如果某一层次的需要得不到满足，则这种需要会强烈地驱使人们进行各种行为去满足这种需要，在此需要未被满足之前，这种驱使力会迫使这一需要保持为优势需要状态，一旦该需要得到满足，则这一需要退出优势需要状态，也不具有促使人去满足该需要的驱使作用，其他需要将取代它成为优势需要。

① 生理需要（psychological needs）。是指人类为了生存、发展和种族的延续而产生的各种需要。它包括对基本生活资料如食品、服装、住所等的需求。生理需要是最基本的需要。

② 安全需要（safety needs）。当人们的生理需要得到满足之后，就会产生对其人身、财产和职业等方面安全的需要。人们最关心的是其周围是否存在一些威胁其生存和发展的因素。人们希望其生活环境具有一定的稳定性，有一定的法律秩序，具有安全感。

③ 归属和爱的需要（social needs）。在前两种需要得到满足以后，人们就会产生被群体接受从而有所归属和获得爱情（sense of belonging, love）的需要。在这种需要的驱使下，人们会主动地交朋友，寻找自己所爱的人和喜欢自己的人。

④ 尊重的需要（esteem needs）。在与他人的交往中，人们希望被他人承认、尊重，希望别人对自己有一个良好的评价。

⑤ 自我实现的需要（self-actualization needs）。当一个人以上的四种需要都得到较好的满足之后，就会激发出一种更高层的需要，即自我实现的需要。在这种需要的驱使下，

人们会尽最大的努力去发挥自己的潜能，实现自我的目标，追求自身价值的最佳体现。

需要层次理论可以帮助企业营销者正确识别市场需求状况，并有针对性地向市场提供产品。可以设想，对于一个为温饱而四处奔波的人来说，向其推销诸如住宅、汽车等高档商品将是徒劳的。

（2）内驱力理论（drive theory）。这种理论认为，动机作用是过去的满足感的函数。其意义是，人对现在行为的决策，大部分以过去行为所获得的结果或报酬为基础进行考虑，也就是说人的现在的行为的动机要以过去的效率为依据。应当说，在客观上许多人的确如此行事，以往的某个行为得到良好的结果，从中受益，人们就有反复进行这种行为的倾向。例如，消费者在某个商店买到称心如意的商品，而且得到了营业员热情、周到的服务，消费者就有愿意再次光顾的倾向。相反，以往的行为导致了不良的结果，或者消费者从中受到了损失，人们就有回避这种行为的倾向。

（3）认知理论（cognitive theory）。这种理论与上述内驱力理论正好相反，认为人的行为的主要决定因素是关于信念、期望和未来变故的预测。内驱力理论是着眼于过去事件的结果，认知理论则面向未来事件的预测。认知理论认为人的行动都是有目的性的，以有意识的意图为基础。

认知理论把动机的作用描述为期望和诱发力两个变量乘积的函数，其数值的大小取决于预期和诱发力的大小。例如，消费者为货币保值去购买价值较高的商品，如果他对这种行为能达到保值的信念十分坚定，并且认为购买的结果能得到经济上的好处，那么购物保值的动机就很强烈。

消费者的购买动机一般有以下几种。

（1）感情动机（emotional buying motives）。消费者的需要是否得到满足，会产生与之相关的好恶的态度，从而产生肯定或否定的情感体验。这些情感体验反映到不同的消费者身上，就会体现出不同的购买动机。根据情感动机中不同的侧重点，又可分为以下七种心理倾向。

① 求新心理，亦即追求所购商品的新颖和时尚性，其核心是时髦和奇特。表现在服装上，则注重款式和流行性。具有这一心理倾向的消费者是企业新产品的潜在消费者。

② 求胜心理，即以消费高人一头、争强好胜为主要目的，其核心是"争赢""摆阔"。这类顾客购买商品不是出于自身的消费需要，而是为了赶超他人，不甘人后。

③ 求名心理，在购买商品时注重商品的品牌和生产厂家以显示个人的名望和社会地位。它的核心是"显名"和"夸耀"。

④ 求信心理，是以追求某一商品或某一商店的信誉和表示信任而经常购买某种商品或光顾某一商店进行购买为主要目的的心理动机。它的核心是好感和信任。具有这一动机的消费者在购买商品时，从经验和信任出发，对某种产品、某个厂家、某家商店、某个营业员有特殊的好感，购买时非此不购。

⑤ 求美心理，是以所购商品的艺术价值和欣赏价值为主要目标的购买动机。此类消费者非常注重商品的造型、色彩、包装、装潢和整体上的协调美、韵律美。追求的是一种审美情趣，商品价格不是其购买时考虑的第一要素。

⑥ 求奇心理，此类消费者是以追求商品式样的奇特性为主要购买动机。别具一格的

商品，独特的造型、新颖的款式，无疑会吸引这部分消费者。

⑦ 求同心理，此类消费者消费行为比较保守，不愿冒风险，以购买大众化商品为动机。

（2）理智动机（rational buying motives）。是消费者在对商品有了一定客观认识的基础上，经过充分分析比较后而产生的购买动机。它具有客观性和周密性的特点。

① 求实心理。是以追求所购商品的实际使用价值为主要目的的购买动机，也是消费者中最常见、最为普遍的一种购买动机。一般发生在日用品的购买中，这些商品的使用价值比较明确，消费者只愿购买具有他所认定的使用价值的商品，如果商品的使用价值不明确或徒有虚名，则消费者就会放弃购买。产生这种购买动机的条件有三种：一是消费者已经形成的实用性消费观，成为他购买商品的一条准则，选购商品时将商品的实用性放在第一位；二是消费者的经济实力有限，没有能力追求商品的外表，或购买价格昂贵、知名度较高的商品；三是商品的价值主要表现为它的使用性，消费者没有十分必要去追求商品的别的特性，如人们对洗衣粉、毛巾等一些日用品的消费，就以实用性的消费动机为主。

② 求廉心理。是以追求物美价廉为主要目的的购买动机。它的核心是"价廉物美"。具有这一心理的消费者在购买商品时，较为注重商品的价格，喜欢购买处理品、促销品、折价品，是对价格格外敏感的一个消费者群体。这种心理动机的形成与其收入水平有关。

2. 感觉（perception）

感觉是人脑对直接作用于感觉器官的客观事物的个别属性的反映，是认识的开端。人们对客观世界的认识都是从感觉开始的。感觉的生理基础是：客观事物作用于人的感觉器官，引起神经冲动，这种神经冲动再由传入神经传导至大脑皮层的特定部位，便产生感觉。相同的外界刺激作用于不同的个体身上所形成的感觉是不一样的，也就是说，某种感觉的产生不仅与外界刺激有关，还与这一刺激同环境的关系和个人的状况有关。心理学研究总结出三种感觉过程。

（1）选择性注意（selective attention）。人们在日常生活中会接触很多的刺激。以商业广告为例，平均每人每天会接触到 1500 条广告，但并不是每种刺激都会引起感觉，其中绝大部分被过滤掉，只有很少一部分能够给我们留下印象。什么样的刺激才能够引起我们注意？研究表明：与目前需要有关的刺激较易引起注意，如你已经产生了购买住房的需求，自然各种有关房地产商品的广告会引起你的注意；人们所期盼的刺激较易引起注意，如果你一直期盼着能目睹某位歌星的风采，你必然会留意有关这位歌星的演出动态；超出正常规模的刺激较易引起注意，如降价 50%比降价 5%的广告更容易引起人们的注意。引起消费者注意是实施有效市场营销的基础，企业营销人员要开动脑筋，充分利用上述三种情况引起消费者的注意。

（2）选择性曲解（selective distortion）。即使是消费者注意到的刺激，也并不一定产生预期的效果。每个消费者都是按自己的思维方式来接受和处理信息的。选择性曲解是指人们趋向于将所获得的信息与自己的意愿结合起来。一般来说，当信息传入人的大脑，如果这一信息与大脑中原有的观念相吻合时，就会加深原有观念；如果这一信息与大脑中原有观念相冲突时，就会排斥这一信息。

（3）选择性记忆（selective memory）。人们对于外界的各种信息往往只记住其中那些符合自己的态度和信念的信息，借助这种记忆，人们为以后的消费行为积累有用的信息。

上述理论揭示出消费者接受产品需要三个方面的感觉过程。市场营销人员应保证向市场提供目标顾客所关心的、渴望得到的、富有吸引力的各种信息。

3. 学习（learning）

学习是指由经验而引起的行为中相对持续不断的变化。这种经验不一定是直接的学习得到的，我们可以通过观察影响他人的事件间接地获得经验，甚至在我们没有专门去学习时也能学到知识。例如，消费者能说出很多品牌的广告词，能哼许多产品的小曲，有时甚至是那些他们根本不曾使用的产品。这种偶然的、无意识的知识的获得被称为偶然学习。学习原理被广泛应用于企业广告策略中。

4. 信念与态度（beliefs and attitudes）

人们在购买和使用产品的过程中形成了相应的信念和态度，而它们反过来又影响人们的购买行为。

信念是人们对事物所持的看法。对于一个打算购买住房的消费者而言，如果他认为区位因素是购买住房的最重要的因素，这一信念会降低他对价格的敏感性。显然，一个成功营销活动的基础是营销人员应首先了解消费者对企业产品的信念，一旦发现存在某些错误的信念，并且阻碍了购买行为，企业就应进行促销活动来纠正这些信念。

态度是指个人对某些事物或观念所持的正面或反面的认识上的评价、情感上的感受和行动上的倾向。态度表现为人们对某个企业或某个品牌商品是喜欢还是厌恶、是渴望得到还是拒绝接受。态度使人们对相似的事物有相当一致的行为，人们没有必要对每一事物都做出新的解释和反应。态度使人们节省了时间和精力，态度具有稳定性，一旦形成很难改变。因此，企业应努力促成消费者对企业及产品产生积极的态度，避免产生消极的态度。

5.4   消费者购买决策过程

市场营销人员不仅要了解影响消费者购买行为的诸因素，还要研究消费者是如何做出购买决策的，以及由谁做出购买决策、决策的类型和购买的步骤。

5.4.1   消费者购买决策的参与者

对大多数产品而言，识别购买者并不困难。男人通常选择自己的剃须刀、香烟，而女人购买自己使用的化妆品、时装等。但有些产品的购买活动所涉及的决策成员往往不止一个。比如家用电脑的选择，可能的情形是：子女出于学习的需要提出购买建议，家庭成员广泛收集信息（来自于同学、亲友、同事、邻居等），然后由父亲和子女具体采购，最后全家使用。在这一购买活动中，不同的人起着不同的作用，扮演着不同的角色。我们将其分成五种类型。

（1）倡议者（initiators）：首先提出购买某种产品或服务的人；

（2）影响者（influencers）：直接或间接影响最后购买决策的人；

（3）决策者（deciders）：对购买决策的某个方面（包括是否购买、购买什么、购买多少、如何购买、何处购买）做出决定的人；

（4）购买者（buyers）：实际执行购买决策的人；

（5）使用者（users）：消费或使用商品的人。

企业市场营销人员应首先弄清购买决策的各个过程中的参与者及影响力，并针对不同参与者采取有针对性的广告宣传和实施促销活动。如企业尽力将广告宣传集中于倡议者的身上，针对倡议者的购买愿望进行促销。价格制定要考虑决策者的承受能力，渠道选择要考虑购买者的习惯，产品功能要考虑使用者的要求。只有这样，企业的营销活动才有的放矢，才能取得较好的营销效果。

5.4.2　消费者购买行为类型（types of buying behavior）

消费者的购买决策过程因购买者、所购商品的不同而不同，在研究中我们把消费者行为分为以下四种类型：

1. 复杂的购买行为（complex buying behavior）

当消费者参与购买程度较高，并且了解品牌间的显著差异时，则其表现为复杂的购买行为。显然，如果产品价格昂贵、技术复杂、购买频率小，具有很高的自我表现作用时，消费者参与购买活动的程度就较高。特别是当消费者对产品不太熟悉且性能不易掌握时，购买活动就更为复杂。如普通消费者在决定购买个人电脑时，对诸如内存、硬盘、显示器等知识缺乏了解，不会贸然购买。这位购买者要经历一个学习的过程，即首先产生对产品的信念，然后逐步形成态度，接着对产品产生喜爱，最后做出慎重的购买选择。对于购买者参与程度较高的商品，市场营销人员必须了解购买者的信息是如何收集、整理和评价的。市场营销人员还应制定出各种策略，帮助消费者了解产品的属性、这些属性的重要程度，以及公司的品牌在比较重要的属性上的知名度。对于复杂的购买行为，企业形象和企业品牌的知名度无疑会在某种程度上使之简化。

2. 寻求平衡的购买行为（dissonance-reducing buying behavior）

表现为消费者虽参与程度较高，但各品牌产品之间的差异不明显。由于此类产品价值较高、不经常购买且冒一定的风险等，因而消费者参与程度较高。但与复杂的购买行为相比，消费者购后容易出现因产品缺陷或其他品牌更优而使心理不和谐的现象。为追求心理平衡，他试图收集更多的信息以支持自己的决策。基于此点，企业市场营销人员应注意与消费者的信息沟通，向消费者提供更多的服务与信息，使他们确信自己的选择是正确的。

3. 习惯性的购买行为（habitual buying behavior）

对于日用商品的购买，一般消费者的参与程度较低，同时品牌间差异也不大。比如购买食盐，消费者对这类产品的购买几乎不加参与，凭以往的经验和习惯。在这种情况下，消费者的购买行为并不经过正常的信息→态度→行为的顺序。他们无需广泛收集商品信息，也不评价品牌特性，更不对购买什么品牌进行加权决策。广告的重复只是造成熟悉品牌，而没有信服品牌，消费者不会对品牌形成强烈的态度。经营者通过运用适当的促销策略和价格策略，可有效地吸引消费者；也可以通过某种策略将参与程度低的商品转化为参与程度较高的商品，其方法是将产品与某些相关的问题联系起来，比如高露洁牙膏与防止蛀牙联系起来；也可以将该产品与某些个人情景相联系，如咖啡广告可与消费者清晨想要驱除睡意联系起来。

4. 寻求变化的购买行为（variety-seeking behavior）

其特点是消费者参与程度低同时各品牌间的差异很大，此时消费者表现为经常改变品牌的选择。如在食品购买中，消费者出于追求口味的变化而不断地在各种品牌之间转换。品牌的转换是因为寻求变化，而不是对产品的不满。

5.4.3　消费者的购买决策过程（consumer buying process）

消费者的购买行为是由一系列相互关联的活动构成的一个过程，这一过程从产生需求开始一直延续到实际购买之后。营销人员应认真研究消费者购买决策过程的各个阶段，找出各阶段的主要问题，并采取相应的措施。

消费者的购买决策过程因其购买活动的复杂程度不同，所经历的阶段也不同。这里我们以消费者的复杂购买活动为例全面分析购买决策的全过程。

一个完整的购买决策过程可划分为以下相继出现的五个阶段：确认需要、收集信息、评价方案、购买决策与购后行为。

1. 确认需要（problem recognition）

只有当消费者意识到某种需要的存在并试图通过某种行为来满足这种需要时，对这种商品的购买决策过程就开始了。消费者的需要是由内在或外在的刺激引起的。如人们对食品的需求既可以由其内在的生理因素引起（饥饿感在突破阈值后就成为一种动力，驱使人们寻找食品，平抑需求），也可以由外在的某种刺激引起（如食品店散发出的诱人香气或精美新颖的食品陈列）。市场营销人员应能确认出可引起对某种产品感兴趣的常见的刺激因素，并采取相应的营销策略激发消费者的购买欲望。

2. 收集信息（information search）

消费者在某种刺激的激发下产生了对商品或服务的需要，为了使这一需要得到很好的满足，必然会收集有关的信息。这种信息的收集可以分为两个层次：适度的收集状态，表现为消费者留意有关商品的各种广告，向亲友征询；积极的收集状态，他会参加各种产品展示会、展销会或向有关企业了解更多的信息。此阶段营销人员应注意了解消费者是通过什么途径收集信息的。信息提供者对消费者的购买决策会产生什么影响？消费者信息来源于以下四个方面。

（1）个人来源。信息来源于家庭成员、朋友、同事和邻居。

（2）商业来源。信息来源于企业所发布的广告、营销人员的介绍、商品陈列展示、商品包装、商品说明书等。

（3）公众来源。信息来源于报纸杂志、消费者协会等。

（4）经验来源。信息来源于消费者实际的操作、检查和使用。

一般来说，消费者收集的产品信息主要来自于商业来源，这也是企业可以控制的来源。另外，个人来源的信息最有效。各种来源的信息对消费者的影响是不同的，商业来源一般是起告知的作用，个人来源则起着认定或评价的作用。

　　通过收集信息，消费者了解了各种相互竞争的品牌与它们的性能。图 5-2 中第一个方框表示这位消费者可以购买的电视机（品牌）的全部集合。其中他比较熟悉的一部分品牌构成了一个注意集合，那些符合他最初购买标准的品牌进入他的考虑集合。他通过更深入的收集信息后，只有少数品牌进入了选择集合。消费者从中做出最后的选择决定。

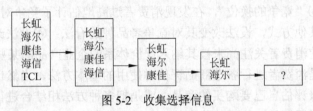

图 5-2　收集选择信息

　　从图 5-2 中可以看出，企业一方面应设法使自己的产品进入潜在购买者的注意集合，进而进入到考虑集合和选择集合；同时还应了解消费者选择集合中的其他品牌，以便制定出有竞争力的营销方案。

3. 评价方案（evaluation of alternatives）

　　消费者的信息可以通过多种渠道获得，显然不同来源的信息可能是一致的，也可能是相互矛盾的，消费者必须要对这些信息进行分析和评价。企业应了解消费者是根据什么因素，以及利用什么方法对这些信息进行分析和评价的。

　　消费者通常会利用三种基本的方法进行备选商品的评估。我们通过一个例子来了解消费者是如何评估备选商品的。

　　假定某位消费者想要购买住宅，且已将购买对象缩小到三个品牌（A、B、C）；又假定他对住宅的下述四种属性感兴趣：小区配套、环境、区位、价格；他将每一品牌的各个属性的分值（通过打分形式得到）列成表 5-2，各项满分为 10 分。

表 5-2　消费者对住宅商品属性的评估

住宅	属　性			
	配套	环境	区位	价格
A	10	8	7	5
B	8	9	8	4
C	6	8	10	6

　　消费者采用一定的评估方法，对三个品牌的住宅进行评价。具体评价方法如下。

　　（1）期望价值法。消费者依次赋予住宅四种属性以不同的重要性权数，如配套为 40%，环境为 20%，区位为 30%，价格为 10%，然后将权数与每种品牌的每种特性的信念值相乘，再求和，就得出对每种品牌的评分。按此法，本例中住宅 A 得分最高。

　　（2）理想品牌法。消费者根据自己的需要设想出一种理想的品牌，其每一项的理想水平不一定是最高分。假定他给每一特性的理想水平分别是 6 分、10 分、10 分、5 分，然后将四种实际品牌与这种理想品牌相对比，同这种理想品牌最接近的实际品牌就是他所偏爱的品牌。按照这种方法，他将选择品牌 C。

（3）结合法。消费者规定出可以接受的品牌的最低限度的特性水平，比如要求四种特性必须分别高于 7 分、6 分、8 分、4 分。他只考虑结合了这些最低限度的品牌 B。

对于采用期望价值法的消费者，生产和经营品牌 C 的企业为争取顾客可以采取以下策略：①"现实换位"，即改进产品，使其具有采用这种评价方法的消费者所需要的特性；②"心理换位法"，在消费者低估了企业产品的某些特性时，设法改变他们对企业产品主要特性的认识；③"竞争的换位"，在发现消费者过高地估计了竞争对手的产品特性时，通过比较广告和其他方式，设法改变其对竞争者品牌的看法；④设法改变消费者各项指标权重；⑤设法使消费者关注尚未被其纳入评价体系的企业产品的某些性能。

这三种方法是消费者进行备选商品评估时使用的基本方法，当然也有的消费者会采用更复杂的方法来评估自己要购买的商品，或是把多种方法相结合进行打分。特别是在面对价格高、使用周期长、购买风险大的商品时，消费者的购买前评估会更慎重。

4. 购买决策（purchase decision）

消费者在评价阶段已形成了对选择集合中各品牌的喜好，但这并不表明消费者就必然地实施购买行为。在购买意图和购买决策之间还有两种因素会起作用。见图 5-3。

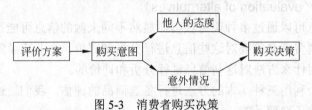

图 5-3　消费者购买决策

（1）他人的态度。在你做出了某种购买意图后，他人的态度会在一定程度上影响你的购买行为。但其影响程度取决于：①他人对所喜爱的品牌的否定态度的强烈程度。②购买者遵从他人愿望的动机。一般而言，他人的否定态度越强烈，与购买者关系越密切，购买者越有可能改变自己的购买意图。

（2）意外情况。消费者的购买意图的形成是基于诸如预期的家庭收入、预期的价格水平和期望的产品利益等因素。而在消费者即将实施采购行为时，由于某些不可预料的事件的发生，也会导致购买活动的终止。如前例中的消费者，在他经过广泛地信息收集、分析比较和评价的基础上形成了购买意图。他已决定通过抵押贷款的方式购买 A 企业的住宅产品，但就在此时被单位解雇了，由于预期收入的消失，他不得不调整原有的购买方案，甚至可能取消购买意图。

5. 购后行为（post-purchase behavior）

消费者购买之后的行为主要有两种：一是购后评价；二是购后行动。

1）购后评价

消费者对所购商品的评价表现为两种态度：一是满意；二是不满意。消费者的这两种态度是如何形成的呢？西方学者提出了两种观点。

（1）预期满意论。该理论认为，消费者购后满意程度取决于购买前的预期值和购后使用中的实际效用值之间的对比。如果消费者认为其购后的实际使用值大于购买前的预期值，就会非常满意。如若消费者认为其实际使用值小于购买前的预期值，就会表现为某种程度上的不满意。两者的差别越大，不满意的程度就越强烈。

根据这一理论，营销者就应注意，在产品宣传中不能夸大产品的功能，要向消费者传递产品的真实价值，以尽量降低和避免不满意情况的发生。

（2）认识差距论。这一理论认为，消费者购买商品以后都会有不同程度的不满意感。消费心理学的解释是：

第一，任何商品都不可能是十全十美的，都会存在着某些不完善之处（否则就无须产品创新）。消费者在购买商品之前，考虑更多的是商品的优点，在购买后就会逐渐发现产品在使用中的某些不足，因而产生一定程度的不满足感。

第二，人们都有这样的一种心理倾向，即没有得到的才是最珍贵的。由于在购买时进入到消费者选择集合的商品不止一种（如图 5-2 中的长虹和海尔），消费者很难对其进行取舍，在不得不放弃其中的一种而选择另一种时，消费者会产生某种程度的不平衡感。这种不平衡感会因所购商品的某些缺陷而变得强烈，也会因厂商的购后服务支持而减弱。

2）购后行动

消费者对所购商品的满意程度不仅会对他以后的购买产生影响，也会对他人的购买产生影响。一个对自己所购商品十分满意的消费者，他会将自己的感受讲给他人，甚至于极力向亲朋好友或同事推荐。一个对自己所购商品不满意的消费者，他同样会把这种感受四处传播。市场营销人员应该了解消费者处理不满意见的方式，并积极地采取行动，避免给企业造成更大的损失。

以上介绍了消费者购买行为的各个阶段。不难看出，如何准确地分析消费者购买过程的各个阶段及其影响因素，并使消费者的购买活动指向企业产品，是企业营销人员的一项艰巨工作。市场营销人员只有通过对消费者购买行为的深入研究，才能获得满足消费者需要的线索，才能设计出有效的市场营销计划。

5.5　产业市场购买行为分析

在流通体系中，不仅存在着消费资料的交换活动，还存在着生产资料的交换活动。企业不仅参与消费品市场的交换活动，将产品或服务销售给消费者，同时，企业把大量的原材料、机器设备、办公用品及相应的服务提供给诸如企业、社会团体、政府机关等组织用户。他们构成了总体市场中一个庞大的子市场，即组织市场。与消费者市场相比，组织市场的需求和购买行为更复杂。（见例 5-3）

【例 5-3】

美国的政府采购管理

从 1783 年美国独立到 1792 年，美国政府在政府采购上是沿用了跟其他组织几乎一样的自由采购制度。这种采购方式没有严格的法律约束，随着采购量的逐年提高，弊端和不适逐渐显现，于是 1792 年起美国政府采购逐步立法。经过 200 多年的发展之后，现今美国政府采购已经拥有了一套集理论、实践、管理于一体的完整的政府采购制度。美国国会和有关部门制定了大约500种政府采购法规，形成了以《联邦政府采办法案》和《联邦政府采购条例》为核心的法规体系。有学者总结说，美国政府的采购制度起源于自由市场经济时期，完善发展于现代市场经济。

目前美国政府采购分为三个系统来执行，它们分别是联邦政府采购、州政府采购和地方政府（县、市、镇、学区）采购。联邦政府采购由联邦事务总局（General Services Administration，GSA）负责。它负责除国防部、海岸卫队和国家航空航天局以外的所有联邦政府采购任务，是美国政府采购管理体制中最高层次的管理机构。

美国50个州和81 000多个地方政府（县、市、镇、学区）大多数有专设的采购机构，此外还设有采购顾问机关、标准委员会和技术规格委员会等，以帮助专设的采购机构圆满完成采购任务。美国各州及地方政府在采购上有相当的灵活性，它们通常采用合作采购和联合采购方式，以增大合作体的采购量，降低采购成本。

除了政府专职采购机构外，美国还有采购专业协会，如美国全国政府采购研究所、全国州采购官员协会等。这些协会能够协助政府采购，其中的采购人员必须要通过诸如公共采购认证理事会、全国采购管理协会、全国合同管理协会、后勤工程师协会等认证机构的资格审核，才有从业资格。

在采购上，美国政府非常重视信息系统的运用。目前美国政府使用的采购信息系统主要有：政府采购电子公布系统、采购通知服务系统、采购计划资源系统、在线式采购商务系统、联邦供应服务的库存及配送程序、特别需求订购程序、联邦供应计划服务系统、基于政府采购卡的采购管理系统等。这些采购信息系统有利于美国政府由集中采购向集中与分散相结合的方向发展。同时，美国政府还在不断学习商业化采购，并把从中得到的成功经验、方法、技术和策略进行扩大运用，发展电子商务的采购方式。

资料来源：
(1) 明楚清，包辛，程文生.美国的政府采购管理[J].中国投资，2001（6）：36-37.
(2) 杭宇. 美国政府采购方式的演变及启示[J]. 商业研究，2001（5）：156-157.
由编者加工整理。

5.5.1　产业市场的范围和特点

在研究中，我们通常将组织市场进一步划分为产业市场、中间商市场和非营利组织市场，其中最重要的是产业市场。产业市场由所有购买商品和劳务并将其进一步用于生产其他商品和劳务以供销售、出租或供应给他人的组织构成。其主要涉及农业、林业、渔业、矿业、制造业、建筑业、运输业、通信业、公用事业、银行、金融和保险业、零售与服务业。

与消费者市场相比，产业市场具有如下的显著特征。

1. 购买者数量较少（fewer buyers）

产业市场的用户数量远远少于消费品市场的顾客数量。一个葡萄园主如将其产品供应给产业市场中的顾客（酿酒商），其客户可能只有一个，而他要将产品投向消费者市场，其顾客将是成千上万。

2．购买量较大（vast purchase volume）

产业市场购买者购买的目的是组织生产、开展经营，因此一次购买的数量较大。

3．派生需求（derived demand）

产业市场中的用户对上游产品的需求量取决于其产品在消费市场中的需求状况。如果企业产品在消费市场上的需求增加，它在产业市场的需求就会上升，因此，产业市场的需求是一种派生需求。

产业市场需求的派生性，要求生产者既要了解自己产品用户的需求水平、特点及竞争情况，还要了解自己客户所服务的市场上顾客的需求水平、特点、竞争状况。

同时，产业市场的供应者也可通过刺激消费者对最终产品的需求来促进自己产品的销售。例如纺织企业通过向消费者宣传新材料、新工艺纺织产品的优点，引导最终市场消费者的消费行为。

4．需求缺乏弹性（inelastic demand）

产业市场对许多产品和服务的需求受价格变动的影响较小，原因表现如下。

（1）产业市场需求是派生性，只要最终消费者有需求，产业生产者就会组织生产，一般不重视价格的变化。例如，房地产开发企业在开发经营中，尽管土地价格上涨，但是如果房产市场中消费需求旺盛，它也会购买土地进行开发，表现为对土地价格变动反应的不灵敏性。（见例 5-4）

【例 5-4】

缺乏价格弹性的铁矿石需求

我国的钢铁企业主要依靠进口铁矿石进行生产，因而对进口铁矿石产生了巨大的派生性消费需求。然而由于国际铁矿石资源的高度垄断，作为世界上最大的铁矿石消费者，中国钢企在谈判桌上却长期缺失话语权而屡屡处于被动地位。例如，2005 年中国钢企被迫接受铁矿石涨价 71.5%；2008 年，澳粉矿又再度猛涨 79.88%，块矿涨 95.6%。这使我国钢铁业的成本高起，利润迅速下降甚至消失。据统计，从 2003 年到 2008 年 9 月，进口铁矿石价格上涨了 5 倍。而仅仅 2008 年，中国进口铁矿石 4.436 亿吨，成本就同比增加了 1 460 亿元，相当于全国钢铁企业全年利润的总和。

这使得金融危机下的钢铁企业雪上加霜。2009 年 1—4 月，我国 72 家大中型钢企销售收入 5 755.9 亿元，同比下降 18.9%，整体亏损 51.79 亿元，与上年同期的 634.01 亿元利润形成强烈反差。其中，有 29 家企业亏损，亏损面达 39.73%。分析人士认为，由铁矿石涨价所导致的成本高起是钢企亏损的首要原因。因为目前铁矿石支出已占到了生铁总成本的 50%以上，占到一般钢企钢材成本约 40%。

然而由于钢铁企业对铁矿石的需求属于派生需求，我国众多发展建设项目对钢铁的需求量相当大，因此铁矿石对钢铁企业而言在价格上缺少弹性，这也使铁矿石的降价谈判异常艰难。

资料来源：由编者加工整理。

（2）生产者不可能像消费者改变他们的需求偏好那样经常变动他们的生产工艺。例如，尽管矿石价格上涨了，钢铁企业也不可能改变生产工艺，生产市场欢迎的饮料商品。

（3）一件产品通常是由若干零部件组成的，在总成本中某一零部件价格的变动对整体产品价格的影响程度有限。因此，最终产品的需求也不会受到影响。如对于汽车制造商来说，尽管轮胎价格有所上升，但企业也不会减少对它的需求。

（4）在产业市场中，购买者往往只对产品的规格、质量、性能、交货期、服务及技术指导方面要求较高，相比之下，价格因素并不重要，也使其价格弹性不足。

5. 需求波动性大（fluctuating demand）

产业市场客户对产业商品和服务的需求显然比消费品市场上顾客对产品和服务的需求更易产生波动。假设消费品市场需求增加一定的百分比，产业市场中与之相关的产品和设备的需求将成倍增长。经济学家将这种现象称为加速原理。有时消费品需求仅增长10%，就可导致下个时期产业需求增加 200%。

5.5.2　产业市场购买行为特征

与消费者市场相比，产业市场购买行为具有如下特征。

1. 购买动机

产业市场购买动机比较简单，其具体动机表现为以下几方面。

1）降低成本

在一个同质性很强的市场中，产自于不同厂商的产品必然以相似的价格销售，各企业只能获得社会平均收益。但如果某个厂商能够以低于社会平均成本水平生产产品，就能获得较高的收益。因此，成本的降低也就是企业效益的提高。在其他条件相同或不影响生产和销售的情况下，产业市场购买者倾向于购买价格低的产品，以增加利润。

2）提高质量

质量是企业的生命，高质量的产品可以给企业带来更多的利润。特别是当最终市场上消费者对产品质量要求较高时，产业市场的购买者在购买过程中追求高质量的动机会更强烈。因为只有购进高质量的原材料、机器设备、零部件或成品，企业才能生产和销售高质量的产品，才能在竞争中处于优势地位。

3）符合社会利益和法律要求

企业生产经营活动必须遵守有关法律，必须符合社会利益。组织市场各成员既是消费者，同时也是生产者，其行为受法律的约束更多。例如，在企业生产经营过程中不能随意排放废水、废气、废渣，企业也不能生产对环境有影响的产品。

总之，产业市场具有不同于消费者市场的购买动机，产业市场的供应者应注意分析和研究购买者的具体动机，有针对性地开展营销活动，力争获得最佳的经济效益。

2. 购买方式

在消费者市场中，一般消费品的购买方式较简单，大多是柜台交易，货、款两清。在产业市场中其方式则有所不同。

1）直接购买

产业购买者往往从生产商处直接购买，而不经过中间环节。那些技术要求复杂的设备及大批量、连续供货的零部件尤其如此，有时甚至于需要供应商按要求生产。直接购买过程涉及一系列的必要文件和签订有关合约。

2）互惠购买

一般来说，产业市场上的交易双方都倾向于相互购买产品。这既可以加深彼此的关系，又增加了产品销售，同时双方均可在交易中获益。

3）租赁

许多产业购买者并不是直接购买而是采用租赁的方式获得生产所需的设备。租赁可使产业市场的生产者节省一次性投入的资金量，及时租到最新的产品。对于出租者来说，可以获得较高的纯收入，还可以把产品卖给那些无法出全价购买货物的顾客。这种交易方式在交通工具、建筑机械等产品领域已极为普遍。

5.5.3　产业市场购买行为的参与者

产业市场的购买行为，除了涉及专职的采购人员以外，还有其他部门的人员也参与了购买决策过程。这些人员构成了企业的一个采购中心。

企业规模不同，采购中心的人员构成也不同。规模较小的企业，购买中心的成员可能只有1~2人；大企业，则可能由一位高级主管率领一批人组成采购部门。另外，根据购买对象不同，购买中心的人员数量和组成也不同。如购买日耗品，即使企业规模较大，采购人员的数量也较少；对于技术复杂、所需资金较多的生产设备的采购，除了专业的采购人员以外，还必须包括技术人员、工程师，甚至是高级主管。

采购中心包括在购买决策中行使以下六种职能的所有组织成员。（参见例5-5）

（1）使用者（users）。那些将要使用产品和劳务的人，通常首先由他们提出购买建议。

（2）影响者（influencers）。那些影响购买决策的人，如使用者、技术员、推销员等。

（3）决策者（deciders）。那些有权决定产品需求和选择供应商的人。

（4）采购者（buyers）。有正式的权利来选择供应商并商定购买条件的人，其职能主要是选择供应商和进行谈判。在许多复杂的购买中，甚至有高层经理充当购买者参与谈判。

（5）把关者（gatekeepers）。是有权阻止销售商或其信息流向采购中心成员那里的人员。如采购代理商、接待员等。

【例 5-5】

宾馆采购的参与者

某绿色蔬菜公司向各宾馆推销新鲜蔬菜，该公司必须首先识别出各宾馆参与购买活动的人员构成。这些人员可能包括宾馆采购经理、餐厅主厨、食品部和饮料部的经理。在其中每位人员所起的作用是不同的：采购部经理考虑更多的是成本，主厨考虑配料时的难易，而饮食部的经理则可能更多地关注顾客的偏好和口味。面对这样一个由许多方面人员组成的采购中心，营销人员要想亲自去接触每一个人，其时间和精力都不允许。假设该绿色蔬菜公司刚刚成立，规模较小，此时可考虑由营销人员主攻主要决策者。在这里，使用者（主厨）无疑是营销人员应首先攻克的堡垒。

资料来源：由编者加工整理。

5.5.4 产业市场购买行为类型

与消费者市场相比，产业市场购买行为更为复杂，其决策问题的数目依据购买情景的类型而定。罗宾逊等人将产业市场购买情景分为以下三种类型。

1. 直接重购（direct repurchase）

直接重购是指采购部门按以往的惯例再行采购商品的情况。一般采购者根据以往采购货物的满意程度，从自己认为满意的供应商名单中做出挑选。被选中的供应商应珍惜贸易机会，保证质量、及时地提供商品，使客户满意，并力争建立长期的供货关系。而没有进入考虑范围的供应商应及时推出新产品，并完善客户不满意的方面，以争取产业用户将其纳入考虑集合中。

2. 修正重购（modified rebuy）

修正重购即企业采购部门领导为了更好地完成采购任务，适当调整要采购的某些产品的规格、价格等条件或供应商。在进行修正重购时，通常买卖双方都会有更多的人员参加。原来的供应商应力争保住自己的市场，而曾经落选的供应商应抓住机会，加倍努力，争取重新杀入市场。

3. 全新采购（new task buying）

全新采购是指产业市场购买者首次购买某种产品或劳务的情况。新购商品的价值量越大，企业越不熟悉，投入采购的人员数量就越多。对于全新业务的采购，企业没有以往交易资料的积累。这种情况对有关产业供应商来说是一个难得的机会，一个未被竞争对手占据的市场，企业应利用整套市场营销手段占领这一市场。

在上述三种购买类型中，直接重购最简单，企业只需根据使用效果的反馈和评价做出决策就可以了；修正重购，首先应找出需要调整的因素，然后根据这些因素对各个供应商进行考察评价。整个过程较前一种情况持续的时间要长，涉及的人员较多；全新采购最为复杂，通常要对产品规格、价格幅度、交货条件和时间、服务条件、订购数量、供应商的选择以及有关合同条款的协商和签署等做出决策。

5.5.5 购买决策过程

产业用户的购买类型不同，在购买过程中所涉及的因素必然不同，其购买决策过程也会存在很大差异。罗宾逊等人将产业市场采购过程分为九个阶段，所有这九个阶段都适用于全新采购的情况，其中有些阶段适用于另两种情况。

1. 提出问题（problem recognition）

当企业在生产经营活动中发现只有通过购买某种产品或劳务才可以解决问题时，采购活动便开始了。问题的发现可能是由企业内部刺激引起的，也可能是由某种外部刺激引起的。从内部因素来看：公司决定推出新产品，需要购置相应的设备和原材料；机器设备出现故障；已购材料不理想；发现了新的采购机会。从外部机会看：产业市场营销人员的积极性，本企业产品用户提出了新的要求等。

2. 确定需要（general need description）

此环节的工作是进一步明确所需产品的数量和各项性能，如需购商品的可靠性、价格、耐用性及其他属性，并按重要程度加以排序。

3. 拟订规格要求（product specification）

进一步对所购产品的规格型号等做详细的技术说明，并形成书面材料，作为采购人员采购时的依据。

4. 寻找供应商（supplier search）

即寻找最佳供应商。可采用：向商业指导机构咨询；查询电脑信息；打电话给其他公司听取建议；参加展览会、展销会等。

5. 征询报价（proposal solicitation）

采购者向合格供应商发函，请他们寄来产品说明书、价目表等有关资料。如果是复杂而昂贵的产品时，采购者就会要求待选供应商寄送更为详尽的申请书。他们会再进行一轮筛选和比较，以选出其中最佳的供应商，要求其提交正式的协议书。（见例 5-6）

【例 5-6】

某公司选择供应商的程序

某公司要求其待选的供应商必须经过三个阶段：

（1）合格的供应商；

（2）较好的供应商；

（3）选定的供应商。

供应商必须充分证明自身的技术能力、财务状况、成本、质量水平、创新精神，通过这一关，成为合格的供应商。通过第一关的供应商还必须参加公司的投资研讨会，接受调查小组的参观，同意做出一定的改进等，这样就通过了第二关。最后，它还要表现出自己高质量产品的统一性、质量提高的连续性，及其正点交货的能力，这样才能成为最后中选的供应商。

参考文献：

（1）明楚清，包辛，程文生.美国的政府采购管理[J].中国投资，2001（6）：36-37.

（2）杭宇.美国政府采购方式的演变及启示[J].商业研究，2001（05）：156-157.

由编者加工整理。

6. 选择供应商（supplier selection）

买方企业采购中心的成员将对各供应商提交的报价材料一一评价。主要内容包括以下方面。

（1）交货能力。

（2）产品质量、规格。

（3）价格。

（4）企业信誉。

（5）维修服务能力。

（6）技术和生产能力。

（7）财务状况。

（8）对顾客的态度。

（9）地理位置。

采购中心成员根据以上指标的考察，从中选出最具实力的供应商。（参见例 5-7）

【例 5-7】

美国政府采购机构对供应商的甄选

美国政府采购大体上通过两种方式进行。第一种是谈判采购，采用这种采购方式需要同多个目标商家分别进行细致的谈判，最终确定合作伙伴。它与一般的大型商业采购活动没有严格区别，而通用、IBM、微软、戴尔等集团公司都是美国政府的供应商；第二种是招标采购，它是美国政府的传统采购方式。一般采用密封招标方式，由美国政府发出采购信号，各商家按照自身的条件制作标书，参与竞标活动。

而在军事采购方面也有严格的采购制度。通用物资由国防后勤局组织三军集中采购，专用物资则由各军兵种自行组织采购。军事采购合同的签订比较复杂，一般要经历合同形成阶段和合同管理阶段两大阶段，其间要完成 10 个程序。在合同的形成阶段，要完成六项程序：确定采购需求、预测采购风险、选择采购方式、对供应商进行资格审查、执行采购方式、签订采购合同。合同管理阶段还要完成四项程序：履行采购合同、对合同执行的阶段性结果和最终结果进行验收、结算、效益评估。

可见在美国政府采购和军事采购中对供应商的挑选都是十分慎重的，并且通过适合的方式和程序化的采购过程来加强采购的成功率。

资料来源：由编者加工整理。

7. 正式发出订单（order routine specification）

订单上应写明所需产品的规格、数量、交货期、退货条款和保修条件等。

8. 实际购进，验收入库（buying）

将按订单采购的产品验收入库。

9. 购后评价（performance review）

采购部门征求使用部门的意见，为下一轮的采购活动积累资料。

本 章 小 结

市场购买行为研究包括消费者市场购买行为研究和产业市场购买行为研究。

消费者市场是由为满足个人生活需要而购买商品的所有个人和家庭所组成的，是企业产品的最终市场。企业对消费者市场进行研究主要包括：企业产品市场中的顾客是谁？他们购买什么？为什么购买？购买决策过程是什么？影响因素有哪些？

消费者购买行为主要受到文化因素、社会因素、个人因素和心理因素的影响，所有这些因素都为企业市场营销活动提供了线索。

企业在制订市场营销计划之前，应首先了解消费者的购买决策过程。一个购买决策过程可能包括众多的参与者，他们可能充当着倡导者、影响者、决策者、购买者和使用者等不同角色。市场营销人员的任务就是识别购买决策过程中的参与者，并根据其对购买决策过程的影响程度实施不同的市场营销活动。

产业市场中的个人和组织不以自我消费为目的来购买商品，其采购类型有：直接重购、修正重购和全新采购。采购中的决策单位是采购中心，包括使用者、影响者、采购者、决策者、批准者和把关者。产业市场营销人员应了解：采购过程的主要参与者是谁？他们对决策的影响程度如何？决策标准是什么？据此采取相应的对策。

思 考 练 习

1. 消费者市场与产业市场有哪些区别和联系？

2. 消费者购买决策的五个步骤是什么？

3. 传统文化和价值观如何影响消费者的购买决策？还有其他什么因素影响消费者的购买决策？

4. 描述消费者购买行为的类型和主要参与者。

5. 描述企业购买的三种形式。

6. 说出企业购买决策的各个步骤。

案 例 讨 论

在开篇案例中，星巴克营销之所以能够成功的关键是什么？星巴克目标消费者人群的购买行为有什么特点？星巴克是如何吸引消费者的？

推 荐 阅 读

1. [美]菲利普·科特勒，加里·阿姆斯特朗. 市场营销原理[M]. 11 版. 郭国庆，等，译. 北京：清华大学出版社，2007.

2. [美]肯尼思·E.巴洛，唐纳德·巴克. 广告、促销与整合营销传播[M]. 3 版. 冷元红，译. 北京： 清华大学出版社，2008.

3. http://www.starbucks.com.cn.

第 6 章

市场营销信息系统

本章提要

现代市场营销需要对来自不断变化的营销环境中的营销信息进行有效的收集和利用。这些急剧增加的信息需要营销者、新的信息技术和分析程序等的综合应用，才能够被更加合理地组织起来。本章首先介绍了市场营销信息系统，它系统地组织企业的信息流，满足企业对信息的需要。包括市场营销信息系统的概念、基本框架，以及该系统的建立和运行。其次，本章全面介绍了市场营销调研。包括市场营销调研的含义、特征、作用、类型，以及营销调研的调查方法、过程和原则。最后，本章介绍了调查问卷的设计和调查报告的撰写，以帮助营销者更有效地组织调研和分析调研结果。

学习目标（重点与难点）

1. 市场营销信息系统理论及应用。
2. 掌握市场营销调研及其实施的方法和过程。
3. 掌握调查问卷设计方法和操作。
4. 掌握营销调研报告的撰写。

框架结构（见图 6-0）

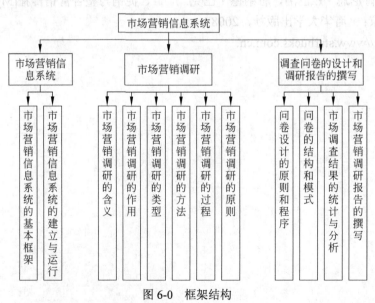

图 6-0 框架结构

娃哈哈"营养快线"上市调查

国内饮料市场竞争激烈,新品层出不穷。有的新品如昙花一现,火热之后便归于沉寂;而更多的产品却未掀起市场的任何波澜,轻轻地来又轻轻地走。如何能够使新品上市火爆而又销售活力持久?这成为娃哈哈2005年制定新产品策略时面临的最核心问题。

对于新产品,娃哈哈总体目标有三:一是它必须成为2005年主推新品;二是它必须能达到公司对主力产品的单品最低销售额要求;三是它应为公司开发家庭消费和开拓城市市场进行有益的探索。在这个总目标的指导下,产品开发策划团队开始了产品构思。

产品构思的基础是消费者调查。通过大量样本的消费者调研,娃哈哈得出结论:消费者——尤其是城市消费者,比较喜欢果汁和牛奶两个类别的产品,因为他们感觉这两类产品营养更丰富。同时,由于经常饮用这两类产品,大部分消费者反映这两类产品的口味有些单调和乏味。了解消费者的需求之后,还需要对饮料业的产品趋势加以研究。因此,产品研发团队整合了饮料行业的各类信息进行深度挖掘。研究结果发现,饮料行业中短期的趋势是推出少数全新品类的产品,而更多的新品是两个或更多品类间的复合。例如,农夫果园是混合型果汁。此外还有奶和茶的复合、奶和酒的复合、果汁与啤酒的复合等产品。它们不但可以满足消费者新鲜好奇的心理,而且更以独特的口感和概念赢得消费偏好。在此基础上,产品开发策划团队想到了产品的框架——牛奶和果汁的复合。

在上述准备完成之后,娃哈哈开始了精确策划之旅,即"营养快线"诞生之旅。

1. 消费群体定位与调查

产品开发策划团队定义了产品的主要消费群体:

(1)高校学生和22岁以上上班族。他们容易接受新事物,需要有充沛体能和足够活力来应对工作的挑战,是城市市场最有影响力的消费群体。

(2)家里有6～12岁孩子的家庭。年轻的妈妈更乐意选择有营养、口味又好的产品。

2. 产品概念确定与测试

针对这两类主要的消费群,把产品概念最终确定为:新鲜牛奶加入纯正果汁,特别添加15种维生素和矿物质。这是产品给消费者带来的真实价值和利益,它与娃哈哈"健康、快乐"的品牌内涵完全匹配。

为了论证其可行性,策划团队特地在大型城市进行了数百人的街头拦截定量调研,对产品概念进行了深入测试。通过定量调研,他们得到了一组精确数据:在消费者不知道价格时,他们肯定购买或很可能购买它的比例超过70%;在知道了定价后这一比率超过了90%。同时购买频率为每周一次的高达63%。这说明消费者能够接受这个产品概念。

3. 产品口味测试

行业深度调研结果还显示,饮料市场的一个趋势是消费者趋于理性。概念再好也不能满足消费者的味觉等感官需求,产品的口味是影响消费者初次和长期购买的重要因素之一。

通过消费者调研,策划团队最终从杧果、草莓、柠檬、香橙等数十种口味中选择了菠萝和原味两种大众最接受的口味，并在公司内部和社会外部进行了数百人的大规模口味测试。对产品的颜色、稀稠度、整体香味、整体口味、奶味、果汁味、甜度、酸度、新鲜度、爽口度、回味等数十项指标进行了精确测试，一项一项持续改进，不断调整其总体口感。

经过数十次试验和测试，尤其是六次系统的消费者小组访谈，最终确定了产品的口感——润滑、香浓、醇厚。同时，科研团队通过多次技术改进，成功解决了牛奶和果汁的融合问题，维持牛奶中的钙质和果汁中的维生素的营养含量，杜绝沉淀和冷藏凝结现象。产品上市后，很多消费者反映正是这个口感促使他们一次次忍不住购买。

4. 产品包装构思及测试

经过认真分析和讨论，策划团队决定使用 500mL 的 PET 塑料瓶装，并特地挑选了目前流行的 38mm 口径大口瓶，让瓶子充满时尚感，提高产品档次。在标签包装上，大家决定选用乳白色表现牛奶的香浓口感，选用切开的水果来体现纯正果汁感，引起食欲。他们一次次和美工设计人员进行沟通，就瓶盖和标签颜色、字体选择、强调的要点等细节问题反复斟酌，强化了整体美感和视觉冲击。

5. 产品命名讨论

在公司内部征集产品命名创意后，策划团队再次进行了头脑风暴。最后确定了"营养快线"这一产品名称和"牛奶果昔"这个品类名称，既能引起消费者的好奇，又表达了产品的特色和内涵。

6. 上市策划及调查

为了迅速打开市场，策划团队确定了产品的早期使用者为高校学生和都市白领，针对这两类人群实行整体促销活动。例如针对高校学生开展高校免费品尝和现场买赠活动；针对白领设计公交车站派送活动；针对目标家庭采取商超免费品尝和买赠活动。

在终端零售价达到 3.5 元/瓶的高端价位下，营养快线上市 1 个月，销售即突破了 50 万箱，上市 4 个月更突破了 500 万箱，各地纷纷出现经销商排队等货的火爆场面，成为 2005 年饮料市场上的一匹黑马。

参考文献：汤定娜，万后芬. 中国企业营销案例[M]. 北京：高等教育出版社，2009：89-96.

任何企业经营管理的成功，都离不开充分、正确的市场信息。在当前变化加速的市场环境中，实时、准确、有效的市场信息比以往任何时候都更加重要。企业建立市场营销信息系统有助于收集大量的最新的营销信息，从而更有效地实行各种营销策略和品牌战略。营销信息系统中的市场营销调研是企业获取市场信息的重要途径，是市场研究工作的必要手段之一，是科学的市场预测及理性决策的基础和前提。

6.1　市场营销信息系统

所谓市场营销信息系统（marketing information system，MIS），是指一个由人员、机器和程序所构成的相互作用的复合体，企业借以收集、挑选、分析、评估和分配适当、及时和准确的信息，为市场营销管理人员改进市场营销计划、执行和控制工作提供依据。

6.1.1　市场营销信息系统的基本框架

1. 市场营销信息系统的子系统

市场营销信息系统由四个子系统构成，它们分别是公司内部报告系统、营销情报系统、市场营销调研系统和市场营销分析系统。这四个子系统分别从不同方面为营销信息系统提供所需信息。

（1）公司内部报告系统负责收集公司内部的营销信息，如订单、销售额、成本、价格、存货水平、应收账款、应付账款等。公司不断重复着收取订单、及时交货、开出发票，并回收账款的工作，可以视作订单—收款循环（order-to-payment cycle）。这个循环过程中的每一步都要及时而准确，这就需要记录操作信息。现在越来越多的公司采用信息化技术记录操作过程，并且采用互联网和外部网使得信息记录更快、更准确和更有效率。其中，公司的销售信息是非常重要的一部分。营销经理依托它对当前的销售做出判断。例如沃尔玛了解商店每件产品的销售数和每天的销售总数，以便每晚向供应商发出订单，从而补充存货。再者，很多公司建立了各种数据库——顾客数据库、产品数据库、销售人员数据库，以及其他的数据库。这些数据库为公司提供了大量数据。决策者应该很好地利用它们，深度挖掘数据背后的顾客需求、消费趋势及其他大量有用的信息。

（2）营销情报系统负责收集营销环境当中发生的日常信息。这一系统的信息来源非常丰富，如阅读书籍、报刊、行业协会出版物，或者与顾客、供应商、分销商或竞争企业员工交谈等，都可以收集到营销情报。但是公司要使营销情报的收集日常化、持久化和更优化，不断改善营销情报的质量。要做到这一点，必须发动和鼓励销售人员、分销商、零售商，以及其他中间商报告日常的市场情报。还要善于通过竞争者和顾客收集情报，如购买竞争者的产品、参加贸易展销会、收集竞争者的广告、阅读竞争者新闻等，建立顾客咨询制度，认真对待顾客提问和投诉。此外，外部的专业情报供应机构如 AC尼尔逊（A.C. Nielsen）等市场研究公司和商业情报公司也可以提供收费的市场情报。同时企业还应该关注互联网上的信息和重要的政府出版物。

（3）市场营销调研系统负责对特定的营销问题进行专项、正式的市场调查和研究，如产品偏好测试、地区销售预测、广告效果调查等。大公司有自己专门的市场调研部门，而小公司通常聘请外部营销调研公司进行专项调查。营销调研本身是一个系统工作，可以通过多种方法得到研究结果。

（4）市场营销分析系统负责对收集的各类信息进行解释，并提供营销决策支持（marketing decision support）。它通过数据分析人员、各种专家、数据分析软件与硬件系统、各种数据分析技术等，解释企业内部和外部环境的有关信息，并把分析结果以报告等适当形式传递给营销决策者，辅助他们进行决策。例如常用的统计工具有多元回归（multiple regression）、判别分析（discriminant analysis）、因子分析（factor analysis）、聚类分析（cluster analysis）、联合分析（conjoint analysis）、多维排列（multidimensional scaling）等；数学模型有马尔科夫过程模型（markov process model）、排队模型（queuing model）、新产品预先测试模型（new product pretest model）、销售反应模型（sales-response model）等；计算优化程序包括微分计算（numerical differentiation）、数据规划（data schema）、统计决策理论（statistical decision theory）、博弈理论（game theroy）、启发式探索法（heuristic probe）等。

2. 市场营销信息系统的信息流

市场营销信息系统子系统的有机组合构成了一个有着相对稳定的结构和功能的市场营销信息系统的基本框架。在这个基本框架下，企业对各种内外部营销信息进行收集、综合、分析判断，并最终有效利用它们进行营销决策。在这个基本框架下，各种市场营销信息流（information flow）的处理有着一定的流程和规律。

如图 6-1 所示，市场营销信息系统处于环境与营销管理人员之间。各种市场营销数据由环境流向企业市场营销信息系统。市场营销信息系统则将数据加以转换，并通过市场营销信息流程传导给管理人员。管理人员依据这些数据制订各种计划、方案，由此形成的各种数据又通过市场营销沟通流程回到环境。

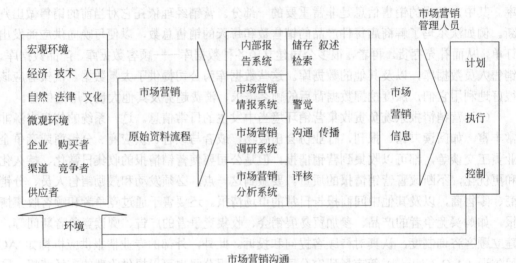

图 6-1　市场营销信息系统的基本框架

在这一信息流动过程中，大量来自宏观环境和微观环境当中的原始、散乱的营销信息进入到市场营销信息系统中，内部报告系统负责对它们进行储存、叙述和提供检索，按照企业的销售工作流程赋予它们秩序和意义。与此同时，市场营销情报系统负责向外传播企业本身的信息，并对外部信息保持警觉。在适当或必须的时候，市场营销调研系统负责对特定问题进行调查和研究，起着一种沟通的作用。而这三个子系统收集的信息都要在市场营销分析系统的辅助下，才能分析和评核出其价值，转化成有意义的报告或建议，成为清晰的市场营销信息，呈送给市场营销管理人员。市场营销管理人员根据营销信息系统提供的及时、准确、全面的营销信息，进行营销计划、执行和控制。最终企业的营销管理活动又会成为营销环境当中的一部分，反作用于营销环境，进而影响市场变化。面对变化的市场，企业的市场营销信息系统又在不断地收集和处理信息，继续影响企业营销活动，形成信息流动的循环。

6.1.2　市场营销信息系统的建立与运行

1. 营销经理必须协助建立 MIS

因为市场营销信息系统是为营销管理人员专门打造的，在设计时，要考虑到管理人员有效使用众多信息的可能性和便利性。因此营销经理必须协助建立营销信息系统，帮助研究营销管理人员的信息需求，充分参与营销信息系统建立和完善的过程。在营销经理的协助下，他们真正需要的重要信息能够准确地被公司的营销信息系统过滤，最大程度地满足他们对信息的需求。

当今社会是以信息为基础的社会，好的信息系统能使一个公司超越竞争对手，能帮助营销管理人员更好地选择目标市场，开发更对路的产品，更好地制订和履行营销计划。

2. 能够有效运行的市场营销信息系统应具备的功能

一个有效运行的市场营销信息系统应该具备这样一些基本功能：

（1）能够向各级管理人员提供其需要的信息。

（2）能够对信息进行选择，以使各级各种管理人员获得与他的决策相关的有效信息。

（3）能够及时提供信息，以便管理人员在有限的决策时间内得到信息，进行判断，采取行动。

（4）能够提供所要求的任何形式的分析、数据与信息。

（5）提供的信息总是最新的，并且信息的形式易于管理者了解和消化。

6.2　市场营销调研

6.2.1　市场营销调研的含义

市场营销调研（marketing research）或称市场研究，是指以市场为对象的调查研究活动或调查工作过程，是利用科学的方法系统地、客观地对市场活动过程的事实进行收集、筛选与鉴别、分类与汇总、整理分析，以发现问题和解决问题的一种经济调查。

它伴随着近代商品的生产而出现，经济的发展是它产生和发展的根本动力。具体来说，17 世纪的工业革命使西方经济得到了极大发展，市场规模也随之扩大。在市场经济条件下，生产与消费必须相互配合，产品必须符合顾客的要求。为此，企业必须了解消费者的需求、爱好、购买能力、购买行为等，才能生产和销售出适销对路的产品。同时，经济的快速发展也加剧了企业之间的竞争，生产企业迫切需要了解市场行情的变化和竞争对手的情况，了解市场需求，以挖掘市场潜力，降低生产成本，这些都需要科学的市场研究。而市场研究正是迎合了这一要求而出现的。

在 20 世纪初，国外一些大企业纷纷成立了市场调研机构，对市场从事系统的研究，市场调研的观念和理论也随之出现。1911 年，美国当时最大的柯迪斯出版公司首先设立了市场调研部门，帕林任经理并编写了《销售机会》一书。这是第一本关于市场研究的专著。到 20 世纪 20 年代，其他一些公司也先后设立了类似的市场调研机构。20 世纪 30 年代是市场调研发展的很重要的时期，美国市场营销协会宣告成立，并出版了《市场调研技术》等书籍，对市场调研这门学科的形成和发展做了重要的阐述。第二次世界大战后，市场调研得到了迅速发展。1948 年全美有两百多家专门从事市场调研的公司。20世纪 50 年代市场调研成为一个独立的学科。而进入 20 世纪 70 年代，随着科学技术的进步和发展，新的观念、技术、方法不断应用于市场调研。特别是计算机的出现及其在市场调研中的运用，使市场调研形成了一个以计算机为中心的信息网络系统。

但是市场调研在我国发展比较缓慢。我国在 20 世纪 50 年代成立了城市抽样调查队，90 年代又成立了企业调查队，以满足市场经济发展的需要。虽然随着市场经济的发展，我国的市场调研也相应地得到了发展，但在数量和质量上还存在着许多的困难和问题，有待于进一步完善。

6.2.2　市场营销调研的作用

市场营销调研有助于经济管理部门和各类企业了解市场动态，掌握市场供求变化的规律。只有重视市场调查，才能在市场信息监控和市场竞争中取得主动权。

具体说来，市场营销调研的作用主要表现在以下几个方面。

（1）有助于企业了解市场总的供求情况，据以调整、确定企业的发展方向。市场供求（market demand and supply）是由商品可供量（commodity supply potential volume）和购买力（purchasing power）组成的。了解商品可供量需要对工农业生产、商品库存、进口和商品货源进行调查；了解商品需求量与需求构成，需要对购买力、人口、消费水平、消费构成及诸种影响因素与影响程度进行调查。通过市场营销调研，企业可根据市场情况和企业自身的实际决定企业的发展方向。（见例 6-1）

【例 6-1】

利口酒厂的市场调查

一家生产蛋黄利口酒的法国厂家，因生产酒精含量高、色泽浓，而质稀的蛋黄利口酒著名，在法国国内享有很好的口碑和大量的销售份额。他们看中了德国有复活节喝蛋黄利口酒的习俗，而想借机进入德国市场。在做出市场拓展的决定前，他们做了深入精密的市场调查工作，以了解自己的产品是否能真正为德国市场所接受，并借此作为决策参考。而这个市场调查帮助他们避免了错误的商业决策和可能的损失。

在德国他们做了三项市场调查研究。首先针对蛋黄利口酒的爱好者和厌恶者进行区隔研究，分析他们的特点；其次针对蛋黄利口酒市场有重要影响力的人士（如评酒师等）开展"品尝测验"，了解他们对产品的口味评价；最后针对潜在消费者进行"品尝测验"和"包装价值"等测验。

通过调查，他们发现事实上德国的蛋黄利口酒市场规模并不大而且具有季节性。购买者平均每年购买 3 瓶，每瓶大约 9 马克，消费者年龄层在 30～50 岁，主要居住在大中城市。而且德国专业人士和消费者认为，该厂生产的蛋黄利口酒不怎么黏稠，味道微甜，且酒精浓度高，因而此酒对他们的价值较低，是一种较价廉、色泽混合而劣质的酒品，根本不能和德国的优质蛋黄利口酒相提并论，更不值得为它掏腰包。

这次市场调查的结果当然让该厂十分失望，但是他们却因此认清事实，没有盲目地将自己的产品推进德国。可以说，这一真实的市场调查结果促使他们放弃了在德国的市场扩展计划，但是也为他们避免了可能随之而来的巨额财务损失，帮助他们做出了正确决策。

资料来源：陈辉吉.市场调查[DB/OL].中国营销传播网. http://www.emkt.com.cn/cgi-bin/article.cgi? ID=5711. 2001-12-04. 由编者加工整理.

（2）有助于企业进行正确的市场定位并按消费者的需要组织生产。企业的发展方向确定以后，还要根据企业自身的经营资源和经营能力以及市场需求和营销环境来决定企业正确的目标市场，并具体确定生产计划，安排商品的数量、质量、品种。消费者的需要是多种多样的，而且会随着有关因素的变化而变化。企业只有通过市场营销调研，才能了解和掌握消费者的需求变化情况以进行正确的市场定位，并按消费者的需求（包括潜在需求）来组织生产和销售，顺利完成商品从生产到消费的转移，使商品的价值和使用价值得以实现，使企业获取更大的经济效益。（见例6-2）

【例 6-2】　福特汽车公司的新车型设计调研

福特汽车公司开办了一个市场调研诊所，对自己的新车型设计进行检验。该所邀请客户在预定的路线上驾驶新款车型的样车，同时，派一位经过训练的调查人员坐在驾驶人员的旁边，记录驾驶员对汽车的全部反应。驾驶结束以后，给每一位参与者一份长达六页的调查问卷，询问参与者对汽车每一部分优缺点的评价。通过该参与者提供的信息，福特公司就能了解消费者对其新车型的反应，然后做适当改进，使之更受目标消费者的欢迎。

资料来源：高微.市场营销调查与预测（修订第二版）[M].北京：首都经济贸易大学出版社，2006: 100. 由编者加工整理.

（3）有助于企业发现市场机会并促使企业的新产品开发。企业为了在竞争中处于主动地位，必须不断地寻找新的市场机会。随着科学技术的进步，新技术、新工艺不断涌现，新产品研制不断成功上市。企业只有通过市场营销调研，分析产品处在经济寿命周期的哪个阶段上，并分析市场空缺，才能确定在什么时候开发研制、生产、销售新产品，以满足消费者的需求，把握市场机会，使企业在市场竞争中处于不败之地。

（4）有助于充分发挥广告的作用，以促进商品销售。通过市场营销调研，企业可以了解到采用哪种广告媒体最适合宣传自己的商品，以便选择一种恰当的广告媒体，达到更好的广告效果，以促进商品的销售。

（5）有助于促进企业提高经营管理水平。在企业的经营管理中，要以最少的劳动占用和劳动消耗、最低的成本和费用、最合理的储存等来取得最大的经济效益。为什么在同类商品中有的商品畅销、供不应求、赚钱；有的商品却滞销、造成积压、亏本赔钱？企业经营业绩的不同，很大程度上是由于经营者对市场营销调研重视程度的不同所造成的。

通过持续、系统的市场营销调研，企业可以加深对市场机制作用、方式的了解，加强对影响市场变化的因素及相互联系的认识，提高认识及把握市场运行规律的能力，从而增强参与市场活动的主动性和自觉性，减少盲目性。了解消费者需求，了解竞争产品市场表现，评估、监测市场运营情况，发现市场空缺和市场机会，分析行业发展态势。

6.2.3　市场营销调研的类型

市场营销调研涉及的内容很广，国家经济管理和企业经营都离不开它。为了有针对性地开展营销调研，人们从不同的角度把营销调研划分为不同的类型。

（1）按调查内容的不同，市场营销调研可以分为宏观环境调查、微观环境调查和企业自身活动调查。

（2）按照抽样方式的不同，市场营销调研分为普查（census）、重点调查（major investigation）、典型调查（typical investigation）和随机抽样调查（random sample）。

（3）按照调查方法的不同，市场营销调研分为文献法（analysis of documents and materials）、询问法（questioning）、观察法（direct observation）、实验法（experimental method）等不同方式。

（4）按照研究性质的不同，市场营销调研分为探索性调查（exploratory research）、描述性调查（descriptive research）、因果关系调查（causal research）和预测性调查（predictive research）。

（5）按照针对实施的市场不同，市场营销调研分为消费者市场调查和非消费者市场调查。

（6）按组织形式的不同，市场营销调研分为经常性市场调查、定期性市场调查和一次性专题市场调查。

把营销调研划分为各种不同类型，其目的是为了对各种市场调查问题进行深入的分析研究，便于针对不同类型调查的特点提出不同的调查要求和选择相应的调查方式、方法及技术，以获得好的调查结果。但是上述各种不同类型的营销调研，在实际调研工作中往往是相辅相成的，不能绝对地分割开来。

6.2.4　市场营销调研的方法

1. 资料来源

市场营销调研有两种资料收集来源，它们分别称为第二手资料（secondary-data sources）和第一手资料（firsthand information）。研究人员通常从收集第二手资料开始市场调查工作，因为第二手资料具有成本较低和得之迅速的优点，提供了研究的起点。如果第二手资料提供了所研究问题的答案，就可以避免收集昂贵的第一手资料。第二手资料的来源很广，如企业内部信息（internal sources）、政府出版物（government publications）、期刊书籍（periodicals and books）、商业来源（commercial data）、互联网（on-line）等。

当研究人员所需要的第二手资料不存在，或现有资料过时、不准确、不完全或者不可靠时，就必须收集第一手资料。一般先对一些人做个别或小组访问，以获得人们的初步想法和调查的核心问题，再据此制订一个正式的实地调查计划，应用于随后的实地调查。

2. 原始资料收集方法

收集原始资料（即第一手资料）的方法主要有：观察法（observational method）、调查法（survey）、实验法（experimental method）。

观察法是调查人员直接或通过仪器在现场观察被调查者的行为并记录其行为痕迹来取得第一手资料的调查方法。它包括了直接观察、亲身经历、痕迹观察和行为记录几种调查方式。例如航空公司的研究人员可以逗留在飞机场的休息室，听取旅客对不同航空公司的谈论，也可以乘坐竞争者的飞机，观察航班的服务质量。又如通过商店的扫描数据、分类购买记录和顾客数据库来记录顾客的购买行为。

调查法是按事先拟好的调查问卷，通过询问的方式向被调查者了解并收集市场信息的一种调查方法。它包括了面谈（个人访谈、小组座谈和集体面谈）、电话调查、邮寄调查、留置调查、网络调查等调查方式。例如，其中的集中小组座谈（focus-group）有选择地邀请 6～10 人，由一个经验丰富的调查人员负责主持，集中组织起来讨论产品、服务、企业等。主持人必须了解讨论的主题、行业情况和消费者行为，具有良好的组织能力。为了吸引参加者，需要给他们一些报酬，并且保持访问过程的愉快。

实验法是在调查中，通过在一定条件下改变某些变量而保持其他变量不变，以此来衡量这些变量的营销效果，从而取得第一手资料的调查方法。它常用于研究改变包装、价格、广告等因素时的商品销售效果。如果实验的设计和执行剔除了对结果的不同假设，它的研究结果是可信的。但是实验花费的时间比较长，容易出现可变因素，而且费用比较高。

6.2.5　市场营销调研的过程

市场营销调研是一项复杂、细致的工作，为了使整个调研工作有节奏、高效率地进行，使调研取得良好的预期效果，必须加强组织工作，合理安排调查的程序。市场营销调研一般分四个阶段进行，每个阶段又可分为若干具体步骤。

1. 市场营销调研的准备阶段

准备阶段是调研工作的开端。准备得是否周到，关系到随后实际调查阶段的开展是否能够顺利进行。调研准备阶段着重解决调查的目的、要求，调查的范围和规模，调查力量的组织等问题，并在此基础上，制订一个切实可行的调查方案和调查工作计划。这个阶段的工作步骤大体如下。

（1）提出需要调查研究的主题。市场调查的动因来自于某种问题或契机，也就是引起市场调查的初始原因，当问题出现时，涉及面比较广泛，问题本身并不一定构成市场调查的主题，这时，市场调查人员必须确实搞清楚所要调查的问题是什么？要了解清楚调查的目的是什么？

（2）分析有关问题的情况。当市场调查主题确定以后，围绕市场调查主题来确定具体的调查内容，并对调查本身进行可行性分析。

（3）设计调查问卷、拟订调查方案和工作计划。

① 设计调查问卷。

② 拟订调查方案。调查方案主要涉及以下内容：调查目的、调查总体及样本数量；调查的具体内容；确定市场调查的方式，即如何来抽取样本单位；获取第一手资料（询问法、观察法及实验法）和第二手资料（文案法）的方法；选择调查人员或调查机构。

③ 拟订工作计划。工作计划主要涉及以下内容：调查的起始时间、工作进度、费用预算等。

市场调查工作计划日程表应采用简明的表格形式列出整个调查项目所包括的主要工作阶段，并说明各个工作阶段的时间分配和人员安排。主要工作阶段包括以下各项：

- 调查方案；
- 设计调查问卷；
- 小范围内试用并修改调查问卷；
- 培训调查人员；
- 文献调查；
- 实地调查；
- 整理、分析调查资料；
- 起草市场调查报告；
- 第一次市场调查报告会；
- 市场调查报告的修改和定稿；
- 呈交市场调查报告。

④ 建立调查组织，集中调查人员，组织学习或培训。根据市场调查规模的大小配备调查人员，建立调查组织，并对调查人员进行集中培训，以保证调查工作的质量。调查人员分为访问员、抽样员、复核员。访问员主要进行各种形式的问卷访问工作；抽样员要在随机抽取的范围内，根据事先确定的抽样方法抽取正确有效的样本，并详细记录样本的情况；复核员负责对现场完成的问卷进行复查、审核以确认问卷的真实性。对调查人员的培训主要包括：行业的基本知识、工作要求、市场调查的基本知识、访问技巧及市场调查的要求等。

2. 市场营销调研的实施阶段

市场营销调研的准备工作完成以后，接下来便是方案实施，这个阶段是市场营销调研工作过程中最费时、费力和花费最大的部分。这个阶段应加强控制，对进度、费用及资料收集的质量进行有效的管理和监督。

（1）组织调研人员，收集第二手资料。第二手资料也称为现成资料，是指通过文献调查的方法，查询出版物、行业概览、统计年鉴等有关媒介及政府部门公开发表的资讯所获取的资料。

（2）确定调查单位，收集原始资料。按照调查方案中所确定的调查方式具体来抽出样本单位，并对样本单位进行实地调查，采用各种有效方法以获取第一手资料。第一手资料也称为原始资料，是指通过实地调查所直接获取的、原始的、没有经过任何加工处理的资料。

3. 市场调查结果的分析处理阶段

1）整理调查资料

（1）资料的编辑。通过市场调查获得所需资料后，首先要对资料进行编辑，即检查和修正所收集到的资料。对调查问卷中的每一个问题都要进行审查，如果资料不齐全、有遗漏或者有重复，要及时补充和删改；对含糊不清的资料或记录不准的地方，要及时要求调查人员辨认和更正；如果调查问卷的答案前后有矛盾、不一致，或删除不用，或要求调查人员重新调查。

（2）资料的分类汇总。资料编辑后，根据调查内容要求，对资料进行分类汇编，并以文字或数字符号编码归类，以便于将问卷中的数据资料转换并存储到计算机，然后根据需要对数据进行分析。

（3）资料的统计和分析。在对资料编辑、分类汇总的基础上，还要运用某些统计方法，对资料进行统计分析，由此得出统计结果，为撰写调查报告提供依据。

2）撰写市场营销调研报告

调研报告是以书面形式反映整个调研活动的结果，是调研活动的最终体现，也是获得调研结果的最主要的形式。一个好的调研报告既要充分解决在调查初期提出的要求，又要加入调查研究人员的分析、判断和建议。

4．市场营销调研结果的追踪反馈阶段

市场营销调研报告完成后，调查人员应对调研报告的价值进行认定，其标准主要有：

（1）调研报告所提供的数据是否真实可靠、是否有效？

（2）调研报告所提供的意见是否切合实际？

（3）调研意见是否被决策者所采纳？

（4）在实际执行过程中，执行人员的行动是否与调查意见相违背？或者是否曲解了调查者的意图？

6.2.6　市场营销调研的原则

要使市场营销调研取得良好的效果、提高营销调研的效率，应该在调研过程中收集市场营销信息时注意以下原则。

1．准确性原则（accuracy）

市场调查所获取的资料是过去和现在的信息资料，调查人员通过对这些资料进行筛选、整理和分析后得出调查结论，为市场预测及决策服务。这就要求资料必须真实、准确地反映客观实际，对调查资料的分析必须实事求是，尊重客观事实，只有准确的信息资料，才会有正确的认识及科学的决策。切忌以主观意识来代替科学的分析，如果通过市场调查所获取的资料缺乏真实可靠性，不仅无益，而且十分有害，更重要的是无法做出科学的预测及正确的决策，市场调查工作也就没有任何意义了。

2．时效性原则（timely）

市场信息是具有一定的时效性的，一份好的市场调查资料应该是最及时的，因为只有最及时的调查资料才能反映市场的最新情况。在市场调查工作开始进行之后，要在规定时间内尽可能多地收集所需的信息资料。市场环境的变化十分迅速，这在客观上要求信息资料的处理与分析与之相同步，如果调查工作拖延了时间，不仅会增加费用支出，而且不能捕获到即时信息，即出现信息资料滞后的现象，不能满足市场调查的需要。

3．全面性原则（comprehensive）

在市场调查中，要全面系统地搜集与调查主题有关的信息资料。市场环境的影响因素很多，各种因素之间是互相联系、互相作用及互相影响的。如果单纯就事论事调查，而不考虑周围环境等因素的影响，就不能真实地把握事物发生、发展及其变化的本质。所以，必须根据调查目的，全面系统地反映调查问题的真实情况。

4. 经济性原则（economy）

市场调查是一种商业性活动，在保证调查质量的同时，还要考虑到经济效益，即考虑投入和产出之间的对比关系。因为市场调查需要具备人、财、物等条件，所以要根据调查的目的，结合企业自身的实际情况，选择适当的调查方式和方法，尽可能地用较少的消耗来获取更多的满足质量要求的资料。为此，进行投入与产出的比较，寻找一个最佳的结合点是必要的。

6.3　调查问卷的设计和调研报告的撰写

调查问卷（questionnaire），也称为调查表，它是一种以书面形式向被调查者了解情况以获取所需资料和信息的载体。调查问卷是在市场调研中取得第一手资料的技术手段，是实现调查目的及任务的一种重要工具。它可以使调查内容系统化、标准化，它也是进行资料整理、统计、分析的基础。要做好市场调查，完美的调查问卷是获取好的市场调查结果的重要因素之一，调查问卷设计的质量直接影响到市场调研与市场预测的效果。

调研报告（survey report）是市场营销调研最终成果的体现，是调研人员针对调查主题进行深入细致的调查后，经过认真分析研究写成的一种书面报告。一份好的市场营销调研报告，能够对企业的市场活动提供有效的导向作用，并能为企业决策者的决策提供依据。

6.3.1　问卷设计的原则和程序

1. 问卷设计的原则

设计调查问卷的目的是为了能够把所要调查询问的问题正确地传达给被调查者，同时设法得到对方的充分合作，让他们如实地、明白无误地针对问题做出回答，除了要正确地根据调查目的要求确定调查主题和调查项目之外，在设计调查问卷时还要遵循以下原则。

1）联系性原则（associate）

调查问卷中的每一个问题必须是和调查主题密切相关的，那些可有可无的问题或者与调查主题有着一定的关系但是被调查者无法回答或者不愿意回答的问题，不宜列入调查问卷中。

2）可接受性原则（acceptable）

调查问卷设计得要让被调查者容易接受。回答调查问卷中的问题对于被调查者来说是一种额外的负担，他们可以采取积极配合的态度来回答问题，也可以采取拒绝的方式回答问题或草率地、不真实地回答问题。所以，为了得到被调查者的配合，在设计调查问卷的时候，从文字到问题的编排都要考虑到能够吸引被调查者愿意参与，另外，问卷中的用词要亲切、温和、有礼貌和有趣味性，还要考虑到被调查者的身份、水平等。一般要采取一些物质奖励以获取被调查者的积极配合。

3）逻辑性原则（logical）

在设计调查问卷时，要注意调查问卷中问题的排列顺序，同类问题放在一起，容易回答的问题放在前面，封闭式的问题放在开放式的问题前面，以提高被调查者回答问题的效率。

4）简明性原则（concise）

调查内容要简单明了，调查问卷中的问题不要过多，如果调查内容过多，所花费的调查时间过长，就会使被调查者反感，影响调查效果。一般来说，回答问题的时间应该控制在半小时之内。

2. 问卷设计的程序

设计调查问卷的基本步骤如下。

（1）明确调查对象的类型。不同的调查对象具有不同的特点，问卷必须针对具体的调查对象的特点进行设计，这样才能够保证问卷的合理性。

（2）根据调查目的的要求和确定的调查主题，拟订出调查内容提纲。

（3）根据调查主题，确定被调查者项目。被调查者项目不是越多越好，而是要与调查的主题有关。

（4）根据调查对象的特点，按照调查内容提纲罗列出具体的调查细目，即具体的调查问题，要注意项目之间的逻辑性。

（5）根据不同的问题，确定不同的命题方式。

（6）设计成调查问卷的初稿。

将设计成的调查问卷初稿在小范围内进行实验性调查，以便发现问题。在试用过程中，鉴定命题的提问方式是否能够被被调查者充分理解，是否有不妥当的命题方式，问题是否充分反映了所需资料的内容，如果发现问题要及时修改，力争完善，当确认调查问卷无大的纰漏后才可以正式使用。

（7）修改后定稿并印刷调查问卷。

6.3.2　问卷的结构和模式

1. 调查问卷的结构

调查问卷一般由六个部分构成：前言、被调查者项目、调查项目、结束语、填表说明、编号。

（1）前言（introduction），也称为说明词。前言是为了引起被调查者的注意和兴趣，以取得他们的配合。前言部分，文字一定要精练并具有很强的吸引力，说明词写得好坏与否，直接影响到被调查者的合作态度及合作程度，从而影响到调查的结果。例 6-3 提供了三种形式的前言供参考。

【例 6-3】

三种形式的调查问卷前言

形式 1：将我们的心意奉献给您——一份精美的礼品！

将您的真诚送给我们——请您协助我们完成这份调查表，谢谢您的合作！

形式 2：一头秀发会让您拥有从头开始的自信，令您闪亮登场，把握自信！把握成功！！——送给您一份精美的礼品，让您了解秀发动人的秘密，拥有秀发动人的自信！

形式 3：我们是××大学的学生，我们正在进行一项××调查研究，耽搁您宝贵的时间询问一些问题，请您协助我们搞好这项调查工作，希望能够得到您的合作，谢谢！

（2）被调查者项目（respondent items），也称为被调查者的基本情况。被调查者项目是指被调查者的基本情况。如姓名、性别、年龄、职业、文化程度、居住地区等有关内容。在设计调查问卷时，被调查者的基本情况究竟选择哪些，要根据调查的目的及要求而定。比如，对于电视机需求的调查，与被调查者的收入、年龄、职业及居住面积有关，而与被调查者所居住的地区关系不大。

（3）调查项目（survey items）。这部分是调查问卷最主要的部分，是指需要调查的具体项目和问题，如何确定好调查项目和命题是调查问卷设计的关键，也决定着调研的成功与否。首先，根据调查主题及调查内容来确定具体的调查项目，并对具体的调查项目进行分析，然后针对每一个具体的调查项目，根据要了解问题的深度的不同来确定选用何种提问方式。调查问卷的提问方式有两类：封闭式提问和开放式提问。

① 封闭式提问（closed questionnaire）。封闭式提问，要求被调查者从事先拟定好的备择答案中选择一个或一个以上的答案。有五种常用的封闭式提问。

● 二项选择法（binary choice method）

二项选择法是对提出的问题事先罗列出两个答案，被调查者任选其一做出回答。（见例 6-4）

【例 6-4】

二项选择法提问

请问您喜欢喝可口可乐吗？

1. 喜欢（　　　）　　　　　　2. 不喜欢（　　　）

● 多项选择法（multiple choice method）

多项选择法是对提出的问题事先准备若干个可供选择的答案，让被调查者选择其中的一个或几个答案。（见例 6-5）

【例 6-5】

多项选择法提问

您购买家用电器通常在：＿＿＿

1. 专营商店（　　　）　　　　2. 超级市场（　　　）

3. 百货商场（　　　）　　　　4. 其他（请注明）

- 程度评定法（degree rating method）

程度评定法是对提出的问题给出程度不同的答案，被调查者从中选择认同的一个做为回答。（见例 6-6）

【例 6-6】

程度评定法提问

您在购买电冰箱时，认为品牌：

1. 很重要　　2. 比较重要　　3. 一般　　4. 不太重要　　5. 很不重要

- 语义差别法（semantic differential method）

被调查者在两个语义相反的词中做出一个选择。（见例 6-7）

【例 6-7】

语义差别法提问

请问您对××牌电视机的看法

1. 式样新颖（　　）　　　式样陈旧（　　　）
2. 图像清晰（　　）　　　图像一般（　　　）
3. 耗电少（　　）　　　　耗电多（　　　）
4. 音质好（　　）　　　　音质差（　　　）
5. 价格便宜（　　）　　　价格贵（　　　）

- 比较法（comparative method）

比较法是指采用对比的提问方式，把调查对象中同一类型不同品种的商品，每两个配成一对，要求被调查者进行对比分析并做出肯定回答。（见例 6-8）

【例 6-8】

比较法提问

比较百事可乐和可口可乐的好喝程度，请您在空格处打"√"。

百事可乐好喝　非常＿＿＿　一般＿＿＿　不＿＿＿

可口可乐好喝　非常＿＿＿　一般＿＿＿　不＿＿＿

封闭式提问的优点是便于统计和分析，它的缺点是答案范围比较小，具有不同程度的强制性。

② 开放式提问（open questionnaire）

开放式提问是指对所提出的问题，被调查者不受任何限制可以自由回答。有五种常用的开放式提问。

- 自由回答法（open-ended response）

自由回答法是调查人员围绕着调查主题提出开放式的问题，被调查者不受任何约束，可以自由地回答问题。（见例 6-9）

【例 6-9】

自由回答法提问

您认为软包装饮料有哪些优点和缺点？

* 完成法（completion techniques）

给出一个不完整的句子，由被调查者来完成。（见例 6-10）

【例 6-10】

完成法提问

当您口渴时，您想喝_____。

* 联想法（word association）

给出一个词汇，由被调查者回答出他所联想到的一个词或一句话。（见例 6-11）

【例 6-11】

联想法提问

海尔空调（　　　）

* 顺位法（rating method）

顺位法是在多项选择法的基础上，要求被调查者对所询问问题的各种可能答案，按照不同重要程度或不喜欢程度顺序排列回答。（见例 6-12）

【例 6-12】

顺位法提问

您选购电视机时，考虑的因素是（按重要程度排列回答并用 1 2 3 4 5…填在括号中）
1. 价格便宜（　　　）2. 外形美观（　　　）3. 维修方便（　　　）
4. 品牌知名（　　　）5. 可填写_____（　　　）6. 可填写_____（　　　）

* 过滤法（filtration method）

过滤法是指最初提出的问题比较广泛，然后根据被调查者回答问题的情况逐渐缩小提问范围，最后有目的地引向调查的某个专题性问题。（见例 6-13）

【例 6-13】

过滤法提问

您毕业后是否考虑马上工作？
1. 是（　　　）　　　2. 不是（　　　）
如果是，请问您将选择
1. 国企（　　　）　2. 私企（　　　）　3. 外资企业（　　　）　4. 合资企业（　　　）
为什么？

开放式提问的优点是被调查者可以不受限制地回答问题，调查人员可以获得比较全面的答案,它的缺点是答案分散、不易统计。

③ 态度测量表法(attitude scales)

态度测量表法,就是通过一套事先拟定的用语、记号和数目来测定测量人们心理活动的度量工具。有两种常用的态度测量表。

- 评比量表

评比量表是由调查人员事先把所测事物或问题的不同态度答案按序列排出,让被调查者任选其一来回答。(见例 6-14)

【例 6-14】

评比量表提问

很喜欢	喜欢	稍喜欢	无所谓	稍不喜欢	不喜欢	很不喜欢

1	2	3	4	5	6	7

表中的计分也可采用 -3, -2, -1, 0, 1, 2, 3。

- 数值分配量表

数值分配量表分为等级数值分配量表和固定总值分配量表。

等级数值分配量表是一种由被调查者给所测事物或问题划分相对等级,用顺序数值做标记的一种态度量表。(见例 6-15)

【例 6-15】

等级数值分配量表提问

下列四种牌子的手机,请按您的喜爱程度分别给予适当数值(顺序由 1~4 表示由低到高喜爱程度)。

摩托罗拉_____ 诺基亚_____ 爱立信_____ 三星_____

固定总值分配量表是调查人员提出问题后给定总分数值,被调查者在此数值范围内,对所列事物或问题依次分配一定数值表示不同评价的一种态度测量表。(见例 6-16)

【例 6-16】

固定总值分配量表提问

下列四种牌子的手机,请按您的喜爱程度分别分配一定数值,其总值必须为 100 分(数值大表示喜爱程度强烈)。

摩托罗拉_____ 诺基亚_____ 爱立信_____ 三星_____

(4)结束语(conclusion)

一般在调查内容完成后,要向被调查者表示谢意,注意语言一定要简洁、精练,起到画龙点睛的作用。

(5)填表说明(form description)

在调查问卷中,如果涉及有关公式计算、专有名词的含义、注意事项及要求等要进行解释说明,以便于被调查者的理解和合作。

（6）编号（numeration）

编号包括调查问卷的编号和每一个具体项目的编号。有时一项调查工作需要涉及几份调查问卷，为了便于统计，通常把每份调查问卷进行编号；另外，每份调查问卷中的每个具体问题也要进行编号，这样是为了便于计算机的统计和分析。

2. 调查问卷的模式

常用的调查问卷有两种模式：一览表式和单一表式。

（1）一览表式（complete list）

一览表式是指将若干个被调查对象和相应的调查项目依次在一张表内登记填写的问卷。如表 6-1 所示。

表 6-1　商业企业广告媒体方式的选择

企业名称	电视	电台	报纸	杂志	路牌

（2）单一表式（single form）

单一表式是指将一个被调查对象和相应的调查项目依次在一张表内登记填写的问卷。单一表式又分为：表格式和问卷式。

① 表格式（sheet format）。（见例 6-17）

【例 6-17】

××牌头发护理液使用调查

一头秀发会让您拥有从头开始的自信，令您闪亮登场，把握自信！把握成功！！——送给您一份精美的礼品，让您了解秀发动人的秘密，拥有秀发动人的自信！

性别：　　　　年龄：　　　　职业：

问　　题	回　　答
1. 请问您是否知道××牌头发护理液？	知道 不知道
2. 如果您知道，请问您是怎样知道的？	广告 美容院 百货商场 亲戚朋友 其他
3. 您使用过××牌头发护理液吗？	使用过 没使用过
4. 请问您正在使用的头发护理液的品牌？	固定品牌 进口品牌 国产品牌 不一定
5. 如果您以前使用过，而现在不使用了，请您写出原因	原因：

续表

问　题	回　答
6. 您不使用××牌的原因是	原因：
7. 如果您使用过，请问是否有需要改进之处？	有 改进之处 没有
8. 您现在正在使用的品牌是	＿＿＿＿＿＿＿牌

② 问卷式（questionnaire）（见例 6-18）

【例 6-18】

有关高档写字楼调查问卷

为您服务，给您参考！耽误您一小会儿的宝贵时间，送上我们一份精致的礼物。

您的职务：

您的电话：

公司名称：

办公地址：

1. 您公司现在使用的办公用房：

    A. 租用的（　　） 　　　　B. 购买的（　　）

2. 您认为怎样会更合适：

    A. 租用（　　） 　租金：＿＿＿＿＿＿元/平方米

    B. 购买（　　） 　　　　　　＿＿＿＿＿＿元/平方米

    为什么？＿＿＿＿＿＿＿＿

3. 如果您选购写字楼，请您将下列问题按重要程度排列顺序：

    A. 地理位置（　　） 　　　　B. 交通方便（　　）

    C. 物业管理（　　） 　　　　D. 有足够的停车位（　　）

    E. 商务配套齐全（　　） 　　　F. 写字楼的外观形象（　　）

    G. 价格（　　） 　　　　　　H. 其他＿＿＿＿＿

4. 您认为高档写字楼的外观应该是：

    A. 豪华气派，材料高档（　　） 　　B. 设计与众不同、具有标识性（　　）

    C. 通风和采光要好，色调和谐，玻璃窗一定要大（　　）

5. 您认为高档写字楼的配套设施应该有：

    A. 商务中心（　　） 　　　　B. 员工餐厅（　　）

    C. 多功能厅（　　） 　　　　D. 咖啡厅（　　）

    E. 银行（　　） 　　　　　　F. 特色餐厅（　　）

    G. 小型超市（　　） 　　　　H. 员工俱乐部（　　）

    I. 其他＿＿＿＿＿

6. 如果您使用办公用房，您喜欢以下哪种格局：

    A. 不设隔墙，开放式的大开间办公用房（　　）

B. 商住公寓（　　　）

C. 厨房、卫生间相对较小，室内可以自由分割、任意组合（　　　）

D. 小开间的办公用房（　　　）

E. _____其他（　　　）

7. 您认为室内应该：

A. 需要装修（　　　）　　　　　　　　B. 不需要装修（　　　）

8. 您希望室内净高为：

A. 2.6 米（　　　）　　　B. 2.8 米（　　　）　　　C. 3.0 米（　　　）

9. 如果您租用或购买写字楼，办公用房的面积：

A. 100～150 平方米（　　　）　　　　　B. 151～200 平方米（　　　）

C. 201～300 平方米（　　　）　　　　　D. 300 平方米以上（　　　）

10. 您对您现在租用或购买的办公用房：

很满意	满意	稍满意	无所谓	稍不满意	不满意	很不满意
1	2	3	4	5	6	7

11. 您今后是否将重新租用或购买写字楼：

A. 是（　　　）　　　B. 不是（　　　）

感谢您在百忙之中抽出时间与我们合作，我们会将调查结果反馈给您，希望能对您有所帮助。

再一次感谢您！

3. 设计调查问卷应该注意的问题

（1）力求简化，要最大限度地减轻被调查者的负担。

市场调查必须要取得被调查者的积极配合，如果调查问卷设计得过于烦琐，会给被调查者带来额外的负担，影响被调查者的情绪，会使调查结果失真。

（2）调查表中的问题采用何种命题方式，要根据具体情况而定。

根据调查人员对每一个具体的调查问题要了解的深入程度的不同，采用不同的命题方式。如果只是想简单地了解一个问题，可采用二项选择法和多项选择法等，如果想了解被调查者对一个问题的程度差别，可采用顺位法、比较法和自由回答法等。

（3）使用命题的用语要准确，明白无误，容易理解。

在调查表的设计中，避免使用"经常""普通"等词汇，更不可以用模棱两可的词汇，这样会造成被调查者的理解偏差，从而导致调查结果的不准确。例如，您是否经常购买××牌的化妆品？被调查者很难理解这里所说的"经常"是指多长时间。

总的来说，可以从以下五个方面来尽量避免被调查者的理解偏差。

① 避免提出诱导性的问题。

我们在设计调查表的时候，不可以从自己的好恶角度出发，而要客观地提问题，不可以提出带有诱导性的问题。（参见例 6-19）

【例 6-19】

带有诱导性的提问

大家都喜欢软包装饮料，您呢？

A. 喜欢（　　）　　　　　　　B. 不喜欢（　　）

这样的提问会使被调查者产生一种"从众"心理，很容易将自己置于喜欢的位置来回答问题。

② 提出的问题应该是被调查者有能力回答的问题。

避免提出一些专业性的问题及被调查者的能力所涉及不到的问题。（参见例 6-20）

【例 6-20】

需要专业回答的提问

您家里电视机的显像管使用三年以后的耗损程度如何？

这个问题对于一般人员来讲是很难回答的，所以说设计这样的问题只能增加被调查者的负担，而不会得到预期的结果。

③ 要考虑被调查者的心理因素。

在设计命题的时候，除了要考虑到被调查者是否有能力来回答，还要考虑到被调查者的心理因素，避免提出那些有可能令被调查者难堪的问题。（参见例 6-21）

【例 6-21】

令被调查者难堪的提问

您没有购买大屏幕电视机原因是：＿＿＿＿＿＿

其中的一个备择答案是"没有经济能力"

您没有订阅计算机报原因是：＿＿＿＿＿＿

其中的一个备择答案是"文盲"。这可能是一个原因，但有些被调查者往往不愿意承认这一点。

④ 注意问题之间的逻辑关系以有助于提高回答问题的效率。

在设计调查表的时候，要注意把同类的问题放在一起，并把简单的问题放在前边，将有助于提高被调查者回答问题的效率。

⑤ 在拟订调查问卷的过程中，要反复检查、修改，力求完善，并在小范围内试用。当确认没有问题时，才可以正式定稿、打印和使用。

6.3.3　市场调查结果的统计与分析

市场调查的实施阶段结束以后，接下来就是要对所收集到的资料进行统计和分析，将经过编码的资料输入并存储到计算机中，即对资料进行转换。使用计算机进行资料的处理分析可以提高资料分析的质量和效率。

1. 几种常用的编码方法

（1）顺序编码法（sequential coding）

顺序编码时可用 1~5 分别代表从低到高的五个档次。（见例 6-22）

【例 6-22】

顺 序 编 码

1. 小于 5 000 元；2. 5 001~8 000 元；3. 8 001~10 000 元；

4. 10 001~12 000 元；5. 大于 12 000 元。

（2）分组编码法（group coding）

分组编码法通过编码对资料中涉及的每个问题的回答进行了归纳，并形成了合理的分类。（见例 6-23）

【例 6-23】

分 组 编 码

假设我们正在进行消费者对某种商品需求的调查，其中被调查者的基本情况有以下几个问题：①性别。②职业。③年龄。在资料的编码过程中我们可做如下处理：

首先，用数字 1 代表男性，2 代表女性。其次，用数字 1~8 分别代表工人、农民、军人、机关干部、大学生、公司职员、教师和其他职业。最后，用数字 1~4 分别代表 18 岁以下、19~30 岁、31~45 岁、46 岁以上四个年龄段。

做了这样的处理之后，1、3、2 就表示该消费者为男性、军人、19~30 岁。

（3）缩写编码法（abbreviative coding）

把惯用的编码直接用作代码进行编码。例如，LB 表示磅，KG 表示千克，CM 表示厘米等。

将经过编码的资料输入并存储在计算机中的过程称为资料的转换，然后再通过数据分析软件对数据进行分析。

资料的分类对资料的分析工作是必不可少的。特别是数字资料的数量相当大时，如果不将这些资料进行详细分类，就很难得出合理的结论。资料分类的方法有很多种。通常使用较多的是按"数量"和"价值"进行划分，如职工人数、人口、年终收入、营业额等。（见例 6-24）

【例 6-24】

缩 写 编 码

某公司的市场调查人员在某地市场进行实地调查，主要了解巧克力糖果在当地的销售情况。他们了解到当地销售的巧克力糖果共有几十个牌子，而且还收集到关于某个牌子的销售数量正在增长，但有些牌子的销售量不断下降，而且变化速度彼此大不相同。调查人员考虑可能与各种巧克力糖果的销售方式直接有关。为了进一步深入调查，他们将每个牌子（包括今后可能新出现的牌子）的巧克力糖果分为四大类：

实心巧克力；

软心巧克力;

带包装的巧克力;

不带包装的巧克力。

这样,他们就可以通过集中观察这几类巧克力糖果的销售情况,进一步查明各种销售方式对于增加或减少销售数量有什么直接的影响了。

2. 资料的分析

资料的分析是以某种意义的形式和次序把收集到的资料重新展现出来。资料分析工作一般要求市场调查人员必须具备一定的统计基础知识和技能。常用的几种基本方法和技巧如下。

(1)百分率(percentage)。定量分析的资料,很多时候只有在与其他的资料进行比较时才会显出它的重要性,通常使用"百分率"来进行(见例 6-25)。百分率的用途主要有以下两点。

① 说明在整体当中所占有的份额或比例。

② 说明增加或减少的幅度。

【例 6-25】

某产品销售量的百分率分析

假定某种产品的销售量从 1999 年的 10 万吨,增长到 2000 年的 16 万吨。用百分率来说明它的增长幅度。

(160000-100000)/100000×100%=60%

从 1999 年到 2000 年该产品的增长幅度是 60%。

(2)平均数(mean)。平均数是分析市场调查资料时经常使用的工具之一。通过总结大量资料而计算出来的每个平均数据都具有"代表性的价值"。如表 6-2 的例子。

表 6-2　有关数码摄像机陈述的看法的平均值分析

陈　述	总平均	平　均　值		
		有数码摄像机	无数码摄像机	差别
1. 数码摄像机是必需品	4.6	5.6	4.0	1.6
2. 目前的价格太贵	5.3	4.1	6.0	−1.9
3. 国产的质量尚可	3.9	4.2	3.7	0.5
样本大小	500	185	315	

表 6-2 中描述了人们对与数码摄像机有关问题的看法的平均情况。(完全不同意1~完全同意 7)第一栏数据给出了 500 位被调查者回答问题的总平均值。结果表明,总的来说,被调查者认为家庭需要数码摄像机,数码摄像机目前价格太贵,对国产数码摄像机的质量稍有不信任感。而按家庭是否有数码摄像机来分,被调查者的回答有一定的差别。与家庭没有数码摄像机的被调查者相比,有数码摄像机的被调查者偏向于认为是必需品,认为数码摄像机价格尚可,对国产数码摄像机的质量评价一般。

（3）表格法和图示法。表格法（schedule method）是将调查问卷中答案的统计结果以表格表现的形式。如表 6-3 所示。

表 6-3　被调查者职业分布情况的表格法分析

职业	人数	百分比/%
工人	130	19.6
农民	50	7.5
军人	66	9.9
机关干部	94	14.1
大学生	32	4.8
公司职员	145	21.8
教师	105	15.8
其他	43	6.5
综　合	665	100

图示法（graphical method）是将调查问卷中答案的统计结果以各种图形表现的形式。如图 6-2 所示。

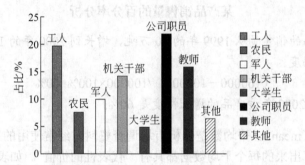

图 6-2　被调查者职业分布情况的图示法分析（柱状图）

又如图 6-3 所示。

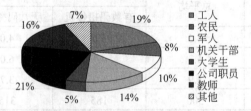

图 6-3　被调查者职业分布情况的图示法分析（饼图）

表格法和图示法可以非常直观地表明每一种情况。

6.3.4　市场营销调研报告的撰写

市场营销调研从制定调查方案、收集资料、资料的统计分析，到撰写市场营销调研报告，是一个完整的活动过程。

1. 市场营销调研报告的结构

市场营销调研报告一般由题目、目录、概要、正文、结论和建议、附件等几部分组成。

（1）题目。题目必须准确揭示调查报告的主题。调查报告还可以采用正、副标题形式，一般正标题表达调查的主题，副标题则具体表明调查的单位和问题。标题的形式有三种。

① "直叙式"的标题，是反映调查意向的标题。例如，"关于电视机市场的调查报告"，这种标题简明、客观，一般市场调查报告的标题多采用这种标题的形式。

② "表明观点式"的标题，是直接阐明作者的观点、看法或对事物的判断、评价的标题。比如，"电视机销价竞争不可取"。

③ "提出问题式"的标题，是以设问、反问等形式，突出问题的焦点，以吸引读者阅读，并促使读者思考。比如，"××牌电视机为何如此畅销？"

（2）目录。如果调查报告的内容比较多，为了便于阅读，应当使用目录和索引形式列出调查报告的主要章节和附录，并注明标题、有关章节号码及页码，一般来说，目录的篇幅不宜超过一页。

（3）概要。这部分主要阐述市场调查的基本情况，如市场调查的目的、市场调查的起止时间、有效回收率、调查对象、样本的个数、抽取样本单位的方法、搜集资料的方法。

（4）正文。正文是市场调查报告最重要的部分。正文部分是根据对调查资料的统计分析结果所进行的全面、准确的论证，包括问题的提出到引出的结论。（见例 6-26）

【例 6-26】

一篇儿童零食消费调查分析报告

……

第三问题：关于儿童零食消费对象年龄结构的分析。

关于此问题的调查结果，见下表：

年龄段	%	年龄段	%
8～12 个月	2.5	7～8 岁	23.5
1～2 岁	2.5	9～12 岁	25.2
3～4 岁	5.5	12 岁以上	3.1
5～6 岁	35.0	未发表意见	2.7

这一组数字趋势表明：儿童零食的主要消费对象是 5～12 岁年龄段的儿童，因为这个年龄段的儿童购买儿童零食的人数占被调查人数的 84%。这一数据表明 5～12 岁的儿童将是儿童零食厂家的主要目标市场。这种状况的出现，我们认为是由以下一些具体原因造成的：一是一般孩子在比较幼小的年龄（5 岁之前），从其生长发育的特点看，饮食量较小，而且不同程度地存在偏食、厌食的情况，孩子的肠胃及身体素质较弱。因此，一般这一年龄段幼儿家长都非常精心合理地调配幼儿的饮食结构，以保证幼儿身体发育

所需要的各种营养价值的配比，一般对幼儿食用零食持限制态度。再有，幼小的儿童与年龄大些的儿童相比，顺从性较强，自我意识相对较弱，因此，对家长的安排表现出更多的是顺应性。由此决定了这一年龄段的幼儿对儿童零食（特别是零食类）的消费是有限的，就整体儿童零食市场而言，其消费不是最大的细分市场。

表中的数据表明：5～12 岁的儿童是儿童零食的主要消费对象，即最大的细分市场。这一年龄段儿童对儿童零食需求迅速增长的状况主要是由以下原因造成的：一般而言，儿童在 5～6 岁以后，随着身体发育及活动量的增加，饮食量大大增加，身体逐渐健壮起来，饮食结构也逐渐趋于成人。消费者访问调查还表明，年龄稍大的孩子，食用一定数量的儿童零食一般不会影响其正常饮食。加之这一年龄段的孩子，特别是较大一些上小学的孩子，随着年龄的增加，其自主意识日益明显，在许多情况下有自己明确的意识和要求，对家长也不再完全顺从，加之各种广告媒体影响，构成了这一年龄段的儿童对儿童零食持非常积极的态度。他们中大多数人对于每一种新型的儿童零食都保持浓厚的兴趣，并以得到更多新型的儿童零食为快事。

（5）结论和建议。结论和建议是撰写调查报告的主要目的。结论和建议与正文部分的论述要紧密对应，既不可以提出没有证据的结论，也不要提出没有结论性意见的论证。（参见例 6-27）

【例 6-27】

上例中的调查报告结论的一部分

上述各种原因决定了 5～12 岁的儿童是儿童零食市场最大的细分市场，也是最有发展潜力的市场。当然在这个年龄段跨度内，根据儿童的年龄，以及与不同的年龄段相适应的儿童的心理、价值观、家庭经济收入等不同因素，对儿童零食的选择也有差异性。上述分析对于儿童食品厂家选择目标市场、产品设计、广告制作及媒体选择均有一定的参考价值。

（6）附件。附件是指调查报告正文包含不了或没有提及，但与正文有关必须附加说明的部分。它是对正文的补充或更详尽的说明，包括数据汇总表、原始资料背景材料和必要的技术报告等。

2. 撰写市场调查报告应注意的问题

（1）论证部分必须与调查报告的主题相符。

（2）调查报告要突出重点，切忌面面俱到、事无巨细地进行分析，适当选用多种不同类型的图表，具体说明和突出调查报告中的重要部分和中心内容。

（3）语言要求自然流畅、逻辑严谨、用词恰当，避免使用专业技术性较强的术语。

（4）要根据调查目的和调查的内容来确定调查报告的长短，调查报告的篇幅应该是宜长则长，宜短则短。

（5）应将全篇调查报告打印成正式文稿，以方便阅读。

本 章 小 结

市场营销信息系统（marketing information system，MIS），是指一个由人员、机器和程序所构成的相互作用的复合体，企业借以收集、挑选、分析、评估和分配适当、及时和准确的信息，为市场营销管理人员改进市场营销计划、执行和控制工作提供依据。

市场营销调研是企业获取市场信息的重要途径，是市场研究工作的必要手段。通过市场营销调研，企业可以了解市场供求状况、消费者的消费偏好，以及竞争对手的情况，为制定市场营销战略奠定基础。市场调查的原则是：准确性原则、时效性原则、全面性原则、经济性原则。

市场营销调研通过第二手资料和第一手资料收集信息。第二手资料的来源有各种书报资料、已发布的政府报告和商业报告、企业数据库、网络数据和文献等，通过查询、检索或购买的方法获得。它经过四个阶段：市场调查的准备阶段、市场调查的实施阶段、市场调查结果的分析和处理阶段，形成一个完整的活动过程。

调查问卷（questionnaire），也称为调查表，它是一种以书面形式向被调查者了解情况，以获取所需资料和信息的载体。问卷设计是影响市场调查质量的重要环节。调查问卷一般由六个部分构成：前言、被调查者项目、调查项目、结束语、填表说明、编号。问卷设计的原则是：联系性原则、可接受性原则、逻辑性原则、简明性原则。

调研报告（survey report）是市场营销调研最终成果的体现，是调研人员针对调查主题进行深入细致的调查后，经过认真分析研究写成的一种书面报告。一份好的市场营销调研报告，能够对企业的市场活动提供有效的导向作用，并能为企业决策者的决策提供依据。

思 考 练 习

1. 营销信息系统是怎样构成的？
2. 什么是营销调研？营销调研的步骤是怎样的？
3. 企业可以采用哪些方法来收集原始数据？
4. 如何设计一份好的调查问卷？选择一个你感兴趣的主题，围绕其设计一份实用的调查问卷。
5. 撰写调查报告要注意什么？请针对一次特定的调查写出一份合格的调查报告。

案 例 讨 论

1. 在开篇案例中，娃哈哈上市调查的成功之处在哪里？ 这一系列的上市调查活动是如何策划的？经历怎样的过程？用了哪些方法？
2. 案例 6-19、案例 6-20 和案例 6-21 给了我们问卷调查提问的错误示范，请你经过思考和讨论，给出其他一些错误示范并做出总结。

3. 按照例 6-26 和例 6-27 的示范，试着对一些行业的调查图表和数据给出解释，并提出结论和建议。

推 荐 阅 读

1. [美]菲利普·科特勒，加里·阿姆斯特朗. 市场营销原理[M]. 11 版. 郭国庆,等,译. 北京：清华大学出版社，2007.

2. 高微. 市场营销调查与预测[M]. 第 2 版. 北京：首都经济贸易大学出版社，2006.

3. [美]戴维·R.安德森，等. 商务与经济统计[M]. 北京：机械工业出版社，1998.

第 7 章

目标市场与市场营销组合

本章提要

现代市场营销是以顾客为导向的。企业要在做好市场营销研究工作的基础上，辨认顾客的真正需要，并针对其需要策划和设计不同的市场营销组合，从而保证顾客需要的实现，并在顾客满意的基础上获得企业盈利的目标。只有这样，企业才能在激烈的竞争中赢得市场，扩大市场。而市场细分、目标市场选择、市场定位和市场营销组合，是帮助企业真正地以顾客为导向进行市场营销的理论及实践工具。本章首先重点介绍了市场细分，包括市场细分的含义依据，市场细分的标准、原则和步骤；其次介绍了目标市场选择及目标市场战略，对目标市场的选择、目标市场战略，以及影响目标市场战略选择的因素进行了探讨。接着介绍了市场定位策略，包括市场定位的概念及步骤、市场定位策略、市场定位方法、市场定位的原则；最后介绍了市场营销组合策略，包括市场营销组合的概念、构成、特点，并结合不同情况对市场营销组合的应用进行了探讨，并介绍了市场营销组合从 4Ps 到 4Cs 的变化。

学习目标（重点与难点）

1. 了解 STP 战略理论及其内涵。
2. 掌握市场细分的标准及原则。
3. 掌握目标市场战略理论及应用。
4. 掌握市场定位战略及方法。
5. 理解市场营销组合策略及其灵活运用。

框架结构（见图 7-0）

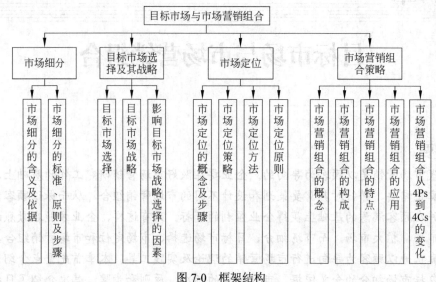

图 7-0 框架结构

"马可波罗"的市场集中战略与营销组合策略

成立于1992年的东莞市唯美陶瓷工业公司,在1997年前还是一个负债率高达200%、利息负担高达销售收入 20%以上、资不抵债的集体企业,濒临倒闭;而在 1998 年公司确立了 "小市场,大份额"的集中化战略,并用成功的市场细分、品牌定位和营销组合策略确保了战略的实施和效果。面对竞争激烈的建陶市场,公司通过推出马可波罗仿古砖品牌,确立了在仿古瓷砖市场独树一帜的地位,成功地书写了企业发展的传奇。

1998 年以前,由于专业人才缺乏、经验不足、设备引进失误等原因,唯美陶瓷无法生产当时的市场主流产品——抛光瓷砖,而只能生产市场份额不大的釉面地砖,其规模也决定了无法与市场上的主流厂商竞争。针对这种情况,唯美经过慎重考虑,确定实施 "小市场、大份额"的竞争战略,即波特战略理论中的 "集中化"战略。在这一战略主导下,唯美选择了被实力强大的竞争对手所忽视的厨浴用地砖市场,推出厨浴专用的釉面防滑小地砖,并一举成为当时中国的 "防滑砖大王"。但是很快,众多中小企业就在花色上模仿唯美的防滑砖并采用低价格攻击,使得 "唯美"牌防滑砖市场份额快速下滑。这次快速的成功与失败的过程却给了唯美一个宝贵的教训,他们认识到:处于困境中的中小企业要想推广为全国品牌,不仅必须要把力量集中于竞争对手所忽视的细分市场上,还必须要具有独特的产品风格和深刻的品牌内涵。

之后,唯美公司在集中化战略的基础上努力追求产品的风格化和品牌内涵的丰富性。他们主动对欧美市场进行考察,寻找市场趋势和产品创新的突破点。考察让他们抓到了今后装饰行业发展的趋势——个性化,并敏锐地感觉到粗犷、沧桑风格的仿古砖将在个性化趋势中占有一席之地。基于此，唯美集中科研力量针对中国消费者的审美习惯与偏好，独立研发，开发出众多格调高雅、品位独特的系列仿古瓷砖，并冠之以"马可波罗"品牌。这一品牌命名带有异域神秘感和文化意义，能使人们很自然地联想到马可·波罗这位沿着丝绸之路从意大利来到中国的古代探险家的文化交流之旅，有力地表达了其产品的凝重格调和品位，以及文化与复古色彩浓厚的市场定位。而仿古砖的目标消费群体为中高文化程度、中高收入消费水平、事业有所成就的城镇中青年消费者，"马可波罗"在这一类人群中具有相当高的知名度与影响力。同时，意大利是目前世界上第一陶瓷强国，"马可波罗"这一品牌也代表着意大利的设计与陶瓷生产技术与中国千年制陶技艺的结合，使人产生"高品质、高品位"的定位联想。还能与"鹰牌""钻石""东鹏"等众多本土味的中性品牌形成差异，形成自己"洋派"的独特风格。

在既定的市场定位与品牌战略的指引下，唯美在产品、价格、渠道、宣传推广等各个方面不断完善自己的营销体系。在产品上不断地进行着差异与创新化策略；几年间，"马可波罗"开发出了几十个差异化系列，如凡尔赛宫系列、罗浮宫系列、爱琴海系列、楼兰古国系列、水果系列等。从生产差异化的单件瓷砖，到整体装修效果，进而为每位顾客量身定做，如在瓷砖上烧制儿童涂鸦、新婚夫妇结婚照，为大型楼盘设计制造独一无二的个性化瓷砖等，在主体砖之外再增加丰富的配件砖，可以由顾客根据自己的偏好进行绝对个性化的自由组合；在定价策略上维持相对高价，通过品牌文化、产品创新与强制淘汰营造产品差异，从而获得差异化溢价；在渠道上，"马可波罗"采用"厂商一体化，合作长久化"策略。"马可波罗"与经销商实行资本互融，通过良好的市场保护政策与风险分担政策确保经销商的利益。同时向经销商提供全方位的素质、技能培训与人员支持、经营管理辅导，要求经销商定期向企业反馈经营管理信息与市场信息，对经销商实行半员工化管理。在宣传推广上，"马可波罗"很少通过昂贵的大众媒体进行传播，而是通过大量风格、品味独特统一的专卖店，良好培训的终端导购员，公关活动、新闻炒作及满意用户的口碑宣传来进行传播。"马可波罗"的公关、促销与中国悠久的制陶技艺、丝绸之路、马可波罗的传奇故事等紧密联系在一起，比如免费为学生开办中国制陶技艺讲座，免费向人们提供场所、设施、材料，让人们尝试制作陶瓷作品，举办或赞助丝绸之路文化展、马可·波罗历史文化发掘整理、探险、时装义演、文艺义演等，取得了很好效果。

所以说在市场集中化战略的指引下，"马可波罗"经过市场细分、目标市场选择和明确的品牌定位，在市场营销组合策略的配合下，实现了品牌的成功经营。不仅使企业摆脱了困境，还创立了良好的品牌效应。

资料来源：雷鸣雏.中国成功企业经典策划案例全库文化策划（下）[M]. 北京：中华工商联合出版社，2006：243-255.

现代企业面临的是广阔、多变、复杂的市场。随着市场的日益分裂，购买需求和消费习惯各异的小群体不断产生，广告媒体和分销渠道也迅速走向多元化。这使得越来越多的企业认识到，传统的对所有人提供单一产品并采用单一促销方式的"大量市场营销"变得越来越困难。任何企业无论规模如何，都无法满足整体市场的不同需求，而只能根据企业的内部条件和素质能力，为自己规定一个市场经营范围，满足一部分消费者或用户某些的需求。这是由顾客需求的多样性和变动性以及企业拥有资源的有限性所决定的。

因此，任何企业在进行市场营销时，必须根据顾客的需求与购买行为、购买习惯的差异，将整体市场划分为若干个细分市场，然后根据企业自身条件，选择目标市场，并针对不同的消费者群的需求和爱好，推出适当的产品，采用不同的营销组合策略以满足不同的消费者群的需求，从而运用最低的营销费用达到最大的营销效果。人们把现代企业的这种营销战略规划称作 STP 战略，它分为环环相扣的三个部分，即市场细分（segmenting）、目标市场选择（targeting）和定位（positioning）。

7.1　市 场 细 分

7.1.1　市场细分的含义及依据

1. 市场细分的含义及作用

1）市场细分的含义

所谓市场细分（market segmentation），是指企业通过市场调研，根据顾客对产品或服务不同的需要和欲望、不同的购买行为与购买习惯，把某一产品的整体市场分割成需求不同的若干个市场的过程。分割后的每一个小市场称为子市场，也称为细分市场。（见例 7-1）

【例 7-1】

牙膏的市场细分

中国市场巨大，消费者众多，作为个人日常用品的牙膏有着十分细化的市场细分。通过年龄、功能、价格、性别等细分标准，整体的牙膏市场已经被分割成众多子市场，牙膏品类不断丰富。如按年龄细分，有婴幼儿牙膏、儿童牙膏、青少年牙膏、老年牙膏等；按功能细分，有洁齿固齿（高露洁）、口腔保健（云南白药）、抗敏感（冷酸灵、舒适达）、祛火（两面针）、清新口气（黑人）等；按口味细分，有加盐、SIO2、绿茶、蛇胆、蜂胶、中药成分等。未来牙膏市场在天然、安全、环保等方面还会有新的细分方法，创造新的市场空间。近年来，孕妇专用牙膏、可吞咽儿童牙膏、低泡牙膏、纳米抗菌牙膏、无氟防蛀牙膏等新的产品概念也开始获得关注，有少量的新产品试水。

随着本土品牌的产品创新力度加大，以及在中草药牙膏和功效性牙膏等细分市场的突破，国产牙膏的市场占有率将会进一步扩大，从而改变外资、合资品牌在中国市场占据明显优势的竞争格局。

由编者加工整理。

市场细分是在美国市场学家温德尔·史密斯（Wendell Smith）于 1956 年发表的《市场营销战略中的产品差异化与市场细分》一文中首先提出的。这种理论认为：任何市场都有许多购买者，各有不同的需求，对企业来讲总是无法提供市场内所有买主需要的商品和服务；同时众多市场需求所形成的市场机会并不等于企业机会，所以必须进行市场细分，选择能够发挥企业优势的市场作为目标市场。因此，市场细分理论是市场营销思想和战略的新发展，被称为"市场学革命"。

西方国家在 20 世纪 20 年代以前，社会生产力相对落后，商品短缺，市场供不应求，生产观念盛行并支配着企业的经营管理。这时的许多企业采取"大量市场营销"，即大量生产、分销和促销单一产品，试图以单一产品吸引市场上的所有顾客。进入 20 世纪 40 年代，由于科学技术的进步、科学管理和大规模生产的推广，商品产量迅速增加，市场由卖方市场转化成买方市场，卖方之间的竞争日趋激烈，而价格竞争的结果导致企业利润率下降。由于同一行业中各个企业产品大体相似，差异较少，所以卖主难以控制其产品价格。于是，一些卖主开始认识到产品差异的潜在价值，开始实行"差异市场营销"：向市场提供两种或两种以上，在外观、质量、式样、规格等方面有所不同的产品。但这时的产品差异不是由市场细分产生的。这种做法的目的只是为了向购买者提供多样化的产品，而不是为了吸引不同的细分市场。随着第三次科技革命的出现，社会生产力迅猛发展，产品数量剧增，产品花色品种多样化，形成了名副其实的买方市场。从而迫使许多企业清醒认识并接受了市场营销观念，开始实行目标市场营销：即卖者首先识别众多顾客之间的需要差异，将市场细分为若干个子市场，从中选择一个或一个以上的细分市场作为目标市场，进行市场定位，制定出相适应的市场营销组合，以满足目标市场的需要。

需要强调的是，市场细分并不是通过产品本身的分类来细分市场，而是根据顾客对产品的欲望与需要的不同来划分不同的顾客群来进行细分市场，也就是说，市场细分只能以顾客的特征为依据，出发点则是为了辨别和区分不同欲望和需要的购买者群体。

2）市场细分的作用

（1）有利于分析、发掘和利用新的市场营销机会，选择最有效的目标市场，制定相适应的市场营销组合。市场机会是市场上顾客尚未满足或没有完全满足的需要和欲望。企业通过市场调研和市场分析进行市场细分，可以了解各个不同顾客群体的需要情况和目前满足的程度，从而发现市场机会，结合企业资源状况，从中形成并确定宜于企业发展的目标市场，并以此为出发点设计出相宜的营销战略，就有可能迅速取得市场的优势地位，提高市场占有率。市场细分对中小型企业而言更重要。中小型企业实力相对较弱，资源有限，在整个市场或较大的子市场上难以同大企业相抗衡。中小型企业如果善于发现一部分特定顾客未被满足的需要，从中细分出较小的子市场，见缝插针和拾遗补阙，也能在激烈的竞争中求得生存与发展。

（2）有利于企业调整营销策略。一般来说，企业为未细分的整体市场提供单一的市场营销组合较为容易。但是，整体市场需求差异和需求变化的信息难以掌握。而在细分市场的情况下，由于为不同的顾客群提供不同的市场营销组合，企业较易察觉和估计顾客需求满足和需求变化以及竞争者的市场营销策略变化，一旦市场情况发生变化，企业有比较灵活的应变能力。

（3）有利于合理配置企业市场营销资源，获取较大的经济效益。通过市场细分，企业可以根据目标市场需求变化，及时、正确地调整产品结构，使产品适销对路，从而提高企业竞争能力；企业可以相应地调整与安排分销渠道、广告宣传等，使渠道畅通无阻、货畅其流；企业还可增强市场调研的针对性，不仅可以针对消费者的现实需要，以需定产，而且可以根据潜在需求改进和创新，更好地满足消费需求；企业还可以集中使用人、财、物力等有限资源，扬长避短，从而以较少的营销费用取得较大的经济效益。

（4）有利于企业发现市场的潜在需求，开发新产品。在市场细分的基础上，企业可以切实掌握不同市场消费者需求的满足程度及变化情况，分析潜在需求，开发新产品，开拓新市场，这样企业即能以不断改进和创新产品的生产与销售来满足消费者不断变化的新消费需求。

2. 市场细分的依据

1）消费需求的差异性是市场细分的基础

消费者需求、动机及购买行为因素的差异性，造成了消费者在购买同一商品时的差异。由于购买者的社会环境、地理气候条件、文化教养、技术水平、价值观念不同，导致其对商品的价格、款式、规格、型号、色彩等提出不同的要求，这种差异是客观存在的。企业在充满差异性的大市场中，寻求最佳经营的目标市场，必须对市场进行分类。把购买欲望和兴趣大致相同的消费者群归为一类，就构成了一个细分市场。

2）消费需求的相类似性是构成具有一定个性特点市场的前提

在社会生活中，人们的基本消费需求和欲望既有相差异的一面，也有相类似的一面。人们受居住环境、民族文化传统的熏陶，在生活习惯、社会风俗、节日礼仪等方面表现为一定的相类似性。这种相类似性又使划分出来的不同消费需求再次进行聚集，形成相类似的消费者群体，每个相类似的消费者群体就构成具有一定个性特点的细分市场。

7.1.2　市场细分的标准、原则及步骤

1. 消费者市场细分的标准

市场细分要依据一定的细分变量来进行。消费者市场的最大特点在于：消费者为了个人或家庭的生活需要而非营利性购买，因此，消费者市场细分的立足点是识别消费者需求的差异性。那么，细分消费者市场的标准只能依据消费者自身的不同的特性来进行。其主要变量有地理变量、人口变量、心理变量和行为变量。（见表7-1）

表7-1　消费者市场细分变量表

细分标准	细 分 变 量
地理细分	国家、地区、城市、农村、面积、气候、地形、交通条件、通信条件、城镇规划等
人口细分	人口总数、人口密度、家庭户数、年龄、性别、职业、民族、文化、宗教、国籍、收入、家庭生命周期等
心理细分	生活方式、个性、购买动机、价值取向、对商品和服务方式的感受或偏爱、对商品价格反应的灵敏度等
行为细分	购买时机、追求的利益、使用状况、忠诚程度、使用频率、待购阶段和态度等

1）地理细分（geographic）

所谓地理细分，就是企业按照消费者所在地理位置以及其他地理变量对消费者市场进行细分。可以有以下几种分类标准。

（1）地区（region）。按行政区划分，全国可分为东北、华北、华东、华南、西南、西北等市场；按自然条件划分，可分为山区、平原、丘陵、湖泊、草原等市场。不同地区对同一种商品的需求有所不同，如口味就有南甜、北咸、东辣、西酸。

（2）城镇（city or metro size）。按是否是城镇可分为城镇和农村市场；按城镇规模可分为特大型城市、大城市、中小型城市、县城与乡镇等市场。城乡的消费习惯明显不同，如对自行车的需求，城市居民喜欢小巧玲珑、较为轻便的车，而农村居民需要结实耐用的加重型车。

（3）气候条件（climate）。根据气候条件可以把全国分成寒带、亚寒带、温带、亚热带及热带市场。在防潮用品和御寒、防暑等用品的要求上有很大区别。例如，亚都加湿器就是为北方患有呼吸道疾病的患者设计和使用的，这种产品只适用于北方干燥的气候环境，而在南方则成为了不必要的产品。

（4）其他标准。如交通运输条件、国际不同地区等。

地理细分的主要理论依据是：处在不同地理位置的消费者对企业的产品各有不同的需要和偏好，他们对企业所采取的市场营销战略，对企业的产品、价格、分销渠道、广告宣传等市场营销措施也各有不同的反应。而市场潜量和成本费用也会因市场位置不同而有所不同，企业应选择那些本企业能最好地为之服务、效益较高的地理市场为目标市场。

2）人口细分（demographic）

所谓人口细分，就是企业按照人口变量来细分消费者市场。具体细分的标准有以下几种。

（1）年龄（age）。根据年龄可以把消费者市场分成儿童市场、中青年市场和老年市场，而儿童市场还可以细分为婴儿市场、学龄前儿童市场和少儿市场。但这种细分标准不十分可靠，特别是随着人们生活质量的提高，心理年龄与生理年龄不一致，往往导致市场定位的混乱。

（2）性别（sex）。男女性别不同，对服装、鞋帽、化妆品、杂志等需求会有所不同，企业应分别提供不同的产品来满足其需求。另外，性别差异还会引起某些无性别差异的产品的需求层次、购买行为和购买动机的不同。如在购买商品时，女性较为挑剔，男性较为利落；在中国，日用品的购买大多以女性为决策者，而家用电器等比较贵重的商品，其购买决策往往以男性为主。

（3）家庭规模及家庭生命周期（family size and life cycle）。家庭规模对生活用品的需求量大小有着直接的影响；家庭生命周期的不同阶段，其消费需求的重心也会有所不同。家庭生命周期一般分成单身阶段（以个人消费为主）、新婚阶段（以家庭共同消费为主）、有无经济独立的子女阶段（以子女的教育、培养消费为主）、空巢期（以医疗、保健为主）及孤寡阶段（最低消费需求）。

（4）收入（income）。收入是反映消费者购买力的重要指标。收入水平的高低，对商品质量档次的需求高低有直接的影响。根据收入水平可把市场划分为高档市场、中档市场和低档市场。

（5）职业（occupation）。职业不同的消费者，其需求偏好、购买行为等往往有所不同。如演员对服装的要求是新潮、独特，而教师着装要求大方得体。

（6）教育程度（education）。消费者受教育程度不同，对商品的文化要求则不同。如受过高等教育的消费者在购买商品时较少需要销售人员的指导，而受教育较少的消费者在购买商品时则较多需要销售人员的参与。

（7）宗教与种族（religion and race）。宗教与种族不同，其消费习惯、审美标准、宗教禁忌、需求偏好有很大的差异，从而形成了较大差异的购买动机与购买行为。如我国的伊斯兰教民族，在其斋月期间，营销的任何活动都无效，只有等其结束之后才能恢复对其营销。

（8）民族与国籍（nationality）。各个民族有其独特的风俗与习惯，各个国家与地区的传统也有所不同，如裙装在英国不是妇女的专利品。

值得注意的是，在使用人口变量细分市场时，由于消费者的欲望和需要不仅受人口变量的影响，而且同时受其他变量特别是心理变量的影响，因此往往结合其他细分变量来判断和使用。

3）心理细分（psychographic）

所谓心理细分，就是按照消费者的生活方式、个性等心理变量来细分消费者市场。

（1）生活方式（lifestyle）。它是一个人在生活中所表现出来的活动（如消费者的工作、业余消遣休假、体育、款待客人等）兴趣（如消费者对家庭、服装的流行式样、食品、娱乐等）和看法（如消费者对社会、政治、经济、产品、文化教育、环境保护等问题）的模式。追求现代、激进的生活方式的人和那些维护传统、保守的生活方式的人，在交际、休闲、娱乐、购物等方面，对新产品、新品牌、新式样的兴趣，以及对时间、金钱的看法都存在着很大的差别。

来自相同的亚文化群、社会阶层、职业的人可能各有不同的生活方式。生活方式不同的消费者对商品各有不同的需要；一个消费者的生活方式一旦发生变化，就会产生新的需求。在现代市场营销实践中，有越来越多的企业按照消费者的不同的生活方式来细分消费者市场，并且按照生活方式不同的消费者群来设计不同的产品和安排市场营销组合。如有些服装制造商为"朴素妇女""时髦妇女"和"有男子气的妇女"分别设计和生产不同的妇女服装。对于这些生活方式不同的消费者群，不仅产品的设计有所不同，而且产品价格、经销商店、宣传广告等也有所不同。许多企业都从生活方式细分中发现了日益增多的、有吸引力的市场机会。

（2）个性（personality）。它是个人特性的组合，通过自信、支配、自主、顺从、交际、保守和适应等性格特征来表现出一个人对其所处的环境相对持续稳定的反应，如"外向"型顾客与"内向"型顾客的差异。这种个性模式导致消费者在生活中力求捍卫和保护他们的自我形象，他们的举止、衣着和购买的商品必须符合其个性要求。如万宝路牌香烟的消费者大多追求自由、奔放、粗犷、帅气、强劲有力等个性表现；而总督牌香烟的消费者则大多追求温文尔雅、受过良好教育等绅士风度。

4）行为细分（behavior）

所谓行为细分，就是企业按照消费者购买或使用某种产品的时机、消费者所追求的利益、使用者情况、消费者对某种产品使用率、消费者对品牌（或商店）的忠诚程度、消费者待购阶段和消费者对产品的态度等行为变量来细分消费者市场。

（1）时机（occasions）。消费者产生需要、购买或使用产品的时机对季节性产品、节假日产品的市场细分有特殊的意义。如我国许多企业在春节、元宵节、中秋节等传统节日期间大做广告，借以促进产品销售；某些产品或服务项目专门适用于某个时机，营销者可以把特定时机的市场需求作为短期营销目标来扩大销售。

（2）追求利益（benefits）。消费者往往因为有不同的购买动机，追求不同的利益，所以购买不同的产品和品牌。企业按照消费者购买商品时所追求的不同利益来细分消费者市场，根据自己的条件，权衡利弊，选择其中某一个追求某种利益的消费者群为目标市场，设计和生产出适合目标市场需要的产品，并且用适当的广告媒体和广告词句，把这种产品的信息传递到追求这种利益的消费者群。如洁银牙膏的购买者是为了洁白牙齿，蓝天六必治牙膏的使用者是为了防治牙病，而冷酸灵牙膏则具有使牙齿脱敏的功效。

（3）使用者情况（users）。按照这种细分标准可以把市场分成从未使用者、曾经使用者、潜在使用者、首次使用者和经常使用者市场。对于不同的使用者，企业要采取不同的市场营销组合，吸引新顾客，稳定老顾客，招徕潜在顾客。

（4）使用量（amount of usage）。依据产品购买、使用或消费的数量将顾客分为少量使用者、中量使用者和大量使用者。大量使用者往往在潜在和实际购买者总数中所占比重不大，但他们所消费的商品数量在商品消费问题中所占比重却很大。市场营销研究表明，某种产品的大量使用者往往有某些共同的爱好、心理的特征和广告媒体习惯。企业可以根据这种市场信息来合理定价、撰写适当的广告语和选择适当的广告媒体。按使用量细分市场，也称为数量细分。

（5）品牌忠诚度（brand loyalty）。市场也可依据消费者对某一产品品牌的忠诚度进行细分。品牌偏好是消费者在长期购买活动中逐渐形成的，它在很大程度上左右着消费者的购买选择。通常情况下对品牌的忠诚不外乎四种类型：未形成品牌忠诚者、转移品牌忠诚者、几种品牌的不坚定忠诚者、单一品牌的坚定忠诚者。如果在某些市场上坚定的品牌忠诚者为数众多，比重大，那么要进入这种市场是非常困难的。即使进入，要想提高市场占有率也不容易。而一个市场中转移品牌者较多，则可说明市场所提供的产品存在着较大的问题。

（6）待购阶段（buyer-readiness stage）。消费者总是处于购买某种产品的不同阶段。有的对该产品未知或已知，有的已产生兴趣，有的正打算购买。处于不同阶段的顾客对产品价格及分销等信息和服务需要就不一样。企业对处在不同待购阶段的消费者，必须酌情运用适当的市场营销组合，采取适当的市场营销措施，才能促进销售，提高经营效益。如企业对那些处于根本不知道本企业产品阶段的消费者群，要加强广告宣传，使他们知道本企业的产品；如果成功，要着重宣传介绍购买和使用本企业产品的好处、经销地点等，以促使他们进入发生兴趣阶段和决定购买阶段，从而实现潜在交换，促进销售。

（7）对产品的态度（attitudes）。即消费者对企业市场营销组合的反应和热情度。可分为热爱、肯定、无所谓、否定和敌视五类。人们的态度是购买行为所依据的一个重要因素，特别在信息交流组合中关系极大，企业为此要善于区分并做好有针对性的市场营销工作。

2. 组织市场细分的标准

组织市场的顾客是企业、机关团体等组织。许多用来细分消费者市场的标准，同样也适用于组织市场的细分。此外，还可以按照一些特殊标准进行细分。（见表 7-2）

表 7-2 组织市场细分变量表

细分标准	变 量 因 素
地理变量	地区、气候、资源、自然环境、企业地理位置、行业地理特点、生产力布局、交通运输、通信条件等
需求变量	采购目的、商品用途、使用者情况、追求利益重点、质量标准、功能要求、供货时间、使用频率、价格要求、交易方式、生产发展规划等
行为变量	客户规模、购买能力、付款方式、购买批量、购买周期、品种规格的要求、采购制度及手续等

1）最终用户的不同要求（diverse demands）

由于购买者的购买目的一般是为了科研、制造、修理、转售等方面的需要，对所需的产品都有特殊或不同的采购要求，因而卖方就必须充分考虑买方的需求特点或追求的利益重点。如：军用买主市场最重视产品的质量标准，要求绝对可靠，价格则不是主要的考虑因素。而工业买主则要求产品质量可靠和符合其生产要求，送货及时，批量适宜，能够提供必要服务，以保证扩大再生产的顺利进行。服务业买主一般则要求及时提供不同质量、不同规格的小批量产品，价格较低，交易灵活，以保证转售和服务工作的开展，满足其最终消费者的不同需求。

因此，企业营销人员必须熟悉不同细分市场的需求特点和用户要求，并具备必要的专业知识和服务技能，这样才能更好地满足不同用户的现实需求和潜在需求。

2）用户规模和购买力（scale and purchasing power）

按照这个标准可以把市场分为大、中、小型。由于用户的规模大小不同，购买力的高低也存在很大差异，购买行为也有很大差别。一般说来，用户规模大，购买力高，每次购买数量较多，购买周期较长，购买品种稳定；而小规模用户，其购买力较低，每次购买数量较少，购买周期和购买品种也不够稳定。

3）用户的地理分布状况（geography）

由于用户所在的地区特点不同，或者不同行业的地理条件不同，生产力布局就有很大的差别。不同行业与不同用户需要不同的生产资料，因而就有不同的市场特点。因此可以把行业的地理特点作为细分市场的一个标准，以利于企业做好对不同客户的供应工作。同时使企业的销售重点放在客户集中的地区，以降低费用开支，扩大销售数量，提高经济效益。

3. 使用市场细分标准时应注意的问题

（1）市场细分的标准不是一成不变的。由于各种细分市场的变量因素，如收入、年龄、城镇大小、购买动机等都是可变的，因此细分市场采用的标准也应随着市场而变化，以适应企业对目标市场的要求。

（2）在进行市场细分时，可按一个标准细分市场，但大多数的情况是以多种标准结合起来的细分。例如，一个经营妇女化妆品的企业把 20～40 岁的城市中青年职业妇女选择为目标顾客。这种划分就是把地理、收入、年龄三个因素结合起来进行细分的。

（3）不同的企业在市场细分时应采用不同的标准。由于各企业的人力、物力、财力和经营产品的差别，在进行市场细分时采用的标准也应该因企业而异，要根据企业的力量和产品的特点来确定自己的细分标准。

（4）选择对顾客需求有较大影响的因素作为细分标准。若以多个因素细分市场，必须考察各个因素之间的相关性及重叠性，细分市场的结果应使各个分市场之间的需求有明显的区别或差异，同一分市场内部有较高的同质性，市场细分的规模要适度。

4. 市场细分的原则

为了保证经过细分后的市场能为企业制定有效的营销战略和策略，企业在市场细分时必须遵循以下原则。

1）可衡量性原则（measurable）

即市场细分的标准和细分后的市场是可以衡量的。要保证市场细分标准的可衡量性，必须做到如下三点。

（1）要做到所确定的细分标准必须清楚明确，容易辨认，不能模棱两可。

（2）要做到确定的细分标准必须能够从消费者那里得到确切的情报，并且还可以衡量这些标准各占的重要程度，以便能够进行定量分析，否则就不能得到较好的结果。

（3）做到经过细分后的市场的范围、容量、潜力等必须是可以衡量的，这样才有利于确定企业的目标市场。

2）可进入性原则（accessible）

即企业有能力开发或进入细分市场。市场细分的目的是使企业能够利用自己的资源和力量进入目标市场。因此，在确定细分标准、进行市场细分时，要注意结合企业的具体条件，保证企业利用现有的人力、物力、财力，使企业顺利进入目标市场并能有效地经营。

3）稳定性原则（stable）

即在一定时间和条件下，市场细分的标准及子市场能够保持相对不变。当企业占领市场后，在一定时期内不必改变自己的目标市场，这样有利于企业制定较长期、稳定的市场营销战略与策略。然而，这种稳定性是相对的、暂时的，企业应根据客观条件的变化相应调整自己的市场营销策略。

4）盈利性原则（profitable）

即企业在进入目标市场后能够获得预期的利润。这就要求目标市场应有适当的规模和现实与潜在的需求，有一定的市场容量和购买力，不仅能保证企业在短时期盈利，还能使企业保持较长时期的收益，使企业有一定的发展潜力。（见例 7-2）

【例 7-2】

中国移动"动感地带"的市场细分

中国移动实施品牌战略比较早，在"动感地带"推出前，中国移动的"全球通""神州行"分别圈定了高低端用户市场。但它们也分别面临了中国联通 CDMA 和中国电信

"小灵通"的竞争压力。2003年3月中国移动再次细分用户市场，正式推出"动感地带（M-ZONE）"，意在锁定15～25岁的消费者，找到新的业务增长点。

其实早在2000年，中国移动就看到数据增值业务的广阔前景，并推出了"移动梦网"业务。但此项业务的市场接受度并不高，直到2002年年底，其收入仍仅占中国移动销售收入的1%。2001年年底，中国移动在梦网服务中加入了更多时尚和年轻的元素，进行了相应的价格调整，"动感地带"由此诞生，并在广州进行了试点运行。一年后，广州动感地带用户超过100万，于2003年3月开始全国推广。

伴随着3G浪潮的到来，手机的数据业务和服务内容更加多样化，同时孕育着更大的商机。而15～25岁的年轻一族，追求时尚、对新鲜事物感兴趣、崇尚个性、思维活跃，对移动通信需求中的娱乐休闲社交比重较高。同时，他们有强烈的品牌意识，对品牌的忠诚度较低，是容易互相影响的消费群体。因此中国移动便锁定这一群体，把他们明确定为目标客户群，并依据他们的消费特点，对语音业务和数据业务进行了选择，组合出适合的业务和资费。

根据麦肯锡对中国移动用户的调查资料，25岁以下的年轻新一代消费群体将成为未来移动通信市场最大的增值群体。"动感地带"的目标客户群体——15～25岁年龄段的学生、白领，特别是高校学生的购买能力正在不断提高，他们的预支消费观念相对超前，尤其是一些流行与实用相结合的消费品，如电脑、手机、随身听、MP3等更强化了高校市场蕴含的强烈消费欲望。因此有观点认为，谁掌握了这个市场，谁就掌握了中国未来的高消费市场。

通过对消费者的细分，寻找有潜力的目标市场，中国移动把主要依靠业务竞争提升到了依靠品牌竞争，从而用差异化的服务和产品吸引目标客户，提升客户忠诚度，获得新的增长点。

资料来源：
（1）刘燕. 中国移动"动感地带"诱惑学生市场[N]. 中国经营报，2003-03-10（37）.
（2）吴娜娜. 中国移动"动感地带"品牌市场分析案例[N]. 中国经营报，2003-05-29（39）.
由编者加工整理。

5. 市场细分的步骤

市场细分大体可划分为七个步骤。

（1）选择与确定营销目标。即把要进行细分的市场与企业任务、企业目标相联系，选择一种产品或市场范围以供研究。

（2）列举潜在顾客的基本需求。选定产品市场范围以后，企业的市场营销专家可以通过"头脑风暴法"（brainstorming）从地理变量、行为变量和心理变量等几个方面，列出所有潜在顾客的全部需求，为分析顾客的需求提供基本资料。

（3）分析潜在顾客的不同需求，进行初步的市场细分。

（4）去掉潜在顾客的共同需求，筛选出最能发挥企业优势的细分市场。

（5）根据潜在细分市场的特征，为潜在细分市场命名。

（6）进一步认识各分市场的特点。企业要对每一个子市场的顾客需求及其行为做更深入的考察，以便进一步明确各子市场是否进一步进行细分或合并。

（7）测量各子市场的大小，分析市场营销机会，选择目标市场，设计市场营销组合策略。

7.2　目标市场选择及其战略

市场细分的目的就是为企业选择目标市场提供科学的依据，目标市场的选择将决定企业为谁而经营、经营什么产品、提供什么档次的产品、如何销售产品等一系列策略。而目标市场选择与策略的正确与否将决定企业的生存与发展。

7.2.1　目标市场选择

1. 目标市场的概念

所谓目标市场（target market），是指企业决定要进入的市场，即通过市场细分，被企业选中，并决定以企业的营销活动去满足其需求的那一个或几个细分市场。

目标市场应是能为企业提供市场机会，有充足的现实与潜在的购买力，竞争不激烈甚至是空白市场，企业有足够的力量进入并开发与占领市场。（见例 7-3）

【例 7-3】

奇瑞 QQ 的目标市场

奇瑞 QQ 定位于"年轻人的第一辆车"，所以它的目标市场定为收入不高但有知识有品位的年轻人，如大学毕业两三年，月收入 2000 元以上的白领。同时也兼顾有一定事业基础，心态年轻、追求时尚的中年人市场。

QQ 的目标顾客群对新生事物感兴趣，富于想象力、思维活跃、崇尚个性、追求时尚。虽然他们在消费上有一定的价格敏感度，品牌忠诚度较低，但是对汽车的性价比、外观和配置十分关注，容易互相影响；整体来看，他们对微型轿车的使用性能和价格比非常关注，轿车要能满足他们在工作、娱乐、休闲、社交各方面的需求。

针对他们的这些需求，奇瑞 QQ 除了轿车基本的配置以外，还特别设计了车的外形，使它拥有个性外观，同时装载奇瑞独有的 "I-say" 数码听系统。它是奇瑞公司为用户专门开发的车载数码装备，集文本朗读、MP3 播放、U 盘存储多种时尚数码功能于一身。它与计算机和互联网连接，满足了生活在网络时代的年轻一代的休闲需求。

资料来源：沈小雨. 定位鲜明，奇瑞 QQ 诠释"年轻人的第一辆车"[J]. 成功营销，2004（2）：36-38.

2. 确定目标市场的方法

企业确定目标市场有两种方法：

一是先进行市场细分，然后选择一至数个细分市场作为目标市场。

二是不进行市场细分，而是以产品的整体市场作为目标市场。

当市场需求没有太大差别时，一般不进行市场细分，而是把整体市场作为目标市场。而市场需求客观上存在着较大差别时，则必须对市场进行细分，才能提供有效的产品，满足不同需求的顾客的要求。

3. 目标市场选择时应考虑的条件

选择企业的目标市场，应考虑以下条件。

1）目标市场的规模和成长性（scale and growth）

研究目标市场的规模和成长性，主要是为了掌握在特定的市场环境中，某一区域中，某一时间内消费者对某一产品的需求总额。实际上就是推测和估算这个目标市场对该行业产品未来的需求前景。

企业具体进行目标市场考察时，可以从两个方面进行。首先掌握市场需求动态和变化趋势；其次掌握和本行业有关产品的市场特点。企业必须首先收集并分析各类细分市场的现行销售量、增长率和预期利润率。只有具备了适当规模和成长的特征，才是一个有效的目标市场。如果企业把销售量大、增长率和利润额较高的细分市场作为目标市场，有可能由于缺乏必要的技能和资源或市场竞争过于激烈而不能满足市场及企业发展的需求。

2）目标市场的吸引力（attractions）

目标市场的吸引力可以从以下几个方面考察。

（1）竞争激烈程度：目标市场最好是没有竞争者，或竞争并不十分激烈，目标市场的吸引力较大，有利于企业进入目标市场。

（2）产品的替代性：目标市场所需产品最好无替代品，否则会限制目标市场中的价格和可赚取的利润。

（3）顾客的购买力：目标市场中的顾客应有充分的购买力来购买所需的产品，这样才能保证企业盈利的需求。

（4）市场潜力：即在一定时期内，在消费者愿意支付的价格条件下，经过全行业的营销努力，对该产品所达到的最大需求。对市场需求和市场潜力进行量化，将为研究企业在行业中的地位奠定基础。

（5）市场占有率：即企业在市场需求中所占的份额。在市场竞争中，市场占有率是极为重要的指标，它不仅是衡量企业经营管理水平的重要标志，也说明了企业在同行业竞争对手中的地位，是选择目标市场的重要依据。一般来讲，市场占有率的增减往往比销售额的增减更为重要，在一定时期内，企业如果只有销售额的增长，而无市场占有率的同时增长，表明企业在市场中的阵地缩小了。因此，该市场不宜作为企业的目标市场。市场占有率的大小主要取决于企业的营销实力和营销努力。

（6）进入目标市场的投入与产出的比较：只有当进入目标市场的投入小于产出时，此目标市场才是一个理想的市场。具体测算开拓与占领目标市场需要多少费用？投资收益率如何？销售利润率、资金利润率、成本利润率、工资利润率如何？等等。只有对目标市场可能带来的经济效益做出正确的预测，才能评价目标市场是否具有开发价值，才能做出正确的决策。

3）目标市场是否符合企业发展目标（business objectives）

即使某个细分市场具有合适的规模和成长速度，也具备结构性吸引力，企业仍需将本身的目标和资源与其所在的细分市场的情况结合起来考虑。某些细分市场虽然有较大的吸引力，但比较分散企业的注意力和精力；和从环境、政治和社会等角度考虑，选择

这些细分市场并不合适，因此也应放弃。（见例 7-4）

【例 7-4】

星巴克的目标市场

由于速溶咖啡所塑造的新生活时尚，当星巴克进入咖啡市场时，咖啡已是美国消费者生活中的典型的方便食品。三磅一罐的即冲咖啡是人们消费的主要产品，价格仍是决定购买与否的主要因素。

在星巴克店里每年花 1400 美元购买拿铁咖啡和烤饼，要让对价格敏感的顾客每天花费较过去多出许多的钱购买咖啡，它不得不说服消费者抛弃老套的购买决策法则，并且让一些消费者养成天天喝咖啡的习惯。

为了实现这些目标，星巴克把重点放在了两个主要目标市场上：第一个是居住在西雅图的更年轻的、安逸懒散的 X 一代（generation X），即出生在 1964—1976 年的美国青年成人族群。他们的想法多变，兴趣万千，不会按照一定的模式生活工作，喜欢不断追寻新的刺激和挑战。他们中的许多人发现咖啡馆可以代替酒吧，相应地就在咖啡馆买东西。咖啡馆的常客通常会在那里逗留较长的时间，阅读、聊天、听背景音乐。第二个是第二次世界大战后婴儿潮时期出生的人，他们现在四五十岁，开始减少喝酒，寻求其他有一定吸引力的产品。咖啡成了一个极好的选择。他们中最忠诚的顾客可以老练地讨论诸如牙买加蓝山咖啡之类的咖啡，就如过去谈论教皇新城堡葡萄酒一样。星巴克的顾客似乎一致认为：这种更昂贵但更优质的咖啡让普通的咖啡看上去几乎令人反感。

资料来源：肯尼思·E.巴洛，唐纳德·巴克. 广告、促销与整合营销传播（第 3 版）[M]. 北京：清华大学出版社,2008: 46-47.

4）企业进入目标市场的能力及条件（availability and conditions）

如果某一细分市场适合企业的目标，那么企业还必须分析自己是否有占领该市场所必需的能力和条件。如果企业缺乏赢得目标市场竞争胜利所必需的能力，或不能够适时地获得这些能力与条件，那么企业就无法进入目标市场。即使具备了应有的能力和条件，还要有超过竞争对手的技能和资源。只有当企业能够提供优越的条件并取得竞争优势时，企业才能进入目标市场。

选择目标市场往往是从查阅统计资料开始的。通过对国内或某一地区发表的统计数据的研究，找出哪些地区在销售与本企业相类似的产品，并估计其市场容量、趋势等。做出初步选择后，进一步了解有关市场的细节，查阅有关地区的工商名录，收集可能的客户名单，并设法与之发生联系。在此基础上考虑下述问题。

（1）本企业的产品与当地销售的产品是否有一定的差异，这些差异是否有利于销售。

（2）企业是否能保证稳定的供货水平。

（3）企业是否能保证产品质量的稳定。

（4）企业产品需做哪些修改，这些修改在工艺上、产品成本方面能否接受。

（5）企业是否能对该地区提供必要的售后服务，并且在成本上是否可以接受。

（6）运输成本是否过高，产品促销限制及费用情况。

对上述问题做过考虑并认为有希望，再进一步确定下述问题。

（1）产品种类。

（2）产品在目标市场的销售价格。

（3）计算产品的毛利、净利，测算各项成本。

（4）产品名称、商标使用及注册问题。

（5）商品包装及因其他文化因素而必须做出的改进。

（6）产品的分销途径。

4. 选择目标市场范围

企业在选择目标市场时，可采用的范围策略主要有以下五种。

（1）产品—市场集中化（single-segment concentration）策略。即企业的目标市场无论从市场（顾客）或是从产品角度，都是集中于一个细分市场。企业只生产或经营一种标准化产品，只供应某一顾客群。这种策略可以使企业集中力量在一个子市场上，占有较高的市场占有率，但其风险同样较大。

（2）产品专业化（product specialization）策略。即企业向各类顾客同时供应某种产品，在质量、款式、档次等方面都会有所不同。这种策略可以分散风险，有利于企业发挥生产、技术潜能，而且可以树立产品品牌的形象，但会受潜在的替代品和新产品的威胁。

（3）市场专业化（market specialization）策略。即企业向同一顾客群供应性能有所区别的同类产品。这种策略既可分散风险，又可在一类顾客中树立良好形象。但应适合顾客购买力的情况，否则，顾客购买力下降，企业利润就会下滑。

（4）选择性专业化（selective specialization）策略。即企业有选择地进入几个不同的细分市场，为不同顾客群提供不同性能的同类产品。当然所选市场要具有相当的吸引力，这一策略也可以较好地分散企业的风险。

（5）全面进入（full market coverage）策略。即企业全方位进入各个细分市场，为所有顾客提供全心全意所需要的性能不同的系列产品。通常资金雄厚的大企业为在市场上占据领导地位甚至力图垄断全部市场会采取该种策略。

7.2.2　目标市场战略

在特定的目标市场内，可供企业选择的市场战略主要有三种：无差异营销策略、差异性营销策略和集中性营销策略。

1. 无差异营销策略（undifferentiated marketing）

即企业把整体市场看作一个大的目标市场，忽略消费者需求存在的不明显的微小差异，只向市场投放单一的商品，设计一种营销组合策略，通过大规模分销和大众化的广告，满足市场中绝大多数消费者的需求。

如果企业面对的市场是同质市场，消费者需求差异性不大（如食盐）、某种产品是某个行业不可替代的必需品（如中国书画艺术品所需的墨）、产品是专利品、产品独特不易模仿、市场处于卖方市场等情况时，企业完全可以采用无差异营销策略。

无差异营销策略由于依靠单一的生产线，大批量生产和运销、存储，可以发挥规模经济的优势。不搞市场细分相应减少了市场调研、产品研制、制定多种市场营销组合方案所耗费的人力、财力和物力，降低了营销成本，节省了促销费用。但一种产品长期被所有消费者接受是不可能的，消费者的需求客观上是千差万别并不断变化的。而且在几个企业同时采用这种策略时，就会形成较激烈的市场竞争。而长期使用此策略，必然导致一部分差异性需求得不到满足。

企业采用无差异营销策略应具备的条件如下。

（1）具有大规模的单一生产线。

（2）有着广泛的销售渠道。

（3）在消费者中有广泛的影响，产品内在质量好，企业信誉高，或者是独家生产经营。

2. 差异性营销策略（differentiated marketing）

这是一种以市场细分为基础的营销策略。采用这种策略的企业按照对消费者需求差异的调查分析，将总体市场分割为若干个子市场，从中选择两个乃至全部细分市场作为目标市场，针对不同的子市场的需求特点，设计和生产不同产品，并采用不同的营销组合分别满足不同需求。

有些企业在使用此策略时，有追求最大子市场的倾向，称为"多数谬误"。充分认识这种谬误，能够促使企业增强进入较小子市场的兴趣。

当企业所面对的市场具有较强的需求差异、产品替代性较强、市场处于买方市场，而且企业具有相当的实力可以同时设计和生产不同的产品时，就可以选择差异性营销策略。

差异性营销策略能够较好地满足不同消费者的需求，增加企业对市场的适应能力和应变能力，减少了经营风险。如果企业在几个细分市场上都占有优势，还会大大提高消费者对企业的信任感。但这种策略的使用要求企业增加生产的品种，具有更多的销售渠道，广告宣传也要多样化，这样生产的成本和宣传费用开支必然大量增加，会受到企业资源的限制。（见例 7-5）

【例 7-5】

Hallmark 的差异化

Hallmark 在贺卡行业里一直以卓越品质著称，它多年坚持"给想要送最好东西的人"的营销主题，并以产品质量、员工、店堂、促销措施等支持这一主题。但是为了适应竞争环境的变化，它也在对其营销策略进行调整，针对不同的目标市场提供具有差异化的独特产品。

针对喜欢轻松内容的消费者，Hallmark 聘请有创造力的文案撰写贺卡文辞，在 1986 年开发出了新颖有趣的 Shoebox 贺卡。

针对 Factory Card 和 Card ＄ mart 等专卖店的贺卡销售竞争，Hallmark 创建了 Hallmark Expressions 品牌，生产反传统幽默和内容有灵感的贺卡。它的内容创意"标新立异"，常与最近发生的热门事件相联系。Hallmark 把这些贺卡迅速推向市场，并摆放在突出的位置，以引起人们的冲动性购买。

针对药店、折扣店、冲印店这些零售渠道，Hallmark 从产品和价格两个方面强化竞争，同时加强与零售渠道商的合作。一方面说服零售商把贺卡销售作为烘托店面气氛，强调店面色彩、形象的方式。经过宣传后，Walgreen's 就把 Hallmark 作为它的一大卖点，在它的药房、化妆品和照相洗印部进行陈列和销售；另一方面，Hallmark 还向各零售店提供其顾客的人口统计资料和销售数据，帮助零售商更清楚地了解顾客，提高顾客满意度，同时有利于零售商定制促销活动，减少不必要的库存。

针对男性和十几岁、二十岁刚出头的更年轻的顾客，以及 American 贺卡公司的"Create-A-Card"的竞争，Hallmark 开发了触摸屏贺卡，让顾客在自动售货点创作个性化贺卡。通过这种新技术，消费者可以在高价位贺卡上面随意创作。

针对海外市场，Hallmark 不断扩展海外销售渠道，满足人们的多样化需求。从在日本建立第一家海外分店开始到进军国际市场以来，现在，Hallmark 的产品在至少 40 个国家销售，包括中国、德国、巴西、澳大利亚、希腊和更小的国家。除了贺卡，它还销售日历、礼品、礼品包装、缎带和聚会用品。

资料来源：[美]肯尼思·E. 巴洛，唐纳德·巴克. 广告、促销与整合营销传播[M]. 3 版. 冷元红，译. 北京：清华大学出版社，2008：72-73.

有些企业曾实行了"超细分战略"，即许多市场被过分地细分，而导致产品价格不断增加，影响产销数量和利润。而一种叫做"反市场细分"的战略则是将许多过于狭小的子市场组合起来，以便能以较低的价格去满足这一市场需求。

采用差异性营销策略的企业必须具备以下条件。

（1）有一定的规模，人力、财力和物力比较雄厚。

（2）企业的技术水平、设计能力能够适应市场产品变化的速度。

（3）有较强的市场营销能力。

（4）有较高的经营管理素质。

3. 集中性营销策略（concentrated marketing）

即企业在市场细分的基础上，选择一个或几个细分市场作为目标市场，制订营销组合方案，实行专业化经营，把企业有限的资源集中使用，在较小的目标市场上拥有较大的市场占有率。

如果企业资源有限、开发产品的能力有限、营销力量不足，则宜采用集中性营销策略。开篇案例中的唯美公司就是因为创立后受到专业人才缺乏、经验不足、设备引进失误等种种限制，不能生产市场主销品种，而只能生产市场份额不大的釉面地砖。加之企业实力有限，无法在市场主流产品上与众多强大的竞争对手相抗衡，才出台了"小市场、大份额"的集中性营销策略。

集中性营销策略由于能够在较小的市场上切实满足一部分消费者的特殊需求，有利于在市场上追求局部优势，因而能够在较小的市场上取得较大的成功。特别是对于某些暂时财力较弱的中小企业来说，恰当地采用这种策略，既可以在较小的市场上形成经营特色或商品信誉，获得消费者的信任，提高投资收益率；又可以伺机在条件成熟时迅速扩大生产、提高市场占有率。但也应意识到这种策略具有较大的风险，由于目标市场比较单一和狭小，一旦市场需求发生急剧变化或出现强大的竞争者，而企业又不能随机应变时，就有可能造成巨大的损失。所以采用这种策略，必须对市场有深刻的了解，必须对可能发生的风险有比较充分的应变准备。

企业选择集中性营销策略一定要调查研究，定准方向，企业要有出奇制胜的专门人才或专门技术，足以吸引细分市场的目标顾客或用户。

以上三种营销策略之间有明显的相同点和区别点：

无差异营销策略与差异营销策略、集中营销策略的区别在于它不进行市场细分，而其他两种策略都是在市场细分的基础上进行的。但它和差异营销策略最终满足的都是全部市场需求，而集中营销策略最终满足的只是局部市场需求。

7.2.3　影响目标市场战略选择的因素

一般企业在选择目标市场战略时，主要考虑以下五个因素。

（1）企业实力。主要是指企业的人力、财力、物力、技术能力、创新能力、竞争能力、销售能力、应变能力、公关能力等。如果企业实力雄厚，就可以采用无差异营销策略或差异性营销策略；反之，宜采用集中性营销策略。

（2）市场需求特点。主要考虑顾客需求和爱好的类似程度。如果顾客的需求比较类似或爱好大致相同，对促销刺激的反应差别不大，就可以采用无差异营销策略；反之，宜采用差异性或集中性营销策略。

（3）产品生命周期。一般说来，企业的新产品在投入市场初期或处于成长期竞争者不多时，宜采用无差异营销策略，以探测市场需求和潜在顾客情况，也有利于节约市场开发费用。当产品进入成熟期以后，竞争者增多时，宜采用差异性营销策略，以开拓新的市场；或者实行集中性营销策略，以维持或延长产品生命周期。

（4）商品性质差异。一般考虑商品自然属性的差异和选择性的大小。初级产品虽有自然品质的差异，但消费者并不过分挑选，竞争焦点一般在价格上，经营者就可采用无差异营销策略；反之，选择性强的产品，宜采用差异性或集中性营销策略。

（5）竞争者的策略。在市场竞争激烈的情况下，企业究竟采取哪种营销策略，往往还要考虑竞争者的策略并权衡其他因素而定，不能一概而论。如竞争者实力较强并实行无差异营销策略时，本企业可反其道而行之，实行差异性营销策略或集中性营销策略；假若竞争者已采取差异性营销策略，则可实行更为有效的市场细分去争夺更为有利的子市场；当竞争者实力较弱时，也可以采取无差异营销策略，在整体市场或大面积市场去争夺优势。

7.3　市　场　定　位

企业在选定目标市场后就要在目标市场上进行产品的市场定位。市场定位是开拓市场、占领市场、战胜竞争对手、取得立足点和进一步发展的不可缺少的重要一步。

7.3.1　市场定位的概念及步骤

1. 市场定位的概念

市场定位（positioning）是指企业根据竞争者现有产品在市场上所处的位置，针对该产品某种特征或属性的重要程度，塑造出本企业产品与众不同的个性或形象，并把这种形象传递给消费者，从而使该产品在目标市场上确定适当的位置。

市场定位是通过为自己的产品创立鲜明的特色或个性，塑造出独特的市场形象来实现的。产品的特色或个性，有的可以从产品实体上表现出来，如形状、成分、构造、性能等；有的可以从消费者心理上反映出来，如豪华、朴素、典雅等；有的表现为质量水准等。企业在进行市场定位时，一方面要了解竞争对手的产品具有何种特色；另一方面要研究顾客对该产品的各种属性的重视程度，然后根据这两方面进行分析，再选定本企业产品的特色和独特的形象。这样，就可以塑造出一种消费者或用户将之与别的同类产品联系起来而按一定方式去看待的产品，从而完成产品的市场定位。

2. 市场定位的步骤

市场定位一般有三个步骤：判断消费者或用户对产品属性的重视程度、识别据以定位的竞争优势、传播市场定位。

（1）判断消费者对某种产品属性的重视程度，找出产品在消费者心目中的"理想点"。市场定位的关键是找出产品在消费者或用户心目中理想的位置，每个消费者群对所需产品都有一个综合性要求，包括消费者对该产品实物属性的要求和心理方面的要求，而各种要求产生的根本原因来自于消费者的购买动机。只有通过研究并认清消费者购买本企业产品的真正原因，才能为产品市场定位找到科学依据。

通过市场调查可以找到消费者购买产品的真正目的和动机。如对购买食品的消费者进行调查可发现有以下几种动机：为了充饥，这类消费者并不太重视食品的营养，而较为重视食品的数量；为了防病，这类消费者比较重视食品的药用价值；为了改善身体现状，这类消费者比较重视食品的营养价值和科学搭配；为了送礼，这类消费者比较重视食品的包装和食用价值……

（2）确定产品在同类产品范围中的地位，明确竞争优势。企业所面临的竞争对手大致包括四个种类：第一类是愿望竞争者，即满足消费者目前各种不同愿望的竞争者；第二类是一般竞争者，即满足消费者某种愿望而采取不同方法的竞争者；第三类是产品形式竞争者，即满足消费者某种愿望的同类商品，而在质量、价格上相互竞争的竞争者；第四类是品牌竞争者，即能满足消费者对同种产品具有不同品牌愿望的竞争者。

其实，竞争者不仅存在于同行业之间，不同行业之间也存在着相互竞争的问题。这种竞争有两种表现形式，一是某种新兴行业、新产品对老行业、老产品的替代。因此企业除了要对同行竞争对手进行了解外，还得注意新兴行业的竞争者；另一种形式是看起来毫不相干的行业之间也同样存在着隐性而又激烈的市场竞争。因为消费者的购买力是有限的，倘若哪一个产品做出了能"蛊惑"人心的促销宣传，购买力就会冲向那里。所以，对非同行企业的种种行为也不可视而不见或漠然视之，需要注意它们的动态。

在了解竞争对手之后，就要在与竞争对手比较的过程中建立自己的优势，以寻找占领市场的最佳立足点。这些优势可以是资源优势、规模优势、管理优势、营销优势、产品优势、技术优势和品牌优势。当然企业无须也不可能面面俱到，只要其中一方面有胜人之处，就可以从这里入手，进行定位。（见例 7-6）

【例 7-6】

美国西南航空公司的竞争性定位

多级舱位和多重定价是美国航空（American Airlines）的定位特色。当美国几乎所有航空公司都在跟随和效仿美国航空的这一定位时，杰克·特劳特协助客户西南航空（Southwest Airlines）重新定位为"单一舱级"的航空品牌，与美国航空形成鲜明对比。很快，西南航空从一大堆跟随者中脱颖而出，1997 年起连续五年被《财富》评为"美国最值得尊敬的公司"。

资料来源：梁娟.营销的市场细分与定位——美国西南航空公司经营策略个案分析[J].市场周刊：财经论坛，2004（4）：72-73.

（3）传播和送达选定的市场定位。一旦选择好市场定位，企业就必须采取切实步骤把理想的市场定位传达给目标市场。

要积极宣传企业产品的市场定位，使目标顾客了解并接受企业产品的市场定位，引发顾客的兴趣，使目标顾客对企业产品的市场定位能够认同、喜爱并产生偏好。（见例 7-7）

【例 7-7】

奇瑞 QQ 的市场定位传播策略

针对目标顾客的特点传播市场定位是定位成功与否的重要因素。传播策略要符合目标消费群体的特征才能吸引并打动他们，在他们心里占有一个位置。围绕奇瑞 QQ "年轻人的第一辆车"的定位，奇瑞公司对目标消费群体进行了分析，针对他们的特点，从产品、品牌等方面进行了整合传播。

首先奇瑞公司根据年轻人中间流行的网络语言来选择词语，挑选符合他们时代的语言特点，并对他们有亲和力的词语来对产品命名。QQ 在网络语言中有"我找到你"之意，它为年轻人所熟悉，同时很简洁，朗朗上口，具有冲击力。

其次奇瑞公司在品牌形象和个性方面反复斟酌，推出了年轻人十分喜爱的品牌形象，刻画了 QQ 的强烈个性，很快抓住了年轻人的眼球和心。它那一句"年轻人的第一辆车"的广告标语，"秀我本色"等广告词，以及富有创意的广告形象深深为追求自我、张扬个性的目标消费群体所认同，将他们的心理感受描绘得淋漓尽致，也张扬了 QQ "时尚、价值、自我"的品牌个性，与目标消费群体产生共鸣。

品牌定位成功为消费者接受后，接下来，QQ 开展了立体化的整合传播：利用报纸、电视、网络、户外、杂志、活动等媒介对产品和品牌信息进行整体化的传播，同时举办大型互动活动，如 QQ 价格网络竞猜、QQ 秀个性装饰大赛、QQ 网络 FIASH 大赛等，为 QQ 2003 年上市大造声势。这些活动都让目标消费群体主动参与，与品牌"亲密接触"。同时结合新闻发布会和传媒的评选活动，从而形成全国市场的互动，并为市场形成了良好的营销氛围。

正是因为各种媒体传播以及各种活动的"点""面"结合，QQ 的定位传播大获成功，其市场定位深入人心，起到了良好的营销效果。

资料来源：沈小雨.定位鲜明,奇瑞 QQ 诠释"年轻人的第一辆车"[J].成功营销,2004（2）：36-38.

　　通过市场定位这三个步骤，企业了解到竞争对手的产品具有何种特色，消费者对企业产品的各种属性的重视程度，然后根据这两个方面进行分析，选定本企业产品的特色和独特形象并进行传播。至此，就可以塑造出一种消费者把它与别的同类产品联系起来并以一定方式去看待的产品，从而完成产品的市场定位。

7.3.2　市场定位策略

　　市场定位策略主要有以下三种。

　　（1）避强定位策略（avoiding）。即避免与竞争者直接对抗，将本企业的产品定位于某处市场的"空隙"或薄弱环节，发展目标市场上没有的产品，开拓新的市场领域。

　　（2）迎头定位策略（opposing）。即与最强的竞争对手"对着干"的定位策略。采用这种策略的企业应具有比竞争对手强的实力。

　　（3）重新定位策略（repositioning）。如果竞争者的产品定位于本企业产品的附近，侵占了本企业的部分市场；或消费者及用户偏好发生了变化，转移到竞争者的产品上时，企业就必须考虑为自己的产品重新定位，改变市场对其原有的印象，使目标顾客对其建立新的认识。（见例7-8）

【例7-8】

锐步：酷运动

　　由于在传统体育用品市场上越来越难以与耐克进行正面的竞争，锐步重新定位了自己的品牌形象，目标锁定街头嘻哈一族、爵士乐迷以及其他赶时髦的城市人的市场。这一新的营销战略非常冒险，却取得了很好的营销效果。

　　为了进军新领域，锐步的重新定位策略分为几部分。

　　首先，为了树立时尚的新形象，锐步签约街头嘻哈艺人Jay-Z和50Cent为广告代言人，接着又与日本服装设计师Nigo签约开发了一种命名为"Ice Creams"的新产品。这些新变化吸引了喜欢新形象、新面孔的赶时髦的消费者，主要是男性。在锐步2003年的销售额中，这个新品牌占了15%。

　　其次，在亚太地区，锐步通过赞助许多NBA运动员和街头艺人，进入了篮球和嘻哈音乐领域。锐步与MTV合作，将篮球赛事引入亚洲。它与美国国家篮球协会签订10年合同，不但进行篮球赛事安排，还在亚太地区设计、生产、营销、销售官方指定的NBA运动服。

　　除此之外，锐步还有另一个目标市场——高科技爱好者。它通过赞助娱乐软件公司——美国电子艺术公司（Electronic Arts），使锐步鞋和服饰的广告编进电脑游戏。这也是锐步重新定位之后其整合营销计划的一部分。通过这一整合计划，锐步品牌可以接触到其目标消费者，重新与他们沟通新的定位和形象，以期重焕青春。

　　资料来源：肯尼思·E.巴洛,唐纳德·巴克. 广告、促销与整合营销传播（第3版）[M]. 北京：清华大学出版社,2008: 14-15.

7.3.3　市场定位方法

市场定位的方法有多种，但最常用的市场定位方法是以下七种。

1. 根据属性与利益定位

产品本身的"属性"以及由此而获得的"利益"能使消费者体会到它的定位。如在国际汽车市场上，德国的大众汽车是有"货币的价值"的美誉，日本的丰田汽车侧重于"经济可靠"，而瑞典的沃尔沃汽车具有"耐用"的特点。在有些情况下，新产品应强调一种属性，而这种属性往往是竞争对手所无暇顾及的，这种定位往往容易取得成效。（见例 7-9）

【例 7-9】

法国乌托邦博物馆 motel

不断变化的博物馆展览 motel，位于法国风景宜人的 Raon-iatape 小镇，周边有很多著名的博物馆。它依托于博物馆的历史文化价值和古典感觉，吸引博物馆游客。它的内部装修风格依循 1950—1970 年的风格，并定期更换家具及内部装饰风格，使用一些著名设计师的设计，房间租金 55～100 欧元不等。

资料来源：科特勒纪事. KMG 分享第一期：营销热点事件&商业模式创新思考[DB/OL]. http://blog.sina.com.cn/kmgrecord. 2009-04-29.

2. 根据价格和质量定位

价格与质量两者创造不同的地位，在有些情况下，质量是取决于制作产品的原材料，或者取决于精湛的工艺，而价格也往往反映其定位，两者结合使用往往可在消费者心目中产生"一分钱一分货"的效果。（见例 7-10）

【例 7-10】

$2/night 酒店

马来西亚 tune hotel，隶属于廉价航空"亚洲航空"集团。它以 2 美元/晚的低价格提供：①五星级的床。② 绝佳的淋浴体验。③城市中心便利的地理位置。④干净的环境。⑤24 小时的安保。此外的一切如牙刷、牙膏、纸巾、毛巾、电视、网络、饮用水等服务都需要收费，酒店还通过出租底商来盈利。

资料来源：科特勒纪事. KMG 分享第一期：营销热点事件&商业模式创新思考[DB/OL]. http://blog.sina.com.cn/kmgrecord. 2009-04-29.

3. 根据产品使用的用途定位

赋予老产品新的用途或扩大其使用范围，可以实现其新的市场定位。如过去把烘焙用的小苏打广泛使用为刷牙剂、除臭剂、烘焙原料等，现在作为冰箱除臭剂使用。

4. 根据使用者定位

企业常常试图把某些产品指引给适当的使用者或某个分市场，以便根据那个分市场的特点创建起恰当的形象。如各种品牌的香水，是针对各个不同分市场的，分别定位于雅致、富有、时尚的妇女。又如奔驰的典型使用者形象是事业有成的中年男士，而宝马则是锐意进取、享受生活的青年才俊。（见例 7-11）

【例 7-11】

"动感地带"的使用者定位

"动感地带"是中国移动继"全球通""神州行"之后推出的第三个品牌，与前两个品牌对所有的消费者大包大揽不同，"动感地带"一经推出就确定了自己的目标市场和定位。它的目标市场是 15～25 岁年龄段的崇尚新奇事物的年轻一代，通过提供时尚、好玩、探索的移动服务，拉近与消费者的距离，使自己成为消费者生活的一部分。

资料来源：动感地带如何"感动"消费者[DB/OL]. 世界品牌实验室. http://brand.icxo.com/htmlnews/2007/02/21/958761_0.htm.2007-02-21.

5. 根据竞争者的情况定位

一种做法是定位于其竞争对手的产品附近，以便消费者的比较与挑选，通过强调与同档次产品相同或不同的特点来进行市场定位。例如康师傅方便面强调面条和料包的口味；五谷道场方便面则强调它的产品是非油炸；今麦郎方便面则强调"弹"面。

另一种做法是定位于与竞争者产品直接有关的不同属性或利益。如七喜汽水在广告中称它是"非可乐"饮料，暗示其他可乐饮料中含有咖啡因，对消费者健康有害。20 世纪 80 年代，杰克·特劳特把"七喜"汽水重新定位为"不含咖啡因的非可乐"，此举痛击了可口可乐与百事可乐，使七喜汽水一跃成为仅次于可口可乐与百事可乐之后的美国饮料业的第三品牌。又如白加黑强调"白天吃白片不瞌睡，晚上吃黑片睡得香"；快克则强调"治感冒，中西药结合疗效好"；感康则强调自己是"抗病毒，治感冒"。

6. 根据产品档次定位

产品可以定位为与其相似的另一种类型的产品档次，以便与之对比。如麦淇淋广告宣传为与奶油味道一致；或产品定位目的强调与其同档次的产品并不相同，特别是当这些产品是新产品或独特产品时，如不含铅的汽油等，都是新类型的老产品，定位时强调与其同档次产品的差异及特点。

7. 各种方法组合定位

企业可使用上述多种方法组合定位。如大宝 SOD 蜜"内含丰富的 SOD 活性物质，并加入人参"，能对抗自由基，抗衰老（属性与利益定位），"价格实惠量又足"（价格定位），平民产品（档次定位），男女老少皆宜（使用者定位）。

7.3.4 市场定位原则

1. 受众导向原则（audience-driven）

杰克·特劳特（Jack Trout）和史蒂夫·瑞维金（Steve Rivkin）在 1996 年的《新定位》（The New Positioning）一书中，一再强调定位的重心在于消费者心灵，对消费者的心灵把握得越准，定位策略就越有效。成功的定位取决于两个方面：一是企业如何将定位信息有效地传达到消费者脑中；二是定位信息是否与消费者需要相吻合。也就是说，市场定位必须为消费者接收信息的思维方式和心理需求所牵引，必须遵循受众导向原则。

消费者接收信息的思维方式有其共同的特点。消费者的心智是一个不大的容器，他们接收的信息是有限的。在这样一个信息爆炸的年代，很多信息相互"撞车"和"堵塞"，真正进入人脑的信息是极少数的。企业进行定位时没有新的记忆点，就容易遭到消费者抗拒和排斥。

因此，要突破信息沟通的障碍，打开消费者的心智之门，关键是要想消费者之所想，要千方百计使传播的信息变成消费者自己想说的话，让他们在听到企业的宣传和使用产品的过程中感觉满意，由此认为：这正是我所需要的，这正是为我专门设计的。只有这样，才能让他们产生亲切感、认同感、信任感，从而接受产品，最后形成依恋以至养成购买习惯。

2. 差别化原则（differentiation）

随着科技的发展、新媒体的不断涌现以及广告的空前泛滥，消费者每天接触到的信息难以计数。面对潮水般涌来的信息，消费者往往会产生一种抵触排斥心理，即使接受也会很快被其他更新的信息所取代。在这种成千上万的信息海洋中，如何才能把你的产品信息输入消费者脑中，并留下深深的印象呢？唯有差别化，追求与众不同，以便消费者易于将你的产品与其他品牌区别开来，才能占据其心中一隅。

市场定位就是通过各种媒体和渠道向消费者传达组织或品牌的特定信息，使差异性清楚地凸现在消费者面前，从而引起消费者注意你的品牌、产品，并使其产生联想。如果定位所体现的差异性与消费者的需要相吻合时，那么你的产品或品牌就能留驻消费者心中。

定位中的差异性可能来自你的产品与竞争对手之间的区别；也可能来自你众多品牌之间的区别。当然定位中的差别因素远不止这些，它还包括很多有形或无形的因素。或是服务最优良，或是质量最可靠，或是技术最先进……只要做到了以上中的一点，你就能在众多的产品中脱颖而出。（见例 7-12）

【例 7-12】

香港报社的差异化定位

香港的几大报社，无不是通过差别化策略形成自己的特色来确立其竞争优势。《明报》定位于政论性，在读者心目中，它的政论性文章分析时事更为深入、透彻，是关心政治的读者的首选；而《信报》则将重点放在财经、金融、贸易上，给商人和有志于从商、投资者提供了最新商业消息；《东方日报》是普通市民、居家主妇的首选，它告诉你如何将家庭生活安排得更诱人；《星岛日报》是有闲人打发时光、年轻人了解潮流的最佳读物。

资料来源：刘劲松.香港免费报纸的经营策略[J].新闻界,2006（4）：37-38.

由此可见，不管你是销售某一产品，还是提供某一服务，或是经营某一文化事业，要想在消费者心中留下深刻印象，唯有一种途径——与众不同。

3. 个性化原则（personality）

产品与产品之间的某种差别，是可以通过调整经营策略和不断努力来缩小或同化的，有差别只意味着有距离，而距离是可以拉近的，无法拉近的却是产品之间所形成的个性，个性往往是无形因素，你知道它的存在，而无法追随。因此，市场定位还应遵循个性化原则，即赋予产品或品牌独有的个性，以迎合相应的顾客的个性。

20世纪50年代末，福特公司在促销福特牌汽车（Ford）和雪佛莱汽车（Chevrolet）时就强调个性的差异。人们认为，购买福特牌汽车的顾客有独立性、易冲动，有男子气概，勇于变革并有自信心；而购买雪佛莱牌汽车的顾客保守、节俭，重名望，缺乏阳刚之气，恪守中庸之道。

定位是在"卖概念"，而不是其他，这个概念就是它的个性。而个性可能与产品的物理特性和功能利益毫无关系。我们可以从产品的物理特性和功能利益发展出一个定位，但定位并不仅仅是产品物理特性和功能利益的总和，它还含有另外一些完全属于精神上的东西。如万宝路以西部牛仔和马定位于消费者心中的自由、奔放、粗犷、帅气、强劲有力量。这完全是从消费者出发，让消费者吸万宝路时自然而然地产生这样的心理感受。至于烟本身的特性和功能却与这种心理感受关系不大，企业所做的只是将产品的包装、广告和其他手段与其定位相配合。

可见，个性化原则要求市场定位要有创意，要与众不同，即使这种个性与产品本身并无关联，是人为地赋予的，但只要得到消费者认同，它就将是企业战胜对手、赢取消费者芳心的最有利的武器。

4. 动态调整原则（dynamic adjustment）

今天的社会是个变化的社会，技术在变化，竞争在变化，消费者也在变化。企业是社会这个大系统中的一个子系统，它的一切经营活动都受环境的制约。在变化的环境中，企业只有不断调整自己的经营目标、产品种类、技术水平、管理方式、营销策略，才能适应环境，焕发生命力（见例7-13）。

【例7-13】

商场该如何调整定位？

对百货店和购物中心而言，准确定位是经营的基础。而及时调整定位也关乎商场经营的成败。

商场定位调整常见的有三种类型：调整主力店、调整卖场模式、调整配套商业。

在商业企业中，因定位问题调整主力店的先例极为罕见。主力店作为商场支柱，不仅对商场聚客能力、销售业绩有着重要影响，同时也事关商业氛围和其他租户的稳定性。北京朝阳大悦城清退其前首席主力店"永旺百货"源于两者的定位不符。永旺百货撤出后，朝阳大悦城从"潮流+社区"双重定位该走纯潮流路线，要花费较长时间重新培养客流。商业专家认为"调整主力店会对商气的聚拢产生很大影响"，是一剂猛药，不能随意使用。

调整卖场模式与调整主力店模式相比较为柔和，但也属较大型的调整。例如，北京东方新天地在开业之初，将北京消费者作为目标市场，希望通过自身优势与王府井百货大楼一较高下。在经营一段时间后，王府井商圈的激烈竞争格局让东方新天地调整了经营思路。而后，东方新天地进行定位调整，不仅对不少品牌做出替换，更进行了大规模的卖场改造。最终，独特的街道式卖场和走廊式餐饮抓住了人们的眼球，既吸引了占商圈内绝大多数的外来游客，也吸引了地铁人流成为商场客流。商业专家认为，调整卖场模式在不对品牌进行大范围调整的前提下，通过品牌的重新排列组合，实现卖场资源的优化配置。

调整配套商业是最为温和的定位调整手段，也是商业企业中最常见的。围绕主力店风格调整品牌、明晰定位，从而达到卖场升级的效果。比如，围绕时尚购物主力店，增加餐饮配套和电影、亲子类体验型消费的比例。

在市场竞争中及时调整定位有利于企业开辟蓝海市场，进行转型，以及加强转型期的盈利预期。但与此同时定位调整也十分考验经营者的决策能力。

资料来源：崇晓萌. 商场该如何调整定位[N]. 北京商报，2012-2-29.
编者有加工和整理。

动态调整原则就是要求企业在变化的环境中，抛弃过去传统的以静制动、以不变应万变的静态定位思想，对周围环境时刻保持高度的敏感，及时调整市场定位策略。或是开发产品的新性能来满足消费者的新需求，或是对原有的定位点偏移或扩大，以做到驾驭未来。成功的经验告诉我们，在动态的市场环境中，每一家企业都应当严密监视市场环境，随时审时度势，依据环境变化、竞争对手变化、顾客观念态度变化、政府宏观政策的改变，重新定位自己的产品和企业，修正企业的营销策略，以适应不断变化的新市场需要。

7.4 市场营销组合策略

7.4.1 市场营销组合的概念

市场营销组合（marketing mix）是指企业根据目标市场的需求，在综合考虑环境、竞争状况及自身能力的基础上，对企业自身可控制因素进行优化组合与综合运用，将各种可能的营销策略和手段有机地结合起来，以系统的整体策略优化，形成企业的经营特色，以实现企业的营销目标。

市场营销组合的产生给市场营销学注入了强烈的"管理导向"，成为整个营销学理论体系的重要内容。为了实现企业的战略目标，企业通常将各种策略和方法有机地配合使用，以适应企业内部条件和外部环境因素的变化，从而取得最佳市场营销整体效益。

7.4.2 市场营销组合的构成

市场营销组合是美国哈佛大学鲍敦（Neil Borden，亦译"内尔·伯登"）教授于 1953 年首先提出的。1953 年他在美国市场营销协会就职演说时提出市场营销组合（marketing mix），是指为了寻求一定的市场反应而进行的一系列直接影响需求的可控制因素的组合。1960 年，美国的麦卡锡教授（Jerome McCarthy）在其《基础营销》（Basic Marketing）一书中将营销组合要素简要概括为"4Ps"。即：产品（product）、价格（price）、渠道（place）、促销（promotion）。如表 7-3 所示。

1967 年，美国西北大学的菲利普·科特勒（Phillip Kolter）教授在其畅销书《营销管理：分析、计划、执行与控制》第一版中进一步确认了以 4Ps 为核心的营销组合方法，从而 4Ps 营销组合理论得到了广泛的传播和引用，成为了所有营销学课程的理论基础。

表 7-3　市场营销组合四项基本策略及内部变量

产品策略	渠道策略	促销策略	价格策略
特性	分配渠道	广告	样本价格
质量	区域分布	媒体类型	价格水平、幅度
外观	中间商类型	文字或图像	折扣
附件	营业场所	人员推销	折让
品牌名称	物流	公共关系	支付期限
包装	储存	营业推广	信用条件
担保	运输		
服务	服务标准		
产品线			
买卖权			

1984 年，菲利普·科特勒在此基础上又提出了"6Ps"，即在"4Ps"的基础上增加了政治力量（political power）和公共关系（public relations），后被称为"大市场营销组合"。随后于 1986 年 6 月来华讲学中，又提出了"10Ps"，即在 6Ps 的基础上再加上探查（probing）、划分（partitioning）、优先（prioritizing）和定位（positioning）。

市场营销组合是一个整体，每一个子系统之间是相互联系、相互作用、密不可分的。判定一个营销组合的优劣不能简单地考察各子系统的状况，而应从整体上考察，要充分考虑各子系统之间的作用与联系。一个系统需要与外界进行物质、能量的交换，它存在于环境之中。因此，企业进行市场营销组合决策时，要充分考虑企业所处的环境条件，只有这样，才能做出客观可行的组合方案。

7.4.3　市场营销组合的特点

1. 市场营销组合要素具有可控性（controllability）

企业根据目标市场的需要，可以决定自己的产品结构，制定产品价格，选择分销渠道和促销方法等。对这些市场营销手段的运用和搭配，企业有自主权。但由于企业在市场营销过程中不但要受本身资源和目标的制约，而且还要受各种微观和宏观环境因素的影响和制约，因此，市场营销管理人员就应适当安排市场营销组合，使之与不可控制的环境因素相适应。

2. 市场营销组合是一个复合结构（complex structure）

市场营销组合各要素都包含着若干个子要素。因此，市场营销组合至少包括两个层次的复合结构，企业在确定市场营销组合时，不但应求得各个要素之间的最佳搭配，而且要注意安排好每个要素内部的搭配，使所有这些因素达到灵活运用和有效组合。

3. 市场营销组合是一个动态组合（dynamic combination）

每一个组合因素都是不断变化的，同时又在互相影响，每个因素都是另一因素的潜在替代者。每一个变量的变动，都会引起整个市场营销组合的变化。

4. 市场营销组合具有整体性（integrity）

营销组合是企业根据营销目标制定的整体策略，它要求企业市场营销的各个因素协调配合，一致行动，发挥整体功能。如果各因素单独发挥作用，难免缺乏整体的协调，有些功能就会相互抵消；而在组合条件下，各个因素相互补充、协调配合，其整体功能必然大于局部功能之和。因此，在制定营销组合时，要追求整体最优，而不是要求各个因素最优，各个亚层次的营销组合也必须服从整体组合的目标和要求，维护营销组合的整体性。

7.4.4　市场营销组合的应用

1. 市场营销组合对市场供求关系变化的反应

针对市场供求关系的变化，企业在对营销因素进行组合时需做出敏锐的反应。当处于卖方市场状态时，销售策略的重点应向价格与促销过渡。当处于买方市场时，销售策略的重点应是使潜在用户转化为现实用户。由于市场供求状态主要与用户的购买状态有关，营销因素应针对用户购买状态进行组合。（见表 7-4）

表 7-4　针对市场购买状态进行市场营销组合

购买欲望 ＼ 购买力	能　买	不　能　买
想买	现实用户（产品）	潜在用户（价格）
不想买	潜在用户（促销）	无需求

2. 市场营销组合在产品生命周期不同阶段的变化

任何产品都存在着由投入市场到退出市场的过程。在这一过程的各个阶段，企业产品所面临的市场竞争形势会有很大的变化，这就需要对市场营销组合各个因素及时做出调整。（见表 7-5）

表 7-5　市场营销组合在产品生命周期不同阶段的变化

市场组合因素 ＼ 生命周期阶段	投　入　期	成　长　期	成　熟　期	衰　退　期
产品	取得顾客对产品质量的信任	实行质量保证，开展销售服务	改进质量，扩大用途，增添产品规格	滞销产品迅速撤退
价格	新产品定价	适当调整价格	参考竞争对手的价格调价	削价
渠道	开始建立与中间商的联系	选择有利的销售渠道	充分利用各种销售渠道	充分依靠批发零售机构
促销	介绍产品	宣传产品品牌	宣传用户好评	保持品牌信誉

3. 针对顾客心理状态调整市场营销组合

从下图 7-1 可以看出，随着顾客的状态从注意向推广阶段发展，广告的作用呈下降趋势，产品的作用却越来越强，价格的作用在中间阶段最为突出。

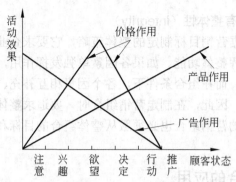

图 7-1　针对顾客心理状态调整市场营销组合

4. 市场营销组合与市场发展策略的配合

采用不同的市场发展策略，需要采取不同的营销因素组合方式，所需突出的重点也不一样，其基本特征如表 7-6 所示。

表 7-6　市场营销组合与市场发展策略的配合

产品 市场	现有产品	新产品
现有市场	市场渗透（价格、促销）	产品开发（产品、促销）
新市场	市场开发（渠道、促销）	产品市场开发（产品、渠道、促销）

7.4.5　市场营销组合从 4Ps 到 4Cs 的变化

20 世纪 90 年代，劳特朋提出了以消费者的需求和需要、消费者获取满足的成本、购买的方便性、沟通为内容的 4Cs 理论。该理论与 4Ps 理论的比较见表 7-7。

表 7-7　4Ps 与 4Cs 的比较

卖方立场：4Ps	买方立场：4Cs
产品（product）：营销的前提是开发生产品质优良、功能先进的产品并提供优质的服务。	顾客（customer）：创造顾客比开发产品更重要，消费者需求和欲望的满足比产品功能更重要。
价格（price）：根据产品定位及顾客的购物心理，选择和制定恰当的价格策略及定价技巧。	成本（cost to customers）：企业的生产成本要适合消费者的消费成本，购物成本包括货币、时间、体力、精神成本。定价应由正思维转向逆思维：消费者接受的价格水平。
渠道（place）：建立合理高效的分销渠道和网点，及时将产品送达顾客手中。	便利（convenience）：为顾客提供多方位服务和便利的渠道和网点，及时将产品送到更重要。更重视服务环节，强调企业既出售产品也出售服务，顾客既买到商品，也买到便利。
促销（promotion）：采用广告、人员推销、公关、销售促进等手段向目标顾客传递信息、刺激购买欲望	沟通（communication）：强调与顾客的双向沟通，营销不仅是企业提出承诺，单向劝导顾客，更重要的是追求企业与顾客的共同利益，互利的交换与承诺的实现是同等重要的

这种过渡表明这样一个事实：企业的市场营销行为将更多地从站在卖方角度的"4Ps"向站在买方角度的"4Cs"转化。新的市场营销组合策略认为，先把产品搁到一边，抓紧研究消费者的欲望与需求，不要再卖公司所能生产的产品，而要卖客户想要购买的产品；

暂时放弃主观的定价策略，了解消费者为满足其需求所付出的成本；公司还应放弃已成定式的渠道策略，而应优先考虑如何向消费者提供便利以购得商品；最后用沟通来代替促销。可见，未来市场上的赢家将是那些能够站在客户的角度，为客户提供更多满意甚至超越客户满意的企业。

本 章 小 结

任何企业在进行市场营销时，必须根据顾客的需求与购买行为、购买习惯的差异，将整体市场划分为若干个细分市场，然后根据企业自身条件选择目标市场，针对不同的消费者群的需求和爱好推出适当的产品，采用不同的营销策略，以满足不同的消费者群的需求，从而运用最低的营销费用达到最大的营销效果。

所谓市场细分，是指企业通过市场调研，根据顾客对产品或服务不同的需要和欲望、不同的购买行为与购买习惯，把某一产品的整体市场分割成需求不同的若干个市场的过程。市场细分必须遵循以下原则：可衡量性、可进入性、稳定性、盈利性。

目标市场是指企业决定要进入的市场，即通过市场细分，被企业选中，并决定以企业的营销活动去满足其需求的那一个或几个细分的市场。

目标市场应是能为企业提供市场机会，有充足的现实与潜在的购买力，竞争不激烈甚至是空白市场，企业有足够的力量进入并开发与占领的市场。

选择企业的目标市场，应考虑：目标市场的规模和成长性、吸引力、发展目标、企业进入目标市场的能力及条件。目标市场进入策略主要有三种：无差异营销策略、差异性营销策略和集中性营销策略。一般企业在选择营销策略时主要考虑：企业实力、市场需求特点、产品生命周期、商品性质差异及竞争者的策略。

企业在选定目标市场后就要在目标市场上进行产品的市场定位。市场定位是指企业根据竞争者现有产品在市场上所处的位置，针对该产品某种特征或属性的重要程度，塑造出本企业产品与众不同的个性或形象，并把这种形象传递给消费者，从而使该产品在目标市场上确定适当的位置。

市场定位之后就应以相应的市场营销组合来实现。市场营销组合是指企业根据目标市场的需求，在综合考虑环境、竞争状况及自身能力的基础上，对企业自身可控制因素进行优化组合与综合运用，将各种可能的营销策略和手段有机地结合起来，以系统的整体策略优化，形成企业的经营特色，以实现企业的营销目标。

通过这一章的学习，我们掌握了如何寻找最有利的目标市场、怎样进入目标市场、如何在目标市场中使自己的产品能确立独特的特色，为开展市场营销活动找到了舞台。

思 考 练 习

1. 什么是人口统计特征？如何用它们来细分市场？

2. 描述消费者市场的产品利益细分法。试着用此法对感冒药、自行车、软饮料、网络游戏等不同产品的消费者进行细分。

3. 列出五种基于性别细分但在男性和女性市场均有销售的产品或服务。产品或服务的属性在这两个市场中有差异吗？它们的营销方式是否不同？有哪些不同？

4. 常见的产业市场细分方法有哪些？

5. 从中国互联网三大门户网站中选一个，研究该公司的网站，确定它所采用的市场细分战略，描述它的目标市场。

案 例 讨 论

1. 在开篇案例中，唯美公司采用了集中化营销战略，为什么它会采用这种营销战略？它是如何细分陶瓷砖市场的？为什么会取得经营成功？

2. 案例 7-1 描述了第三方支付市场的细分竞争情况，你如何看待这一市场的市场细分？你认为环讯支付应怎样选择目标市场和营销战略？

3. 结合案例 7-2，分析"动感地带"的目标市场和市场定位。你认为"动感地带"成功的基础是什么？面对中国移动也把目标投向了年轻一族的举措，中国联通该如何应对？

4. 结合案例 7-3，讨论怎样的市场细分对企业营销最有帮助？你认为现在的家庭轿车市场是否还需要细分？该如何细分？

5. 案例 7-4 和案例 7-5 的目标市场选择有何不同？为什么有如此差异？结合自己对企业案例的思考说明企业应该如何有效地选择目标市场。

6. 在案例 7-6 中，美国西南航空公司分别采用了哪种定位策略和方法？这种定位策略和方法适合于哪些公司？能否用于其他行业？为什么？你能否说出用其他定位策略和方法成功定位的企业例子？

7. 在案例 7-8 中，锐步为什么要重新定位？为什么说重新定位是冒险的事？

8. 结合案例 7-9、案例 7-10 和案例 7-11，说明不同的定位方法该如何运用。试着用这些方法为某行业的产品定位，如体育用品、服装、电子消费品、糖果等。

9. 在例 7-13 中，柯达重新定位为"数码影像"品牌使用了哪种定位战略和营销战略？定位依据是什么？柯达重新定位是否成功？

推 荐 阅 读

1. 菲利普·科特勒，加里·阿姆斯特朗. 市场营销原理[M]. 第 11 版. 郭国庆，等，译. 北京：清华大学出版社，2007.

2. 肯尼思·E.巴洛，唐纳德·巴克. 广告、促销与整合营销传播[M]. 第 3 版. 北京：清华大学出版社,2008.

3. [美] 里斯，特劳特. 定位[M]. 王恩冕，余少蔚，译. 北京：中国财政经济出版社，2002.

4. [美]特劳特，瑞维金. 新定位[M]. 北京：中国财政经济出版社，2002.

第 8 章

产 品 策 略

本章提要

市场营销组合是企业开展市场营销活动非常重要的一环，是企业实践营销战略重要的步骤。产品策略是市场营销组合四策略之一，表明企业生产什么产品以满足消费者的需求。本章详细地讨论了企业开展产品策略的具体内容，即首先介绍了产品和产品组合的基本概念，告诉企业应该如何正确看待产品；其次从品牌策略、包装策略、产品生命周期策略和新产品开发策略等角度探讨了企业开展产品策略的其他方法。

学习目标（重点与难点）

通过本章的学习，主要掌握以下内容：

1. 产品的整体概念。
2. 产品组合策略。
3. 品牌与包装策略。
4. 产品生命周期策略。
5. 新产品开发策略。

框架结构（见图 8-0）

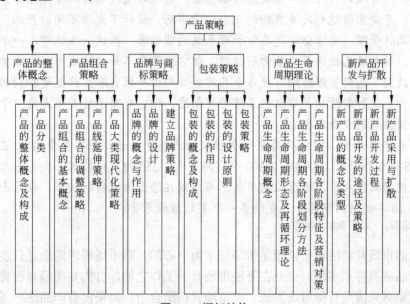

图 8-0　框架结构

宝洁公司的产品策略

宝洁公司（Procter & Gamble，P&G）创始于 1837 年，是一家美国消费日用品生产商，也是目前全球最大的日用品公司之一。该公司组成了五大产品部：保健/美容、食品/饮料、纸类、肥皂、特殊产品（如化学品），共涉足香皂、牙膏、漱口水、洗发精，到咖啡、橙汁、土豆片，到卫生纸、化妆纸、感冒药等多种行业。它的平均市场占有率接近 25%，主要采取了如下策略。

（1）产品定位。宝洁公司对众多产品都有清晰而明确的定位。例如，佳洁士营销人员不再谈论佳洁士的组成成分，也不再谈论佳洁士的防蛀和增白功效，而是谈论它能给消费者"带来生活中健康美丽的笑容"。此外，对消费者而言，飘柔是顺滑，海飞丝是去屑，潘婷是营养，沙宣是专业美发，伊卡露是染发。

（2）产品线延伸。宝洁公司经营着 250 个品牌，每条产品线都拥有众多品牌。比如，其家庭用品产品就包括七种洗衣粉、六种洗衣皂、五种洗发水和四种餐具洗涤剂。而仅佳洁士牙膏就有 16 种不同的规格，像佳洁士多重功效、佳洁士防蛀、佳洁士多重增白、佳洁士儿童防蛀、佳洁士苏打洁白等。

（3）品牌扩展。宝洁公司经常使用它的强有力的品牌名称去推出新产品。因为在一个强有力的现行品牌名称下推行一种新产品，可以得到较快的承认和较多的信赖度，并减少许多广告开销。例如，象牙品牌就从肥皂扩展到液体肥皂和一种清洁剂。

（4）产品差异化。宝洁公司追求同类产品和不同产品之间的差异，包括功能、包装、宣传等诸方面，从而形成每个产品的鲜明个性。这样，每个产品有自己的发展空间，市场就不会重叠。例如洗衣粉，有些人认为洗涤和漂洗能力最重要，有些人认为使织物柔软最重要，还有人认为洗涤和漂洗能力都重要，有人希望洗衣粉具有气味芬芳、碱性温和的特征。于是宝洁就利用洗衣粉的九个细分市场，设计了九种不同的产品。

（5）品牌管理。宝洁公司是品牌管理系统的首创者。在这一系统中，一个经理负责一个品牌。该系统已被许多竞争者所仿效，但它们常常不如宝洁公司那样成功。最近，宝洁公司改变了总的管理结构，使每个品牌类目都由一位负有生产数量和利润之责的类目经理负责。这种新结构并非取代品牌管理制度，但它有助于将着眼点集中于关键消费者需要和该类目的竞争需要上。

（6）新产品开发。宝洁公司是一个积极的产品开发者，每年花费 1.5 亿美元从事4 000 到 5 000 个研究，共拥有 2 500 个实用专利、250 种产权技术。公司每天都会邀请受试对象使用新洗衣剂，给婴儿试用新尿布，或在脸上涂抹新护肤霜。佳洁士就是宝洁公司花了 10 年的时间研究和开发的第一个有效防蛀牙膏。

资料来源：由编者加工整理。

企业的市场营销活动是以满足市场需求为中心的，而市场需求的满足只能通过提供满意的产品或服务来实现。企业在开展市场营销工作之前，首先要明确自己将用什么样的产品或服务来满足目标市场需求。在市场营销组合中，如果没有产品这一要素，企业就无法进行定价,无法设计分销渠道,无法开展大力促销。因为没有产品,其他要素就成了无源之水、无本之木。因此,产品策略在所有营销策略中处于十分重要的位置。在当今的经济环境下,每一个企业都应致力于开发适销对路的产品,提高产品质量,优化产品组合,并随着不同的产品生命周期变化,灵活调整市场营销方案,以更好地满足市场需求,提高企业产品竞争力,取得更好的经济效益。

8.1 产品的概念

8.1.1 产品的概念及构成

1．产品的概念

通常,人们认为产品是通过劳动创造出来的、具有一定物质形态与物质属性的实体,即企业生产出来的物体,或者是对人们有一定用途的物质实体,如一辆汽车、一杯咖啡。但这是对产品概念的一种狭义的理解。消费者购买产品的目的是满足自己的需求,而并非是占有某种物质体。所以,现代市场营销学认为:产品不只是指有形的物质实体,更重要的是指人们通过购买所要获得的需求的满足。而消费者的需求有些是物质的,有些则是心理或精神上的,如一次旅游。因此,我们可以把产品定义为:产品是指企业向市场提供的,能满足消费者(或用户)某种需求或欲望的任何有形物品和无形服务,包括实物、服务、场所、思想、主意、策划等。

2．产品的构成

产品的构成,又指产品的整体概念(total product concept),即产品是由三个层次构成的:核心产品、有形(形式)产品和附加(扩展)产品。[1]如图 8-1 所示。

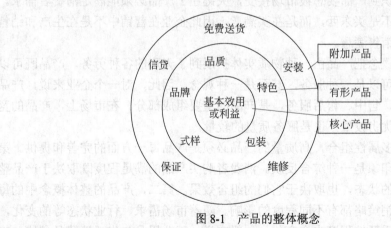

图 8-1 产品的整体概念

第一层:核心产品(core product)。即产品向消费者或用户提供的基本效用或利益。它是消费者购买产品的本质所在。消费者购买某项产品,并不仅仅是为了获得这一产品

---

1 注:在《营销管理》(第 13 版)一书中,菲利普·科特勒等学者已经将产品划分为五个层次:核心产品、有形产品、期望产品、附加产品和潜在产品。

本身，而是购买产品所具有的功能和效用，并从中获得某种消费利益。例如，购买化妆品的消费者，买到的并不仅仅是化妆品的物理化学属性及其实体，还买到了美容或滋养皮肤、青春健康的希望。而后者更为重要，因为如果产品不具备向消费者提供的相应功能和效用，消费者从中得不到他们所追求的基本消费利益，那么他们是不会购买产品的。因此，产品的核心层是构成产品的最本质的方面。

第二层：有形（形式）产品（actual product）。即产品构成中能被消费者直接观察和识别到的外观特征与内在质量方面，包括产品的包装、质量、品牌、特色和设计等。有形产品是产品核心层的表现形式，是产品差异化的标志，是消费者相同需求的不同满足方式。比如，马来西亚的 tune hotel[1]，它的名称、品牌设计、酒店特色、服务和价格等属性无疑传达了其核心利益——经济且实用。

第三层：附加（扩展）产品（augmented product）。即消费者购买有形产品或无形服务时所获得的全部附加服务和利益，包括提供信贷、免费送货、产品保证、安装、售后服务、培训、使用指导、修理维护、备件供应等。附加产品既是扩大产品销售的要求，也是企业当前和未来参与竞争的重要手段。在科技日新月异的今天，企业做到产品本身的差异化越来越难，只有通过努力，提供个性化的服务才可以实现差异化。美国营销学教授利维特断言：“未来竞争的关键，不在于工厂能生产什么产品，而在于其产品所提供的附加价值：包装、服务、广告、用户咨询、及时交货和人们以价值来衡量的一切东西。”

产品的整体概念及其构成表明：在市场中消费者追求的是整体产品，因而生产者和经营者在现代市场营销观念的指导下必须具有现代产品观念，必须充分认识到产品整体概念对企业营销的启示和意义。

（1）产品的整体概念体现了市场营销的思想，体现了以消费者需求为中心的观点。由此要求企业必须认识到产品要想被市场接受，关键在于产品必须能满足消费者需求。消费者买任何产品都不是买东西，而是在买满意，因此企业在营销中不是在生产和销售东西，而是在提供和销售满意。

（2）产品的整体概念把产品由一种物质实体扩展到了无形的各种劳务。产品既可以是一种物质实体，也可以是一种服务，甚至是一种观念。因此，对一个企业来说，产品销售伴随的各种售前、售中、售后服务，是产品的重要组成部分。在市场上，产品的竞争既是功能、外观的优劣较量，也是服务质量的较量。

（3）产品是一个多属性组合，高质量的产品必须是产品每一方面的完善和提供。第一，消费者对产品的印象是一种综合反映。消费者购买产品的满足程度既取决于产品整体概念中每一个层次的状态，也取决于它们的组合效果。第二，产品的整体概念中的每一层对企业的市场营销策略都有不同程度的影响。随着市场需求、行业状态等的变化，每一层中的各要素的重要性程度也会变化。一般来说，工业用品与生活消费品相比，工业用品的附加层具有广阔的开拓余地；而生活消费品则更注重商标、包装、品牌和设计风格等外部质量，工业用品则更强调产品的内在质量。第三，改变产品的整体概念中任何一部分，甚至微小的变化，都可能在消费者心目中形成不同的产品印象。比如，同类

1　见案例 7-10。

产品不同品牌，消费者就会对它们形成不同的印象，有不同的使用感受和满足感。

总之，产品概念的深化，来源于对消费者需求的深入认识。产品的整体概念体现了以消费者需求为中心的现代营销观念。也就是说，现代产品的价值是由消费者决定的，而不是由生产者决定的。只有认识到这一点，并懂得产品整体概念的含义，企业才能真正贯彻现代营销观念的要求，满足消费者的需求，获得市场营销的全面成功。

8.1.2　产品分类

按照购买产品的目的（用途）不同，可以将产品分为消费品和产业用品。

1. 消费品（consumer product）

消费品是指直接用于个人或家庭生活消费，满足最终消费者需求的产品。按照消费者购买习惯的不同进一步分类，消费品又分为便利品、选购品、特购品和非渴求品。

（1）便利品（convenience product）。通常是指消费者经常购买的消费品和服务，购买的时候几乎不做什么比较，也不费什么精力，如肥皂、报纸和快餐等。便利品通常价格低廉，多为消费者日常生活所必需，因此，经营便利品要注意销售网点的建设，以便消费者随时随地购买。

（2）选购品（shopping product）。是指品种规格复杂，挑选性强，在质量、价格、款式等方面需要反复挑选和比较才能决定购买的消费品，如家用电器、服装、家具等。由于选购品的耐用程度高，购买频率低，产品价格较高，因此，营销人员通常在较少的店面分销其产品，但要提供较深入的销售支持以便消费者货比三家。

（3）特购品（specialty product）。是指特定品牌或具有特色的、为特定消费者群专门购买的消费品，如名牌服装、钢琴乐器等。由于这类产品的价格高，消费者一般不去进行产品比较，所以，要特别注意建立这类产品在消费者群中的品牌地位，选择少量的、有声望的分销渠道，并且要注意这类产品的质量保障和售后服务。由此，这类产品还可实行分期付款、免费送货、上门修理、指导使用等策略和方法。

（4）非渴求品（unsought product）。是指消费者不了解，或虽然了解但一般不考虑购买的消费品，如车船保险等。这类产品的性质决定了它需要大量的促销活动，以使消费者对这类产品有所了解，发生兴趣，变潜在消费者为现实消费者。另外，企业也可以寻找特殊需求的消费者，在他们最需要该产品时送达到他们手中。

2. 产业用品（industrial product）

产业用品是指购买后用来进一步生产或用于企业经营的产品。按产品参与生产过程的不同程度及其价值的大小，产业用品可分为材料和部件、资本品、辅助品和服务。

（1）材料和部件（materials and parts）。包括原材料和产品零部件。它们随着新产品的生产制造，构成新产品实体及其价值，一次性全部转入新产品中，如农产品（小麦、棉花等）和天然产品（鱼、木材等）。

（2）资本品（capital items）。包括基建设施、固定设备、附属设备、办公设备等。这类物品在生产过程中是逐渐磨损的，不构成新产品实体，其价值分批转入新产品，如建筑物（工厂、办公室等）和办公设备（打印机、计算机等）。

（3）辅助品和服务（supplies and services）。包括维持生产管理活动正常进行的用品和商务服务，如文具，维修服务、咨询服务过程中所消耗的物品等。这类产品的价值和费用最终要摊入新产品成本之中。

8.2　产品组合策略

现代企业大多数生产或经营的产品不止一种，那么，应当生产和经营多少种产品，这些产品应当如何搭配，企业的经营范围以及结构是否合理，这些都将关系到企业的营销目标、可利用的资源分配及经济效益的取得。而这些问题将在产品组合策略中得以解决。

8.2.1　产品组合的基本概念

产品组合（product mix or product assortment）又称产品的各种花色品种的搭配，也称企业的经营范围和结构，是指企业所生产或销售的全部产品线、产品项目的组合。

产品线（产品大类，product line）是指产品类别中具有密切关系的一组产品。同一产品线或同一系列、同一类别的产品在产品功能上相似，消费上具有连带性，供应给相同的消费者群，有相同的分销渠道，或者以利于同一价格范围的一个产品集合体。例如在表 8-1 中，宝洁公司拥有六大产品线。每条产品线又由若干产品项目构成。

产品项目（product item）是指在同一产品线内各种不同品种、规格、质量、形式、颜色和价格的具体产品。例如在表 8-1 中，宝洁公司洗发水包括海飞丝、潘婷、飘柔、沙宣等。

企业的产品组合包括四个维度：宽度、长度、深度和关联度。产品组合的宽度（width）是指企业所经营的不同产品线的数量。产品组合的长度（length）是指产品组合中所包含的产品项目的总数。产品组合的深度（depth）是指产品线中每种产品有多少花色品种、规格等。例如，飘柔有家庭号大包装、标准装和轻便装。产品组合关联度（consistency）是指企业的各条产品线在最终使用、生产条件、分销渠道等方面的密切相关程度。见表 8-1。

表 8-1　宝洁公司的日用品产品组合

产品组合的长度	产品组合的宽度						
	洗涤剂	牙膏	香皂	纸巾	纸尿布	洗发水	
	象牙雪 洁佛 汰渍 快乐 奥克多 达士 大胆 吉恩 黎明	格里 佳洁士 登魁	象牙 柯柯 拉瓦 佳美 爵士 舒肤佳 海岸	查敏 白云 普夫 旗帜	帮宝适 露肤	飘柔 潘婷 海飞丝 沙萱 伊卡璐	长度 30 宽度 6
	9	3	7	4	2	5	

资料来源：www.pg.com

产品组合的选择与调整主要从产品组合的宽度、长度、深度及关联度考虑。

1. 产品组合宽度方面的选择

如果选择比较宽的产品组合，扩展企业的经营领域，实行差异性多元化经营，可以使企业充分挖掘技术、资源潜力，降低各类产品的总成本，扩大市场面，提高经济效益，并可分散企业的投资风险，增强企业的应变能力和竞争能力；但若企业的经营管理水平跟不上，则容易造成经营上的混乱和顾客的不满，影响企业的信誉。

如果选择比较窄的产品组合，则可以使企业集中力量提高产品品质，扩大产品批量，降低产品成本，加快资金周转，增加企业盈利，并有利于提高专业化水平和服务质量；但不利于综合利用企业资源，不利于分散风险，应变能力较差。

2. 产品组合长度与深度方面的选择

如果选择比较深、比较长的产品组合，产品品种多，就可以适应消费者不同爱好和多样化的需求，占领同类产品的更多的细分市场，有利于提高服务质量和竞争能力。由于市场需求的动态发展，每个产品项目都有失败的可能，即使成功的产品项目也有一个由盛到衰的过程。增加新的产品项目，可以分散失败的风险，降低损失程度，但成本则可能有所提高。

如果选择比较浅、比较窄的产品组合，产品品种少，可以适应少数顾客大批量订货的需要，并有利于降低成本和发挥企业专长，但企业的应变能力则会相对降低。

3. 产品组合关联度方面的选择

选择关联度较高的产品组合，有利于企业在相关的领域内加强竞争地位，发挥技术专长。而选择关联度较低的产品组合，则有利于企业分散经营风险，合理利用企业资源，在不同的领域里取得经济效益。

8.2.2　产品组合的调整策略

企业调整产品组合的策略有以下几种。

1. 扩大产品组合策略

扩大产品组合策略包括增加产品组合的宽度和加强产品组合的长度及深度。增加产品组合的宽度是指在原产品组合中增加一个或几个产品大类，扩大经营范围；增加产品组合的长度及深度是指在原有产品大类内增加新的产品项目。当企业预测现有产品大类的销售额和利润额在未来一段时间内有可能下降时，就应考虑在现行产品组合中增加新的产品大类，或加强其中有发展潜力的产品大类；当企业打算增加产品特色，或为更多的细分市场提供产品时，则可选择在原有产品大类内增加新的产品项目。

实行产品组合扩大策略能够综合利用企业的人、财、物力，减少季节变动与市场需求变动带来的影响，增加企业营销的稳定性；能够适应消费者的多方需求，进一步满足消费者的需要；扩大原有的产品组合也有利于企业充分利用原有品牌与商标，扩大销售，降低促销成本，增加盈利；还能帮助企业占领更大的市场，减少投资风险。当然，企业产品组合的扩大也会增大企业的营销难度，在技术、资金和各种资源方面都易发生困难。

2. 缩减产品组合策略

缩减产品组合策略包括减少产品组合的宽度和减少产品组合的长度及深度。产品组合缩减的具体方式主要有：

（1）取消一些需求疲软或者企业营销能力不足的产品线和产品项目。

（2）取消一些关联性小的产品线和产品项目，同时也可少量增加一些关联性大的产品线及产品项目。

（3）取消一些产品线，增加保留下来的产品线中的产品项目。

（4）把某些工艺简单、质量要求低的产品下放给附属企业或转让给协作企业，集中企业自身的资源条件，投入企业主要的、技术难度大、质量要求高、盈利大的产品。

缩减原有产品组合，第一，可以使企业集中精力与技术，加强盈利产品的经营力量；第二，能发挥专业化生产的优势，实现规模经济效益；第三，可减少资金占用，有利于企业集中资金，加速资金周转；第四，能够减少脱销断档现象，保证市场供应，维持市场占有率；第五，可以使企业的品牌、商标和包装等外形特征更加突出，广告效果更加集中。

8.2.3　产品线延伸策略

产品线延伸策略（line extension，line stretching）是指全部或部分改变企业原有产品的市场定位。具体做法有三种：向上延伸、向下延伸和双向延伸策略。

1. 向上延伸策略（up-market stretch）

向上延伸策略即在企业原有产品档次的基础上增加高档产品的生产。当高档产品有较高的销售增长率和利润率时；当企业为了追求具备产品档次齐全的产品线时；当市场消费水平有所提高时，就可以采用向上延伸的策略。

实行向上延伸策略可能给企业带来一些风险。如：发展高档产品可能促使原来生产高档产品的竞争者采取向下延伸策略，进入低档产品市场，从而增加了自己的竞争压力；消费者可能对本企业生产高档产品的能力缺乏信任；原有的销售人员和经销商可能没有推销高档产品的足够技能和经验，难以取得顾客信任，不能有效推销产品。

2. 向下延伸策略（down-market stretch）

向下延伸策略即在企业原有产品档次的基础上增加低档产品的生产。当高档产品在市场上受到竞争者的威胁其销售增长缓慢时；当企业欲以低档产品填补产品线空缺，以防止新的竞争者涉足时；当企业想完善产品档次，重塑企业形象时，就可以采用向下延伸的策略。

实行向下延伸策略可能给企业带来一些风险。如推出较低档次的产品项目可能会损害原来高档产品的市场形象，所以低档产品最好用新的商标，不要使用原来高档产品的商标；推出较低档产品可能迫使竞争者转向高档产品的开发，有失去本企业高档产品市场的可能；由于经营低档产品所得利润可能较少，经销商可能不愿经营低档产品。

3. 双向延伸策略（two-way stretch）

双向延伸策略即在原有档次的基础上，既增加高档产品的生产又增加低档产品的生产，使产品线同时向两个方向延伸。这种策略在一定条件下有助于扩大市场占有率，加强企业的市场地位。

8.2.4　产品大类现代化策略

产品线现代化策略（line modernization）强调把现代科学技术应用到生产过程中去。在某种情况下，虽然产品组合的宽度、长度及深度都非常适应，但产品线的生产形式却可能已经过时，这就要求企业必须对产品线实施现代化改造。如我国对现有的纺织行业进行的设备更新。

产品线现代化改造可采取两种方式：一是逐步实现技术改造。可节省投资，但会被竞争者迅速觉察，引起竞争；二是全面更新，出奇制胜。但需要大量的投资。

8.3　品 牌 策 略

品牌和包装是产品的重要组成部分，它在某种程度上影响产品的价值、价格及安全性，从而影响产品的销售和声誉。因此，企业需要给产品起一个好的名称并进行商标注册，用恰当的包装来体现产品的价值。

8.3.1　品牌的概念与作用

1．品牌的概念及构成

品牌（brand）是用来识别一个（或一群）卖主的产品或服务的名称、术语、记号、象征或设计，或其组合。它由品牌名称和品牌标志组成。

（1）品牌名称，即可用语言表达的部分，如"李宁""康佳"。

（2）品牌标志，即可被识别但不能用语言表达的部分，包括符号、图案或专门设计的颜色、字体等。

商标是指商品生产者或经营者为使自己的商品在市场上同其他商品生产者或经营者的商品相区别，而使用于商品或其包装上的，由文字、图案或文字和图案的组合所构成的一种标记。虽然在概念上两者很相似，但品牌与商标是不同的：品牌是一个市场概念，而商标是一个法定概念；商标最大的特点是具有独占性，这种独占性是通过法律来保证的，而品牌最大的特点是它的差异化的个性，这种个性是通过市场来验证的；品牌是无国界的，而商标是有国界的。

2．品牌的作用

从消费者角度来看，品牌的作用有以下几方面。

（1）帮助人们辨认和识别产品。作为消费者，要面对众多的同类或不同类的商品，而作为不同企业的产品所具有的不同品牌，就成为消费者区分商品的基础。

（2）品牌还可作为产品质量的象征，它在产品的质量性能方面向消费者提供着相应的可信度。不同品牌代表了不同厂家的工艺和质量水平，特别是经注册的商标，都具有法律监督的质量水平，所以，品牌和商标往往是消费者选购产品时的参照基础、重复购买的标准。

（3）品牌可以帮助消费者提高在市场上的购物效率。消费者在选择购买大量的同类商品时，不必每次都进行选择，而是在以往的购买经验基础上认牌选购，从而能够节省消费者购买产品的时间，提高购物效率。

（4）传递产品信息。品牌是说明产品特性和质量等的一个途径，消费者可从中了解和感知产品可能提供的利益，增加消费者获得产品的机会。

品牌对营销者（企业）的作用也是显而易见的。

（1）通过品牌特别是商标可以保护产品生产许可权，也就是通过品牌和商标实现对产品独一无二的法律保护，避免被他人仿制。

（2）品牌便于企业进行营销活动。品牌是企业的主要促销工具，可以促进广告和产品陈列效果。

（3）具有品牌的产品便于企业接受订货，处理问题，实施市场营销控制。

（4）有利于产品组合的扩展。运用相同的品牌，可以使企业在原有的产品组合基础上扩展新项目。

（5）品牌可以为企业建立稳定的顾客群，吸引那些具有品牌忠诚性的消费者，并以此实施不同的产品定位。

（6）品牌有助于企业进行细分市场。

（7）良好的品牌有助于树立良好的企业形象。

8.3.2　品牌的设计

1. 品牌的设计原则
品牌名称及标志的设计要注意以下原则。

（1）要符合当地市场的法律规范，以取得相应的法律保护。

（2）要尽可能反映产品的效用或质量，如治疗口腔溃疡的"意可贴"。

（3）要力求简明扼要，易读、易认、易记。简明的品牌商标便于企业传播，有利于消费者识别和记忆。

（4）要具有寓意性、独特性、提示性。好的品牌，不仅能使人了解其中的意义，便于识别和记忆，还能充分表现企业精神，树立良好的企业形象。例如，"同仁堂"品牌，不仅体现了其老字号的特点，而且告诉消费者企业的价值观——一颗治病救人的仁心。

（5）要符合消费者的文化传统和风俗习惯，并为公众喜闻乐见。不同国家与地区，不同民族与文化对产品的品牌有不同的喜好和禁忌。例如，美国通用汽车公司曾用"NOVA"作为商标，意思是神枪手，但在拉丁美洲，则是"跑不动"，译成法语则是"使人怀孕"。因此要注意品牌在不同地区的改变。

2. 品牌的设计
品牌的命名和设计通常有以下几种方式。

（1）使用企业名称命名。例如长虹、康佳牌电视等。

（2）利用产品的功能命名。即以产品本身的效用、品质水准、成分、用途等功能来命名。例如背背佳、快译通等。

（3）使用数码命名。如五十菱、555香烟、三九胃泰等。

（4）使用人名、姓氏命名。即直接以人的姓氏或姓名作品牌，也称"人物品牌"，这些人物可以是创业者、设计者、古代名人等。例如"王守义"十三香、"李宁"运动服等。

（5）利用动、植物命名。例如"海鸥"手表、"凤凰"自行车等。

（6）使用风景、名胜命名。例如"西湖"龙井、"长城"汽车等。

（7）使用吉祥、吉利的词汇命名。例如"吉祥"馄饨、"吉利"汽车。

（8）利用外来语或译音或意音来命名。例如"Coca-Cola"被译为可口可乐、"Pamper"被译为"帮宝适"等。

（9）创造新词汇来命名。例如"Kodak""Sony"等。

（10）利用名称的缩写或字首命名。例如 3M（Minirota Mining Manubactrrin）公司等。

8.3.3　建立品牌策略

1．有无品牌策略

使用品牌对于大多数企业产品来说有着十分重要的意义，但有些产品就没有必要使用品牌。比如某些难以保证统一质量的、或消费者无需辨认的、或差别不大的商品，如电力、原油、煤炭等原始或初级的产品。20 世纪 70 年代以来，西方国家的许多企业对某些消费品和某些药品不规定品牌名称和品牌标志，也不向政府注册登记，实行非品牌化。其目的是节省品牌设计、制作及广告等费用，降低价格，扩大销售。

2．品牌持有策略

品牌持有策略即在品牌归属问题上做出更有利于本企业产品销售的选择。品牌归属即品牌归谁所有，由谁负责。可供企业选择的策略有三种：一是使用本企业自己的品牌，即制造商品牌（manufacturer's brand），或全国性品牌；二是使用中间商品牌，也称私人品牌（private brand）或商店品牌（store brand），即生产者把大批产品卖给中间商，中间商使用自己的品牌上市；三是两种品牌同时并用，即有些产品使用制造商品牌，有些产品使用中间商品牌。

大多数企业使用制造商品牌，但要花费多年的时间和大量的金钱，所以一些享有盛誉的企业将其著名商标租借给他人使用，并收取一定的费用［称特许品牌（licensed brand）］，从而使一些小企业迅速发展。例如，可口可乐公司在 57 个国家拥有 320 个许可证，制造了超过一万种产品，每年受许可方以可口可乐的品牌销售出价值 10 亿美元的产品。

不过，使用制造商品牌必须考虑如下问题：

（1）企业是否愿意并有能力为推广自己的品牌、商标支付昂贵的促销费用。

（2）在某些大型零售商拒绝使用制造企业的品牌时，有无其他渠道出售产品。

（3）当中间商拥有自己的品牌，能否认真地推销制造企业品牌，制造企业有无相应的应付措施。

（4）产品在市场上是否有很高的声誉，否则制造企业的商誉不如中间商时，企业就应放弃使用自己的品牌。

3．品牌质量策略

企业进行品牌决策时，还必须决定其品牌的质量水平，以保持其品牌在目标市场上的地位。

所谓品牌质量，是指反映产品耐用性、可靠性、精确性等属性的综合尺度。

企业首先要决定其品牌的最初质量水平。一般来讲，企业的盈利能力、投资收益率会随着品牌质量的提高而提高，但是不会直线上升。优质产品虽然只会使投资收益率少量提高，但低质量品牌却会使企业投资收益率大大降低。因此，企业应当提供高质量品牌。

其次，企业决定其品牌的最初质量水平以后，随着时间的推移，还要决定如何管理其品牌质量。企业有三种可供选择的决策。

（1）提高品牌质量，以提高收益和市场占有率。

（2）保持产品质量。

（3）逐步降低产品质量。

4. 家族品牌（family brand）策略

家族品牌策略即企业对其生产的不同种类、规格、质量的产品选择统一或不同的品牌名称和策略。有四种策略可供选择：

（1）个别品牌策略（individual names）。即企业对各种不同的产品分别使用不同的品牌、商标。如天津津美饮料有限公司出品的汽水就分别命名为"山海关"、"津美乐"及合资产品"可口可乐""雪碧""芬达"等。这种策略的好处是：个别产品的失误不会影响到整个企业的形象。特别是新产品的上市如果不成功，不至于损害企业本身的声誉；产品增加或改变档次，也不会影响原有产品。但企业为此要支付高额的促销费用。

（2）统一品牌策略（blanket family names）。即企业所有的产品使用同一个品牌、商标。如中国台湾顶新集团的方便面、纯净水、雪米饼等产品统一称为"康师傅"。运用这一策略的好处是：不需要花费大量经费去对市场进行调查和设计更多的产品品牌，可以节省产品投放市场的费用。当企业产品的品牌、商标在市场上获得成功时，可以很容易地向市场推出新产品，新产品的销售力可以自然加强。但这一策略的使用会因任何一种产品的失败而使整个家族的品牌、商标蒙受损失。因此，使用这种策略的企业在产品组合中要尽力缩小产品间的质量、档次跨度，同时，必须对所有产品的质量严格控制。

（3）分类家族品牌策略（separate family names）。即各大类产品分别使用不同的品牌。这主要是因为：企业生产或销售许多不同类型的产品，如果都统一使用一个品牌名称，这些不同类型的产品就容易互相混淆。例如，如果"雕牌"既用于洗衣粉又用于矿泉水，那么消费者就会感到其矿泉水中有一股洗衣粉的味道；再者，企业为了区分不同质量水平的产品，往往也对同一类产品使用不同的品牌。例如，美国大西洋和太平洋茶叶公司所经营的产品，一级品为"安帕格"，二级品为"苏坦娜"，三级品为"伊欧娜"。

（4）企业名称与个别品牌并用策略（corporate names combined with individual names）。即在每一个品牌名称之前均冠以企业名称，以企业名称表明产品出处，以品牌名称表明产品的特点。例如海尔生产的各种空调分别用"小英才""小元帅"等品牌，每个品牌名称前都冠以"海尔"。其好处是：可以使新产品合法化，使新产品在企业声望的推动下顺利进入市场，而无须花费更多的广告宣传费用，同时又可以表明这家企业的不同产品各有不同的特色，使各个品牌、商标保持相对的独立性。

5. 品牌延伸（brand extension）策略

即企业利用其成功品牌名称的声誉来推出改良产品或新产品，包括推出新的包装规格、香型和式样等。比如，天津郁美净集团在"郁美净儿童霜"成功的基础上推出了郁美净系列的多种成人化妆品。这样既可节省产品的促销费用，又有利于新产品市场的开拓，但新拓展的产品失败，则会影响原有产品的品牌、商标的声誉。

此外，还有一种品牌扩展，即企业在其耐用品类的低档中增加一种式样过于简单的产品，以宣传其品牌中各种产品的基价很低，以"促销品"来招徕顾客，吸引顾客购买式样较好的高档产品。

6. 多品牌（multibrand）策略

多品牌策略是指企业决定同时经营两种或两种以上互相竞争的品牌。企业采取多品牌策略有其独有的优势：

（1）多种不同的品牌可占用较大的陈列面积，提高产品的陈列比例。

（2）吸引更多的顾客，提高市场占有率。多品牌策略为品牌转换者提供了转换使用产品的空间，增加了其选择的余地，同时扩大了本企业产品的销售。

（3）有助于在企业内部各个产品部门、产品经理之间引入竞争机制，不断改进工作，提高效率。

（4）发展多种不同的品牌可使企业开发不同的市场以增加市场的占有率。

需要特别注意的是，在推出多种品牌时，可能每种品牌都只有很小的市场占有率，而没有一个特别获利的。这样，企业的资源就会浪费于许多片面成功的品牌，而不是集中精力用于少数品牌。在这种情况下，企业必须放弃较弱的品牌，并严格选择可推出的新品牌。

7. 品牌重新定位（brand repositioning）策略

一个品牌在市场上长久使用会使人们失去新鲜感，当一种产品的相似产品出现之后，可能会混淆消费者的视线，使本企业的产品销售下降，这就客观地要求企业对原有品牌进行重新定位。

8.4　包　装　策　略

8.4.1　包装的概念及构成

大多数产品在从生产领域到消费领域的过程中，都需要有适当的包装，包装工作是整个商品生产的一个重要的组成部分。包装（packaging）有两层意义：第一层是指某种盛放产品的容器；第二层是指对某种产品的容器或包装物的设计和制造活动。

产品包装一般包括三个层次：首要包装（primary package），即对产品的直接盛装；次要包装（secondary package），即保护"首要包装"的二次包装；装运包装（shipping package），即为了便于储运的若干个次要包装的集合包装。

8.4.2　包装的作用

（1）保护商品。即保证商品从生产者到消费者之间在运输、储存、陈列使用的各个环节中的数量、质量的完好，这是包装最基本的功能。

（2）区分商品。利用独特的包装可以使商品有异于其他同类品，便于消费者的区分和辨认。

（3）方便购买和使用。可以使消费者从决定购买到使用商品这一期间更方便地挑选、携带、搬运、存放和正确使用。

（4）促进销售。商品包装具有识别商品的销售功能，起到品牌的作用。好的包装在包装设计和版面图文方面，容易引起消费者的注意，产生兴趣，进而了解产品的基本特征和消费者利益，激发消费者的购买欲望；改进的包装往往给人以新的形象，因而能有效地帮助产品上市。定额包装还有利于自助性购买，自动服务。

（5）提高商品附加值，增加利润。精美的包装能够提高商品的身价，使同样质量、数量的商品能以更高的价格销售，售价的提高往往大大超过包装给商品造成的附加成本，从而提高商品的价值，使企业获得更大的利润。同时，良好的包装能使商品便于储存保管，减少了损耗，从而可以降低经营费用，增加企业利润。

8.4.3　包装的设计原则

企业在设计包装时，应考虑以下要求。

（1）包装物应与商品的价值或质量相适应，避免出现金玉其外，败絮其中，或相反。应能显示商品的特点或独特风格，给人以美感。

（2）包装材料的选择，要与被包装物的形状、物理、化学和生物性质相适应，具有科学性。它要求包装材料既能抵御产品在运输过程中可能发生的碰撞挤压、风吹雨淋等外力破坏，又能抑制由于生物、化学反应及温湿度等因素产生的污染、霉变、虫蛀变质等的危害。

（3）包装结构既要与被包装物的形状相适应，又要有利于装卸、运输、密封和开启，并应尽量缩小重量与体积，以降低生产成本和运输费用。

（4）包装设计要给顾客一种直观感和信任感，顾客能透过包装直接观察到里面的商品；包装标签上要详细写明产品的成分、性能、结构、使用方法、保存年限等注意事项，以防顾客错买或错用；包装上的文字说明应实事求是。

（5）包装应方便顾客的购买、携带和使用。这就要求包装有不同的规格和分量，适应不同消费者的需要。

（6）包装装潢设计，包括颜色、图案和分装数量要适合目标市场顾客的风俗习惯，不能与民族、宗教传统相抵触。

（7）包装要符合目标市场的法律规范。

（8）包装设计要尽量减少环境污染。

8.4.4　包装策略

企业常用的包装策略有以下几种。

（1）相似包装策略。即企业生产的各种产品，在包装上采用相似的图案、颜色，体现共同的特征。其优点是使消费者见到本企业的产品包装极易联想到是同一企业的产品，增强企业声势，特别有利于利用企业原有声誉推广新产品，同时可以节省设计成本及广告宣传费用。这一策略只适用于企业产品大体同质的情况，如果产品品质过分悬殊、具有极大的等级差别，就会使高品质产品受到贬低的不良影响，使低品质的产品增加无益的包装费用。另外，有时也会因为个别产品质量下降影响到其他产品的销售。

（2）个别包装策略。即企业的各种产品都有自己独特的包装，在设计上采用不同的风格材料。这种策略能够避免由于某一产品推销失败而影响其他商品的声誉，但也相应增加了包装设计费用和新产品促销费用。

（3）配套包装策略。即将多种相关的产品配套放在同一包装物内出售，如系列化妆品。这样可以方便顾客购买和使用，扩大企业的销售，增加企业利润，特别有利于推广和销售新产品，同时还可节约包装费用。但使用该策略的同时，还应向消费者提供可拆零销售的各种产品，在满足配套消费要求的同时，也能满足零散购买的需要，不做硬性搭配。

（4）等级包装策略。即企业根据产品的不同品质档次，设计、使用不同等级的包装，并使装潢的风格和特点与产品实际价值相当的策略。需要注意的是，使用这个策略，产品分级要体现产品的实际质量差异，使包装表现出的价值特征与产品的质量档次相称，表里如一。

（5）分量包装策略。即企业根据目标市场消费者的使用需要，将产品按照不同数量或重量进行包装的策略。其好处是可以满足消费者的习惯消费量，方便购买和使用；还可满足消费者节省产品包装费用支出，以相对低廉的价格购买产品的要求；按需要量包装产品还能避免因大量包装拆装影响剩余产品质量的问题。其缺点是，若包装单位过小会加大包装费用，增加消费者的负担。所以要适量包装，不要以为分量越小越好。

（6）复用包装策略或双重用途包装策略。即原包装的产品使用完后，包装物本身还可做其他用途。如法国的巴黎香水，其包装物完全可以作为工艺品摆放。此种包装策略，一方面可以使消费者一物两用；另一方面，可以在消费者对包装物再使用时，发挥包装物的广告效果，由包装物上的品牌、商品不断提示消费者，促使消费者重复购买。同时，若能对包装物进行回收，对生产经营者来说可以减少包装费用。

（7）一次性使用包装策略。即企业向消费者提供的、在产品被消费以后即可将其包装扔掉的简单、方便、卫生、经济的包装方式。采用这种包装策略的关键是包装材料的选用要经济，为此，包装材料不应是重要、短缺的资源。同时，包装的材料要易于销毁，便于处理，不致造成环境污染。

（8）附赠品包装策略。又称"万花筒式包装"，即企业在产品包装内附加一些赠品，或奖券或实物，给顾客以意外的惊喜，从而吸引其购买。

（9）改变包装策略。当某种产品销路不畅或长期使用一种包装时，企业可以改变包装设计、包装材料，使用新的包装，以改变原有产品的形象，使顾客产生新鲜感，从而扩大销售。原有包装在以下情况下必须做相应的改变：①包装质量差，设计落后；②产品销量减少；③为适应扩大市场与吸引新顾客的需要。但采用这种策略时，要注意对知名度高、识别性强的产品包装的改变必须十分慎重。

8.5　产品生命周期理论

任何产品在市场中都有一个产生、发展到淘汰的过程。消费者的需求在不断变化，新产品不断出现，必然使老产品逐渐退出市场，这是客观必然的规律。

8.5.1　产品生命周期概念

产品生命周期（product life cycle，PLC）是指产品从完成试制、投放市场开始，到最终被市场淘汰为止的全部过程所经历的时间。其过程依据产品在市场上的变化规律一般可分为四个阶段：介绍期、成长期、成熟期和衰退期。

产品生命周期是指产品的市场寿命，而不是产品的使用寿命。它是产品品种的市场生命过程，而不是产品种类的市场寿命。它不能等同于产品在流通领域内停留的时间，因此，观察某种产品生命周期的最后阶段，不能以流通领域中是否存在此产品为标准，而应观察其销售情况和其他因素。

产品生命周期的概念适用于对产品种类（燃油汽车）的描述，也适用于产品的某一特定形式（小型汽车）或品牌（奇瑞公司的 QQ 汽车）的描述。由于产品种类具有最长的生命周期，难以预见其全程变化，所以，产品形式或品牌更能描绘一个常规的生命周期曲线。

8.5.2　产品生命周期形态

产品生命周期曲线，主要是从产品的销售额和利润额这两个因素与产品在市场上销售延续时间的关系来衡量的。其变化趋势如图 8-2 所示。

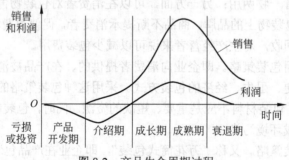

图 8-2　产品生命周期过程

上述产品生命周期的形态曲线及其阶段划分，只是反映了产品的生命发展变化的基本模式，是营销学家经过大量统计后提出的一种抽象理论。事实上，由于市场营销中各种因素交互作用的结果，有些产品并不呈现这种理想化的状态，具体形态是多种多样的。一些营销学家在对大量的产品生命周期曲线进行研究后，推出了几种具有代表性的曲线类型，即风格、时尚和热潮，如图 8-3～8-5 所示。

风格（style），是指某一领域所体现的基本的、独特的方式。一种风格一旦发明后，就会维持许多年，在此期间时而盛行，时而衰退。例如，衣着，正式的或者随意的；住

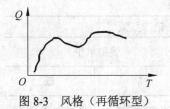
图 8-3　风格（再循环型）

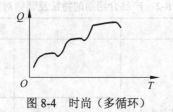
图 8-4　时尚（多循环）

图 8-5　热潮（非连续型循环）

宅，公寓式的或者花园式的。风格显示出一个人们重新感兴趣的周而复始的周期。

时尚（fashion），是指在某一领域里当前被接受或流行的一种风格。一般来说，时尚大都缓慢地成长，保持一段流行，并缓慢地衰退。例如，20 世纪 80 年代的时装流行简洁的款式，而 90 年代流行随意休闲的款式。

热潮（fad），这些产品在市场上扩散很快，迅速引起公众的注意，被狂热地采用，很快达到高峰，然后又很快从市场上退出。它们的接收期较短，倾向于只吸引有限的追随者，如空竹。在 2008 年北京奥运会开幕时期，空竹成为中国老百姓大街小巷健身的主要运动工具之一，奥运会结束，它就迅速地沉寂了。

产品生命周期的形态一般只能作为一种参考，在实际营销活动中，必须针对不同的产品类别，考虑不同的市场条件，做出分析和判断，以便在生命周期的不同阶段采取不同的营销策略。

8.5.3　产品生命周期各阶段特征及营销对策

由于产品生命周期各阶段的特征不同，所以也应相应地采取不同的营销对策。

1. 产品介绍期的特征及营销对策

产品介绍期（introduction stage）是指产品试制成功投放到市场的试销阶段。其特征是：消费者对产品不甚了解，需求不大，销售额增长缓慢；产品生产批量小，生产成本较高；由于市场不了解产品，企业需要做大量的促销工作，故销售费用较高；由于以上原因，企业经营利润微弱甚至亏损；而产品刚刚面市，所以市场上竞争者不多，仿制品少。

根据介绍期的特征，企业在这一阶段的对策重点应是：尽可能在充分展示产品给消费者能够带来的基本利益的前提下，使市场迅速接受该产品，缩短消费者的了解过程，快速占领市场，即以迅速建立产品知名度为核心。为此企业在促销方面的努力应该是：使消费者了解新产品，促进其及早购买；辅助中间商的销售活动。除了促销手段以外，企业还要关注产品本身最能影响市场接受速度的几个因素：相对利益、复杂性、可分性和调和性。注意观察产品投入市场初期的这几个方面效果，必要时，需及时修改产品设计。

由于介绍期的生产成本和销售成本相对较高，所以企业还要从促销和价格的组合方面考虑如下市场策略的选择。概括如表 8-2。

1）快速取脂策略

快速取脂策略也称双高策略、快速掠取策略。即在采取高价格的同时，以较高的促销费用大量宣传产品的投放市场方式。以较高促销费用进行大量的宣传推销活动的目的，

表 8-2　产品介绍期的特征及营销对策

特　　征		营 销 对 策		
1. 成本较高： ① 顾客不了解，销量小； ② 推广费用大； ③ 性能不完善，产量小。 2. 分销渠道不成熟，价格策略难以确定。 3. 微利，甚至亏损。 4. 市场竞争者少。			促销水平	
			高	低
	价格水平	高	快速取脂策略	缓慢取脂策略
		低	快速渗透策略	缓慢渗透策略

是为了使消费者迅速对产品熟悉了解，快速打开销路，占领市场；制定较高价格的目的，是为了尽快收回成本，获得较高的利润。这种策略必须有很大的市场潜在需求量，产品品质高，功效比较特殊，很少有其他替代的产品，而消费者一旦了解这种产品后，急于求购，并愿意按价购买；企业面临潜在竞争者的威胁，有迅速建立消费者对自己产品偏好的要求。但随着消费者对产品的逐渐了解，市场竞争加剧，企业应在增大生产批量的基础上适时地降低价格，减少促销费用。

2）缓慢取脂策略

缓慢取脂策略也称为选择性渗透策略、缓慢掠取策略。这是一种以高价格和较低的促销费用推出产品的策略。低促销努力是要减少销售成本，使企业获取更大的利润。这种策略适用于市场销售面窄，市场容量小，生产工艺与技术极为复杂，潜在竞争者少，企业无需抢占市场的产品。如乐器，当消费者对其形成需求时，他们会从专业人员或专业市场那里寻找信息，并且愿出高价购买。

3）快速渗透策略

快速渗透策略也称密集式渗透策略。是指在采用低价格的同时，以较高的促销费用使产品迅速打入市场。低价格可以使市场迅速接受产品，同时有效地限制竞争对手介入，为企业带来巨大的市场占有率；巨大的促销努力是为了使消费者尽快地了解产品，接受产品。所以，这是一种新产品进入市场速度最快的策略。适用于：

（1）产品具有很大的市场容量，可望通过大批量生产和销售实现规模经济，降低产品成本。

（2）消费者对这种产品不了解，对价格又十分敏感。

（3）潜在的市场竞争比较激烈，可以用低价格争取顾客，遏制竞争。

实施这一策略的不利结果是由于价格低、促销费用高，在短期内可能会出现亏损。收回投资慢，需要有长期努力的准备。

4）缓慢渗透策略

缓慢渗透策略又称双低策略，是一种以低价格低促销费用推出新产品的方式。其指导思想是只求逐步挤入市场，而不急于全部占领市场。低价格有利于市场快速接受产品；低促销又能使企业减少费用开支，降低成本，弥补低价格造成的低利润或亏损。这种策略适用于产品的市场容量大，消费者对价格十分敏感，一般的竞争者无意或无力与本企业长期抗衡的情况。

在产品介绍期，企业要注重以下几个方面。

（1）努力开发市场。企业必须明确认识到，开发市场是一项独立的创造活动，不能只注意开发产品而忽视了市场的开发。开发市场也不仅是一般性的宣传，而是要特别注意研究和开发产品用途。

（2）加强广告宣传。在研究产品用途的基础上，应有针对性地开展宣传攻势。广告宣传要集中力量，连续不断地重复进行，在市场上造成强烈影响。而这一时期的宣传重点应放在产品的性能和用途上，以激发消费者的购买欲望。

（3）寻找多种机会，宣传产品。企业要注意社会重大活动和能造成广泛影响的事件，适时推出产品以引起社会的轰动效应。

2. 产品成长期的特征及营销对策

产品成长期（growth stage）是指产品试销成功后，在市场营销中处于发展上升的阶段。其特征是：产品的特点已逐渐为消费者所知，凭印象购买的倾向日渐增多，销售量迅速增加；产品已具备大批量生产的条件，生产效率提高，成本降低；产品在市场上已被消费者所熟悉，促销费用可以相对减少，销售成本大幅度下降；企业扭亏为盈，利润迅速上升并达到最高峰；同行竞争者迅速增加，同类产品出现，产品市场竞争渐趋激烈。

产品进入成长期后，企业的营销策略重点是强化产品的市场地位，建立顾客对品牌的忠实感，以便扩大市场占有率和防止竞争者加入。这一阶段的营销对策主要有：

（1）宣传厂牌商标。此时的广告与宣传的重点应转为产品的厂牌或商标，提醒消费者注意本企业产品的特点。各种公关活动也要跟上，努力塑造企业在社会上的良好形象，使产品在消费者心目中形成偏爱。

（2）提高和保持市场占有率。采取各种措施稳定基本用户，在此基础上，运用市场细分的科学方法，积极寻找新的市场，以适应生产的扩大和销售量的增加。

（3）充分利用价格手段，在适当的时候可以降低价格，激发那些对价格比较敏感的消费者产生购买动机和采取购买行动。还可以增强竞争力，扩大企业产品在市场中的份额。

（4）努力创名牌。这个阶段是企业创名牌的最佳时机。优秀的企业都懂得，要在产品好卖的时候创名牌。这时产品的鲜明性能使消费者在对比中留下深刻印象。当产品不好卖的时候，消费者的心目中已经产生了明显的倾向性，再创名牌就变得十分艰难。

产品成长期的特征及营销对策如表 8-3 所示。

表 8-3　产品成长期的特征及营销对策

特　　　征	营　销　对　策
1. 销量增长快。 2. 竞争加剧。 3. 促销费用稳中有升。 4. 分销渠道比较理想，价格开始下降。 5. 销售利润率增长较快，利润逐渐达到高峰	1. 产品：努力开发新款式、新型号、新用途。 2. 促销：树立产品形象，建立品牌偏好，争取新顾客。 3. 渠道：增加新渠道，开拓新市场。 4. 价格：择机调价，以争取更多的顾客

3. 产品成熟期的特征及营销对策

产品成熟期（maturity stage）是产品在市场上销售量趋于稳定，市场竞争最激烈的阶段。其特征是：市场需求量已逐渐趋向饱和，销售量已达到最高点；生产批量大，产品成本低；竞争者的加入使同类产品大大增加，企业为了销售而实行一系列促销手段。同时为了增强竞争力，产品的价格会下降，这样使得产品的利润由成长期的最高峰逐步下降，这时的市场竞争十分激烈。菲利普·科特勒根据成熟期产品销售量的变化情况，把成熟期分为三个阶段：第一阶段称为成熟中的成长，在这一阶段销售增长率开始下降，尽管有新的顾客进入市场，但销售渠道已达到饱和。第二阶段称为成熟中的稳定，这一阶段市场已经饱和，大多数潜在的消费者已经试用过这种产品，未来的购买只受重复需求和人口增长的影响。第三阶段被称为成熟中的衰退，这一阶段由于消费者转向购买其他产品或代用品，销售量开始下降。

在这一阶段，企业的营销重点是要想方设法延长成熟期的时间，在维持相对稳定的销售量和市场占有率的基础上扩大销售，提高市场占有率。为此，可采取以下对策。

1）市场改进

这种对策不是要改变产品本身，而是发现产品的新用途或改变推销方式等，以使产品销售量得以扩大。可以通过以下三个途径来实现。

（1）寻求新的细分市场，把产品引入未使用过这种产品的市场，重点是要发现产品的新用途，应用于其他的领域，以使产品的成长期延长。如娃哈哈集团成功地把娃哈哈儿童营养液导入了成人市场，变为娃哈哈营养液。

（2）寻求能够刺激消费者、增加产品使用率的方法，使目前使用某品牌的消费者增加对该品牌的年使用量，也可增加销售量，使成熟期延长。具体措施有：设法使消费者经常地使用产品，如金施尔康强调每天服用可增强身体；设法使消费者每次使用时增加使用量，如中美史克的阿苯达唑强调春一次秋一次杀虫更彻底；努力发掘产品的新用途，如某洗发香波强调用来清洗纯毛制品同样有较好的效果。

（3）寻找有潜在需求的新顾客，为市场重新定位。如通过宣传牛奶的营养价值劝说那些不喝牛奶的人饮用牛奶，宣传产品的适用性以诱导那些认为产品与自己无关的消费者使用，把本地产品导入外地市场等。

2）改进产品

改进产品可以通过以下四个途径来实现。

（1）改进品质。一方面，提高产品的耐久性、可靠性、安全性等。如电视机由单一的黑色外壳改为彩色外壳；另一方面，改变产品档次，以适合不同层次消费者的购买。如真皮大衣可改用仿皮面料来替换真皮，降低成本后降低价格，满足大众的需求。这种对策既能延长成熟期，又能提高产品的竞争力。

（2）改进特性。增加产品新的特性（如大小、重量、材料、附加物等），以此扩大产品的多方面适用性，提高其安全性，使之更方便使用。这种特性改进花费少，收益大，能为企业树立良好的形象，但易被模仿，故只有率先革新才能获利。

（3）改进式样。即基于美学欣赏观念而进行款式、外观及形态的改进，增强美感，形成新规格、新花色的产品，从而刺激消费者，引起新的需求。

（4）改进附加产品。适当增加服务内容对提高产品的竞争能力、扩大产品销售具有促进作用。其中包括向消费者提供良好服务、优惠条件、技术咨询、质量保证、消费指导等。

（3）改进市场营销组合

改进市场营销组合即改进市场营销组合中的某些因素，如削价出售、扩大销售渠道、增加销售网点、积极开展人员推销和非人员推销，提高服务质量或增加新的服务等，以扩大销售。

产品成熟期的特征及营销对策见表 8-4。

表 8-4　产品成熟期的特征及营销对策

特　　征	营　销　对　策
1. 销量增长较快，产销量逐渐达到最高峰。 2. 销售利润率开始下降。 3. 价格竞争成为焦点。 4. 营销费用较高。	1. 市场改良：开发新用途，寻找新用户；刺激现有顾客，增加使用频率；重新定位，寻找新买主。 2. 产品改良：品质改进，增加功能；特性改进，增加效能；式样改进，增加美感；服务改进，增加姓名和内容。 3. 营销组合改进：调整价格，吸引顾客，增加网点，扩大渠道；调整广告媒体和促销方式。

4. 产品衰退期的特征及营销对策

产品衰退期（decline stage）是指产品销售量急剧下降，逐步被消费者冷落，退出市场的阶段。其特征是：产品销售量急剧下降，企业从这种产品中获得的利润很低甚至亏损，大量的竞争者退出市场，消费者的消费习惯已发生转变，市场竞争突出地表现为价格竞争。产品进入衰退期后，企业纷纷退出市场，本企业也面临着一系列抉择：是继续留在市场，还是退出？如何留、如何退？可供企业选择的对策有以下几种。

（1）淘汰策略。即对衰落比较迅速的产品，当机立断，放弃经营。当淘汰产品时，企业还要做出几种选择：是否将产品的品牌转让给其他企业，或是完全淘汰；如何淘汰产品，是快速淘汰，还是渐进式的淘汰；淘汰的具体产品及其现在销售部分的库存和服务维持在什么水平上。

（2）非淘汰策略。即企业继续留在原有市场上，不停止产品的生产经营。有些产品虽已进入衰退期，但市场需求并不会马上消失。而众多的竞争者纷纷退出市场，从而使留在市场的产品可以暂维持原有销量，甚至会有所增加。采用这一策略的具体方法有：继续沿用过去的营销策略不变，仍保持原来的细分市场、销售渠道、定价和促销等；把人力、物力集中到最有利的细分市场和销售渠道上，削减生产品种和数量，满足小范围的需要，从最有利的市场和渠道上获得盈利；大力降低销售费用，精减推销人员，增加目前利润。

产品衰退期的特征及营销对策见表 8-5。

表 8-5　产品衰退期的特征及营销对策

特　　征	营　销　对　策
1. 消费者兴趣转移，销量加速下降。 2. 价格已降至最低水平。 3. 多数企业已被迫退出市场。 4. 企业逐渐减少附带服务，削减促销预算。	1. 淘汰策略：当机立断，放弃经营。 2. 非淘汰策略：继续沿用过去的营销策略；集中人、财、物力策略；降低销售费用策略。

8.6　新产品开发与扩散

企业同产品一样，也存在生命周期。如果企业不开发新产品，当产品走向衰落时，企业也同样走到了生命周期的终点。如今，随着人们生活水平的不断提高，市场需求也发生了很大变化，方便、快捷、健康、绿色的产品越来越受消费者的欢迎。此外，消费选择得更加多样化，高科技新型产品的出现，产品更新换代的速度加快，市场竞争的日趋激烈，这些种种变化迫使企业必须不断开发新产品，才能增强企业活力，提高企业在市场上的信誉，满足消费者不断变化的消费需求，在市场上占据领先地位。因此，新产品的开发是企业应付各种突发事件，维护企业生存与长期发展的重要保障。

8.6.1　新产品的概念

所谓新产品（new product），是指对整体中任何一个层次的更新和变革，即使产品通过更新和变革有了新的结构、新的功能、新的品种或增加了新的服务，从而给消费者带来了新的利益，与原有产品产生了差异，即可视为新产品。它包括以下四类产品：

（1）全新产品。即应用新技术、新材料研制出的具有全新功能的产品。这种产品无论对企业或市场来讲都属于新产品。如计算机的第一次出现，就属于全新产品。

（2）换代产品。即在原有产品的基础上，采用或部分采用新技术、新材料、新工艺研制出来的新产品。如数码彩电就是高清晰度彩电的换代产品。更新换代产品与原有产品相比，产品性能有了一定改进，质量也有了相应提高。

（3）改进产品。即对老产品的性能、结构、功能加以改进，使其与老产品有较显著的差别。如电视机开关改成遥控式。与换代产品相比，改进产品受技术限制较小，且成本相对较低，便于市场推广和消费者接受，但容易被竞争者模仿。

（4）仿制产品。即对国际或国内市场已经出现的产品进行引进或模仿、研制生产出的产品。开发这种产品不需要太多的资金和尖端的技术，因此比研制全新产品要容易得多。但企业应注意对原产品的某些缺陷和不足加以改造，而不可全盘照抄。另外，还要注意不要侵犯专利。

除此之外，企业将现行产品投向新的市场，对产品进行市场再定位，或通过降低成本生产出同样性能的产品，则对市场或企业而言，也可称之为新产品。

8.6.2　新产品开发的途径及策略

在现代市场上，企业要得到新产品，并不意味着必须由企业独立完成新产品的创意到生产的全过程。除了自己独立研制开发外，企业还可以通过购买专利、经营特许、联合经营、直接购买新产品等方式来取得新产品。

1. 按照开发新产品的方式不同

新产品开发（new product development）的策略有以下几种。

（1）自主开发。即企业自己设立研究部门，通过自己的研究开发力量来完成产品的构思、设计和生产工作。凡是资金充足，且具备与新产品相适应的技术能力的企业可选择这种途径。

（2）协约开发。即雇用独立的研究开发机构为企业开发某种新产品。当企业的技术能力不足时，可以采用此种方法获得新产品。

（3）联合研制。联合研制包括以下七种类型。

① 联合经营。即大公司可以通过与小企业联合的方式共同经营小企业所开发的新产品。小企业可以借助大公司的雄厚资金和销售力量扩大新产品的影响，同时提高自己的知名度，大公司则可以节省开发新产品的一切费用。当然在利益分配上，大公司应保证小企业收回其开发费用并获得满意的利润。也有的大公司直接收购小企业，取得该企业的新产品经营权。

② 购买专利。即企业向有关科研部门、开发公司或别的企业购买某种新产品的专利权。这种方式可以节省时间。

③ 经营特许。当企业决定开发的新产品与本企业现有产品在市场分销渠道及生产工艺上差异较大时，该新产品的开发费用将较高。这时购买生产或经营许可证是一种好的方式，它能使企业在有限的风险之下迅速打入市场。

④ 外包生产。企业的销售能力超过其生产能力，或没有能力自己生产该产品，或自己生产不合算时，可以把新产品的生产外包给别的企业。这种方式可以分为全部外包和部分外包、部分自制两种。如汽车公司把零部件的生产全部外包给小企业，自己只进行组装。

⑤ 合作经营。即一方出技术，一方出资金，双方共同经营管理、共担风险、共享成果。

⑥ 兼并。即用购买的方式兼并另一个有新产品的企业。这是一种迅速开发新产品和进入新产业最有利的方式。

⑦ 技术或专有技术引进。这种方式往往与购买生产许可证同时进行，或者发生在基本自主开发的时候，企业开发新产品的某项技术缺乏时。企业在引进时要注意审定技术的适用性和先进性，并力争获得对方咨询或帮助。

2. 按照新产品革新程度不同

新产品开发的策略有以下几种。

（1）创新策略。即企业研制和推出市场上从未有过的新产品。这种新产品的开发可提高市场占有率，经济效益较好；在投放期内无竞争者介入，可以采取多种定价策略，可通过申请专利保护独占市场，获得较大的利润。但其风险较大，成本较高。

（2）模仿策略。即企业仿制市场上其他企业的产品。这一做法具有风险小、成本低、成功率大等优点。但也有产品投入市场就会引起竞争的不利因素，因此，要求以此策略开发的新产品要有更高的性能和品质。

3. 按照开发时机的不同

新产品开发策略有以下几种。

（1）抢先策略。即企业不以现有的技术优势为满足，全力以赴追求产品技术水平的先进性和最终用途的新颖性。先声夺人，在其他企业新产品开发尚未成功或尚未上市前抢先开发投放，使企业在市场竞争中处于强有力的领先地位。

（2）跟进策略。即企业不抢先研制新产品，而是当市场上出现成功的新产品时，立刻进行仿造或改进，迅速跟进市场。实施这一策略的条件是要有较强的获取技术情报的能力，对市场及竞争对手的动向了如指掌，并有较强的消化、吸收和创新能力。

8.6.3　新产品开发过程

新产品开发一般经过寻求创意（新产品构思）、筛选创意（构思的筛选）、形成产品的概念并加以试验、制定市场营销战略、进行商业分析、进行产品开发与试制、进行市场试销、商业化（批量生产）上市八个主要阶段。如图 8-6 所示。

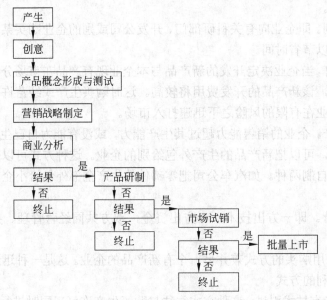

图 8-6　新产品开发过程

1. 创意产生（idea generation）

新产品开发过程是从构思产生开始的。所谓创意，就是指开发新产品的设想。它是新产品诞生的摇篮。因此，企业寻求新产品创意必须首先明确新产品发展的行业范围、目标市场、产品定位、资源分配、投资效益等。

新产品创意的主要来源包括内部资源和外部资源。例如，顾客、科学家、竞争对手、企业的推销人员和经销商、企业高层管理人员、市场研究公司、广告代理商等。除此之外，企业还可以从大学、咨询公司、同行业的团体协会、有关的报刊媒介那里寻求有用的新产品创意。企业应建立各种激励机制，对提出创意的人给予奖励。

2. 创意筛选（idea screening）

取得创意之后，要对这些创意进行评价，研究其可行性，并挑选出可行性较高的创意，淘汰那些不可行或可行性较低的创意，提高新产品开发的成功率。

筛选创意时，一般要考虑两个问题：新产品开发的创意是否与企业的战略目标相一致；企业有无足够的资金、技术、销售能力及人才来支持这个创意的开发。

3. 产品概念形成与测试

经过筛选后保留下来的产品创意，还要进一步发展成为产品概念（product concept）。产品创意是企业从自己角度考虑的它能够向市场提供的可能产品的构想，产品概念则是企业从消费者角度对这种创意所做的详尽的描述。把产品创意发展成产品概念时必须考虑目标消费者、产品所带来的利益及使用环境。根据这三个方面，可以组合出许多不同的产品概念。对这些概念企业要加以评价，从中选择最好的产品概念，并分析它可能同哪些现有产品竞争，进而据此制定产品或品牌定位策略。

确定最佳产品概念、进行产品和品牌的市场定位后，就应当对产品概念进行测试（concept testing），即用文字、图画描述或者用实物将产品概念展示于目标顾客面前，观察他们的反应。通过产品概念测试应弄清以下问题。

（1）产品概念的描述是否清楚易懂？

（2）消费者能否明显发现该产品的突出优点？

（3）在同类产品中，消费者是否偏爱本产品？

（4）顾客购买这种产品的可能性有多大？

（5）消费者是否愿意放弃现有产品而购买新产品？

（6）本产品是否能满足目标顾客的真正需要？

（7）在产品的各种性能上，有什么可改进的地方？

（8）购买该产品的频率是多少？

（9）谁将购买这种产品？

（10）目标顾客对该产品的价格反应如何？

通过这些方面的了解，企业可以更好地选择和完善产品概念。

4. 市场营销战略制定（marketing strategy development）

产品概念形成之后，企业的有关人员要拟定一个将新产品投放市场的市场营销战略，描述目标市场的规模、结构、行为，新产品在目标市场上的定位、前几年的销售额、市场占有率、目标利润等；进行价格预测，制定分销战略及市场营销预算；阐述计划长期销售额和目标利润以及不同时期的市场营销组合。

5. 商业分析（business analysis）

商业分析即对新产品概念从财务分析方面预计销售量、成本、利润和投资收益率以及技术上的可行性与先进性，充分估计新产品上市后的风险，从而判断它是否符合企业的目标。在营业分析中主要考虑以下问题。

（1）产品结构、目标市场、消费行为和新产品在市场上应树立的形象。

（2）产品定价、销售渠道策略、第一年预计销售量和促销费用预算。

（3）预测长期销售量和每一时期的利润目标及营销策略。

6. 产品开发（product development）

企业选定最佳产品概念之后，送交研制部门制成产品模型或样品，把新产品概念转变为产品实体。产品研制一般包括：①制作产品模型或样品。样品应具备产品概念所描述的一切特征，同时在经济上、技术上又是可行的。②设计品牌。③包装的设计。

如果新产品符合下列要求就可以进入下一个阶段。这些要求包括：①消费者认为产品具备了产品概念中所列举的各项主要指标；②在一般用途和正常条件下，可以安全地发挥功能；③能在既定的生产成本预算范围内生产成品。

7. 市场测试（test marketing）

市场测试的规模决定于两个方面：一是投资费用和风险的大小；二是市场试验费用和时间。投资费用和风险较高的新产品，试验的规模应大一些；所需市场试验费用越多、时间越长的新产品，市场试验规模应小一些。

通过试销可为新产品能否全面上市提供全面、系统的决策依据，也为新产品的改进和市场营销策略的完善提供启示，有许多产品是通过试销改进后才取得成功的，但并非所有的新产品都要经过试销，可根据新产品的特点及试销对新产品的利弊分析来决定。如果试销市场呈现高试用率和高再购率，表明该产品可以继续发展下去；如果市场呈现高试用率和低再购率，表明消费者不满足，必须重新设计或放弃该产品；如果市场呈现低试用率和高再购率，表明该产品很有前途；如果试用率和再购率都很低，表明该产品应当放弃。

8. 商品化（commerciallization）

新产品试销成功后，就可以正式批量生产，全面推向市场。而企业在此阶段应在以下几方面做好决策。

（1）何时推出新产品。即在什么时候将产品推入市场最适宜，针对竞争者而言，可以做三种选择：首先进入、平行进入和后期进入。

（2）何地推出新产品。企业如何推出新产品，必须制订详细的上市计划，如营销组合策略、营销预算、营销活动的组织和控制等。

（3）向谁推出新产品。企业把分销和促销目标面向最理想的消费者，利用他们带动其他消费者。

（4）如何推出新产品。即企业制订较为完善的营销综合方案，有计划地进行营销活动。

8.6.4　新产品采用与扩散

1. 新产品采用过程（product adoption process）

美国著名学者埃弗雷特·罗杰斯（Everett M. Rogers）认为：新产品采用过程包括五个阶段，即认识阶段、说服阶段、决策阶段、尝试阶段和采用阶段。

1）认识阶段（awareness）

在认识阶段，消费者要受个人因素、社会因素和沟通行为因素的影响。他们逐步认识到创新产品，并学会使用这种产品，掌握其新的功能。研究表明，较早意识到创新的消费者同较晚意识到创新的消费者有着明显的区别。一般地，前者较后者有着较高的文化水平和社会地位，他们广泛地参与社交活动，能及时、迅速地收集到有关新产品的信息资料。

2）说服阶段（interest）

有时，消费者尽管认识到了创新产品并知道如何使用，但一直没有产生喜爱和占有该种产品的愿望。而一旦产生这种愿望，决策行为就进入了说服阶段。在认识阶段，消费者的心理活动尚停留在感性认识上，而在说服阶段，其心理活动就具备影响力了。消费者常常要亲自操作新产品，以避免购买风险。不过，即使如此也并不能促使消费者立即购买，除非市场营销部门能让消费者充分认识到新产品的特性。这包括：

（1）相对优越性，即创新产品被认为比原有产品好。创新产品的相对优越性越多，如在功能性、可靠性、便利性、新颖性等方面比原有产品的优势越大，就越容易让消费者采用。

（2）适用性，即创新产品与消费者行为及观念的吻合程度。当创新产品与消费者的需求结构、价值观、信仰和经验相适应或较为接近时，就较容易被迅速采用。

（3）复杂性，即认识创新产品的困难程度。创新产品越是难以理解和使用，其采用率就越低。这就要求企业在新产品设计、整体结构、使用维修和保养方法等方面与目标市场的认知程度相接近，尽可能设计出简单易懂、方便使用的产品。

（4）可试性，即创新产品在一定条件下可以试用。汽车的测试、免费赠送样品等都是为了方便消费者对新产品的试用，减少购买风险，提高采用率。

（5）明确性，指创新产品在使用时，是否容易被人们观察和描述，是否容易被说明和示范。创新产品的消费行为越容易被感知，其明确性就越强，采用率也就越高。

3）决策阶段（evalution）

通过对产品特性的分析和认识，消费者开始决策，即决定采用还是拒绝采用该种创新产品。他可能决定拒绝采用，此时又有两种可能：以后改变了态度，接受了这种创新产品；继续拒绝采用这种产品。他也许决定采用创新产品，此时也有两种可能：在使用之后觉得效果不错，继续使用下去；使用之后发现令人失望，便中断使用，可能改用别的品牌，也可能干脆不使用这类产品。

4）尝试阶段（trial）

当消费者开始使用创新产品时，就进入了尝试阶段。在此阶段，消费者开始考虑以下问题了："我怎样使用该产品？"和"我如何解决操作难题？"这时，企业市场营销人员就要积极主动地向消费者进行介绍和示范，并提出自己的建议。

5）采用阶段（adoption）

由于消费者面临多种选择方案，而每一种方案又都有其优点和缺点，所以在决策之后，消费者总是要评价其选择行为的正确与否。在决策后的最初一段时间内，消费者常常觉得有些后悔，他或她会发现所选方案存在很多缺陷。事实上，如果再给一次机会，他或她会选择其他方案。消费者会告诉朋友们自己采用创新产品的明智之处，倘若他或她无法说明采用决策是正确的，那么就可能中断采用。

2. 新产品扩散过程

所谓新产品扩散（diffusion of innovation），是指新产品上市后随着时间的推移不断地被越来越多的消费者所采用的过程。也就是说，新产品上市后逐渐地扩张到其潜在市场的各个部分。

1）新产品采用者的类型

在新产品的市场扩散过程中，由于各种因素的影响，不同消费者对新产品接受的快慢程度不同。罗杰斯根据这种接受程度快慢的差异，把采用者划分成五种类型，即创新采用者、早期采用者、早期大众、晚期大众和落后采用者。见图 8-7。

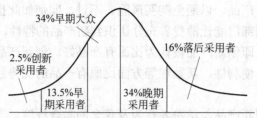

图 8-7　新产品采用者的类型

（1）创新采用者（innovation）。该类采用者约占全部潜在采用者的 2.5%。任何新产品都是由少数创新采用者率先使用，因此他们具备如下特征：极富冒险精神；收入水平、社会地位和受教育程度较高；一般是年轻人，交际广泛且信息灵通。

企业市场营销人员在向市场推出新产品时，应把促销手段和传播工具集中于创新采用者身上。如果他们的采用效果较好，就会大力宣传，影响到后面的使用者。不过，找出创新采用者并非易事，因为很多创新采用者在某些方面倾向于创新，而在其他方面可能是落后采用者。

（2）早期采用者（early adopter）。早期采用者是第二类采用创新的群体，占全部潜在采用者的 13.5%。他们大多是某个群体中具有很高威信的人，受到周围朋友的拥护和爱戴。正因如此，他们常常去收集有关新产品的各种信息资料，成为某些领域的舆论领袖。这类采用者多在产品的介绍期和成长期采用新产品，并对后面的采用者影响较大。所以，他们对创新扩散有着决定性影响。

（3）早期大众（early majority）。这类采用者的采用时间较平均采用时间要早，占全部潜在采用者的 34%。其特征是：深思熟虑，态度谨慎；决策时间较长；受过一定教育；有较好的工作环境和固定收入；对舆论领袖的消费行为有较强的模仿心理。他们虽然也希望在一般人之前接受新产品，但却是在经过早期采用者认可后才购买，从而成为赶时髦者。由于该类采用者和晚期大众占全部潜在采用者的 68%，因而，研究其消费心理和消费习惯对于加速创新产品扩散有着重要意义。

（4）晚期大众（late majority）。这类采用者的采用时间较平均采用时间稍晚，占全部潜在采用者的 34%。其基本特征是多疑。他们的信息多来自周围的同事或朋友，很少借助宣传媒体收集所需要的信息，其受教育程度和收入状况相对较差，所以他们从不主动采用或接受新产品，直到多数人都采用且反映良好时才行动。显然，对这类采用者进行市场扩散是极为困难的。

（5）落后采用者（laggards）。这类采用者是采用创新的落伍者，占全部潜在采用者的 16%。他们思想保守，拘泥于传统的消费行为模式。他们与其他的落后采用者关系密切，极少借助宣传媒体，其社会地位和收入水平最低。因此，他们在产品进入成熟期后期乃至进入衰退期时才会采用。与一般人相比较，在社会经济地位、个人因素和沟通行为三个方面存在着差异。这种比较为新产品扩散提供了重要依据，对企业市场营销沟通具有指导意义。

2）新产品扩散过程管理

新产品扩散过程管理是指企业通过采取措施使新产品扩散过程符合既定市场营销目标的一系列活动。企业之所以能对扩散过程进行管理，是因为扩散过程除受到外部不可控制因素（如竞争者行为、消费者行为、经济形势等）的影响外，还要受企业市场营销活动（产品质量、人员推销、广告水平、价格策略等）的制约。企业扩散管理的目标主要有：①介绍期销售额迅速起飞。②成长期销售额快速增长。③成熟期产品渗透最大化。④尽可能维持一定水平的销售额。

然而，新产品扩散的实际过程却不是这样。根据产品生命周期曲线，典型的产品扩散模式通常是介绍期销售额增长缓慢，成长期的增长率也较低，而且产品进入成熟期一段时间后，销售额就开始下降。为了使产品扩散过程达到其管理目标，要求企业市场营销管理部门采取一些措施和策略。

（1）实现迅速起飞，需要：派出销售队伍，主动加强推销；开展广告攻势，使目标市场很快熟悉创新产品；开展促销活动，鼓励消费者试用新产品。

（2）实现快速增长，需要：保证产品质量，促进口头沟通；继续加强广告攻势，影响后期采用者；推销人员向中间商提供各种支持；创造性地运用促销手段使消费者重复购买。

（3）实现渗透最大化，需要：继续采用快速增长的各种策略；更新产品设计和广告策略，以适应后期采用者的需要。

（4）要想长时间维持一定水平的销售额，需要：使处于衰退期的产品继续满足市场需要，扩展分销渠道，加强广告推销。

本 章 小 结

产品是市场营销组合中第一的也是最重要的因素。产品是指企业向市场提供的，能满足消费者（或用户）某种需求或欲望的任何有形物品和无形服务，包括实物、服务、场所、思想、主意、策划等。产品的整体概念是由三个层次构成的：核心产品、有形产品、附加产品。

大部分的企业都经营一种以上的产品，这就应该对其经营范围（产品线）及经营品种（产品项目）进行合理的调整，以定期估价其盈利能力和成长潜力。产品组合是指一个企业所生产或销售的全部产品大类、产品项目的组合，又称产品的各种花色品种的搭配，也称为企业的经营范围和结构。可供企业调整产品组合的策略有：扩大产品组合策略、缩减产品组合策略、产品线延伸策略、产品大类现代化策略。

企业必须对其所生产的产品制定品牌策略。决定是否给产品冠名；是采用制造商品牌还是采用中间商品牌；该品牌应体现什么样的质量；对企业所生产的全部产品是采用一个品牌还是采用多个品牌；一种产品是使用一个品牌还是使用多个品牌；以及是否应对现有的产品品牌进行调整，重新定位。

实体产品需要制定包装决策，以保护产品、提高产品附加价值、促进产品的销售。企业常用的包装策略有：相似包装策略、差异包装策略、相关包装策略、分等级包装策略、分量包装策略、复用包装策略、一次性使用包装策略、附赠品包装策略、改变包装策略。

产品的生命周期是指产品从完成试制、投放市场开始，到最终被市场淘汰为止的全部过程所经历的时间。其过程依据产品在市场上的变化规律一般可分为四个阶段：介绍期、成长期、成熟期和衰退期。我们应针对不同时期的不同特点采用相应的营销策略。

新产品的开发是企业发展的动力，而创新成功的关键在于在新产品开发过程的各个阶段中，正确处理新产品构思，发展健全的研究和决策程序。

通过这一章的学习，我们对应该给市场提供什么样的产品、如何提供有了明确的答案。

思 考 练 习

1. 产品整体概念是什么？试举例说明。
2. 什么是产品组合？产品组合策略是什么？
3. 什么是品牌？企业如何建立品牌？
4. 什么是新产品？新产品主要有哪几类？
5. 什么是产品生命周期？产品在各生命周期阶段的特点及营销对策是什么？
6. 新产品开发过程是什么？新产品的开发对企业有什么意义？

案 例 讨 论

1. 宝洁公司成功实施了哪些产品策略？
2. 举例解释宝洁公司某产品的整体概念。
3. 产品线延伸策略包括什么内容？
4. 新产品开发对于宝洁公司有什么意义？
5. 宝洁公司的产品策略给予中国企业什么启示？

推 荐 阅 读

1. 菲利普·科特勒，凯文·莱恩·凯勒，卢泰宏. 营销管理[M]. 第13版. 北京：中国人民大学出版社，2009.
2. 全球品牌网（http://www.globrand.com）.

第 9 章

价 格 策 略

本章提要

　　企业要想取得营销活动的成功，除了生产适销对路的产品之外，还需要弥补成本并获得盈利。因此，价格要素作为市场营销组合四要素之一，就显得尤为重要。本章将主要分析影响企业定价的因素、企业常用的几种定价方法及定价策略，并讨论了当价格发生变动时企业可能采取的对策。

学习目标（重点与难点）

　　通过本章的学习，主要掌握以下内容：
　　1. 影响产品定价的因素。
　　2. 常用的几种定价方法。
　　3. 定价策略。
　　4. 价格变动时企业的对策。

框架结构（见图 9-0）

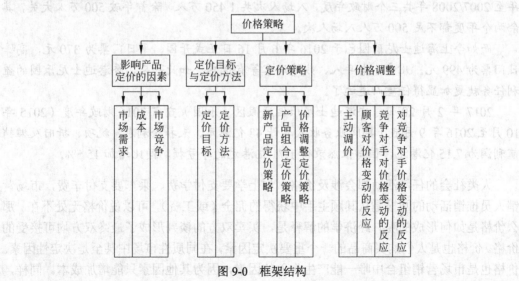

图 9-0　框架结构

中国香港迪士尼乐园的门票价格

自 2005 年 9 月中国香港迪士尼乐园开业以来，为了改善乐园的发展、吸引更多游客光顾，乐园推行了各项门票价格的优惠策略。

开幕之初，中国香港迪士尼乐园的门票价格为：平时成人 295 港元，儿童（3～11 岁）210 港元；星期六、日及特别日子，成人 350 港元，儿童 250 港元。同年 11 月，迪士尼推出了为期一个月的"向港人致敬"活动，票价每张减 50 港元，大受欢迎。

2006 年，乐园的优惠更加频繁，包括向企业和团体提供包场及大量购票优惠；为旅游业界人士提供半价订购酒店房间和门票优惠，涉及人数数十万名；另外，推出半年有效期门票等。

2007 年，中国香港迪士尼又联手国泰、港龙航空推出"买三送一"旅游套票，从国泰及港龙多个亚洲航点搭乘航班赴港，并入住中国香港迪士尼乐园度假区内任一酒店的游客，可享受四人同行一人免费的优惠。

2008 年，中国香港迪士尼乐园销售及旅游事务副总裁达文奥公布乐园五大门票新安排。首次推出学生全年证，即凡 12～25 岁，不论本地或海外全日制学生，均可凭学生证购买全年证，平日特惠级，仅需 390 元。此外，乐园又从美国引进青少年团队计划，变相以三折至七七折门票价格优惠，即由 100～230 元不等，吸引中小学生客源。

对于这些优惠，迪士尼销售事务部高级副总裁陈敬考说："我们为迎合宾客不同需要而设计多项优惠，为他们提供加倍奇妙，希望为他们的旅程更添色彩。"

但是，中国香港迪士尼乐园入场人次仍不算理想。据立法会文件显示，2005/2006 年至 2007/2008 年共三个财政年度，入场人次共 1 450 万人，除首年破 500 万人大关，其余两个年度都不足 500 万人入场人次。

而如今上海迪士尼乐园已于 2016 年 6 月 16 日正式开园。平日门票为 370 元，高峰日门票为 499 元。儿童、老年人、残障游客等有优惠。如此一来，香港迪士尼乐园的盈利任务就更加显得任重而道远了。

2017 年 2 月 20 日，香港迪士尼乐园度假区（乐园）宣布 2016 财政年度（2015 年 10 月至 2016 年 9 月底）期间业务收入共计 48 亿港元，未扣除利息、税项、折旧及摊销前利润为 7.15 亿港元，但却依然录得 1.71 亿港元的净亏损，同比增加 15.5%。

人类社会的任何活动都会涉及价格，如上学要支付学费、乘车要支付车费，市场营销人员推销活动的回报是从其顾主手中获得的佣金（或工资），可以说价格无处不在。那么价格是如何形成的呢？经济学的解释是，买卖双方的谈判形成了最终双方均可接受的价格。价格也是人们购买商品的一个重要决定因素，在同质性市场中甚至是决定性因素。价格也是市场营销组合中唯一能产生收入的因素，因为其他因素只能增加成本。同样，价格也是市场营销组合中最为灵活的因素之一，会随市场形势的变化而进行迅速的变化。对于企业营销经理来说，定价和价格竞争是他们面临的最重要的问题。实际上，很多企业处理不好这一问题，表现在：定价过于强调成本因素而忽视了竞争和消费者需求因素；

将价格和其他市场营销组合要素隔离开来；价格不能根据产品项目、市场细分和购买时机做出灵活调整。本章主要讨论企业在制定价格的过程中应考虑的因素、企业的定价目标、企业的定价方法以及当时间和空间发生变化时企业应如何调整其价格。

9.1　影响产品定价的因素

企业产品定价受到许多因素的影响和制约，这些因素既来自于企业内部，如生产成本、产品特性、分销渠道的选择、促销策略、营销目标等；也来自于企业外部，如市场竞争、消费心理以及社会的政治、经济、法律、文化和自然环境等。在制定价格时，企业应在充分调查的基础上，找出影响价格的主要因素，选择科学的定价方法，为产品制定出一个既能给企业带来最大利益，又能被消费者接受的价格。在实际中对企业定价影响较大的因素主要有：市场需求、成本和市场竞争。

9.1.1　市场需求

在市场经济条件下，市场需求是企业制定产品价格时要考虑的主要因素。市场需求水平决定了企业产品的价格水平。企业都希望产品能以一个较高的价格销售出去，但这一价格如果高到无人接受的程度，产品价值将无法实现。无疑市场需求构成了企业产品价格的上限。需求对价格影响的研究主要包括以下几个方面。

1. 供求关系

市场价格的形成是供求双方共同作用的结果。在某一时期，当市场上某种商品的需求量与供给量正好相等时，即出现了经济学上所说的均衡状态，此时的价格称为均衡价格。而市场上的需求和供给总是不断变化的，这种变化必然会引起价格的变动。需求变动对价格的影响表现为，在供给一定的情况下，需求水平的提高会导致均衡价格的上升，需求水平的降低，会导致均衡价格的下降。在需求不变的情况下，供给水平的提高会导致均衡价格的下降，供给水平的降低会导致均衡价格的上升。

2. 需求的价格弹性（price elasticity）

需求价格弹性见图 9-1。

市场营销人员需要了解当价格发生变动时，需求是如何做出反应的。需求的价格弹性理论正好说明了价格变动与需求量变动之间的关系。需求的价格弹性简称需求弹性，是一种商品的需求对该商品本身的价格变化的反应程度，它等于需求量的相对变化与价格的相对变化之比，或者说，它等于由百分之一的价格变化所引起的需求量变化的百分数。在图 9-1 中，同

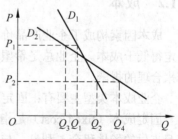

图 9-1　需求价格弹性

样的价格变化（$P_1 - P_2$）对于需求曲线 D_1 和 D_2 来说所引起的需求量的变化幅度是不同的，前者为（$Q_2 - Q_1$），后者为（$Q_4 - Q_3$）。显然 D_2 曲线的弹性比 D_1 曲线的弹性要大。需求的价格弹性可以由下面的公式确定：

$$需求的价格弹性（E_p）= \frac{需求量变化的百分比}{价格变化的百分比} \tag{9-1}$$

一般情况下，价格与需求量呈相反的方向变化，所以需求的价格弹性系数的计算结果一般为负值。通常取绝对值来衡量，主要有五种典型的情况：

（1）$E_p = 0$，表明需求完全无弹性。

（2）$0 < E_p < 1$，表明需求缺乏弹性。

（3）$E_p = 1$，表明需求有单位弹性。

（4）$1 < E_p$，表明需求富有弹性。

（5）$E_p \to \infty$，表明需求有无限弹性。

在现实生活中，（1）（3）（5）三种情况属罕见现象；（2）（4）两种情况比较常见。产品需求弹性的大小是相比较而言的，即使是同一种产品，在不同的市场环境下，其需求弹性也可能有差异。有的产品价格小调整，弹性不大，而大调整，弹性却非常大。有的降价弹性和涨价弹性不一样，短期弹性和长期弹性不相同。企业在定价或变价时既要综合考虑多种因素下需求弹性的影响，还应考虑相关产品需求交叉弹性的影响。一般来说，对弹性较大的产品可以用降价来刺激需求，扩大销售。对弹性较小的产品，可以用适当提价来增加收益。

3. 消费心理

心理因素是决定需求的一个重要因素。研究市场需求与价格的关系必然会涉及消费心理问题。在市场中具有不同心理特性的人对价格的感知是不同的，具有炫耀心理的人购买商品时会将价格高作为选购的主要因素；具有求廉心理的购买者，价格是否低廉是其购买与否的主要因素。

价格在消费心理上的反应形成了消费者的心理感受价格。消费者在购买商品时，常常是将商品的价格与自己对商品的感知价值进行对比，如果商品的价格低于自己的感知价值就会购买，反之则认为商品定价太高，拒绝购买。

所以企业定价工作的一个方面，就是正确判断消费者的心理感知价值，并通过改进产品、塑造品牌、树立企业形象等，提高消费者的感知价值。

9.1.2　成本

成本因素构成了企业产品价格的下限。在正常情况下，企业不可能将自己的产品价格定得低于成本。企业总是希望其产品价格在补偿了生产、分销和销售成本后能给企业带来合理的报酬。

企业成本类型主要有：固定成本、变动成本、总成本、边际成本等。

固定成本（fixed cost）是指不随生产和销售收入的变化而变化的成本。它包括企业每月支付的场地租金、利息、与生产无关的管理人员工资等。固定成本与产量无关。

变动成本（variable cost）是指随产量的变化而变化的成本。如原材料、燃料的消耗，生产人员的工资等。

总成本（total cost）是指一定水平下的固定成本和可变成本的总和。企业产品的价格应至少能弥补一定水平下的总成本。

企业盈利取决于总销售收入与总成本的差额。销售收入等于销售量与价格的乘积。公式为：

$$企业盈利=总销售收入-总成本 \tag{9-2}$$
$$=商品销售数量×（产品单价-单位产品成本） \tag{9-3}$$

公式中销售数量与价格之间有相关关系。对于富有弹性的商品来说，价格降低，销售数量会增加；价格升高，销售数量会减少。在其他条件既定的情况下，企业盈利水平最终取决于价格与销售数量之间的不同组合。

经济学中的边际收益与边际成本的概念有助于企业实现价格与销售数量的最佳组合，实现盈利最大化。

边际收益（marginal revenue）是指销售量每变动（增加或减少）一个单位所带来的收入的变动额。边际成本（marginal cost）是指销售量每变动（增加或减少）一个单位所带来的成本的变动额。当边际收益等于边际成本时，企业可实现盈利最大化。这是因为，当边际收益大于边际成本时，企业每多销售一件商品所增加的收益大于所增加的成本，表明增加产品的数量可使总收益增加；当边际收益小于边际成本时，企业每多销售一件商品所增加的收益小于所增加的成本，企业总收益减少。

因此，只有在边际收益等于边际成本时，企业收益最大。而产品销售数量受产品价格的影响，在总收益最大时的销售数量和价格的组合便是最佳的组合。边际收益、边际成本与总收益之间的关系如图 9-2 所示。

图 9-2 表明：随边际成本的下降，总收益水平呈上升趋势。当销售量达到 Q_1 时，随销售量的增加，边际成本逐渐上升，但仍小于边际收益，此时企业的总收益继续增加。当销售量达到 Q_2，边际成本等于边际收益，总收益达到最高水平点 A。随着销售数量的进一步增加，边际收益小于边际成本，企业总收益逐渐下降。如表 9-1 所示，在价格、销量、成本的变化中，并非价格最高时或销量最大时的收益最高，而是在价格为 7，销售量为 4，边际收益为 4，边际成本为 3.9 时，总收益最高。这时的边际收益接近于边际成本。

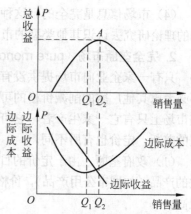

图 9-2 边际收益、边际成本与总收益的关系

表 9-1 用边际收益和边际成本确定最高盈利价格 单位：元

价格	销量	销售额	边际收益	总成本	边际成本	单位成本	盈利
10	1	10	10	9.0	9.0	9.0	1.0
9	2	18	8	15.0	6.0	7.5	3.0
8	3	24	6	20.1	5.1	6.7	3.9
7	4	28	4	24.0	3.9	6.0	4.0
6	5	30	2	27.0	3.0	5.4	3.0
5	6	30	0	29.0	2.0	4.8	1.0

9.1.3 市场竞争

企业产品价格在由成本和消费者感知价值所构成的区间内，价格水平的高低主要应考虑竞争因素。在竞争日益激烈的市场上，价格已经成为企业经常使用的有力武器。然而不同市场，其竞争状况不同，企业相应的定价策略也不同。西方经济学家根据竞争与垄断的程度将市场划分为四种类型：完全竞争市场、完全垄断市场、垄断竞争市场和寡头垄断市场。以下分别描述各种不同竞争条件下价格形成的机制。

1. 完全竞争市场（pure competition）

这是一种竞争绝对不受任何阻碍和干扰的市场。这一市场的基本条件是：

（1）市场中有许多的买主和卖主，其中每一个成员所提供或购买的份额相对于整个市场来说非常小，以至于谁也不能影响产品的交易价格。也就是说，市场价格是由众多的买者和卖者共同决定的，市场上的任何一个成员都只是价格的接受者，而不是价格的制定者。他们可以按照既定的价格销售和购买任何数量的商品而不会对价格产生明显的影响。

（2）产品是同质的。也就是这一市场中任何卖者提供的产品都是相同的，各卖者之间的产品具有极强的可替代性。

（3）资源的流动不受任何限制。

（4）市场信息是完全的。这种完全竞争的市场在实际中是不存在的，但可以通过对它的理论研究去认识其他类型的市场。

2. 完全垄断市场（pure monopoly）

只有一家企业向市场提供没有替代品的产品，作为该种产品的唯一生产者或垄断者不必考虑其他厂家的削减价格的可能性。实际上该企业本身就构成了一个行业，因为在该市场上只有它一家生产者，它可以在法律允许的范围内随意定价。但实际上，不同类型的垄断，定价也有所不同。

（1）政府垄断。由于定价的目标不同，价格高低相差很大，一些与居民生活密切相关的产品（如城市公用产品），价格可以低于成本；一些限制消费的产品，价格可以定得很高。

（2）私人垄断。其中管制性垄断行业的定价一般取得中等收益；非管制垄断企业可以随意定价，但也不是无限制地抬高价格。

3. 垄断竞争市场（monoploistic competition）

这是一种既有垄断又有竞争的市场。与完全竞争的市场相似，垄断竞争的市场含有大量的相互独立的卖者，这些卖者进入和退出该行业不受限制。然而，与完全竞争不同的是，垄断竞争市场上企业生产的是有差别的产品，这意味着消费者并不把一家企业的产品与另一家企业的产品等同看待，使其拥有一定的垄断地位。另外由于各个企业生产的又是同一类产品，产品间具有一定的可替代性，使这一市场又具有一定的竞争性。

4. 寡头垄断市场（oligopolistic competition）

这是一种既包含垄断因素，又包含竞争因素，但更接近于完全垄断的一种市场结构。几家企业的产量占全行业产量的绝大部分，每家企业都占有较大的市场份额，对市场价格都有举足轻重的影响，它们各自在价格和产量上的任何决策都会在市场上引起其他企业的反应。

以上讨论了不同市场格局下竞争因素对价格的影响。企业在考虑这些因素进行价格决策时，还应注意以下几点：一是企业定价前应深入了解竞争者产品的价格及其可能的变化，了解竞争的产品特点及营销目标和营销策略等；二是将自己的产品与竞争者的产品进行比较，如果产品品质与竞争者相似，产品价格应与竞争者的相近；如果产品与竞争者产品存在较大差异（如质量、功能优于竞争者产品），那么定价就可以高于竞争者；三是要估计竞争者对本企业定价或调价的可能反应，并制定应对这一情况的策略。

9.2 定价目标与定价方法

9.2.1 定价目标

企业在定价和调价之前，必须明确定价目标。例如，如果一家房地产开发企业打算为高收入市场设计豪华公寓，那么就意味着收取较高的价格。定价目标是指企业通过定价或调价所要实现的预期目标。定价目标是企业市场营销目标体系中的具体营销目标之一，它的确定必须服从于企业营销总目标，与其他营销目标相协调。企业发展的不同时期，在市场营销总目标指导下的定价目标是不同的，相应的定价策略也不同，而且一定时期内企业的定价目标还有主要目标和附属目标之分。在实践中企业的目标主要有以下几种。

1. 维持企业生存（survival）

当企业面临产量过剩、竞争激烈或者消费者需求发生变化时，它可能将维持生存作为自己的主要目标。为了保持工厂继续和库存周转，它们会经常降低价格。这时，生存比利润更重要。只要价格能够弥补可变成本和部分固定成本，公司就能在行业中生存下去。但是，生存目标只是作为短期目标，不能作为企业的长期目标。

2. 短期利润最大化（maximum current profit）

许多企业希望制定的价格能实现短期利润最大化。经济学家设计了一个简单的模型，用于确定短期利润最大化时的价格。该模型假定企业知道给定产品的需求和成本函数。需求函数说明了在每一时期、每一可能的价格（P）下预期的购买量（Q）。假设企业通过需求统计分析后，得出需求方程为：

$$Q = 1\,000 - 4P \tag{9-4}$$

成本函数说明了每一时期生产一定数量（Q）产品所需的总成本（C）。最简单的情况是总成本函数为线性方程 $C = F + cQ$，式中，F 为总的固定成本；c 为单位可变成本。

假设企业的成本方程如下：

$$C = 6\,000 + 50Q \tag{9-5}$$

要确定利润最大化时的价格，管理部门还需要另外两个方程。第一个是总收入（R）等于价格乘以销售数量：

$$R = PQ \tag{9-6}$$

第二个是总利润（Z）等于总收入与总成本的差额：

$$Z = R - C$$

利润（Z）和价格（P）之间的关系，计算如下：

$$Z = R - C = PQ - C = PQ - (6\,000 + 50Q)$$
$$= P \times (1\,000 - 4P) - 6\,000 - 50 \times (1\,000 - 4P)$$
$$= -56\,000 + 1\,200P - 4P^2$$

求解方程得，当价格为 150 元时利润最高为 34 000 元。

3. 市场占有率最大化（maximum market share）

市场占有率是企业经营状况和产品竞争状况的综合反映，高市场占有率是企业长期盈利的前提。有时为了获得较高的市场占有率，企业可能放弃短期利益。这一目标下的企业定价方法是低价策略，通常借助于低价打开销路，迅速占领市场，以获得有利的市场位置；有时企业为了维护已有的市场份额，阻止竞争者进入，也需要采用低价策略。

4. 维护企业和产品形象

不同企业有不同的市场定位，企业价格策略服务于这一定位。如，有的企业有知名的品牌和良好的企业形象，与之相应的是产品的高价格策略；有的企业以普通消费者为其目标市场，其产品必然走低价策略。

9.2.2　定价方法

从前面的论述中我们不难得出这样的结论：在正常情况下，企业产品价格必定是介于两个极端（一端为低到成本的无利可图的价格，一端为超过消费者心理感受的无人问津的价格）之间。图 9-3 综合说明了企业定价需要考虑的三个主要因素。成本构成产品价格的下限，消费者的感受价值形成产品价格的上限，企业必须在考虑竞争者价格及其他内在和外在因素的基础上，在两个极端间找到最适当的价格。

低价格　　　　　　　　　　　　　　　　高价格
————————————————————————————————→
产品成本　　　　　竞争者价格　　　　感受价值

图 9-3　影响定价的因素

实践中，企业经常使用的定价方法可概括为：成本导向定价法、需求导向定价法和竞争导向定价法。

1. 成本导向定价法

成本导向定价法是一种以产品成本为主要依据的定价方法，包括成本加成定价法、目标利润定价法和可变成本定价法等。

1）成本加成定价法（cost-plus pricing）

成本加成定价法是在产品成本的基础上加上一定比例的加成后所制定出来的产品价格。其公式为：

$$产品价格 = 产品单位成本 \times (1 + 加成率) \tag{9-7}$$

举例来说，假设某儿童玩具制造商的成本和预期销售量为：

$$单位可变成本 = 10\ 元$$
$$固定成本 = 30\ 万元$$

预期销售量=50 000 个

该制造商的单位成本为：

$$单位成本 = 单位可变成本 + \frac{固定成本}{销售量}$$

$$= 10 + \frac{300\ 000}{50\ 000}$$

$$= 16（元）$$

如果制造商希望销售收益率为 20%，则加成后的价格为：

产品价格=单位成本×（1＋加成率）=16×（1＋20%）=19.2（元）

在这种定价方法中，加成率的确定是定价的关键，加成率的高低一方面与产品有关，另外还与某一时期的政治经济环境有关。如房地产商品，一般高档次住宅的加成比例要高于普通住宅，房地产高速发展时期的加成比例要高于平稳发展时期。

依据成本加成定价是否合理呢？一般来说是不合理的。因为成本加成定价法忽视了当前的需求、预期价值和竞争因素。在上例中，假设销售数量不是 50 000 个而只是 30 000 个，这时由于固定成本的分摊单位减少（由 50 000 个变为 30 000 个），单位成本上升（20 元），此时基于成本加成的价格为 24 元。可以看到，只有当价格确实能带来预期的销量时，成本加成定价法才有效。

尽管如此，在实际中这种定价方法依然颇受欢迎，原因是：①企业对成本的了解比对需求的了解多，将价格和成本挂钩便于企业简化定价工作。②当行业内各企业均采用这种方法时，它们的价格趋于一致，可避免企业间的价格竞争。③人们认为成本加成定价法对买卖双方来讲都比较公平，在买方需求强烈时，企业不会乘机抬价，同时仍能获得合理的收益。

2）目标利润定价法（target profit pricing）

这也是一种基于成本的定价方法，也叫盈亏平衡定价法（break-even pricing）。企业希望确定的价格能带来目标投资收益率。通用汽车公司就使用这种定价方法，规定汽车的投资收益率为 15%～20%。对于投资收益率限制在合理范围内的公用事业来说，也适用这种定价方法。

假定前例中制造商投资额为 100 万元，投资收益率为 20%，即 20 万元，目标价格可由以下公式计算出：

$$目标价格 = 单位成本 + \frac{目标收益×资本投资额}{销售量}$$

$$= 16 + \frac{0.2×1\ 000\ 000}{50\ 000} = 20（元）$$

如果制造商的成本和预期销售量十分正确，则可实现 20%的投资收益率。但如果销售量达不到 50 000 个情况又该如何？制造商可以绘制一张损益平衡图，来了解在其他销售水平上的情况。如图 9-4 所示，固定成本为 30 万元，与销售量无关。固定成本加上可变成本便为图 9-4 中的总成本曲线，与销售量有关。总收入曲线为一条起于原点的直线，其斜率表示单位价格为 20 元。

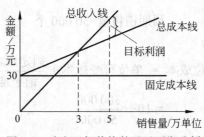

图 9-4 确定目标价格的盈亏平衡分析

总收入曲线和总成本曲线在 3 万处相交，该点就是损益平衡点，此时的销售量就是盈亏平衡产量，可由以下公式算出：

$$盈亏平衡产量=\frac{固定成本}{价格-可变成本}=\frac{300\,000}{20-10}=30\,000（个）$$

制造商当然希望市场以 20 元的价格购买 5 万个，这样就可以用 100 万元的投资赚得 20 万元，能否实现要取决于价格弹性和竞争价格。显然，目标定价法没有将这些因素考虑进去。制造商应考虑不同价格可能对销售量和利润产生的影响，还应寻找降低固定成本和可变成本的有效途径，因为成本的降低可使得保本量更低。

2. 需求导向定价法

需求导向定价法是以市场上消费者的需求强度和价值感受为基础的定价法，包括认知价值定价法、价值定价法和差别定价法等。

1）认知价值定价法（perceived-value pricing）

现代市场条件下，越来越多的企业开始根据认知价值来制定价格。它们认为定价的关键是顾客对价值的认知，而不是销售成本。企业利用市场营销组合中的非价格因素，在消费者心目中确立认知价值。

认知价值定价法的关键：一是如何准确测定买方感受价值的程度；二是如何利用营销策略去影响买方的感受价值。

企业如何准确确定买方的感受价值？显然，如果企业高估了买方的感受价值，则其产品的定价就会偏高，如果企业低估了买方的感受价值，则其产品定价就会偏低。为了有效地定价，企业应进行市场调查，以测定消费者的感受价值。

假设市场上有甲、乙、丙三家企业同时向市场提供某种相同的产品。现在要求用户对三家企业的产品分别进行检测评比，这里有三种方法。

（1）直接价格评比法。用户对每一种产品估测价格，该价格能反映出从每家企业购买的产品的总价值。例如，他们对三家企业产品的预测价格分别为 2.55 元、2.00 元和 1.52 元。

（2）直接认知价值评比法。即用户将 100 点分配给三家企业，来反映三家企业各自产品的总价值。假设他们分配给三家企业的点数分别是 42、33、25。如果该产品的平均市场价格为 2.00 元，则这三家企业为了反映出认知价值的不同，可以分别定价为 2.55 元、2.00 元和 1.52 元。

（3）诊断法。即用户根据一系列特征来对产品进行评比。在每一种特征上将 100 点分配给三种产品，同时也将 100 点分配给这几种特征，来反映特征的重要性。假设结果如表 9-2 所示。

表9-2 诊 断 法

重要性权数	特 征	产 品		
		甲	乙	丙
25	产品耐用性	40	40	20
30	产品可靠性	33	33	33
30	交货可靠性	50	25	25
15	服务质量	45	35	20
100	认知质量	41.65	32.65	24.9
	均衡价格	2.55	2.00	1.52

将重要性权数乘以每家企业的评分，可以看到甲企业产品的认知价值高于平均值（42）；乙企业产品位于平均值（33）；丙企业的产品低于平均值（25）。

因此，甲企业可以将其产品制定较高的价格，因为客户认为它的价值较高。如果三家企业都按照认知价值定价，它们都能享有一定的市场份额，因为它们提供了相同的认知价值价格比。

如果某家企业的定价低于认知价值，它就可以获得高于平均水平的市场份额，因为客户认为购买其产品可获得超额价值。

例如，美国凯特皮勒公司运用认知价值定价法以每台拖拉机高出竞争对手同型号产品 4 000 美元的价格，成功推销了它的产品，该公司在宣传推销中影响用户价值观念的主要内容如下。

（1）本企业产品与竞争者产品一般质量相同，应定价 20 000 美元。

（2）耐用性高于竞争者产品，应加价 3 000 美元。

（3）可靠性高于竞争者产品，应加价 2 000 美元。

（4）维修服务措施周到，应加价 2 000 美元。

（5）零部件供应较长，应加价 1 000 美元。

（6）为顾客提供价值折扣，企业减利 4 000 美元。

所以，拖拉机实际售价为 24 000 美元。这样一算，加深了客户对该公司产品价格性能比的理解，使众多消费者宁愿多付出 4 000 美元也不愿放弃购买，结果是凯特皮勒公司的拖拉机在市场上十分畅销。

2）价值定价法（value pricing）

价值定价法与认知价值定价法不同，后者是"高质量、高价格"的定价哲学，它要求企业的价格水平与顾客心目中的商品价值相一致。而价值定价法则要求价格对消费者来说，代表着"较低（相同）的价格，相同（更高）的质量"，即"物美价廉"。

价值定价法不仅是制定的产品价格比竞争对手低，而且是对企业整体经营的重新设计，树立企业接近大众、关怀民生的良好形象，同时也能使企业成为真正的低成本制造商。凌志就是最好的例子。根据凌志的超群质量，丰田公司本可以制定与奔驰相近的价格。奔驰的定价哲学是"价格越高，质量越高"；低一层次的定价哲学是"同样的价格，更高的质量"，再低一层次的定价哲学是"较低的价格，更高的质量"，凌志采用的就是这种方法。

3）差别定价法（differentiated pricing）

在实际中，企业经常根据顾客、产品、地点和时间等差异来调整其产品或服务的价格。差别定价是指企业以两种或两种以上的并不反映成本费用差异的价格销售产品或服务的一种定价方法。差别定价有以下几种形式。

（1）顾客差别定价（customer-segment pricing）。顾客差别定价是指企业按不同的价格把同种商品或劳务卖给不同的顾客。例如火车票在假期对学生实行半价票，而一般乘客则为全价票。

（2）产品形式差别定价（product-form pricing）。对不同型号或形式的产品制定不同的价格，但其价格差并不完全反映成本差。如 29″ 和 34″ 的彩色电视机售价相差数千元，这一价差并不完全反映成本差。

（3）形象差别定价（image pricing）。有时企业可根据形象差别对同一产品制定不同的价格。例如香水生产企业可以将香水装入一只普通包装中，赋予其名称和形象；也可以将它装入外形典雅华贵的包装中，赋予其不同的名称和形象。尽管是相同的产品，因其外形不同，售价可能相差一倍甚至是数倍。

（4）地点差别定价（location pricing）。有时即使向每一地点提供的产品成本相同，也可以根据地点来制定不同的价格。如影剧院中座位不同票价也不同。

（5）时间差别定价（time pricing）。价格随时间的不同而不同。例如航空公司对同一航线不同时间的航班收取不同的票价，白天航班票价高于夜间航班票价。

差别定价反映了企业定价的灵活性，但这种定价方法的使用必须具备一定的条件：①市场必须是可以细分的，且各细分市场表现出不同的需求程度；②应保证低价市场上的商品不会流向高价市场中去；③竞争对手不可能在企业以较高价格销售产品的市场上以低价竞销；④差别定价的收益高于实施这一策略的成本；⑤差别定价不会引起顾客的不满。

3. 竞争导向定价法

竞争导向定价是以竞争者的价格为主要依据来确定本企业产品的价格。本企业产品价格可以与主要竞争者的价格相同，也可以略高或略低。

1）领导定价法

处于市场领导地位的企业可采用领导定价法。一般来说，由于该企业在行业中处于龙头老大的地位，实力雄厚，声望极佳，故其产品价格可以定位在行业最高水平。

2）挑战定价法

与领导定价法不同，采用挑战定价法的企业，其产品价格一般稍低于或大大低于市场领导者的价格，但其产品在质量上与领导者相近。如果企业具有向市场领导者挑战的能力，如具有技术专利、能以低成本生产、资金实力雄厚等，则企业可以采用挑战定价法。这一定价方法虽具有一定的风险，但如果挑战成功，企业将上升为市场领导者。

3）随行就市定价法（going-rate pricing）

采用随行就市定价法时，企业在很大程度上是以竞争对手的价格为定价基础的，而不太注意自己的成本或需求。企业的定价可以高于、等于或低于主要竞争对手的价格。在寡头垄断市场上，小企业会追随市场领导者，一般将其产品价格定得低于市场领导者的产品价格。当市场领导者的价格发生变化时，它们也会随之变动，而不管自己的需求或成本是否发生了变化。

随行就市定价法是中小企业定价中经常使用的方法。当成本难以估计，或竞争对手的反应难以确定时，企业可以考虑采用这种定价方法。

9.3 定 价 策 略

企业在根据上述的定价方法制定出基本价格后，要结合不同的消费心理、销售条件、销售数量及交易方式，制定出产品的销售价格。

9.3.1 新产品定价策略

新产品价格是关系新产品命运和企业盈利的重要因素。这里所说的新产品是指市场上刚刚出现的、与竞争者产品有明显区别的产品。新产品定价有以下三种策略。

1. 撇脂定价策略（market-skimming pricing）

撇脂定价策略就是企业在向市场推出新产品时，将其价格定得远远高于成本，希望在短期内回收成本和获得最大的销售利润的一种定价方法。

撇脂定价策略的优点是：①企业能迅速实现预期盈利目标，掌握市场竞争和新产品开发的主动权；②短期内能获得高额利润，掌握调价的自主权；③有利于树立名牌产品形象。

其缺点是：①由高价所带来的高利润必然会吸引更多竞争者的加入；②市场推广速度较慢不利于获得最大的市场占有率。为了克服上述缺点，企业往往会同时采用大剂量广告投入和在适当的时机降价的方法来扩大市场份额，限制竞争者的进入。

撇脂定价策略只有在下述条件下才可使用：①短期内市场上有足够的购买者；②产品具有独特性和不易仿制，且质价相符；③短期内没有竞争者进入；④具有与高价策略相对应的其他营销策略的支持。

2. 渗透定价策略（market-penetration pricing）

渗透定价策略是指企业在向市场推出新产品时，将其价格定得略高于成本或接近于成本水平，以实现其在短期内扩大市场，获得最大的市场占有率和强有力的市场地位的一种定价方法。

渗透定价法的优点是：①能迅速打开市场，提高企业产品的市场占有率；②低价薄利不会招致竞争者的进入。

其缺点是：①价低利微，投资回收期较长；②不利于企业形象的树立；③有可能招致反倾销报复。

9.3.2 产品组合定价策略

企业为了满足不同目标市场上消费者的消费需求，或为了更好地满足同一目标市场上消费者的多种需求，往往不止经营一种产品系列，而是同时经营多个产品系列。由于这些产品在需求和成本等方面的相互联系，在产品定价时就要通盘考虑。产品组合定价策略就是要求企业在对产品进行定价时，不要孤立地考虑某一种产品的利益，而要注重产品组合整体利益的最大化。产品组合定价策略可以区分为四种情况。

1. 产品线定价（product line pricing）

企业通常开发出来的是产品线，而不是单一的产品。例如彩电生产企业会同时生产21″、25″、29″、34″及超大屏幕彩电等。产品线上的电视机依次增加新功能来获取高价。企业定价的关键是确定好各型号之间的价格差距，制定价格差距时除了要考虑各型号之间的成本差额外，还要考虑顾客对不同特征的评价和竞争对手的价格。如果价格差额太大，顾客就会购买价格低的产品，价格差额太小，顾客很难确定价格标准，会影响到整个产品线的销售。

在很多情况下，销售商都为产品线中的某种产品事先确定好价格点。例如服装店可能经营三种价格档次的男式服装：280元、880元、1800元三个水平，顾客会从三个价格点上联系到高、中、低三种质量水平的服装。即使这三种价格同时提高，男士们仍然会按照自己偏爱的价格点来购买服装。在这里企业的任务就是要确立认知质量差别，以使价格差别合理化。

2. 备选产品定价（optional-product pricing）

许多企业在提供主要产品的同时，还会附带一些可供选择的备选产品或附件，如汽车用户在购买汽车时可以选购诸如电子开窗控制器、扫雾器等。此时，企业应首先确定汽车价格中应包括哪些产品，又有哪些产品可作为选择对象。企业一般将主要品价格定得较低，而将其连带品价格定得较高；有时也可能是将其主要品价格定得较高，而连带品价格定得较低。如在饭店定价中，一般酒类的价格很高，而食品的价格相对较低。食品收入只用来弥补食品的成本和饭店其他成本，而酒类则可以带来利润，这也是在饭店消费时服务员极力向你推荐饮料的原因。当然，也有的饭店会将酒类价格定得很低，而对食品制定较高的价格，这样可以吸引对酒类有特殊偏好的消费者。

3. 附属产品定价（captive-product pricing）

有些产品在使用中需要伴随其他商品的消费，这些产品我们称之为附属品。如计算机硬件和软件、照相机和胶卷、剃须刀和刀片等。生产主要品的企业一般将主要品的价格定得较低，同时对补充品制定较高的价格。例如柯达照相机的价格很低，它的盈利主要来自于消费者不断重复的胶卷的消费中。

4. 副产品定价（by-product pricing）

副产品定价法是制造业内常用的定价方法，在其主产品的副产品是可以销售的状况下使用。例如，生产肉类、石油、化工等产品时常常会有副产品。

这种定价法强调，当副产品的价值比较低、销售的成本又比较高时，最好不要让副产品影响主产品的定价；相反，假如副产品的价值相当高，制造商可以让主产品走一个很有竞争性的低价位，占领更多的市场份额，然后通过副产品的销售赚取利润。

5. 产品束定价（product bundle pricing）

产品束定价法是指销售商一般将几种产品组合成一束，降低销售。例如，开篇案例中香港迪士尼乐园销售的年票价格就比一次一次单独买票的价格便宜得多。这种方法的优点是能够促销掉一些消费者原来不买的产品，但其也有缺点，就是产品束的价格要很低，才能吸引消费者消费。

9.3.3　价格调整定价策略

许多企业对于交易中购买方提前付款、大批量采购、淡季购买等行为给予一定比例的价格回报。其形式主要有以下几种。

1. 折扣和折让定价

许多公司通过调整基础价格，以回报消费者的某些行为，像提前付款、批量购买和淡季购买等吸引消费者消费，这种价格调整策略就叫作折扣和折让。

1）功能折扣（functional discount）

功能折扣又叫贸易折扣，是指当贸易渠道的成员愿意执行一定的职能时，如销售、储存等，生产者向它们提供的折扣。由于渠道中的各个成员所执行的职能不同，所给予的折扣也不一样。如某企业报价："50 元，折扣 40% 及 10%。"表示给零售商的价格是20 元（50×40%），给批发商的价格再折扣 10%，即 18 元（20－20×10%）。当然，与之相应的是在合同中写明各中间商应承担的职能。

2）现金折扣（cash discount）

现金折扣是企业为鼓励买方提前付款，依据买者付款时间的早晚所给予的一定比例的价格折扣。例如销售合同写明："2/10，信用净期 30"，表示买方应在 30 日内付清货款，如在 10 内付清，可折扣 2%。这类折扣必须向所有符合条件的顾客提供。现金折扣已成为许多行业的惯例，主要是为了提高销售商的现金流量，减少收回欠款的成本，避免坏账的出现。

3）数量折扣

数量折扣是给予那些购买数量较多的客户的一种价格减让。数量折扣有一次性购买数量折扣和一定时期内累计购买数量的折扣。一般常有这样的规定："购买 100 单位以下时，每单位 10 元；100 单位以上时，每单位 9 元。"数量折扣应面向所有的客户，折扣的幅度不能超过因销量增加而增加的收益。

4）季节折扣

季节折扣是企业对淡季购买企业产品或服务的顾客所给予的一种价格折扣。这种折扣方式可以保证企业生产计划的执行，使企业各种资源在各个时期都能得到很好的利用。

5）折让（allowance）

折让可理解为是一种变相的价格减让。例如以旧换新折让是在顾客购买某种新产品的同时交回旧产品而给予的一种减价。在耐用品、汽车等产品的销售中，经常有这种以旧换新折让。需要指出的是，目前很多企业出于竞争的压力使用了种种折让的方法，但由于过多过滥而失去了对消费者的吸引力。

折让不同于回扣。折让是在交易过程中写入合同条款的内容，是一种合法、规范、公开的交易行为。而回扣是一种非公开、违法的交易行为。

2．地理定价策略（geographical pricing）

企业产品不仅供应本地市场，更多的是异地销售（进入全国市场乃至全球市场），产品在不同地区销售，其运输、装卸、仓储、保险等费用支出会有很大不同，那么是不是这些费用都需要反映到产品的价格中，也就是要向远距离的顾客索要高价？实际的情况并非如此，出于竞争和占领市场的考虑，企业经常采用以下定价形式。

1）FOB 原产地定价（FOB origin pricing）

FOB 是 Free On Board 的缩写，即为在某一运输工具上交货的条件（又称离岸价格）。企业将产品装运到买方指定的某一交通工具上，此前的一切风险和费用由企业承担，此后的一切风险和费用由买方承担。依据这种定价方法，距离较远的客户承担更多的费用，产品价格较高，可能会寻求距离较近的供应商。尽管如此，这种定价方法仍是一种普遍采用的方法。

2）地区定价（zone pricing）

企业设计两个或者更多的地区，在同一地区的客户适用同一个价格，较远地区的价格较高。比如，某企业对东部地区的客户运费相同，但是对西部地区、中部地区又有不同的运费。

3）统一交货定价（uniform-delivered pricing）

企业对不同地区的顾客实行统一的价格，货物统一运输，费用平均分担。这种定价保证了企业产品在市场上的一致性，有利于争取异地顾客。

4）基本点定价（basing-point pricing）

企业将市场划分成几个区域，在每个区域中选择某个城市作为基点。从产地到基点的费用由企业承担，从基点到客户所在地的费用由客户承担。

3．心理定价策略（psychological pricing）

企业定价不仅要考虑成本因素，还要考虑市场需求因素，亦即要从消费者心理因素出发制定产品价格。常见的心理定价策略有以下几种。

1）尾数定价

尾数定价是指企业在定价时故意保留尾数，给消费者一种价格低廉的心理感觉的一种定价方法。尾数定价主要应用于消费者价格敏感性较高的日用消费品的定价中。如某种商品标价 9.98 元，而不是 10 元，消费者认为前者的价格要比后者便宜了一个档次。尾数定价一方面不仅使人感觉价格低廉；另一方面由于标价精确而给人以信赖感。

2）整数定价

整数定价就是不保留价格零头，采用合零凑整的一种定价方法。如价格定为 1 000 元，而不是 990 元。这种定价在心理感觉上使价格上升了一个档次，迎合了具有高消费心理的消费者的需要，使他们感到消费这种商品与其地位、身份、家庭等协调一致，从而迅速做出购买决定。整数定价有时也用在消费者追求便捷的低价商品的定价上，例如城市公共交通的票价和一元商品店的定价。

3）声望定价

声望定价是一种利用企业或其产品的知名度，给产品制定一个较高价格的一种定价方法。在消费者看来，价格是反映产品质量的重要指标，特别是知名企业的产品如果以较低的价格销售，可能会引起消费者的怀疑（担心是否是假冒产品），影响其购买。因此，高价与独特的品质，完善的服务和知名品牌相结合，可以增强产品的吸引力，产生扩大销路的效果。

4）参照物定价

参照物定价是依据消费者比质比价的购买心理，企业通过提供一个比较的对象（参照物），从而影响消费者的购买选择的一种定价方法。通常的做法是，企业在销售某种利润产品时，同时提供一种比较对象产品（非利润商品），利润产品与比较产品之间在质量、档次上有明显的差别，而在价格上两者的差别不明显。显然，消费者通过比较最终会选择前者，企业也因此实现了自己的定价目的。例如，某商业企业为了促进其定价为 1 200元的某品牌西装的销售，在卖场中同时提供了一个在质量、面料、款式等方面有明显差距的参照商品，并将其价格定为 1 000 元。顾客通过直观对比，自然会挑选标价为 1 200元的西装，商家达到了价格设计的目的。参照物定价根据目标顾客心理的不同，也可以将参照物的价格定得高于目标物，引导顾客购买价廉商品。

5）吉利价

吉利价是根据顾客的宗教信仰和文化习俗，有意将价格定为吉利数字，以促使消费者购买的一种定价方法。吉利价在我国商品定价中较为流行，许多商品的标价都以"8""6""9"等数字组成，例如"888""666""999"等。

6）招徕价

招徕价是零售商业企业经常使用的一种定价方法。是指零售商业企业将少数几种价格敏感性高、需求普遍的商品价格定得很低，并通过广告宣传大肆渲染，以吸引顾客光顾的一种促销定价策略。这种定价的目的不是为了销售特价商品，而是借以吸引大量客流，从而带动店内其他商品的销售。企业用于招徕定价的商品随季节而进行调整。

7）透明定价

透明定价是一种在市场竞争非常激烈、商品价格比较混乱的情况下，由企业公布成本、利润和售价，以引导消费者购买的一种定价方法。这种方法的优点在于消费者清楚商品价格构成，容易产生信任感。但有时消费者可能会对企业的成本构成提出怀疑，特别是，如果消费者发现某种产品并非是市场最低价时，也会对其他商品的价格产生怀疑，导致适得其反的效果。

4. 国际定价

在国际上经销产品的公司，必须确定在有业务的那些国家的价格水平。一般来说，公司可以在世界范围内制定统一价格。像波音公司在各地出售飞机的价格就基本相同。当然公司在某个国家制定价格时要考虑许多因素（如经济、政治、竞争、汇率等），因此也可以调整价格策略。比如，在发达国家制定一个产品价格，而进入发展中国家就可以制定另一个产品价格。

9.4 价 格 调 整

企业通过上述方式制定了某种产品的市场价格后，这一价格并不是一成不变的，随着市场环境的变化，企业对价格也要不断地调整。在市场中，企业价格调整有两种情况：一是依据市场情况主动调整价格；二是当竞争对手调整价格后企业如何应对。

9.4.1 主动调价

在市场中企业会因内外环境的变化而主动降价或提价。通常企业降价可能是由于以下原因。

（1）企业所在行业的生产能力过剩，市场处于供大于求的局面。企业为了扩大销路，通常采取降价的策略。

（2）在强大的竞争压力之下，企业的市场份额下降。为了阻止市场份额的继续下降，而采取具有杀伤力的降价策略。

（3）企业相对于竞争者而言具有成本优势，通过降价挤占更多的市场份额，提高市场占有率。

但是，企业降价策略可能会面临如下风险。

（1）低质量陷阱。消费者将降价与产品质量下降相联系，会认为产品质量低于高定价的竞争对手的产品质量。

（2）市场份额波动陷阱。企业降价会吸引对价格敏感的消费者，从而使某一时期的市场份额上升。但这部分消费者并不是企业产品的忠诚者，一旦有价格更低的供应者，他们便纷纷流失，使企业的市场份额又回到原来的水平，甚至还有所下降，造成企业市场份额的波动。

有时企业可能采取提价策略。企业提价的方式不一定都是提高基本价格，还可以通过减少价格折扣或减少某些服务的方式来实现。

（1）受通货膨胀因素的影响，企业成本上升，价格上调。

（2）企业产品供不应求，通过价格上调来抑制过旺需求。

9.4.2 顾客对价格变动的反应

对不同产品的价格变动，顾客的反应有所不同。对于需求弹性较高的产品，价格的变动会引起需求量的巨大波动；对于需求弹性较低的产品，价格的变动对需求量的影响较小。

企业还应进一步分析消费者是如何看待价格变动的。

一般对于企业的降价行为，消费者的看法如下。

（1）该产品可能是市场淘汰品，很快会在市场上消失。

（2）该产品存在质量问题，厂家借降价销售问题产品。

（3）企业经营遇到问题，难以在行业中继续经营下去，借降价促销加快市场转移步伐。

（4）市场竞争激烈，企业间为了争夺市场份额，比拼价格，产品价格还有可能进一步下降。

显然，上述诸种看法将影响到企业降价的效果。为了达到预期的目的，企业在降价促销时应给出一个消费者接受的理由。如店庆让利、企业规模效益下的成本降低等。

对于企业提价，消费者的反应通常有以下几方面。

（1）产品在市场中供不应求，价格还可能进一步上升，应赶紧购买。

（2）产品质量有所改进，性能更趋完善。

（3）产品具有某种独特性。

（4）经销商想获取更大的利润。

如果企业产品价格上调只是由于市场供应状况的变化（一时的供不应求），产品本身并未有任何改进的话，这种价格调整只能给企业带来短期利益；这种做法对品牌忠诚者也是一个打击，可能会使他们转向其他的品牌。

9.4.3　竞争对手对价格变动的反应

了解竞争对手对企业调价的反应要比了解消费者的反应更加复杂。这是因为企业面临的主要竞争对手可能是多个，竞争者对企业调价可能有完整的对策，也可能是对每次价格变化采取不同的对策。

企业如何估计竞争对手对企业调价的反应呢？假设企业只有一个主要的竞争对手，对其可能的反应可从以下两个方面进行分析：一是假设竞争对手以固定的方式对价格变动做出反应，这种反应是可预测的；另一种是假设竞争对手把每次价格变动都视为一次新的挑战，并根据当时的自身利益做出反应，这时企业要确定竞争对手的利益是什么。

9.4.4　对竞争对手价格变动的反应

在竞争激烈的市场上，如果竞争对手率先调整了价格，企业应采取积极的应变措施。

在一个同质性市场上，当竞争者提价时，其他企业不一定会做出反应。如果提价会使整个行业受益，它们会同时提价。如果一家企业提价，其他企业不跟进，最终会迫使发动提价的企业取消提价。

在一个异质性市场上，企业对竞争对手的价格变动有更大的选择余地。在做出反应之前，应考虑以下问题。

（1）竞争对手价格调整的原因？是扩大市场还是生产能力过剩？

（2）竞争对手价格调整是暂时的？还是长久的？

（3）竞争对手价格调整后若对其置之不理，将对企业市场份额有何影响？对利润有何影响？

（4）竞争对手价格调整后其他企业是否会做出反应？

（5）对于企业所做出的反应，竞争对手和其他企业又会做何反应？

对于其他企业的价格变动，处于市场领导地位的企业为了保护自己的市场份额和领导地位，应积极采取措施给予应对。这时市场领导者可以选择以下几种方法：

1. 维持原价

如果市场领导者认为：①降价会影响企业品牌形象，企业总利润可能减少；②挑战者的低价策略不会对企业市场份额造成太大的影响；③需要时能重新夺回原有的市场份额。那么在这种情况下，企业可采取维持原价的策略。

2. 提高商品的认知价值

对于竞争者的降价策略，市场领导者在不改变商品价格的情况下通过改进产品、服务和沟通方法，提高商品的认知价值，保持原有的市场份额。

3. 降低价格

市场领导者可以将价格调整到竞争对手的价格水平。这是因为：①市场领导者拥有规模效益，随着销量的增加，成本下降；②市场对价格十分敏感，不降价就会失去较大的市场份额；③市场份额一旦下降，企业很难重新夺回。

有些企业为了减少降价可能带来的利润损失，会采取降低质量、减少服务和营销沟通等方式。这种做法尽管可以减少短期内的利润损失，但从长期来看，可能导致企业市场份额的损失。

4. 推出低价进攻性产品

对付低价进攻者的有效手段是推出低价商品，或引进一种新的低价品牌。当失去的特定细分市场对价格十分敏感时，就可以采取这种方法。如在方便面市场上，当"康师傅"方便面受到低价品牌攻击时，及时推出了低价品牌"福满多"，既保住了原有中高档市场，又在低价市场上赢得了一定的市场份额。

本 章 小 结

价格是影响企业产品销售和利润的主要因素，合理选择定价目标是企业产品定价的基础。

为了制定出符合企业现状和发展需要的产品价格，企业在选取定价策略之前应首先了解影响企业定价的诸因素（企业自身因素、市场需求因素、市场竞争因素等），据此采取相应的定价方法。

成本导向定价法是以产品成本为基础的一种定价方法。包括：成本加成定价法、目标利润定价法、可变成本定价法等。

需求导向定价法是以市场上消费者的需求强度和价值感受为基础的定价法。包括认知价值定价法、价值定价法和差别定价法等。

竞争导向定价法是以竞争者的价格为主要依据来确定本企业产品的价格的定价方法。包括：领导定价法、挑战定价法、随行就市定价法等。

企业的定价策略包括：新产品定价策略、产品组合定价策略、价格调整定价策略、地区定价策略、心理定价策略等。

思 考 练 习

1. 影响企业定价的因素是什么？

2. 企业定价的方法和策略有哪些？

3. 哪些原因造成企业的价格变动？

4. 对竞争者的降价挑战有哪些可供选择的对策？

案 例 讨 论

1. 哪些因素影响迪士尼乐园的定价决策？

2. 中国香港迪士尼乐园采取了哪些定价策略？

3. 门票价格的变动对各界有什么影响？

4. 针对中国香港迪士尼乐园入场人次不足的情况，你推荐采用什么样的定价方法和其他营销方式？

5. 面对上海迪士尼乐园，香港迪士尼乐园应采取什么样的价格策略才能应对激烈的竞争？

推 荐 阅 读

1. 菲利普·科特勒，凯文·莱恩·凯勒，卢泰宏. 营销管理[M]. 第 13 版. 北京：中国人民大学出版社，2009.

2. 新浪财经网（http://www.finance.sina.com.cn）.

第 **10** 章

渠 道 策 略

本章提要

渠道策略是市场营销组合的第三项。也就是说，除了生产适销对路的产品、确定有竞争性的价格之外，企业考虑的第三项重要的要素就是如何靠近目标，即将产品卖给对的人。这也是企业市场营销活动成功开展的重要一环。本章首先介绍分销渠道的基本概念与类型；其次讨论如何选择和管理分销渠道；最后介绍中间商的两种类型——零售和批发。

学习目标（重点与难点）

通过本章的学习，主要掌握以下内容：

1. 分销渠道的概念与职能。
2. 分销渠道的类型。
3. 分销渠道的选择。
4. 分销渠道的管理。
5. 零售与批发的概念。

框架结构（见图 10-0）

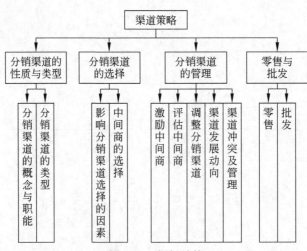

图 10-0　框架结构

阿里巴巴的"新零售"

随着 2016 年"双 11"的落幕，根据阿里巴巴公布的实时数据，截至 11 日 24 时，天猫全天全球狂欢节总交易额超 1 207 亿元，无线交易额占比 81.87%，覆盖 235 个国家和地区，并在多方面创造了纪录。

物流方面。再次刷新了全球纪录，菜鸟网络共产生 6.57 亿份物流订单。支付方面。支付宝实现支付总笔数 10.5 亿笔，同比增长 48%。此外，天猫商家中实现线上线下打通的店铺超过 100 万家，其中苏宁、银泰、TCL、优衣库、索非亚、GAP、Bestseller、B&Q 等国内外数千个商家的近 10 万家线下门店，全面实现了电子化，涉及服饰、美妆、家电、汽车、家装等多个行业。

从 2009 年 5 000 万元的成交额，到 2015 年的 912 亿元，再到 2016 年的千亿元时代。世人无不惊叹数字的巨变。阿里巴巴董事局主席马云认为，阿里巴巴正在构筑的是未来商业的基础设施，包括交易市场、支付、物流、云计算和大数据，不仅让商家与互联网联结，而且让商家与未来的商业模式相联结。这就是"新零售"的概念。

作为试水的第一步，2017 年 2 月 20 日该集团宣布与上海百联集团达成战略合作，将基于大数据和互联网技术，在全业态融合创新等六个领域展开全方位合作，共同探索新零售。

在此之前，阿里巴巴的新零售战略已经在布局：2014 年战略入股银泰商业，开启百货业线上线下全渠道的融合探索；2015 年 283 亿元入股苏宁，探索数码家电领域全渠道融合；2016 年入股三江购物，布局超市领域；在阿里与银泰深度融合下，银泰百货下沙工厂店于 2016 年年初诞生，被誉为国内首家生于互联网的百货门店。其中淘品牌集合店全年保持与天猫实时同款同价。通过线上线下打通，下沙银泰的每个产品都会有一个二维码，消费者在扫码付款时，与天猫旗舰店实时同款同价。2016 年 9 月 10 日，阿里培育的"素型生活"在成都凯德广场开业。这个 1 500 平方米的集合店里包括了服装、鞋包、家居、美妆、咖啡、茶、烘焙、图书、画廊、花店、瓷器、珠宝，甚至 VR 眼镜……

有分析人士认为，在互联网大数据的背景下，零售行业迎来了颠覆式的发展。未来购物中心的功能将是综合性的，买买买不再是唯一的焦点。"商场和门店真正转变为独立于家庭、公司、互联网的第四空间。"

资料来源：由编者加工整理。

在现代商品经济中，绝大多数生产企业并不直接将其生产的产品销售给最终顾客，而是借助企业外部的一些专业机构来实现企业产品从生产者向最终顾客的转移。在生产者和最终顾客之间的专业机构，它们拥有各自的名称，执行不同的功能，我们称之为营销中介机构。有的中介机构如批发商和零售商，买进商品，取得商品的所有权，再将商品销售出去，所以称为买卖中间商；有的中介机构如运输公司、仓储企业、广告代理商等，在商品的流通过程中，帮助分销，既不取得商品的所有权，也不参与买卖谈判，所以称为辅助商。由此可以看出，营销渠道与企业营销组合的其他要素不同，更多地表现为企业与外部资源的协调，营销渠道是企业一项关键性的外部资源。本章主要研究：市场营销渠道的性质；市场营销渠道的设计、管理、评估和改进；市场营销渠道的发展趋势等内容。

10.1 分销渠道的性质与类型

10.1.1 分销渠道的概念与职能

1. 分销渠道的概念

在市场营销理论中，有两个与渠道有关的术语经常替代使用，就是分销渠道和市场营销渠道，在学术界一些学者呼吁应将两个术语加以区别。著名市场营销学家菲利普·科特勒认为，市场营销渠道（marketing channel）和分销渠道（distribution channel）是两个不同的概念。市场营销渠道是指那些配合起来生产、分销和消费某一生产者的某些货物或劳务的一整套所有企业和个人。一条市场营销渠道包括某种产品供、产、销过程中的所有企业和个人，如资源供应商、生产者、商人中间商、代理中间商、辅助商以及最后的消费者或用户等。

分销渠道是指某种货物或劳务从生产者向消费者转移时取得这种货物或劳务的所有权或帮助转移其所有权的所有企业或个人。因此，一条分销渠道主要包括商人中间商和代理中间商。此外，它还包括作为分销渠道的起点和终点的生产者与消费者，但是它不包括资源供应商、辅助商。

2. 分销渠道的职能

分销渠道的作用是将商品从生产者手中转移给消费者，它有效地解决了生产与消费在时间上、空间上和所有权方面的矛盾。市场营销渠道的功能表现在以下市场流程中。

（1）提高流通效率。由于渠道成员参与了商品流通活动，大大减少了流通过程的交易次数，从而提高了商品流通的交易效率。如图 10-1 所示。

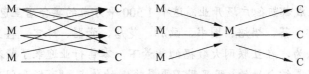

图 10-1　营销中介如何减少渠道数量

在图 10-1 中，M 代表生产者；D 代表分销商；C 代表顾客。可以看出，在没有中间商的情况下，每个生产者都利用直接市场营销分别接触三个顾客,交易次数为 9 次（3×3=9）。在有中间商存在的情况下，每个生产者通过同一个中间商与三个顾客发生关系，交易次数为 6 次（3×2=6）。

（2）沟通信息。收集并传递关于市场营销环境中现有和潜在的消费者、竞争者及其他影响者和影响力量的信息，如图 10-2 所示。

（3）促销。即开展与企业所供应的商品相关的说服性沟通，如图 10-3 所示。

（4）谈判。与产品购买者就价格及其他条件达成最终协议，以实现商品所有权的转移。

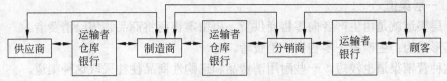

供应商
运输者 仓库 银行
制造商
运输者 仓库 银行
分销商
运输者 银行
顾客

图 10-2　营销中介如何沟通信息

供应商
广告 代理商
制造商
广告 代理商
分销商
顾客

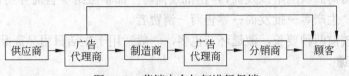

图 10-3　营销中介如何进行促销

（5）订购。渠道中的成员将消费者的购买意图传递给生产者。

（6）融资。即为补偿渠道工作的成本费用而对资金的取得与支用。

（7）风险承担。生产企业与渠道成员共同分担风险。

（8）实体分销。商品实体的运输和储藏，如图 10-4 所示。

供应商
运输者 仓库
制造商
运输者 仓库
分销商
运输者
顾客

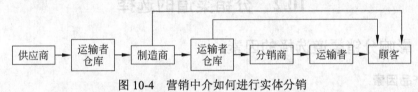

图 10-4　营销中介如何进行实体分销

（9）付款。购买者通过银行或其他金融机构向卖者付款，如图 10-5 所示。

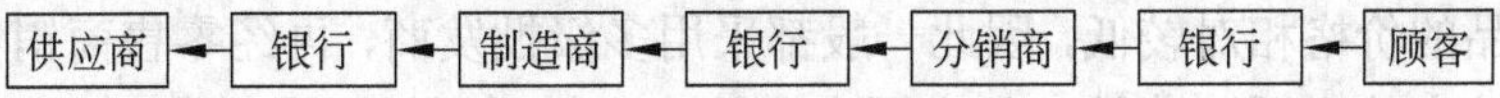

供应商
银行
制造商
银行
分销商
银行
顾客

图 10-5　营销中介如何付款

（10）所有权流程。所有权在渠道成员之间的流转，如图 10-6 所示。

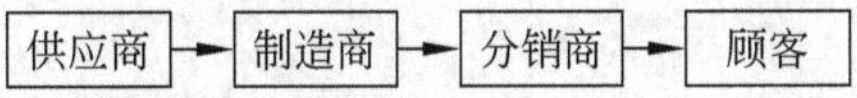

供应商
制造商
分销商
顾客

图 10-6　营销中介如何进行所有权流转

10.1.2　分销渠道的类型

分销渠道可以按渠道层次数目来划分。每个中间商，只要在推动产品及其所有权向最终购买者转移的过程中承担若干工作就是一个渠道层次。我们用中间商的层次数目来表示渠道的长度。

1. 零层渠道

零层渠道就是由生产者直接将产品销售给消费者，不利用中间商，也称为直接渠道（direct channel）。销售方式有：上门推销、邮购、电话市场营销、电视直销和生产者自设商店销售。

其形式为：生产者→消费者。

2. 一层渠道

一层渠道就是由生产者向零售商供货，再由零售商将商品销售给消费者。

其形式为：生产者→零售商→消费者。

这种营销渠道也较短，一些耐用消费品和选购性商品往往采取这种渠道。

3. 二层渠道

生产者先将商品供应给批发商，再由批发商将产品供应给零售商并销售给最终顾客。

其形式为：生产者→批发商→零售商→消费者。

这种渠道较前两种要长，流通环节也多，一般适用于生活日用品商品的销售。

4. 三层渠道

这是在跨地区销售，特别是在国际贸易中经常采用的一种渠道形式。即企业先通过代理商将其产品分销给批发商，再由批发商销售给零售商，最后由零售商销售给消费者。

其形式为：生产者→代理商→批发商→零售商→消费者。

经由这一渠道销售的商品通常是技术性较强、企业对市场环境不很熟悉的产品。

10.2　分销渠道的选择

10.2.1　影响分销渠道选择的因素

1. 产品因素

1）产品单价

一般来说，产品单价越低，分销渠道越长；产品单价越高，分销渠道越短。例如生活日用消费品的价格相对较低，因此一般都采用多级批发商，再经零售商销售给消费者。而一些单价较高的耐用消费品，如家用电器等，一般采用短渠道销售。

2）产品的体积和重量

体积过大和过重的商品，如工业品市场中的建筑机械、大型生产设备等，一般都通过直接渠道进行销售。

3）产品的式样或款式

产品式样和款式随消费需求经常变化的商品，如服装、玩具等，应尽量通过短渠道销售，以免出现过时积压的现象。

4）产品的易腐性或易毁性

对于易腐性或易毁性商品，为了避免损失，应尽量减少其在流通渠道中的滞留时间。因此应采用短渠道分销，将商品尽快地送到消费者手中。

5）产品的技术与服务要求

技术性强又需要提供售后服务的商品，应采用短渠道分销，以保证制造商能与客户充分接触，并随时提供所需的服务支持。

6）产品的标准性与专业性

通用、标准化的产品不需特殊的服务，因此可采用较长渠道销售；专用的商品一般需要供需双方相互协商并签订有关协议，因此通常使用短渠道。

7）新产品

一方面，若企业原有产品的营销渠道适应新产品销售的要求，企业可借用原有的渠道。这样既可降低成本，又有利于新产品的市场推广；若企业新产品不能利用原有渠道，就应考虑采用直接渠道方式来打开市场。

8）产品的季节性

季节性强的商品，为了尽快销售出去，应考虑利用中间商来进行分销。

2. 市场因素

1）潜在顾客的状况

如果潜在顾客分布面广、市场范围大，就应使用长渠道。

2）市场的地区性

目标市场聚集的地区，营销渠道的结构可以短些，一般地区则可采用传统的营销渠道，即通过批发商与零售商销售。

3）顾客的购买习惯

顾客对各类消费品的购买习惯，如可接受的价格、购买场所偏好、对服务的要求等都会影响到企业的渠道选择。如消费品中的便利品，消费者对这类商品的购买表现为购买频率高，希望能随时随地买到，所以这类商品的制造商只能通过批发商，最后由为数众多的中小型零售商销售给消费者。

4）市场竞争情况

一般来说，制造商要尽量避免和竞争者使用一样的分销渠道。如果竞争者使用和控制着传统的渠道，制造商就应该使用其他不同的渠道销售其产品。

3. 企业自身因素

1）企业规模与信誉

如果生产企业规模较大、资金雄厚、拥有知名品牌及良好的企业形象，就可以自己组织销售队伍，当然也可以通过中间商销售产品。反之，则只能借助中间商的力量，通过间接渠道销售企业产品。

2）企业自身的销售力量和营销经验

如果企业拥有一支精明干练的销售队伍，就可以少用或不用中间商；反之，则必须利用中间商。

3）控制渠道的欲望

如果制造商为了实现其战略目标，在策略上需要控制市场零售价格，需要控制分销渠道，就要加强销售力量，从事直销，使用较短的分销渠道。

4）企业可能提供的服务

中间商一般都希望企业能承担更多的广告、展销、培训或经常派服务修理人员进店服务。如制造商能够提供这些服务，就能调动中间商的积极性。反之，企业只能自己销售。

4. 经济效益因素

经济效益的高低与分销渠道的长短密切相关。一般来讲，企业营销渠道越短，环节越少，流通成本就越低，流通效益就越高。但从某些产品的营销要求来看，只有增加渠道长度才能扩展市场，扩大销路，提高效益。因此在选择渠道时，必须认真评估各种渠道的成本和效益，根据实际情况，确定合理的渠道构成。两种渠道成本比较见图 10-7。

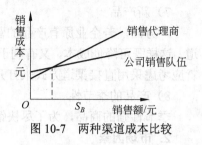

图 10-7　两种渠道成本比较

从图 10-7 中可以看出，当企业销售额低于 S_B 时，使用销售代理商成本较低；但当销售额高于 S_B 时，使用公司的销售队伍费用较低。

5. 环境因素

1）经济环境

经济环境是指一个国家或一个地区的经济制度和经济活动水平，它包括经济制度的效率和生产率。经济环境对渠道的构成有重大影响。如果一定时期内社会经济平稳快速运行，市场供需两旺，企业分销渠道的选择余地就大；如果某一时期出现经济萧条，市场需求下降，企业为了提高产品的价格竞争力，往往选择短渠道。

2）政策法律环境

国家的有关政策法规，如专卖制度、反垄断法、进出口规定等，都会影响到企业渠道的选择。如我国对药品、烟酒等商品实施的销售管制，限制了企业的渠道选择。

10.2.2　中间商的选择

中间商选择的是否恰当，直接影响到企业产品的销售，并进而影响到企业整体营销目标的实现。因此，企业在选择中间商的时候应慎之又慎。

1. 中间商的条件

企业应根据自己的营销目标、对渠道的要求和消费者的渠道偏好，决定需要采用的中间商。

1）中间商的市场范围

企业所选定的中间商必须与其所确定的目标市场相一致。比如，企业产品的目标市场在华北地区，其所选定的中间商的经营范围就必须包括这个地区。其次，中间商的销售对象是否是制造商所希望的潜在顾客，这是中间商选择的最根本的条件。因为制造商都希望中间商能打入自己已确定的目标市场，并最终说服消费者购买自己的产品。

2）中间商的产品策略

中间商经营的产品种类及其组合情况是中间商产品策略的具体体现。企业在选择中间商时应考察：①中间商的产品线（供应来源）；②所经销的产品组合关系，如是竞争产品还是促销产品。

一般认为，企业应避免选择经销竞争产品的中间商。但是若企业产品在同类产品中具有竞争优势，则可选择出售竞争者产品的中间商。这样可以给顾客提供比较的对象，因为顾客会对不同生产企业的产品做客观比较后，选择最具竞争力的产品。

3）中间商的区位优势

区位优势反映了中间商在市场中（地理市场）的位置，理想零售中间商应是其区位与顾客的选择偏好相一致。如家具制造企业应选择位于城市外围、拥有较大经营场地和停车场、交通便利的专业零售商；拥有知名品牌的服装生产企业则应选择城市中心商业区中的大型商场或服装专卖店销售自己的产品。

4）中间商的经营经验

制造商在选择中间商时还应考虑其经营企业产品方面的经营经验，选择对产品销售有专门经验的中间商就会很快地打开销路。因此，生产企业应根据产品的特征选择有经验的中间商。

5）中间商的合作态度

中间商与制造商合作得很好就会积极主动地销售企业的产品，对双方都有益处。有些中间商希望制造商也参与促销，扩大市场需求，并相信这样会获得更高的利润。制造商应根据产品销售的需要确定与中间商合作的具体方式，然后再选择最理想的合作中间商。

6）中间商的财务状况和管理水平

中间商能否按时结算，必要时预付货款，取决于财力的大小。整个企业管理是否规范、高效，关系着中间商营销的成功，而这些都与制造商的发展休戚相关。

7）中间商的促销政策和技术

采用何种方式推销商品及运用选定的促销手段的能力直接关系到销售规模。有些产品广告促销比较合适，而有些产品则适合通过销售人员推销。有的产品需要有效的储存，有的则应快速运输。要考虑到中间商是否愿意承担一定的促销费用以及有没有必要物质、技术基础和相应的人才。选择中间商前必须对其所能完成某种产品销售的市场营销政策和技术的现实可能程度做全面评价。

8）中间商的综合服务能力

企业产品销售过程中可能需要一系列的相关服务，此时应选择综合服务能力强的中间商。如有些产品需要中间商向顾客提供售后服务，有些在销售中要提供技术指导或财务帮助（赊购或分期付款），有些产品还需要专门的运输存储设备。最适宜的中间商所能提供的综合服务项目与服务能力应与企业产品销售所需要的服务要求相一致。

日本的爱普森公司是打印机的主要制造商。该公司准备扩大其产品线，增加经营各种计算机，但公司对现有的经销商颇不满意，也不相信他们对新兴零售商有推销能力。爱普森美国公司总经理杰克·沃伦（Jack Whalen）决定招募新的销售商以取代现有的分销商。杰克·沃伦雇用了一家名为赫展拉特尔（Hergenrathre & Company）的招募公司，并规定：①寻找在经营褐色商品（如电视机等）或白色商品（电冰箱等）方面有两步分销经验（从工厂到分销商到零售商）的申请者。②申请者必须具有领袖风范，他们愿意并有能力建立自己的分销系统。③他们每年的薪水是 8 万美元底薪加奖金，提供 37.5 万美元帮助其拓展业务。他们每人再出资 2.5 万美元，并获得相应的股份。④他们将只经营爱普森公司的产品，但可以经营其他公司的软件；每个分销商将配备一名负责培训工作的经理和一个设备齐全的维修中心。

招募公司在寻找合适的候选人时遇到了很大困难。他们在《华尔街日报》上刊登的招聘广告（不提及爱普森公司的名字）吸引了近1 700封申请信，但其中绝大多数是不符合要求的。经筛选后，利用电话簿上的黄页找到其中合格申请者的名称和电话，并与它们的第二常务经理联系安排面试，最后确定了一份最具资格的人员名单。杰克·沃伦亲自面试，选出12名最合格的分销商负责12个分销区。赫展拉特尔公司由此获得了25万美元的报酬。

最后一步是与现有的分销商终止业务。由于招募是秘密进行的，原有的分销商对事态发展一无所知。杰克·沃伦要求他们在90天内完成移交工作，他们震惊不已，虽为爱普森最早的分销商，但他们没有合同。杰克·沃伦知道他们缺少经营爱普森公司扩大产品线和进入必要的新流通的能力，他认为除此别无他法。

2. 中间商的数目

企业在确定了所要选择的渠道类型后，还要考虑每一层次渠道所要利用的中间商的数目。以下是企业可供选择的三种战略。

1）独家分销（exclusive distribution）

独家分销是指制造商在某一地区只选择一家最适合的中间商专门推销其产品。独家分销适用于制造商想要控制自己的服务水平及经销商的服务水平。通常双方协商签订独家分销合同，规定经销商不得经营竞争者的品牌。这种策略适用于一些名牌和声望产品，如汽车、家用电器、时装等。同时一些操作复杂、需要当场演示的产品以及需要提供售后服务的产品也适合此种策略。

独家分销策略对于制造商来说，既有有利的方面，也有不利的方面。

有利的方面是：①由于中间商与生产者休戚与共，能够充分调动中间商的积极性，使之对市场进行精心开发和培育，促进企业产品市场占有率的提高；②生产者可对市场和价格实施有效的控制；③能节省销售费用，提高竞争力；④生产者可对中间商实施有效的激励措施（如提供津贴、旅游或业务培训等），牢固双方的关系。

不利的方面是：①寻找理想的中间商难度较大；②由于使用的中间商数量有限，产品市场覆盖面较窄；③如果中间商经营业绩不佳，会导致企业失去该地区市场。

美国通用汽车公司针对汽车市场的竞争状况，首先创立了独家代理的销售渠道。在一个城市、一个地区，甚至是一个国家只选择一家代理商，由它独家经营通用公司的产品。这一渠道模式使通用公司和代理商均获得了理想的收益，并为通用公司取得世界汽车的霸主地位奠定了基础。这一模式很快在汽车行业推广开来。

2）选择分销（selective distribution）

选择分销是指制造商从所有愿意经销其产品的中间商中挑选几个最合适的中间商来销售其产品。这种策略适用范围较为广泛，在工业品中适用于专业性较强、用户相对稳定的产品。在消费品市场中则适用于选购品、耐用消费品、知名品牌的商品等。选择分销使制造商能够取得比独家分销更高的市场覆盖面，比密集分销更低的成本和更强的市场控制力。

3）密集分销（intensive distribution）

密集分销是指制造商通过尽可能多的批发商、零售商推销其产品。这种策略的重心是扩大市场覆盖面或加速进入一个新市场，使众多的消费者和用户能随时随地买到这些产品。消费品中的便利品和工业品中的通用设备多采用密集分销的策略。

以上三种策略应根据企业状况和产品市场情况灵活运用。一般情况是：在产品的引入期，由于消费者对产品不了解，企业可采用选择分销的策略，选择几家有影响的中间商经销自己的产品；对于处于成长期的产品和成熟期的产品，由于消费者对产品已有所了解，企业可采取密集分销策略，以进一步扩大市场；当产品进入衰退期后，企业则可以缩小销售面，以待产品的更新换代。

3. 规定渠道成员的条件与责任

制造商必须确定渠道成员的条件和责任，交易关系组合中最重要的因素就是价格政策、销售条件、地区划分权和每一成员提供的特殊服务。

1）价格政策

要求制造商制定中间商认为公平合理的价格目录和折扣标准。

2）销售条件

销售条件指付款条件和制造商的保证。一般制造商都对提前付款的中间商给予现金折扣，对产品质量做出保证，同时也向分销商承诺给予降价的特殊保证，这可以使分销商解除后顾之忧，促使其大量采购。

3）地区权利的划分

分销商希望了解制造商的市场区域划分，以及在每一区域内的授权情况。他们希望自己所在的授权区域内的销售业绩得到制造商的承认，不管这些业绩是否是其努力的结果。

4）责任划分

制造商与渠道成员间应有清楚明确的责任划分，特别是对特许经营和独家分销。例如，麦当劳向其特许经营商提供店面、促销支持、文件保存系统、培训、技术支持等；与之对应的是特许经营者必须达到有关物资设备的标准，适应新的促销方案，提供所需信息及购买指定的食品原料等。

10.3　分销渠道的管理

企业在确定了市场营销渠道后，为了保证渠道效益的发挥，充分调动渠道成员的积极性，使之相互配合，并避免渠道冲突和成员间的不良竞争，必须加强渠道管理工作。渠道管理的内容包括对中间商的激励、检查、评估和调整。

10.3.1　激励中间商

营销渠道是企业最重要的外部资源，企业要想获得好的渠道效益就要充分调动渠道中各级中间商的积极性，给中间商以必要的激励无疑是保证渠道效益的前提。

激励渠道成员使其有良好表现，必须从了解每个中间商的需要和其心理入手。制造商对中间商的不满主要有：只强调某一特定品牌，其推销员对于产品的知识缺乏了解，不能充分利用供应商的广告资料，忽视某些顾客（他们可能是某些产品的好顾客，而不是中间商产品组合的好顾客），不保存交易记录。

这些从生产者观点出发的缺点，在中间商看来未必如此。有些西方学者建议生产者应这样看待中间商。

（1）中间商并非受雇于制造商以形成其分销链的一环，而是一家独立的企业，有自己的利益追求和所服务的市场，并且经过一些实验后，它安于某种经营方式，执行实现自己目标市场的职能，在自己可以自由决策的范围内制定自己的政策。

（2）中间商首先是作为其顾客的买卖代理商，然后才是供应商的销售代理商，它的兴趣在于销售顾客希望从它那儿买到的任何商品。

（3）中间商试图向消费者销售其产品组合。其销售努力在于获得产品组合的订单，而非某一产品的订单。

（4）除非给予某种激励，否则中间商不会为所销售的某一品牌保存有关的销售记录，对新产品开发、定价、包装和促销等方面有帮助的信息往往淹没在中间商非标准化的销售记录中。有时中间商也会故意对制造商隐瞒其有关的销售记录。

制造商在处理与中间商的关系时，往往采取不同的形式，其中主要的有合作、合伙和分销规划等三种。大多数制造商认为在对待中间商的问题上应采用"胡萝卜加大棒"的政策。一方面，给予中间商正面的激励，如高利润、私下交易、奖赏、展示津贴、广告津贴等；另一方面，采用制裁措施，威胁减少中间商的利润、推迟交货、终止关系等。这些方法的根本问题是制造商从未好好研究中间商的需要、困难以及中间商的优缺点。相反，他们只是靠草率的"刺激—反应"式的思考把复杂的工具凑合起来。

一些富有经验的制造商致力于与中间商建立长期的合作伙伴关系，他们清楚知道自己在市场份额、库存水平、市场开发、寻找客户、技术建议与支持、市场信息等诸多方面都需要中间商的合作。制造商希望得到中间商对这些政策的同意，并按其遵守程度建立报酬制度。例如，一家制造商并不直接将约定的 35% 的佣金支付给中间商，而是按下列情形支付，见表 10-1。

表 10-1　制造商支付佣金比例举例　　　　　　　　　　　　单位：%

项　　目	支 付 比 例	项　　目	支 付 比 例
完成基本销售任务	20	按时付款	5
保持 60 天的存货	5	提供消费者购买信息	5

分销规划是制造商与中间商建立的进一步关系，其含义是"把制造商的需要与分销商的需要结合起来，建立的有计划、专业化管理的垂直营销系统"。制造商在市场营销部门下成立一个专门的部门，即销售关系规划处，负责确定中间商的需要，制订交易计划，帮助中间商以最佳的方式进行经营。该部门与中间商共同制定交易目标、存货水平、商品陈列计划、销售培训要求及广告和销售促进计划，这样做的好处是可以转变中间商的观念。以前中间商认为他们必须站在购买者的角度，通过与制造商签订苛刻的合同而赚钱；现在他们则认为之所以赚钱是因为站在销售者一边作为精心规划的垂直营销系统的

一个组成部分。

1. 制造商对中间商的激励措施

（1）开展促销活动。制造商利用广告宣传推广产品，一般很受中间商欢迎，广告费用有时由制造商负担，有时也可能是制造商与中间商分担。制造商还经常派人前往一些主要的中间商处，协助其安排产品陈列、举办产品展览和操作表演、训练销售人员等。

（2）资金支持。中间商一般希望制造商给他们以资金支持，以保证存货和积极推销产品，一般采用售后付款和先付部分货款待产品出售后再付清余款的方式，以解决中间商资金不足的困难。

（3）协助中间商搞好经营管理，提高营销效益。

（4）提供信息。市场信息是企业开展营销活动的基础。制造商应将所获得的市场信息及时传递给中间商，使他们心中有数。为此，制造商应定期或不定期邀请中间商座谈，共同研究市场动态，制定扩大销售的措施。企业也可以将自己的生产计划情况向中间商通报，为中间商合理安排销售提供依据。

（5）与中间商结成长期的伙伴关系。

2. 激励渠道成员的方法实例

（1）天琼（Timken）公司要求其销售代表对配销商包括其总经理、采购经理和销售人员进行多层次的访问。

（2）大宇公司实行一项计划，由 20 名年轻的分销经理和 20 名年轻的大宇经理每年参加为期一周的研讨会。

（3）杜邦公司建立了一个分销商市场营销指导委员会，定期讨论问题和发展趋势。

（4）戴伊可（Dayco）公司实行每年一次的为期一周的修养周制度，由 20 个配销商的年轻高级管理人员和 20 个戴伊可公司的年轻高级管理人员参加，以便通过研讨会和旅游活动来加强联系。

（5）帕克·汉尼芬（Parker Hannifin）公司每年向其分销商搞一次问卷调查，要求他们以某些关键指标评价公司的业绩。同时，向分销商提供实时通信和录像带介绍新产品，它还收集分析分销商的发票影印本，并建议分销商如何改进他们的销售工作。

10.3.2 评估中间商

制造商除了选择和激励中间商外，还必须定期评估他们的绩效。如果通过评估发现某一个中间商绩效低于规定标准，则应分析其原因，同时还应想办法帮助其改善经营。如果通过企业的帮助与督促其绩效仍得不到明显的改进，制造商应考虑与其中断合作关系，寻求新的合作者。当放弃和更换中间商将会使企业蒙受更大损失时（如失去某一地区市场、需重新建立分销渠道等所带来的损失），制造商只好忍受这一局面。

如果制造商和中间商事先已签订了有关绩效考评标准与奖惩条例，解决上述问题就比较容易。一般制造商都在契约中明确中间商的责任，指标包括：销售强度、绩效与覆盖率；平均存货水平；送货时间；次品与遗失品的处理方法；对企业促销与训练方案的合作程度；中间商对顾客所提供的服务等。

除了与中间商签订有关绩效责任的契约外，制造商还应定期发布销售配额，以确定目前的销售业绩。制造商还可以在一定时期内列出各中间商的销售额，并依据销售额大小排出选择名次。这样可以有效地促进绩效较差的中间商为了自己的荣誉与利益积极进取，也可以促进绩效好的中间商保持已有的荣誉，再接再厉。

需要指出的是，在对中间商绩效进行排名时，不仅要考察每个中间商销售水平的绝对值，还要考虑到他们各自面临的市场发育程度、市场环境因素的差异和制造商的产品大类在各中间商的全部货色搭配中的相对重要程度。

中间商的评估方法主要有两种，即：

第一种测量方法是将每一中间商的销售绩效与上一期的绩效进行比较，并以整体的绩效变动值为评价标准，对低于整体绩效平均水平的中间商，必须加强评估和激励。如果制造商发现某一中间商的绩效较低是由于一些可原谅的因素，如当地经济衰退、某些顾客不可避免地失去、主力推销员的失去或退休等，其中某些因素可在下一期得到改进。在这种情况下，制造商就不应对中间商采取任何惩罚措施。

第二种测量方法是制造商根据各地市场情况，首先确定出各地市场的潜力值，其次根据各中间商的实际绩效值和所在地的市场潜力值进行比较，以这一比值作为评价各中间商的标准，对中间商进行排列。企业应重点对那些没有达到标准的中间商进行监督。

实例：跨国经营企业对海外经销商的指导与评估。

跨国经营企业为了使海外经销商充分了解其产品，提高经销商的经营管理能力，都要对他们进行培训。

培训的内容包括以下方面。

（1）产品知识培训。

（2）本企业情况培训。

（3）反馈信息的技能培训。

（4）推销技能培训。

（5）市场调查技能培训。

（6）财务管理技能培训。

（7）人事管理技能培训。

对海外经销商的评估是渠道管理的一个重要组成部分，他对聘用和解雇经销商的决策有决定性的影响。跨国经营企业一般对经销商每年评估一次，评估的标准如下。

（1）销售量。

（2）开辟的新业务。

（3）销售金额。

（4）为推动销售而投入的资源。

（5）市场信息的反馈。

（6）承担的责任。

（7）向公众介绍新产品的情况。

（8）向顾客提供服务的情况。

（9）该经销商为企业带来的利润和产生的成本。

在上述九项评估指标中，销售量、开辟新业务和承担责任情况是三个最重要的指标，它们反映了经销商发展业务的能力和履行合同的能力。

10.3.3　调整分销渠道

制造商在设计了一个好的渠道并投入运行后，还应根据市场条件的变化进行调整。当消费者购买模式发生变化、市场扩大、产品成熟、新竞争者加入、新的分销渠道出现时，企业就应对营销渠道进行调整。下面的实例就说明了这一点。

某电器制造商过去一直是通过特许经销商销售其产品，当市场占有率下降后，该企业才发现竞争对手在渠道上已进行了较大的调整。如：

（1）名牌电器开始逐步转向由折扣商店销售；

（2）以中间商品牌销售的电器的份额不断增加；

（3）房地产开发企业越来越多地从制造商那里直接购买家用电器；

（4）电器市场上，上门推销和直接邮购的份额不断增长；

（5）虽然小城镇有一些独立分销商，但农村家庭越来越多地前往大城市购物。

针对这些变化电器制造商必须及时调整自己的营销渠道。

在实际中企业营销渠道的调整可以从三个方面来进行。

1. 增加或减少某些渠道成员

在进行渠道调整时，首先要考虑增加或减少某些中间商的问题。通常采用直接增量分析，通过分析弄清楚增加或减少某些渠道成员后企业利润将如何变化。但是当个别渠道成员对同一系统其他成员有间接影响时，直接增量分析方法就不再适用了。例如，在某大城市中，某汽车制造企业授予另一新经销商特许经营权的决策会影响到其他经销商的需求、成本与士气，而该新经销商加入渠道系统后，其销售额就很难代表整个系统的销售水平。有时，生产者打算取消所有那些不能在既定时间内完成销售配额的中间商，由此导致总体影响，运用增量分析是难以奏效的。例如，某卡车制造商通过特许经销商销售其产品，在某一时期发现 5%的经销商年销售量在三辆以下。成本分析表明，企业对这些经销商所提供的各种服务成本已远远高于三辆卡车的销售利润。

从理论上讲，如果取消某些落后中间商，增量分析的结果会表明企业利润提高，然而，取消个别中间商，这一决策将会对整个渠道系统产生重大影响。比如分摊制造费用的卡车减少了，卡车生产的单位成本将会提高；某些员工及设备被闲置；由落后经销商所负责的市场业务将会因其被取消而让竞争者占便宜；企业的其他经销商会因该决策感到不安。因此，在实际业务中，还不能单纯依据增量分析的结果采取具体行动。如管理人员确实需要对该系统进行定量化分析，则最好的办法是用整体系统模拟来测量某一决策对整个渠道系统的影响。

2. 增加或减少某些分销渠道

生产者也会常常考虑这样一个问题，即他所使用的所有分销渠道是否仍能有效地将产品送达某一地区或某类顾客。这是因为，企业市场营销渠道静止不变时，某一地区的购买类型、市场形势往往正处于迅速变化中。企业可针对这种情况，借助损益平衡分析与投资收益率分析，确定增加或减少某些市场营销渠道。

3. 改进整个市场营销系统

对生产者来讲，最困难的渠道变化决策是改进和修正整个市场营销系统。例如，汽车制造商打算用企业经营代理商取代独立代理商。再如，软性饮料制造商想用直接装瓶和直销取代各地的特许装瓶商。这些决策通常由企业最高管理当局制定。这些决策不仅会改变渠道系统，而且还将迫使生产者改变其市场营销组合和市场营销政策。这类决策比较复杂，任何与其有关的数量模型只能帮助管理人员求出最佳估计值而已。

4. 渠道改进的概念性探讨

在分析是否应改变渠道时，生产者首先须确定其渠道是否处于均衡状态。所谓渠道均衡状态，是指渠道不会因其任何结构上或功能上的改变而使企业利润增加的状态。所谓结构上的改变，是指渠道上某些中间商层次的增加或减少。所谓功能上的改变，是指渠道成员间某项或某几项任务的重新分派。当某一渠道处于非均衡状态时，也正是到了应予改进和修正的时候。

10.3.4　渠道发展动向

市场环境的变化带来新的批发零售方式的出现，从而对企业营销渠道系统产生影响，新的营销系统不断涌现。下面我们来考察垂直营销系统、水平营销系统和多渠道营销系统。

1. 垂直营销系统（vertical marketing system，VMS）

垂直营销系统是近几年来渠道领域的重要发展之一，是对传统分销渠道的挑战。

传统分销渠道（conventional distribution channel）是由独立的制造商、批发商和零售商组成的，渠道中的每个成员都是一个独立的经济实体，它们为追求自身利益最大化，不惜牺牲整个渠道的利益，每个渠道成员都不能对其他成员进行有效控制。正如迈克卡门所说："传统营销渠道是一个高度分散的网络，在这个网络中，彼此关系疏远的制造商、批发商和零售商为了各自的利益讨价还价，各行其是。"

垂直营销渠道是由制造商、批发商、零售商联合成一个统一一体，其中一个渠道成员拥有其他成员的所有权，或实行特许经营，或它有足够的实力能使其他成员愿意合作。

垂直营销系统有以下三种类型。

（1）公司式的垂直营销系统（corporate VMS）。它由同一所有权下的生产部门和分销部门组成。那些希望拥有渠道控制权的企业经常采用这一形式。

（2）管理式的垂直营销系统（administered VMS）。它是通过某一规模大、实力强的成员，把不在同一所有权下的生产部门和销售部门联合起来的市场营销系统。如知名的制造商或零售商等都可以通过这种方式建立起相应的市场营销系统。

（3）契约式的垂直营销系统（contractual VMS）。它是由不同层次的独立制造商和分销商在合约的基础上进行联合，以获得独立经营不可能获得的经济效益和销售业绩。契约式垂直营销系统是近年来发展最快的一种营销系统。

2. 水平营销系统（horizontal marketing system）

它是由两个或两个以上的独立公司统一它们的资源和计划来开发一个新的市场营销机会。当某一市场机会单凭企业自身资源无法加以利用时，相关企业的联合无疑是最佳选择。有人又将它称为共生市场营销。在日本，许多小企业在这种组织形式中受益匪浅。

3. 多渠道营销系统（hybrid marketing system）

随着企业产品组合的增多，越来越多的企业开始采用多渠道市场营销系统。多渠道市场营销系统是指一家企业利用两个或两个以上的渠道到达一个或几个细分市场。企业使用的渠道数量的增加必然会带来：市场覆盖率提高、渠道成本降低、能更好地满足消费者的需要等结果。

10.3.5 渠道冲突及管理

上述三种新的渠道形式在给企业带来利润的同时，也会造成渠道间的冲突。如当两个以上的渠道同时服务于一个细分市场时，渠道冲突（channel conflict）就会发生。

1. 渠道冲突的形式

（1）垂直渠道冲突。是指同一渠道中不同层次之间的冲突。

（2）水平渠道冲突。是指某一渠道内同一层次的成员之间的冲突。

（3）多渠道冲突。是指一个制造商建立了两条或两条以上的渠道向同一市场出售其产品。

2. 渠道冲突的管理

（1）确立共同目标。如果渠道成员间能够构筑共同目标，就会避免冲突事件的发生。

（2）在两个或两个以上的渠道成员之间交换人员。例如本田公司的经理就可能在其经销商那里工作一段时间，经销商会在本田的经销商政策部工作一段时间。

（3）合作。制造商邀请经销商参加咨询会议、董事会等。

渠道冲突在所难免，渠道成员应充分沟通，以渠道整体利益为重，及时解决渠道问题，不失为一种共赢的策略。

10.4 零售与批发

10.4.1 零售

零售（retailing）是指直接向最终消费者销售产品或服务以满足其个人的非商业目的的所有活动。许多企业都从事零售，但是大多数零售都是由零售商来完成。

我们把凡是向个人消费者提供销售活动的企业和个人统称为零售商（retailer）。在现代市场中，零售商的组织形式日益多样化，在这里我们将讨论商店零售商、无店铺零售商和零售组织。

1. 商店零售商

商店零售商的特点是企业拥有固定的经营场所（店铺）供消费者选购商品。随着市场商品种类的增加、消费者消费需求的多样化和日益激烈的市场竞争，零售商业的组织形式发生了巨大的变化。传统的居于支配地位的百货商店已开始让位于新兴的商业企业。各种零售形式的发展速度越来越快，如百货商店历经 80 年的发展才进入到成熟期，而仓储商店完成这一历程只用了 10 年的时间。

1）专营店（specialty store）

专营店经营的产品线很窄，但产品深度较深。专营店可以经营某一大类产品（如家用电器、服装、鞋类等），或针对某一特定顾客群（如妇女、儿童），或某一品牌（如李宁牌、双星牌）。一些专家认为专营店有效地利用了市场细分、目标市场和产品专门化带来的机会，因而是未来发展最快的一种零售商业形式。

2）百货商店（department store）

百货商店因其经营的产品种类众多而得名，由于百货商店是分部经营的，所以英文称为 department store。一般一家百货商店要经营数条产品线，通常包括服装、日用品、家用装饰品、家用电器、通信器材等。每条产品线产品都作为一个独立部门实施专业管理。百货商店是城市商业中出现最早的现代化商业组织形式，一般位于城市中心商业区内。20 世纪 50 年代是百货商店发展的黄金时期。但是，随着城市经济的发展、城市规模的扩张，在城市外围建设了大规模的新型居住区，城市中心区人口急剧下降，出现了城市空心化现象。同时一些新兴商业业态纷纷在城市外围选址建店，以其低成本、低价格的优势吸引了大批客流，大大弱化了百货商店的吸引力。

为了更好地竞争，有的百货商店在城市郊区的大型购物中心设立分店，有的调整了商品组合或开展特色服务。

3）仓储式商场（warehouse store）

仓储式商场又称为仓库商店、货仓式商场等，是一种集商品销售与商品储存于一个空间的零售形式。这种商场规模大、投入少、价格低，大多利用闲置的仓库、厂房运行。场内极少豪华装饰，一切以简捷自然为特色。商品采取开架式陈列，由顾客自选购物，商品品种多，场内工作人员少，应用现代计算机技术进行管理，即通过商品上的条形码实行快捷收款结算和对商品进、销、存采取科学合理的控制，既方便了人们购物，又极大地提高了商场的销售管理水平。

仓储式商场在 1968 年起源于荷兰，最具代表性的是 SHV 集团的"万客隆"（Makro）。"万客隆"货仓式批发零售自选商场大多建于城市郊区的城乡接合部，营业面积可达两万平方米，并附设大型停车场。商场只做简易装修，开架售货，以经营实用性商品为主。

4）超级市场（supermarket）

超级市场是规模大、成本低、毛利低、销售量大的自我服务的零售组织形式。超级市场经营的商品主要是食品、洗涤用品和家庭日用品等。超级市场为了应对竞争，规模越来越大，经营的品种和数量也越来越多。许多超级市场正在将其经营范围扩展到药品、家具、唱片、运动用品甚至照相机、家用电器上。

5）便利店（convenience store）

便利店主要设置在居民区附近，营业时间长、每周营业七天，经营的商品主要是生活日用品、食品、香烟等。方便商店出售的商品价格要高一些，消费者主要利用它们做应急式采购，每次购买数量较少。

6）折扣商店（discount store）

折扣商店是一种以低价格销售标准化商品的商店形式。折扣商店毛利低、销售量大。

一般商店的偶尔打折和特卖只是商家的促销行为，不能称其为折扣商店。在折扣商店里，尽管商品价格很低，但并不存在质量问题，其销售的基本是全国品牌的商品。折扣商店的价格优势主要来自于经营的低成本。如折扣商店大都设置在城市外围租金较低的地段，建筑经营设施投入也很少。出于竞争的原因，国外折扣商店的经营思路正在发生着变化，它们开始经营品质较高、价格昂贵的商品，并改善内部装修，增加服务项目，有的在郊区购物中心开办新的分店。所有这些调整带来了成本的提高，所售商品的价格也随之上，原有的业态特征日益减少。

7）低价商店（off-price store）

由于折扣商店的经营调整使得低价商品市场出现了空缺，于是一批新的低价零售商进入市场，填补这一空缺。低价零售商（off-price retailer）是通过以低于正常批发价的价格从供货商处获得商品，然后以低于正常零售价格的较低价格进行销售。低价零售商主要经营服装、鞋类等商品。

低价商店主要有三种类型：工厂代销店、独立零售店和仓储俱乐部。工厂代销店（factory outlet）由制造商拥有和经营，主要经销制造商已停产或质量稍有瑕疵的产品。为了避免百货商店的抗议，制造商一般不向工厂代销店提供新产品。独立零售店（independent off-price retailer）有的是由个人拥有和经营，有的是某家大零售公司的分支。仓储俱乐部（warehouse club）只经营食品杂货、器具、服装等商品，只向交付年度会费的会员以很高的折扣出售商品。其会员主要是小企业、政府机关的团体成员、非营利组织和一些大公司。仓储俱乐部经营规模大、管理费用低、设施简陋、雇员数量少、不提供送货服务、价格极低，通常比超级市场和折扣商店的价格还低 20%～40%。在国内仓储俱乐部发展迅速，对其他业态构成了很大的威胁。

8）目录销售陈列室（catalog showroom）

这类商店主要以折扣价出售加成高、周转快、有品牌的商品。如首饰、照相机、动力产品、提包、玩具、体育用品等。这种商店散发商品彩印目录，上面标有每一种产品的价格和折扣。顾客可用电话订货，由商店送货上门，收取货款和运费，也可以来店验货，自提商品。

9）综合购物中心（shopping center/shopping mall）

购物中心是指多种零售店铺、服务设施集中在由企业有计划地开发、管理、运营的一个建筑物内或一个区域内，向消费者提供综合性服务的商业集合体。

根据购物中心的建筑、设施和形态的不同，国际购物中心协会又将购物中心细分为"摩尔"（mall，停车场与店铺间有一定的距离，通常在整体建筑的地下或外围，而店铺间有专门的步行街连接，如区域型、超区域型购物中心）和带状中心（店铺前各有停车场，店铺间通常没有专门的步道连接，如邻里型、社区型等）。由此可见，从严格意义上讲，购物中心不是一种商业业态，而是一种有计划地实施全新的商业聚集形式，有着较高的组织化程度，是业态不同的商店群和功能各异的文化、娱乐、金融、服务、会展等设施以一种全新的方式有计划地聚集在一起，它通常以零售业为主体。与自发形成的商业街相比，购物中心在其开发、建设、经营管理中，均是作为一个单体来操作：一般是物业公司建楼、出租场地，专业商业管理公司实行统一招租、管理、促销，承租户分散经营。

2. 无店铺零售商

虽然各种类型的店铺零售商以其经营优势为市场提供各种各样的商品和服务，但是非商店零售商还是从他们的市场中夺走了相当的市场份额。

1）直接销售（direct selling）

直接销售是一种由公司销售人员直接向顾客推销产品的销售形式，简称直销。包括入户推销、办公室推销、举办家庭销售会等。最早开展直销的公司有怡乐智公司（出售真空吸尘器）和世界书局（出售百科全书），特别是雅芳公司的"家庭主妇的良友，美容顾问是雅芳女士"的新概念，使入户直销得到了飞快的发展。该公司在全世界大约有 500 多万个代理商，通过雅芳小姐的上门推销，2005 年的销售额已超过 80 亿美元，该公司已成为世界上最大的化妆品公司和直销营销商之一。

多层次传销是无店铺直销的一种，于 20 世纪 40 年代产生于美国，以众口相传的方式传播产品信息、销售产品，依靠"口碑效应"（word of mouth）开拓市场。传销商得到的好处：①以低价消费商品；（又称"消费者销售制"）；②获得销售佣金。而且随着其网络层级的提升，其获得的佣金标准也会越来越高。网络的扩大和自身级别的上升（黄金级→白金级→蓝宝石级→红宝石级→翡翠级→钻石级），能量不断地被储存、放大，产生几何级数的市场营销效果，又称为"倍增市场学"。

其特点是首先由公司征召独立分销商，这些分销商去征召下一级分销商并向他们销售产品，下一级分销商再去征召其下一级分销商并向其销售产品，以此类推，最后形成一个金字塔形的销售结构体系。各级分销商的报酬中包括由他征召的分销商总销售额的百分比以及直接向零售顾客销售的利润。

直销具有亲和力、公开性、自主性、简易性等优点。但这种方式销售成本高昂，除了向销售人员支付较高比例的佣金外（销售人员的佣金一般为 20%～50%），还需支付雇用、训练、管理和激励销售人员的费用。

但多层次传销也存在许多问题，有些问题若任其发展还会带来严重的社会危害。诸如：①价格与价值不符；②企业未注册而非法传销；③党政机关工作人员、现役军人、全日制在校学生和其他法律规定不得经商的人员参加传销；④利用职权传销、成为假冒的渠道；⑤不择手段、欺诈现象严重，甚至非法限制传销者的人身自由；⑥偷税漏税；⑦会员团体化倾向严重（老鼠会）；⑧投诉难以解决等。1998 年年初，国家工商局决定在全国范围内一律取缔"多层传销"，原合法从事传销的企业一律转入店铺销售。

2）直复营销（direct marketing）

直复营销（也称直接营销）是指企业不通过中间商，而是通过网站、电视、电台、电话、邮寄广告等方式向顾客传递产品信息，顾客再通过网站、电话等直接订购，由企业送货上门的销售方式。美国直复营销协会把直复营销定义为：直复营销是一个与市场营销相互作用的系统，它利用一种或多种广告媒体，对各个地区的交易及可衡量的反应施加影响（因此也可视作一种促销模式）。定义中的"可衡量的反应"一般是指来自顾客的订单。直复营销主要通过使用"直接广告媒体"来进行产品销售，了解顾客。这些顾客的名字及相关信息被录入到顾客数据库中，这个数据库不断更新以保持与顾客的联系。

直接市场营销的工具主要有以下几种。

（1）邮寄目录（catalog marketing）。公司邮寄订货部门向选好的顾客邮寄商品目录。一些公司在目录中加上文字说明或信息要点，寄发小样品，设立热线电话解答疑难问题。邮寄订购业务的成功依赖于：公司管理邮寄和顾客名单的能力、产品目录的控制能力、提供高质量的能力、顾客至上的良好形象。

（2）直接邮购（direct-mail）。直接邮购的市场规模已达上百亿美元。直接邮购公司从邮寄名单经纪人事务所购买各种潜在顾客的名单，然后将邮寄广告寄给他们。直接邮购的商品有录音带、录像带、电脑软盘等商品。

直接邮购的特点在于目标市场选择性强、富有人情味、有较强的灵活性。尽管这种方式的成本比其他媒体高，但顾客做出反应的比例也很高。目前，直接邮寄在图书、杂志、保险、礼品、服装等商品的销售上获得了极大的成功。

（3）电话销售（telemarketing）。随着电话的日益普及，电话销售正成为直接市场营销的主要工具。用这种方法，消费者可通过电话进行购物。

（4）电视直销（television direct-response marketing）。电视直销有两种方式。一是市场营销人员利用广告时段（一般为 60～120 秒），对一件商品进行富有说服力的介绍，然后给消费者一个免费的订购电话；另一种是室内购物频道，就是把整个电视节目或整个电视频道都用来销售商品或服务。

（5）网络销售（electronic shopping）。借助于互联网络销售企业的产品。随着计算机的日益普及，网络销售将成为企业市场营销的一种主要手段。

直复营销给消费者带来了许多好处。从邮寄订货渠道买过商品的消费者认为购物过程很有趣，很方便，且节省时间，没有干扰。

值得注意的是，虽然有时直复营销也被简称为直销，但其与直接销售是截然不同的两个概念。直复营销和直接销售的最大区别即是否通过与营销中间人面对面接触来进行产品和服务的送达与交付。如消费者与中间人员面对面接触达成产品最终的销售，即为直接销售；如仅通过消费者直接渠道而非中间人员面对面接触来达成产品的最终销售，则属于直复营销的范畴。

3）自动售货（automatic vending）

由自动售货机来销售商品。自动售货已被用在许多商品的销售上，包括具有高度方便价值的冲动购买品（如香烟、软饮料、报纸等）和其他商品（如化妆品、平装书、唱片等）。由自动售货机销售的商品价格一般要高出 15%～20%。

4）购物服务公司（buying service）

这类公司不设店堂，专为某些特定顾客，如学校、医院、工会和政府机构等大型组织的雇员提供服务。他们被授权从一批经过挑选的、愿意向这些雇员以折扣价销售商品的零售商购货，由零售商向购物服务公司支付一小笔费用。

3. 零售组织

为了与生产企业争夺市场控制权，越来越多的商店正在采用某种团体零售的形式。团体销售有四种主要的类型。

（1）公司连锁。连锁店（chain store）是包括两个以上的同类商店组成的联合经营组织。它们实行集中采购和销售，统一进行店面的装修，经营相同或类似的产品线。其特点是有共同的所有权和实施共同管理，各连锁店经营的商品种类由总部控制，总部集中采购商品并配送到各分店，总部决定价格、促销和其他的销售政策。

公司连锁较之独立商店具有的优势为：①批量订货可以获得较高的价格折扣，并可节省运输成本，降低商品售价；②能够招聘到优秀的管理人才；③可在销售预测、存货控制、定价和促销等方面实施科学管理程序；④可以综合批发和零售，无须向独立商店那样应付许多不同的批发商；⑤连锁店所做的广告可使各个分店都能受益，其费用由各个分店分摊，降低了每家分店的广告成本；⑥有些连锁店允许各分店享有某种程度的自由，以适应消费者不同的偏好和对付当地的市场竞争。

（2）自愿连锁商店和零售商合作社。连锁店的规模优势迫使独立商店联合起来，联合形式有两种。一种是自愿连锁店（voluntary chain），是由批发商牵头组织的独立零售商店集团，它们从事大量采购和共同销售业务；另一种是零售店合作社（retailer cooperative），这是由一群独立的零售商店组成的一个集中采购组织，采取联合促销行动。这些组织在销售商品方面可以达到一定的经济节约要求，而且能够有效地迎接公司连锁店的价格挑战。

（3）消费者合作社。是一种消费者自身拥有的零售公司。

（4）特许经营（franchise）组织。这是一种由拥有特许权的特许人（制造商、批发商或服务机构）与接受特许权者（特许权授予者）之间以订立契约的方式形成的组织。特许经营的前提是，特许人拥有独特的产品、服务、知名品牌、技术诀窍等。

10.4.2　批发

在商品流通过程中，批发（wholesaling）包含了一切将商品或服务销售给为了转卖或者加工生产而进行购买的组织或个人的活动，我们把凡是从事批发经营活动的企业和个人都称为批发商（wholesaler）。

1. 批发商的职能

（1）销售与促销（selling and promoting）。批发商拥有广泛的客户基础，其销售人员的工作是使生产商能以较低成本接触大批小客户。

（2）购买和搭配商品（buying and assortment building）。由于批发商可大量购进商品，保证了花色品种的多样性，能够满足顾客的各种需要（数量、品种和货色搭配），并为其节省时间。

（3）分装（bulk breaking）。批发商通过整买零卖的方式，满足客户对不同数量商品的需求。

（4）仓储（warehousing）。批发商拥有大面积的仓储设施，持有存货，可为供应商和客户减少成本和风险。

（5）运输（transportation）。批发商一般为客户提供运输服务。

（6）融资（financing）。批发商一方面向顾客提供信贷，为其融通资金；另一方面，他们则提前订货，准时付账，为供应商融通资金。

（7）承担风险（risk bearing）。由于批发商一定时期内持有商品的所有权，并提供商品的储存和运输，承担了商品失窃、破损、腐烂和过时等风险。

（8）沟通信息（market information）。批发商与众多的生产企业和零售企业长期进行贸易活动，掌握了大量产品供求、新产品、价格变动等方面的信息。

（9）管理服务和咨询（management services and counseling）。批发商可为零售商提供销售人员培训、店堂布置、商品陈列等服务，帮助他们建立会计与存货制度，改善经营，也可通过提供技术培训和技术服务帮助工业用户。

2. 批发商的类型

批发商按其是否拥有商品所有权及其功能发挥程度可分为三类：商业批发商、经纪人和代理商、制造商和零售商的分店和销售办事处。

1）商业批发商

商业批发商又称独立批发商（merchant wholesaler），是指自己进货，取得商品的所有权后，再将其批发销售出去的商业企业。商业批发商是批发商的最主要的形式。

商业批发商又可按其职能和提供的服务是否完全来分类，可分为完全服务批发商和有限服务批发商。

（1）完全服务批发商。这类批发商执行批发商的全部职能，它们提供的服务主要有：保持存货、雇用固定的销售人员、提供信贷、送货和协助管理等。完全服务批发商又分为两类：批发商人和产业分销商。批发商人主要是向零售商销售，并提供广泛的服务；产业分销商向制造商而不是零售商销售产品。

（2）有限服务批发商。这类批发商为了减少成本、降低价格，只执行部分功能，即向其零售商和顾客提供较少的服务。有限服务批发商可分为以下五种：

现金交易批发商（cash-and-carry wholesaler）。该类批发商经营有限的、周转快的产品线，主要为小型零售商服务；一般不提供送货服务，顾客必须登门购物；交易时收取现金，不提供赊销业务；很少使用推销员，也不大做广告。

承销批发商（drop shipper）。承销批发商通常经营煤、木材和重型设备等大宗商品。它们不备有存货，也不管理产品。它们收到订单后，便和生产商联系，商定交货条件，取得商品的所有权，然后将订单交给生产商，生产商按商定的条件和交货时间将产品送交客户手中。由于承销批发商不持有存货，仅组织生产商将产品直接运送到零售商或用户手中，可以减少产品储运等环节的成本。

卡车批发商（truck wholesaler）。它们从生产者那里把货物装上卡车后，立即运送给各零售商店、饭店、旅馆等顾客，这类批发商不需要有商品库房。由于卡车批发商经营的商品是易腐和半易腐商品，它们一接到顾客的要货通知就立即送货上门。卡车批发商主要执行推销员和送货员的职能。

邮购批发商（mail-order wholesaler）。邮购批发商将产品目录寄给零售店、企业、机关团体等顾客，在接到顾客的订单后，再通过邮局、卡车或其他高效工具按订单要求送货交货。

生产者合作社（producers' coperative）。由农场成员组成的合作组织形式，它负责将农产品组织到当地市场上销售，合作社的利润在年终时分配给各农场主。

2）经纪人（broker）和代理商（agent）

经纪人和代理商与商业批发商不同，他不拥有所经营商品的所有权，提供的服务比有限服务批发商还少，其主要职能是为买卖双方提供交易服务，并收取一定的佣金（一般为销售价的 2%～6%）作为报酬。两者的相似之处是，他们通常专注于某些产品种类或某些顾客群。

（1）商品经纪人。其作用是为买卖双方牵线搭桥，协助其交易，并向雇用者收取费用。他们并不持有存货，也不参与融资。

（2）制造商代理商（manufacturers' agent）。也称制造商代表。他们代表两条或若干互补的产品线的制造商，分别和每个制造商签订有关的定价政策、销售区域、订单处理程序、送货服务和各种保证以及佣金比例等方面的正式书面合同。他们了解每个制造商的产品线，并利用其广泛关系来销售制造商的产品。制造商的代理商常被用在服饰、家具和电器产品等产品线上。大多数制造商的代理商都是小企业，雇用的销售人员虽少，但都精明干练。那些无力为自己雇用外勤销售人员的小制造商往往雇用代理商。有时，某些大公司也利用代理商开拓新市场，或者在那些难以雇用专职销售员的地区雇用代理商作为其销售代表。

（3）销售代理商（selling agent）。销售代理商是在签订合同的基础上，为委托人销售某些特定商品或全部商品的代理商。销售代理商对有关价格、条款和其他交易条件可全权处理。这种代理商在纺织木材、某些金属产品、某些食品、服装等行业中常见。在这些行业中，竞争非常激烈，产品销路对企业能否生存至关重要。

虽然销售代理商和制造商代理商一样，也和许多制造商签订长期代理合同，但他们之间有显著的不同：

一般来讲，每一个制造商只能使用一个销售代理商，而且制造商将其全部销售工作委托给某一个销售代理商后，不得再委托其他代理商代销产品，也不得再雇用推销员去推销商品；而每一个制造商却可同时使用几个制造商代理商，并可设置自己的推销机构。

销售代理商通常替委托人（制造商）代销全部产品，而且不限定只在一定地区内代销，同时在规定销售价格和其他销售条件方面有较大的权力；而制造商的代理商要按照委托人的销售价格或价格幅度及其他销售条件，在一定地区内，替委托人代销一部分或全部产品。

总之，销售代理商如同制造商的销售经理，对销售工作有全权处理权。正是如此，制造商在选择销售代理商时一定要考察其实力、商业信誉和所拥有的网络等情况。

（4）采购代理商（purchasing agent）。与客户有长期关系，并代其进行采购的一种代理商形式。采购代理商往往负责为客户验货、收货、储运，并将货物运交买主。采购代理商消息灵通，可向客户提供有用的市场信息。

（5）佣金商（commision merchant）。是指那些实际拥有产品并参加生意谈判的代理商，它们一般不被长期雇用。有的农场主不想亲自售货，也不愿加入生产者合作社，就往往在销售农产品时雇用佣金商。佣金商用卡车把货物运到中心市场，以最佳价格销售，扣除佣金和费用后将其余款汇给生产者。

3）制造商和零售商的分店和销售办事处

批发商的第三种形式是由买方或企业自行经营批发业务，而不通过独立批发商。这种批发业务有两种形式。

（1）销售分店和销售办事处。生产者往往设立自己的销售分店和销售办事处，以改进其存货控制、销售和促销业务。销售分店持有自己的存货，销售办事处不持有存货。

（2）采购办事处。许多零售商在大城市设立采购办事处，这些办事处的作用与经纪人或代理商相似，但却是买方组织的一个组成部分。

3. 批发业务发展趋势

尽管批发商被视为营销渠道中的重要成员之一，但不少批发商还是受到了来自制造商的批评。这些批评包括：批发商未能积极促销制造商的产品，只是被动地接受订单；未能保有充足的存货，因此无法迅速地满足顾客的订货；未能向制造商提供最新的市场信息；无法吸引高水平的管理人员，也无法降低成本；服务收费太高。针对这些批评，勇于进取的批发商开始调整其服务，以更好地满足供应商和目标顾客的要求。美国学者通过对 97 家绩优批发商的考察后发现，有 12 项核心战略改变着分销结构。

（1）合并与收购。调查中，至少有 1/3 的批发商在进入新市场、加强在现有市场的地位或在进行多样化或垂直一体化行动时进行了新的收购活动。

（2）资产重组。至少 20 家批发商出售或调整了一些边缘业务以加强其核心业务。

（3）公司多样化。几家批发商为降低公司风险而对其业务投资组合进行了多样化。

（4）前向和后向一体化。几家批发商加强了垂直一体化以改进获利情况。

（5）自有品牌。1/3 的公司增加了其自有品牌的计划。

（6）向国际市场扩展。至少 26 家批发商在进行跨国经营，并打算渗透西欧和东亚市场。

（7）附加服务。大多数批发商都改进了其附加价值服务，如快速交货、定制包装和计算机化的管理信息系统。

（8）系统销售。许多批发商向购买者提供一揽子商品计划。

（9）新游戏战略。一些批发商找到了新顾客群，并为他们开发了新的一揽子商品计划。

（10）利基市场营销。有些批发商集中于一个或几个产品种类，保有大量存货，提供完善服务和快速交货，从而满足被大竞争者忽略的特定市场需求。

（11）复合市场营销。当公司想同时服务多个细分市场时，复合市场营销能提高成本效益和竞争优势。有几家批发商在其核心市场上又加上了新的细分市场，希望能达到更高的规模经济和竞争优势。因此，仓储俱乐部除了向小规模和中等规模的产业用户批发以外，还向消费者销售产品。一些药品批发商除了为医院提供服务外，还向诊疗所、保健组织等提供产品。

（12）新的分销技术。绩优批发商通过计算机订单处理、存货控制和仓库自动化等技术来改进其系统。另外，他们越来越多地使用直接市场营销和电话营销技术。

本 章 小 结

市场营销渠道决策是企业面临的最复杂最具挑战性的决策之一。营销渠道中容纳着大量的商流、物流、信息流、货币流等。营销渠道的类型有长渠道、短渠道；直接渠道和间接渠道等。

影响企业渠道选择的因素有：消费者的特点、产品的特性、市场需求特性、企业自身的状况和环境因素等。

为了使产品能够迅速到达目标市场，企业应对众多的市场营销渠道方案进行评价。渠道设计应考虑企业产品组合的大小、等待时间、空间便利性、产品种类和服务支持等方面。明确渠道的目标和限制条件，主要的渠道交替方案（中间商的类型与数目、独家分销、选择分销、密集分销）等。

思 考 练 习

1. 市场营销渠道与分销渠道有什么差别？
2. 分销渠道的类型有哪些？
3. 影响企业选择分销渠道的因素是什么？
4. 涉及中间商数目的分销渠道策略是什么？
5. 如何管理分销渠道？

案 例 讨 论

1. 阿里巴巴建立了哪种类型的分销渠道？
2. 如何理解阿里巴巴提出的"新零售"的概念？
3. 传统零售业如何应对这次渠道变革？

推 荐 阅 读

菲利普·科特勒，凯文·莱恩·凯勒，卢泰宏. 营销管理[M]. 13 版. 北京：中国人民大学出版社，2009.

第 11 章

沟通与促销策略

本章提要

现代市场营销所要求的不仅仅是开发优良的产品、制定吸引人的价格并使目标顾客能够在市场上买到产品，对于公司而言，还必须与现有和潜在的顾客进行沟通，而且所有的沟通努力应组合成协调一致的沟通计划。在构建和保持公司的各种关系上，良好的沟通非常重要，它是公司努力建立有利可图的顾客关系中至关重要的因素。

本章将考察营销组合的最后一项——促销。促销不是单独的一项工具，而是若干工具的一个组合。实际上，公司正是依靠各种促销组合工具来与消费者进行沟通，从而告知消费者产品的优点并精心地将产品定位在其心中。本章重点介绍促销的概念及方式，以及促销组合策略；并对整合营销传播/沟通（IMC）进行探讨；随后对各种大众传播工具如广告策略、人员推销策略、销售促进（营业推广）策略以及公共关系策略分别进行叙述。

学习目标（重点与难点）

通过本章的学习，主要掌握以下内容：

1. 促销组合理论及其应用。
2. 整合营销传播（IMC）理论及其运用。
3. 掌握广告促销的具体策划和运用。
4. 掌握人员推销的具体策划和运用。
5. 掌握销售促进（营业推广）的具体策划和运用。
6. 掌握公共关系（宣传）的具体策划和运用。
7. 掌握直接营销的具体策划和运用。

框架结构（见图11-0）

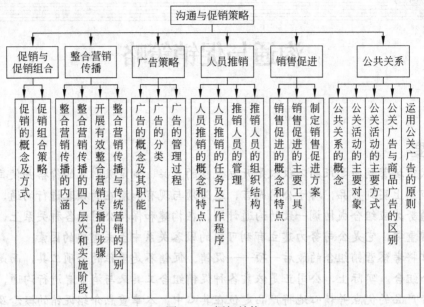

图11-0 框架结构

奥运整合营销传播的典范——海尔集团

大家可曾记得，在2008年北京奥运会上，许多企业巧妙借势奥运来运作和提升自己品牌知名度。这些企业利用奥运会做出完整的营销计划，开展大规模的"奥运营销"活动，大大提升了自己的品牌形象，并利用奥运经济的效应获得了高额利润。在这之中，奥运营销的典范当之无愧地应该属于国内第一品牌的拥有者——海尔集团。海尔巧妙地利用和整合各种沟通与促销工具，如网络、公关、销售促进等手段，成功地与消费者深度互动，使消费者了解并接受了一个在奥运精神统领之下的奥运海尔，成为了奥运历史上整合营销传播的成功案例。

消费者对海尔这个品牌感受最深的就是其"敬业报国、追求卓越"的海尔精神，和不断锐意进取、持续创新的高品质产品。而这一点，不仅是海尔集团的品牌定位和顾客所感受到的价值所在，而且也与奥运精神不谋而合。张瑞敏在接受《人民日报》的访问时就说道："……奥运能够得到全人类的高度认同，就是因为更高、更快、更强的奥运精神是一种不断追求、不断拼搏奋斗的精神。在企业看来，奥运精神的本质恰恰就是处于全球化时代企业面临激烈竞争的形势，要生存、要发展所必备的挑战自我、战胜自我的精神。"因此，海尔奥运营销战略的基础就是海尔品牌所传递的价值与奥运精神的相互契合——这也正是整合营销传播的主题所在。

在这个统一的主题下，海尔的奥运营销开展得系统周密而又丰富多彩。

1. 事件营销塑造品牌形象

2002 年 7 月 13 日之夜，伟大祖国申奥成功，海尔借助这一历史性事件，将品牌形象完美提升。"海尔祝伟大祖国申奥成功"的 5 000 万元的祝贺广告第一时间在中央台播出，目的就是与全球华人共享这一世纪之荣。当夜，很多消费者致电海尔，只是为了与海尔分享胜利的喜悦。海尔虽然没从活动赞助本身取得直接效益，但是申奥成功的纪念价值和象征意义对于海尔品牌形象的提升以及增强海尔品牌与消费者的沟通，其附加价值是不可估量的。2008 年 5 月 1～4 日，海尔集团又借助北京奥运会圣火传递的境内第一站——三亚，发起"我们是奥运的主人"喜迎火炬，为奥运加油倡议活动，组织了万人大签名和万人奥运啦啦队来喜迎圣火、祝福奥运。显然，此次海尔借助火炬传递事件发起的为奥运加油活动进一步丰富了海尔的品牌形象。

2. 产品与服务证明品牌实力

2005 年 8 月，随着海尔公司与北京奥组委正式签约，海尔成为北京 2008 年奥运会唯一的白色家电赞助商。众所周知，北京奥运会作为向世界展示中国的大舞台，同时也是中国品牌走向世界的窗口。奥运场馆的建设与服务水平，直接关系到全球消费者对中国产品的评价和认可程度。在实体产品的开发方面，海尔适时提出了以"奥运级的产品和服务"迎接八方宾客，并开发配套了奥运题材系列产品，如 2008 奥运光冰箱、2008 奥运风空调等，成功领衔中标多个奥运场馆。在无形服务方面，从海尔中央空调的 13 次奥运服务特色测试赛到奥运场馆的差异化服务方案设计，海尔发挥了公司一贯的注重细节、追求卓越的服务优势，得到了奥组委以及世界许多国家运动员的肯定。总之，海尔这一系列的产品与服务的提供，大大增强了与消费者的互动，让大众切身体会到作为"奥运主人"所享受到的奥运级待遇和享受，并以此向世界表明了中国品牌的实力。

3. 渠道优势打造品牌差异化

张瑞敏曾在国内家电竞争进入白热化的阶段提出了"渠道为王"的理念，因此在借势奥运方面，海尔对渠道和终端给予了强烈的关注和投入，也大大提高了品牌的竞争力。奥运期间，海尔在全国 50 个工贸公司的 10 000 多个卖场中设立 500 多个奥运产品专区，让消费者既能感受到海尔的奥运气息，同时又能随时随地购买到奥运级别的海尔产品，可谓一举两得；此外，海尔所有终端卖场的展台布置都契合奥运主旋律，旨在通过终端对奥运精神的弘扬和宣传，将自己完全与竞争对手区别开来，真正体现了作为奥运伙伴的内涵所在。让消费者在购买海尔产品的同时也获得作为奥运主人的心理满足，从而形成了品牌的差异化竞争优势。

4. 公关活动传播品牌价值

2007 年 2 月 16 日，海尔与央视联手启动了"CCTV 海尔奥运城市行"大型选拔活动，主旨在于通过举办富有当地城市特色的奥运主题活动吸引众多百姓参与，选拔出这个城市的"生活奥运冠军"，随中央电视台一起，奔赴全球曾经举办过奥运会的城市进行交流，目的是向全球传播北京奥运理念，弘扬奥运精神。之后，海尔又构建了奥运希望工程和"海尔奥运希望小学计划"，旨在通过奥运精神关爱贫困儿童。此外，海尔还启动了"海尔金牌家庭总动员"的活动，让大众以家庭为单位都能够体验到奥运的魅力。通过上述一系列的公益宣传和赞助活动，使海尔在履行企业社会责任的同时扩大了公众对品牌的认知度和认同感，传播了更为深厚的品牌价值。

5. 广告与销售促进进一步拉近与顾客的关系

从 2007 年开始，海尔通过一系列促销手段加深了与消费者的关系。2007 年 8 月，在奥运倒计时一周年之际，海尔开启"奥运主人"计划，与央视携手推出 "2008 我们是奥运的主人"公益广告，旨在进一步传播奥运主题，使奥运精神和海尔品牌联系在一起。2008 年 6 月，海尔又推出买投影机送数码相机的大型促销活动，目的是让消费者切实感受奥运的激情，随时记录奥运的每一个精彩瞬间。此外，2008 年 8 月，海尔整体厨房在全国发起了"奥运缤纷家"大型活动，为热情的人们提供了另外一种为奥运加油助威的方式，以赠品、折扣、奥运礼金等多种形式回馈广大消费者。

6. 网络营销加深与消费者的沟通

在海尔的奥运营销战略中，"水泥加鼠标"的营销方式使海尔与消费者的沟通更加自如。除去以上传统营销方式，网络营销发挥了很大的作用。海尔的官网专门设立了"海尔与奥运"的频道，发布海尔参与奥运的新闻，同时也配合各种公益活动进行宣传，大大增加了点击量。海尔通过如"我的奥运之家""奥运我记录""奥运我参与""奥运我祝福"等，向网友介绍了海尔奥运系列产品，同时也鼓励大家积极参与奥运，发动网友以博客、图片、视频等方式讲述每个人参与奥运的故事。

就这样，海尔通过一系列的消费者参与活动，借助奥运宣传的背景，与消费者广泛地互动，既融入了海尔赞助奥运会的元素，同时也调动了消费者对奥运的热情，更为重要的是，海尔仔细地整合了这么多不同的媒体手段来创造了一个统一的品牌个性——与奥运精神高度契合的"挑战自我、追求更强"的卓越品质，不论是借助事件营销、传统媒体还是现代网络，每一个为消费者传递的信息都围绕着奥运这个大舞台表达出相同的海尔风格，成功地让自己所有的沟通努力组合成协调一致的营销计划，体现了整合营销传播的精髓。

资料来源：

（1）祁天极. 海尔：奥运营销经典战始末[J]. 2008（21）：86-89.

（2）http://www.haier.cn.

（3）网络时代的海尔营销. 2008-12-08，http://info.china.alibaba.com/detail/1003584514.html.

由编者加工整理。

在现代市场营销活动中，确定目标市场、开发消费者需要的产品、决定产品价格、选择销售渠道，这些活动仅仅是市场营销活动的一部分。由于行业、企业、产品的快速发展，市场供求、竞争的复杂多变，生产者与消费者或用户之间的信息沟通对于企业的发展越来越显示出关键的作用。生产者必须不断地收集需求信息才能为市场提供适销对路的商品。同时，营销者也必须不断地向消费者或用户传递商品信息，影响人们的购买行为，从而扩大商品销售，提高市场竞争能力。因此，对一个公司而言，不仅要创造优质产品，还必须告诉消费者产品的优点并精心地将产品定位在消费者的心中。为达到上述目的，必须巧妙运用广告、销售促进和公共关系之类的大众传播工具。同时，还必须与现有和潜在的顾客进行有效沟通，而这种沟通必须组合成协调一致的沟通计划——即整合营销传播的过程。

11.1　促销与促销组合

11.1.1　促销的概念及方式

1. 促销的概念

促销（promotion）是指营销者将有关企业及产品的信息通过各种方式传递给消费者和用户，促进其了解、信赖并购买本企业的产品，以达到扩大销售的目的。因此，促销的实质是营销者与现实购买者和潜在购买者之间的信息沟通。

2. 促销活动的重要作用

促销活动是市场营销组合的重要组成部分之一，对企业的整体营销活动具有重要作用。具体表现为以下几方面：

（1）提供信息。在产品正式进入市场之前，企业必须把有关产品的信息情报传递给目标市场的消费者、用户和中间商，引起他们的注意，缩短收集、比较的时间，减少顾客总成本，增加顾客让渡价值，为广辟多种销路创造条件。

（2）刺激需求。企业不论采取什么促销方式，都应力求激发起潜在顾客的购买欲望，引发他们的购买行为。有效的促销活动不仅可以诱导和激发需求，在一定条件下还可以创造需求，从而使需求朝着有利于企业产品销售的方向发展。当产品处于低需求时，可以扩大需求；当需求衰退时，促销活动可以吸引更多的新用户，保持一定的销售势头。

（3）突出特点。在同类产品竞争激烈的情况下，许多产品只有细微的差别，即使差别很大的新产品，在刚入市时，消费者也难以了解其特点。通过促销活动，大力宣传本企业产品较竞争企业产品的不同特点及给消费者或用户所带来的特殊利益，在市场上树立企业产品的良好形象，因此，促销又是企业进行市场竞争的一项重要手段。

（4）稳定销售。在激烈的市场竞争中，由于各种原因可能使企业的销售额出现大起大落。企业通过有针对性的促销活动，让更多的消费者加深对本企业产品的偏爱，从而稳定、扩大企业的市场份额，巩固市场地位。

3. 促销的基本方式

促销的基本方式可分为人员推销（personal selling）和非人员推销（nonpersonal selling）两大类。其中非人员推销又包括广告促销（advertising promotion）、销售促进（sales promotion，营业推广）、公共关系（public relations）和直接营销（direct marketing）等多种方式。

11.1.2　促销组合策略

1. 促销组合

如上所述，市场营销活动中的促销方式主要有广告促销、人员推销、销售促进（营业推广）、公共关系（宣传）和直接营销等。促销组合（promotion mix）也称营销沟通组合（marketing communicaton mix），就是企业把上述几种方式有目的、有计划地组合在一起，巧妙运用，以求达到最佳的促销效果（见表 11-1）。在开篇案例中，海尔的奥运营销正是把几种促销方式围绕奥运精神组合起来，最终达到了理想的促销效果。

表 11-1　常用促销（沟通）组合及其手段

广告促销	人员推销	销售促进	公共关系	直接营销
电视广告 电台和报刊广告 电影广告 宣传册子 邮寄品 招贴 路牌和霓虹灯 标记和标志 pop 广告 包装广告	上门服务 销售会议 咨询活动	有奖销售 折价券 赠品 折扣 购买折让 商品推广津贴 红利 竞赛	报刊评论 研讨会 捐赠 赞助 公共宣传	直邮营销 商品目录营销 电话营销 电视直销 网络营销（网上站点营销、移动营销、社会化媒体营销等）

2. 促销组合的构成

促销组合有广义和狭义之分。

（1）广义：广义的促销组合包括市场营销组合中的各种因素，如产品的式样、包装的颜色与外观、价格等。

（2）狭义：狭义的促销组合只包括具有沟通性质的促销工具，如广告、包装、展销会、现场陈列、销售辅助物（目录、说明书等）、劝诱工具（竞赛、赠品券、赠奖、赠送样品等）、公共关系等。

这里需要强调的是，传统的促销组合，即广告促销、人员推销、公共关系和营业推广几种大众促销手段的组合，由于营销环境的快速变化，这些大众的促销手段已导致营销效果不断下降，促进了直接营销（direct marketing，或称直复营销）。

为了达成有效的沟通，厂商大量采用人员推销、广告、销售促进、公关关系等大众促销手段，并投入大量的促销费用。但是，随着销售场所越来越多，大众广告传播媒体的费用越来越高，消费者对各种销售促进方式以及大众传媒广告的兴趣日益减小。高昂的营销成本继续上升的同时，销售促进与大众传媒广告的效果却日渐降低，表现出来的便是促销信息传播效果越来越低，从而导致对销售效果的影响。如何在降低营销成本的同时，又能促进销售，强化消费者对品牌的认知，进而培养消费者的品牌忠诚，达到让消费者重复购买的目的，成为厂商们亟须解决的问题。在这种背景下，直接营销这种通过特殊媒体和消费者数据库进行一对一的直接回应的互动沟通方式便应运而生，它与其他传统促销方式相比有着明显优势。采用直接营销方式不仅将人员推销、广告、销售促进等促销手段集于一体，节省了大量的营销费用，而且还能通过被叫集中付费的"800"或"400"电话、消费者电子邮件、有线电视、电话、信函等手段与每一个潜在消费者进行直接的沟通，并通过直接回复反映建立起消费者数据资料库。更为重要的是，通过上述活动的循环往复，厂商可以逐渐与消费者建立长期稳定的营销关系，知道消费者的实际需要、品牌偏好、购买频率，从而可在消费者需要的时候将其需要的产品和服务直接送达消费者手中。

从全球范围看，信息高速公路时代的来临，无疑会促进信息技术的发展和广泛应用。

可以预见的是：随着电话、电脑与光纤有线电视的逐步升级，以像、声、文、图的整数显流为基础，具有电视、音响、打字机和电话等多种媒体功能的互动媒体网络已经得到广泛的应用，这就把以信息技术互动媒体为手段的直接营销的发展带入更为灿烂的新天地。直接营销作为一种新型的兼具促销与渠道功能的现代营销方式，具有目标市场层面上的选择性、沟通对象的个别性、沟通过程的连续性、沟通效果的可测试性等优点，必将随着现代社会的发展和市场竞争的加剧日益显现其巨大的营销意义。国内外学术界不仅将其视为市场推广方面的"新科技"，而且更将其誉为"跨世纪的营销理论与方法"。所以我们认为，传统的促销四组合已不适应新形势的需要，应补充为促销五组合。

3. 常见的促销组合策略

营销大师科特勒认为，营销人员可以选择两种基本的促销组合策略——"拉引策略"（pull strategy）与"推动策略"（push strategy）。这两种策略对特定促销工具的相对重视程度不同。

1）拉引策略

拉引策略是指生产商为唤起顾客的需求，主要利用广告与公共关系宣传等手段，极力向消费者介绍商品及企业，使他们产生兴趣，吸引、诱导他们来购买。由于消费者到零售店指名购买，促使零售商向批发商询问订货，批发商再到生产厂家订货。这个策略表明生产商的营销努力针对最终消费者，引导他们购买产品，因而对卖方比较有利，在销售时具有主动性。但前期的广告投入较高，其风险性较大。运用此策略应具备的条件是：消费品的商标知名度较高，有传播力强的广告媒体，零售商有足够的库存并能提供良好的货位，如图 11-1 所示。

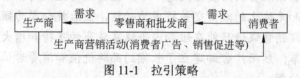

图 11-1　拉引策略

2）推动策略

推动策略是指生产商运用人员推销手段和销售促进手段，将产品由生产企业向批发企业推销，再由批发企业向零售商推销，最后再由零售商向消费者推销。这是一种较为传统的促销策略。这种策略表明生产商的营销努力针对渠道成员，引导他们持有产品并推销给最终消费者，因而对买方较为有利。此策略使用的条件是：推销员必须具有一定的专业知识和实际销售经验，对中间商或零售商适当让利以求得他们的协助，适用于生产资料和部分选择性强的耐用消费品，如图 11-2 所示。

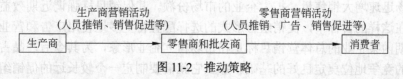

图 11-2　推动策略

大多数的大公司使用上述两种策略的组合。例如，卡夫公司（Kraft）采用大众媒体广告来拉动产品，同时也使用大型销售队伍和销售促进来推动产品在渠道中流动。近年来，消费品公司逐渐减少了促销组合中的"拉引"部分，而加强了对"推动"的投入。这种趋势的产生原因是什么？它会导致什么样的后果？（见例 11-1）

【例 11-1】

拉引策略和推动策略——哪一个更适合于消费品公司？

作为一名顾客，当你需要添置新的洗涤和护肤用品时，你在周末来到了某大型超市。你一直是宝洁公司较为忠诚的顾客，飘柔、舒肤佳和汰渍的品质令你信赖，特别是新上市的电视广告促销更令你毫不犹豫地打算选择宝洁的产品。然而刚刚进入超市，各种大型现场促销、优惠打折活动立刻吸引了你的眼球。这之中也包括几款洗涤和护肤用品，虽然它们的牌子好像没有听说过，可是价格却很合适，比如某个品牌的洗发水标价不仅要比飘柔低，而且买二赠一，正当你有些动心时，推销人员适时过来向你介绍这种品牌洗发水的特点，告诉你新品上市正做促销、谁买谁合适等。终于，在一番眼花缭乱的优惠活动诱惑下，你抱着几款新的洗护产品走出了超市，而放弃了宝洁的产品，你边走边想："为什么飘柔不做这样的促销呢？否则我一定不会选择新的品牌。"

像卡夫、宝洁这样的大型消费品公司主要使用拉引策略成为世界百强，它们通过大量的电视广告形成差异化产品，获得市场份额，并且建立品牌价值和顾客忠诚。然而对于观众来说，也许坐在电视机旁欣赏飘柔经典广告的时刻会越来越少了，原因很明显，超市的遭遇告诉了这些消费品公司，推动化的促销组合策略似乎更能影响消费者的决策，与其把钱投在电视广告上，不如做个现场促销见效更快。目前，消费品公司中一般的销售促进占到了整个营销支出的50%以上，越来越多的公司从拉引策略转向了推动策略。

站在一名专业营销人员的角度你设想一下，这样频繁地使用推动策略的后果会是什么？激烈的价格战和无休止的减价交易将成为必然，最后就会因为短期利益而影响品牌的未来。必须明确，销售促进只能在短期内争取零售商的支持和增大销量，就如同我们在超市看到的那一幕；然而广告却建立了长期的品牌价值和消费者偏好，得到的是长期的顾客忠诚和市场份额。

资料来源：菲利普·科特勒，加里·阿姆斯特朗. 市场营销原理. 11版. 郭国庆，钱明辉，陈栋，等，译.北京：清华大学出版社，2007：395-396.

4. 影响促销组合策略的因素

企业在选择不同的促销组合策略时应考虑以下因素的影响。

1）促销目标

企业在不同时期及不同的市场环境下所进行的促销活动，都有其特定的促销目标。促销的目标不同，促销组合也就有所差异。如果在一定时期内，某企业整体营销目标是在某一市场迅速增大销售量，扩大企业的市场份额。其促销目标强调近期效益，属于短期目标，在这样的目标下，促销组合形式的选择配置将更多地使用广告和营业推广；而在一定时期内某企业的总体营销目标是在市场树立企业形象，为其今后产品占领市场、赢得有利的竞争地位奠定良好的基础。那么它就需要制定一个较长远的促销组合方案，实现长期目标，宣传报道、建立广泛的公共关系则是非常重要和有效的。

2）市场特点

目标市场的特点是企业选择促销组合策略时应重点考虑的因素之一。一般而言，消费品的市场广阔、用户分散、企业要向众多的消费者传递信息，显然，广告是最为有效、最为迅速的促销方式。反之，对于顾客少而集中的市场，则可以人员推销为主；如目标市场消费者的文化水平较高，经济状况宽裕，则应较多地运用广告和公共关系；反之，则应更多地运用销售促进和人员推销。

3）产品性质

由于产品的性质不同，消费者的购买行为往往存在很大的差异，因而制约着促销组合策略的选择。一般来说，由于消费品购买人数多而分散、购买频率高且产品技术性较简单，标准化程度高，不便采用人员推销，广告具有普遍适用性。工业品的销售，由于产品技术复杂，需要详细解释、说明、示范，以及提供技术咨询、安装服务，且购买人员较少批量集中，多采用人员推销为主的促销方式。

4）产品市场生命周期

产品处在市场寿命的不同阶段，有不同的促销目标，相应也要制定不同的促销组合，实施不同的促销决策。

产品投入阶段，顾客对新产品比较陌生，促销的主要目的是将新产品的信息告诉顾客，使其了解、熟悉该产品，激发顾客的初始需求。在这一阶段，人员推销和广告都很重要，企业可以利用销售人员去寻找、说服中间商经销产品，也可以直接寻找用户介绍产品，鼓励他们试用。而这个阶段的广告则以告知为主。

在产品成长阶段，市场特点已经发生了变化，消费者对产品已逐渐了解，销售量开始迅速上升，这时企业的促销目标应有一个战略性转变，促销重点应从一般的介绍、告知性宣传转而重点宣传企业产品特点，树立品牌，使消费者逐渐形成对企业产品的偏好。这个阶段，广告仍是主要的促销方式，同时可以配合使用人员推销，发展销售渠道，扩大市场占有率。

在产品成熟阶段，产品已全面打开市场，但销售增长速度已不及成长阶段，需求趋向饱和。这时广告的内容应集中宣传本品牌与其他品牌的不同之处，强调产品的附加利益。工业品则主要采用人员推销的办法，保持与中间商的良好关系，防止原有用户被竞争者拉走，稳定并扩大企业产品的销售地位。

产品衰退阶段，新产品已经批量上市，老产品被取代，消费者和用户的兴趣开始转移。这时应削减促销经费，但对老用户保持适当的营业推广开支，配合少量提示性广告。

5）各种促销工具的特点和作用

每种促销方式都有它的长处和短处，企业必须根据不同情况制定科学合理的组合方案。

广告的宣传面广，是一种普及性、高度公开的信息沟通方式，它可通过巧妙地应用印刷艺术、声音和颜色增强公司及产品的表现力，它有利于建立一个产品的长期形象。但由于它是非人员推销，不能直接解决顾客的疑问，因此对于促进实际成交效果不佳。

人员推销是在销售者与消费者之间进行面对面的销售，可以解决顾客的各种疑问，对于促进实际成交效果颇佳。但影响的范围有限，从顾客接触面来讲，是费用最为昂贵的促销工具。

销售促进（营业推广）采取某些让利、诱导或赠送的办法在短期内产生强烈、快速的反应，对于扭转销售下降是非常有效的。但它的影响常常是短期的，对于建立长期的品牌偏好不甚有效。

公关宣传比广告所传递的信息更具可靠性和可信性，其促销的目的更为隐讳，通过与公众建立长期的信任关系，达到稳定客源、稳定成交的目的。由于它是一种不直接的促销方式，因此短期效果不明显，但其长期意义是不可估量的。

如前所述，以上几种促销方式都是针对大众营销而言的，即借助中间商分销产品并且使用标准化的信息瞄准宽泛的市场。随着当前企业所选取的目标市场日益狭窄和一对一营销的发展趋势，越来越多的企业正在采用直接营销。比如，戴尔电脑借助电话或网站与顾客直接互动联系，以此来规划能满足顾客个性化需要的定制体系，从而使购买者直接从戴尔订货，再由戴尔迅速而高效地把新电脑送到他们的家中或办公室里。

6）其他营销因素

促销组合的效果如何，不仅在于各种促销手段本身的配合使用，还取决于产品开发、渠道选择、定价策略等其他营销组合因素的协调状况。即在其他营销策略既定时，促销组合的选择必须与其相适应。

如在利用生产者品牌或销售者品牌或不用品牌的不同情况下，所采用的促销组合策略也是不同的。如使用生产者品牌，生产厂家不但要运用人员推销向中间商推广自己的产品，还要大量采用广告向目标市场的消费者介绍、宣传自己的产品。如果是采用销售者品牌或无品牌，则可主要采用人员推销的方式，因这时的促销对象仅限于直接经销此产品的经销商。

如定价策略，其本身就是一种促销手段。当生产厂家给产品定低价，以此来吸引顾客时，促销产品本身的利润已较低，便无力承担较高的推广费用，这时的促销方式就不可能以大量的广告为主；当生产厂家采用高价策略，带来较高的利润时，即可负担较多的推广费用，大量做广告。

再如分销策略，如果是采取直销式，主要由推销员访问推销，则辅之以少量广告即可；如实行邮购邮寄式，则可通过邮寄商品目录进行宣传；在厂家将商品直接卖给大型零售商店的情况下，则应以广告为主要信息传播方式。

以上诸因素都属于企业所处的外部因素，除此之外，在制定促销组合决策时的促销企业还应考虑内部因素，如企业的财力状况对选择促销方式的影响，如许多中小企业由于财力有限、销售范围不广，往往以人员推销为主，集中力量争取中间商，而辅之以必要的广告。

总之，在充分了解各种促销方式的特点并考虑影响促销组合的各种因素的前提下，将各种促销方式适当搭配，各有侧重，并制定实施的先后顺序、轻重缓急，以求促销费用少，促销效果高。

11.2　整合营销传播

在过去几十年里，大众化营销盛行一时，各种大众媒体工具被广泛应用以支持大众营销策略，比如用单一的广告面对多达千万的消费者。然而，进入21世纪以来，营销人员面临着一些新的营销沟通模式。首先，变化的沟通环境引起了营销人员的重视。大众化营销越来越失去效果，细分市场营销成为营销的新趋势。为了将信息有效传递到细分市场中，营销人员必须善于对各种媒体和促销组合工具巧妙运用；其次，消费者并不能很专业地区分各种信息的来源，各种不同的促销方式——广告、公关、直接营销等所传达的信息一起组成了消费者对公司或产品的认识，如果不同渠道所传达的信息有冲突，就会导致消费者接受的信息混乱，对公司和品牌的定位模糊。

这就迫切需要公司对各种沟通渠道进行整合，促销组合策略因此有了新的变化和发展趋势——这就是现在越来越多的公司所采用的整合营销传播（integrated marketing communication，IMC）的概念。

11.2.1　整合营销传播的内涵

整合营销传播理论的先驱唐·舒尔茨（Don.Shultz）认为，整合营销传播是针对顾客及其他受众而制定、实施、评估品牌传播计划的商业过程。

营销学之父科特勒则强调，整合营销沟通通过将所有的形象与信息结合在一起，在市场上建立一种强有力的品牌认知和顾客关系。也就是说，在各种沟通活动和媒体中，品牌信息和定位应该一致。不论消费者从哪个角度、哪种方式中接触到公司、产品和品牌，每一次的接触都应传达给消费者清晰一致的正面信息（见图 11-3）。良好有效的整合营销传播可以产生更好的沟通一致性和更为显著的销售影响，会对消费者产生深远的影响。

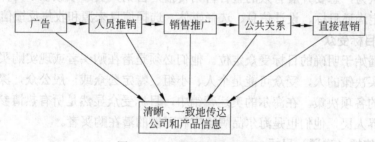

图 11-3　整合营销传播/沟通

为了有效地执行整合营销传播，很多公司指定了专人（如营销沟通总监）对公司所有的沟通活动负责。在开篇案例中，海尔集团作为 2008 北京奥运会唯一的白电赞助商，为了成功进行奥运营销、提升品牌形象，高层方面高度重视，专门成立了奥运营销部，由集团品牌营销部部长张鹏担任总经理。海尔奥运营销部对内负责各个产品线优势资源的整合以及与奥运的对接，对外整合传播海尔奥运形象。这样一来，海尔把协调诸多活动来建立一致的公司形象的责任划归专人负责，形成了一个总的营销沟通策略，可谓用心良苦。果然，有付出必定会有收获，在案例中我们可以看到，由于品牌的光环和奥运非凡的意义，海尔不但成功地打造了自己的奥运新形象，让世界更加广泛深入地了解了海尔，也积累了整合国际大事件资源的经验，同时落到实处的是海尔业绩的提升和份额的扩大。

应注意的是，构成整合营销传播有两个必备条件：一是企业使用多种多样的传播手段；二是对这些手段进行整合。只有同时满足这两个条件，才能形成整合营销传播。

11.2.2　整合营销传播的四个层次和实施阶段

唐·舒尔茨概括了整合营销传播必经的四个阶段。

（1）战术性协调。企业的整合营销传播活动起始于协调。通常，需要制定品牌管理计划，确定拟发布的与品牌有关的信息，并在各方面整合广告信息，力求在多媒介、多维度的传播过程中形成协同效应。

（2）重新界定营销传播范围。这一阶段，企业致力于更加广泛的传播活动，而不仅限于传统的促销活动，如广告、销售促进等。这些传播活动范围更广，既包括针对企业内部雇员、销售人员的对内营销，也包括针对营销中介、业务伙伴、最终顾客的对外营销。

（3）信息技术的应用。这一阶段，企业开始利用信息技术来整合过去使用过的各种营销传播形式。例如，借助数据库技术等研究顾客态度和行为数据上的差异，即从大众营销方法转换到通过辨别顾客的独特需要和欲望来确认顾客，进而实施定制化传播。

（4）财务和战略的整合。这一阶段，企业基于对顾客及其市场价值、财务价值及潜在价值的评估，实施财务和战略的整合，而不是简单地基于公司所想要达到的目标。以可评估的投资回报率为基础，进行营销传播投资。

11.2.3　开展有效整合营销传播的步骤

科特勒认为，想要开展有效的整合营销传播，营销人员必须做以下几件事：明确目标受众、确定沟通目标、设计信息、选择媒体、选择信息来源和收集反馈信息。

1. 明确目标受众

营销传播始于明确的目标受众定位。他们必须是潜在购买者或现实购买者，是做决策或影响购买决策的人，受众可能是个人、小组、特定公众或一般公众，深刻影响着营销传播人员的各项决策。在海尔的奥运营销中，目标受众显然是所有热情参与奥运的中国同胞和世界人民，他们也是海尔品牌现实和可能的潜在购买者。

2. 确定传播（沟通）目标

一旦明确了目标受众，营销沟通人员必须确定所希望的反应，这也是沟通的目标所在。很多时候，这种最终的反应就是购买行为。比如海尔在奥运期间研发的奥运级产品如中央空调、热水器等都成功中标奥运大型场馆，为其带来可观盈利。此外，目标受众的反应也可能包括其他，这同样也是营销人员所确定的沟通目标。海尔在奥运整合营销传播的过程中，一开始借助事件营销如"申奥成功"在央视打出祝贺广告，其沟通目标并不是要广大消费者购买产品，而是要消费者将申奥成功的象征意义和海尔联系起来，提升品牌价值。显然，海尔当夜的热线被消费者打爆的反应正是此次沟通的目标所在。

3. 设计信息

一旦确定了所希望的受众反应，营销沟通人员就应着手设计有效的信息。科特勒认为，理想的信息应当能够引起注意（attention），维持兴趣（interest），激发欲望（desire），并促成行为（action），这就是所谓的 AIDA 模式。对于海尔来说，利用公共关系来设计有效的信息并传达给消费者显然是成功的。为了让更多的普通人能够体验奥运精神，海尔开展了一系列的公益宣传活动（见开篇案例），引起了普通民众的广泛关注，并使他们有兴趣和欲望积极参与，如海尔奥运城市行等，最终达到了扩大公众对其品牌认知度和认同感的目标。

4. 选择媒体

接下来，沟通人员必须选择传播的渠道。从广义上讲，传播渠道（communication channel）可分为两大类——人员传播渠道与非人员传播渠道。

（1）人员传播渠道（personal communication channel）。它是指两人或更多的人彼此直接沟通，可能面对面谈话、打电话、通信甚至在网上聊天。这种方式可以创造人际关系，并产生反馈。人员传播对价格昂贵、有风险的产品最为有效，如汽车和主要电器的购买者通常偏向征求专业人士的意见。

比如一种口碑营销（word-of-mouth influence），这种人员沟通是通过非公司直接控制的渠道来接触购买者。可能包括独立的专家（如消费者权益保护组织、购物指导等）提出购买意见，也可能是邻居、朋友、家庭成员和同事等与购买者进行沟通。除此之外，蜂鸣营销（buzz marketing）也是传递信息的新形式，它是指公司培养意见带头人，利用其被追随的特性将关于产品和服务的信息传播给群体中的其他人。

（2）非人员传播渠道（nonpersonal communication channel）。它是指不通过人员接触或反馈传达信息的途径，包括媒体（media）、气氛（ambiance）和特殊事件（special event）。主要媒体包括印刷媒体、广播媒体、展示媒体和在线媒体。气氛指特意营造的环境，以产生或强化购买者购买某种产品的倾向。事件是通过策划活动来与目标受众沟通信息。海尔的奥运营销主要运用的就是非人员传播渠道。

5. 选择信息来源

在人员和非人员传播中，信息对目标受众的效果受信息来源的影响很大，来源可靠的信息总是更具说服力。因此，许多公司可能会聘请名人作为代言人来传达信息。对于海尔来说，在信息的来源方面却与众不同，一直坚持以企业的产品作为最好的代言。向消费者提起海尔，首先联想到的是宇航变频冰箱、不用洗衣粉洗衣机、奥运风空调、"防电墙"热水器……这些都表明，海尔期望通过为消费者带来实实在在的产品体验，为消费者提供真诚的服务，而不是借助名人效应替身企业的品牌影响。从企业的长远来讲，这样做不仅能加强产品本身的吸引力，为品牌形象提升打好内在基础，同时能避免名人带来的不确定因素影响，也保证了信息来源的可靠性。

6. 收集反馈信息

信息传递出去之后，营销沟通人员必须调查它对目标受众的影响。这包括询问目标受众是否记得该信息，看过多少次，还记得哪些要点，对信息的观感如何，以及过去和目前对产品和公司的态度等。同时，沟通人员也希望从信息的实际效果——有多少人购买了产品、与他人交换该产品的意见、前往相关商店——来衡量其有效性。如果反馈结果不理想，就意味着可能要改变原有的促销计划甚至是产品本身。海尔中央空调的奥运营销反馈效果十分理想，比如海尔中央空调是中标奥运项目最多的品牌，达到 20 个；近80%的奥运场馆选择了海尔全变多联中央空调，累计中标额高达 3 000 万元，是北京奥运场馆中央空调配套设备中多联机产品中标额最高的品牌；海尔中央空调奥运营销的成功也极大地带动了海外市场部的增长，2008 年上半年，欧洲市场同比增长 56%，已经超过 2007 年全年的销售总额。

11.2.4　整合营销传播与传统营销的区别

整合营销传播 IMC 的核心思想是将与企业进行市场营销有关的一切传播活动一元化，类似于现代战争，它围绕基本促销目标，将一切促销工具与活动一体化，打一场总体战。如同现代战争中将空军（广告）、战略导弹（有冲击力的社会公关活动）、地面部队（现场促销与直销）、基本武器（产品与包装）等一切消费者能够感受到的武器整合为一体，使企业的价值形象与信息以最快的时间传达给消费者。

因此，整合营销传播与传统营销中"以产品为中心"相比，更强调"以客户为中心"，它强调和客户多渠道沟通，建立起品牌关系。与传统营销 4P（产品、价格、渠道、促销）相比，整合营销传播理论强调的是 4C（顾客、成本、便利和沟通）。

11.3　广　告　策　略

11.3.1　广告的概念及其职能

1. 广告的概念

广告（advertising）一词拉丁语的原意是"诱导"。在现代汉语中，广告顾名思义是广而告之的意思。由于广告能同时将信息传递给成千上万的消费者，因而在促销的各种活动方式中，广告的使用最为广泛。广告是指广告主以付费的方式，有计划地通过媒体向所选定的消费对象宣传有关商品或劳务的优点和特色，唤起消费者注意，说服消费者购买使用的促销方式。

2. 广告的特征

（1）要支付一定的费用。正因如此许多企业都试图借用出版物中新闻报道的机会或电影舞台的方式来推广自己的产品，从而节省广告开支。

（2）它是企业与大众之间的传播行为，并非个人之间的传播行为。

（3）它属于非人员推销方式，要借助一定的传播媒体进行。

（4）它必须有特定的对象。即广告宣传是有针对性的，是根据产品销售对象进行的。

（5）它必须有明确的主题内容。要针对目标市场的需求，有效传达整体产品的概念，并突出产品为消费者带来的特殊利益。

（6）要注明广告主。在广告中注明广告主，这有利于消费者和用户的购买，也有利于解决经济纠纷。

3. 广告的功能

（1）显露功能。广告传递的主要是商品信息，是沟通企业、经营者和消费者三者之间的桥梁，因此首先具有诉求和表达的内涵，能够表现出商品的使用价值。

（2）认知功能。广告能有效地促进产品销售，提高企业及产品品牌的知名度，从而促使消费者接受和认同产品。

（3）激发功能。广告能够成功地引起消费者的注意，诱发和刺激消费者的兴趣与欲望，从而促进消费行为的生成，这也是现代广告的主要心理功能。

（4）引导功能。广告通过提供给消费者所需的企业及商品信息，引导消费观念、说服消费者购买，因此广告可以说是现代消费决策的重要组成部分。

（5）艺术与教育功能。广告还是一种特殊的精神产品，好的广告具备一定的审美价值，在一定程度上满足消费者的审美需要，从而能够美化社会环境，丰富人们的文化生活，推动社会精神文明的进步。

11.3.2　广告的分类

广告具有多种多样的形式与内容。对广告进行分类是企业运用广告开展市场营销活动的前提，有助于提高广告的针对性和功效。广告按不同的标准可以有不同的分类。按广告对象划分，可分为消费者广告、工业用户广告、商业批发广告；按广告的目的划分，可分为开发性广告、竞争性广告、提示性广告和提高企业声誉的广告；按广告内容划分，可分为产品广告、企业广告、企业产品广告；按诉求方法划分，又可分为感情广告、理念广告等。

11.3.3　广告的管理过程

广告的管理过程就是企业在总体营销战略的指导下，对企业的广告活动进行一系列的规划和控制的过程。它涵盖了广告策划的全过程，一般包括以下几项内容。

1. 确定广告任务及目标

1）确定广告任务（advertising task）

企业的营销目标不同，广告所承担的任务也不同，即广告任务的确定是围绕着营销目标来进行的，并为实现营销目标服务。如：新产品入市之初，企业营销的目标是向顾客介绍产品，使顾客认识、知道产品，这时的广告在营销中承担着重要的开拓市场的任务；而当产品进入成熟期或衰退期时，广告在营销组合中的作用较导入期有很大的差别，要承担巩固和维持市场的任务。

2）选择广告目标（advertising objective）

广告的最终目标是增加销售量和利润。但企业利润的实现，是企业营销组合战略综合作用的结果，广告只能在其中发挥应有的作用。因此，广告目标概括起来有如下几方面。

（1）以使顾客认识、理解产品为目标。这种广告的目的不仅是让消费者及用户知道企业及企业产品的名称，还要使他们能全面了解企业产品及服务的特点，这种广告又称为"开发性广告"（developmental advertising）。它尤其适用于产品生命周期中的导入期，主要目标是促使顾客对新产品产生初步需求。

（2）以建立需求偏好为目标。这种广告的目的在于：顾客对某一产品已有需求，但还没有形成固有的品牌偏好，可在不同品牌中进行选择。此种广告的目标是劝导顾客购买自己的产品，突出产品特色，形成对本企业产品的特定偏好。以此为目标的广告称作"竞争性广告"（competitive advertising），主要适用于产品的成长期。

（3）以提示购买、保持较高的知名度为目标。这种广告的目的在于提示顾客购买并保持较高的知名度。如：可口可乐已是众所周知的产品，已处于成熟期，广告目的就不再是介绍和劝说人们购买，而是提示人们进行购买。如：提醒人们别忘了购买这种产品的地点，提示人们在近期将会需要这种产品，在淡季提醒人们不要忘记这种产品等。这种广告又叫做"提示性广告"（reminder advertising），主要适用于产品的成熟期和衰退期。

（4）以方便购买、增加销售为目标。这种广告的目的在于为顾客创造方便，并直接增加销售额。它除了对商品做详细介绍外，还附有图示、说明价格、付款方式、购买地点，有时还有广告附表。顾客通过阅读这样的广告，对产品已十分了解，如决定购买，只需填写广告附表即可成交。

科学地选择广告目标，广告管理人员应围绕着广告的中心任务收集整理、分析研究各种资料，如消费者情况、市场情况、媒体情况，并对产品定价、渠道策略加以综合分析，明确广告在配合其他营销策略争取营销整体效果中应起的作用，以及企业产品面临的市场状况，相应地做出选择。

2. 广告设计

广告设计就是把广告目标的要求转换成稿件和图像的工作，以便接受者通过"解读"广告而领会企业要传递的信息。这是一件创造性极强的工作。产品要进入人们的生活，必须经过多方面的考验，广告担负着先于产品实物，以形象的姿态去闯破这一难关的使命。因此，广告能否为消费者所欣赏、理解和接受，直接关系到产品销售的成效。广告设计主要包括：确定广告主题、表现形式的设计、设计策略的选择以及具体的制作等。

1）确定广告主题

广告主题是广告的中心思想，是广告宣传的重点、即"你要对顾客说什么"。没有主题或主题不明确的广告，往往文不达意、杂乱无章，叫人看后不知所云。广告主题要把企业或产品的优异之处融合在其中，明确针对特定消费者的心理，进行构思和选择。

广告是一种心理刺激因素，因而广告主题的开发应沿着消费者心理线索去积极探求。广告决策者要清楚了解和分析顾客对产品的期望是什么？对产品追求的利益是什么？使树立的产品或企业形象适合于消费者。

另一条线索是沿着产品特征去探求。因为产品在外观、质量、性能、安全、服务等方面的特点，恰恰可以提炼成广告主题。企业应善于利用广告来制造差异，宣传自己品牌与竞争品牌的不同之处，达到促进销售的目的。

这里应提及的是：广告主题无论是要根据消费者的心理需求来确定还是根据产品的特征来确定，均应突出产品对买方的利益。由于买方的利益要求是多种多样的，企业在确定广告主题时应考虑以下问题：①目标市场上买方利益的综合情况；②众多所期望的利益中哪种较为重要；③尽量避免采用竞争者已经采用过的广告主题；④一个广告最好只突出一种买主利益，强调一个主题，以增强吸引力，当广告同时宣传几种买主利益时，应分清主次，突出重点；⑤广告应随时间的推移及环境的变化，在不同阶段有计划地强调不同的买主利益。

2）表现形式的设计

广告表现形式是以广告主题为基础，进行广告原稿和视觉形象的创作，包括对文字、颜色、画面、动作、音响等进行综合选择与组织处理，使之成为有独特形象的广告作品。

有了好的广告主题，并不等于产生了诉求力强的广告。好的广告还要取决于表现形式和手法。广告主题是要解决"你要对顾客说些什么"的问题，而广告表现形式的设计则是解决"怎样说"的问题。好的广告主题，如果缺乏好的表现形式，必然削减广告效果。现代广告表现应当看作一件艺术品的创作，要调动一切艺术手段为清晰、具体、真实、形象、生动地传递信息服务。

广告表现的基本手法有两种：直接表现与间接表现。直接表现是一种说理式广告，直接宣传产品的创造性能、质量、特点、服务等，以传播产品知识为主。间接表现则着重以情感人，主要宣传产品或服务带给消费者利益和欲望的满足，以劝诱为主。在一般情况下，前者常常在工业品市场采用，后者常常在消费品市场采用。

广告表现的具体方式多种多样，有代表性的方式主要有：生活片段式、解决问题式、示范式、介绍式、证明式、推荐式、悬疑式、比喻式、人格化、音乐化等形式。

3）广告设计策略的选择

广告设计策略要以企业的总体营销目标和由此规定的广告目标为依据，并为体现广告主题服务。广告设计策略主要包括以下内容。

（1）广告定位策略。广告定位是产品定位理论的应用。定位是针对商品在市场上所处的位置而言的，即一种产品，在众多的竞争产品中，具有什么样的差别化的特征，在消费者的心中居于何等地位。企业总是希望发现和形成商品的独特个性，即竞争产品所不具备的优异之处，以占据有利的市场地位。广告定位就是实现这一目的的有力手段。

具体的广告定位有以下策略可供选择。

功效定位。强调产品的特异功效。如：洁银牙膏突出防治牙周炎，冷酸灵牙膏突出防治由冷热酸甜引起的牙痛等。

品质定位。即强调产品的特殊品质。如：丁基橡胶自行车内胎打一次气可保持三个月。福特汽车的广告词则是"静悄悄的福特"，强调产品噪声小和质量好的特点。

市场定位。即为了强调产品适合哪一类消费者。如山川牌自行车，突出它适合于农村用户使用。

观念定位。即为了改变消费者对某种商品的习惯心理，树立新的商品观念、消费观念的策略。如生产速溶咖啡的厂家为了改变消费者自己煮咖啡的习惯，大力宣传速溶咖啡省时、省力、味道同样好的特点，并强调速溶咖啡"适应现代生活节奏"，这种观念的传播终于改变了西方人传统的消费习惯，使速溶咖啡走进千家万户。

（2）系列化策略。即在一定时期内，广告者连续不断地推出内容相关、风格统一的广告，以增强人们对广告的识别和记忆，提高产品或企业的形象。系列化是现代广告设计中很流行的策略，主要有三种形式。

功能系列化。在基本主题一致的条件下，将产品的若干突出的功能展开成独立的广告，然后顺序地播出或重复。既保证其风格的统一性，又使每则广告内容集中，以增强选择性吸引。

表现形式系列化。即主题只有一个，但采用多种方式对主题进行表达，形成多个广告。这也可称为"改头换面"策略。广告需要重复，才能在顾客心中形成一个固定的概念。但是同一广告过多重复，又会使人们的注意力减弱，甚至产生反感情绪。因此，不同表现形式的广告可增加人们的新鲜感，增强广告的吸引力。

家族系列化。生产多种产品的企业，可以在风格一致，甚至主题一致的前提下，在每则广告中只介绍一种至两种产品，逐步深入，最后合并为一则广告以总结式展现所有产品与企业的实力，并可循环播出。

采用家族系列化策略应当特别注意广告口号、构思、风格的一致性和连贯性，才能确保广告效果集中，形象鲜明突出。

企业在进行广告设计的整体工作过程中，应坚持四个标准：①广告设计要有针对性，针对目标消费者的心理特征、爱好倾向、消费习惯等，主题鲜明、重点突出。②广告设计要有艺术性。艺术贵在创新，广告作为艺术的结晶，应新颖别致、独具一格、具有强烈的艺术感染力，反对粗制滥造或模仿他人。③广告设计要强调真实性。广告的生命力在于真，要实事求是地反映产品的真实面目，内容不能虚伪、欺骗或歪曲，更不能攻击或贬低他人，这样才能取信于顾客。④广告设计要符合国家的道德法律规范。随着我国法制建设的加强，国家已颁布了广告管理的法律、法规，以保证社会主义市场经济的正常运行。企业应自觉用法律标准约束自己，并推出艺术性、思想性完美结合的广告作品，使之对社会精神文明产生积极的影响。

3. 选择广告媒体

企业进行广告宣传，必须选择适当的传播媒体，为此首先应当认识广告媒体的种类及特点（见表11-2）。

表11-2　主要广告媒体的种类及其特点

种　类	优　点	缺　点
电视及电影	形象、生动，可反复播出，覆盖率高	成本高，费用大，竞争者多，选择性差
电台	不受文化水平的限制，传播成本低，对象较为广泛；不受场所的限制，听众可以有所选择	没有视觉上的刺激和形象的影响效果，不易记忆
报纸	读者比较稳定，宣传覆盖率高；传播迅速，反应及时	保存性较差，报纸内容庞杂，易分散注意力
期刊	可自由选择刊登日期，能对产品进行详细说明，制作简单灵活，费用较低	传递信息延迟性较大，读者面有较大的局限性
招贴、路牌广告、交通广告、霓虹灯广告	地理选择性好、持续时间长而且方法灵活，成本较低	针对性较差，信息内容及表达形式有一定的局限性，不能动态化
电子邮件广告	覆盖面广、功能全、成本低、速度快与针对性强	垃圾邮件泛滥、评价电子邮件的广告效果困难
网络广告	传播范围广、覆盖面大、信息发布及时；多媒体技术带来视听震撼效果，锁定目标用户；强大的可交互性；提供更便宜的市场解决方案；可跟踪性	效果难以测试，持续时间短，创意的局限性

1）广告媒体的种类

广告媒体主要有以下四大类。

（1）广播媒体（broadcast media）：包括电影、电视、电台等。电影、电视媒体的主要优点是能把形象声音与动作结合起来，生动灵活，并可反复连续播出，引起顾客的注意。涉及范围广、地理选择性好。缺点是：成本高、费用大、竞争者较多，且缺乏对象可选性。

电台广播广告主要是用语言来吸引听众。主要优点在于：不受文化水平的限制，传播对象较为广泛；成本低；不受场所的限制，听众可以有所选择。它的局限性是：没有视觉上的刺激，不能产生电视、电影那样生动、形象的影响效果，不易记忆，电视的普及使其收听率大大降低。

（2）印刷媒体（printed media）。包括报纸、期刊、邮寄印刷广告等。各种报纸、期刊是最普遍、最有效的传播媒体。报纸广告的最大优越性是读者比较稳定，宣传覆盖率高；传播迅速，反应及时；可自由选择刊登日期，能对产品进行详细说明，制作简单、灵活，费用较低。但也有一定的局限性：保存性较差，报纸内容庞杂，易分散注意力。期刊的优点是：促销对象明确，有的放矢，收益率高，保存率和阅读率也较报纸好，广告画面鲜明、易引人注目。最大的缺点是：传递信息延迟性较大，读者面有较大的局限性。

邮寄印刷广告是广告主将印刷的广告物，诸如商品样品、商品目录、说明书、商品通告函等，直接寄给买主、中间商或代理商。邮寄广告的优点是：广告对象明确、选择性好，传递信息全面、准确，速度较快。局限性是：不易生动，较呆板；传播面也较窄。

（3）展示媒体（exhibition media）。主要是指各种户外广告，诸如：广告招贴、路牌广告、交通广告、霓虹灯广告、公共场所（如体育馆、戏院等）广告。户外广告经常被用作辅助性推广媒体。其优点是：地理选择性好、成本较低、持续时间长，而且方法灵活。缺点是：针对性较差，信息内容及表达形式有一定的局限性，不能动态化，有时还要受法律规定的制约。

（4）在线媒体（on-line media）。随着互联网的高速发展，在线媒体的使用频率越来越高，应用也越来越普遍。在线媒体主要指电子邮件广告（E-mail advertisement）和网络广告（web advertisement）。电子邮件广告也称许可电子邮件，就是企业在推广其产品或服务时，事先征得顾客的许可，通过电子邮件的方式向顾客发送产品、服务和一些促销信息。电子邮件广告一般可分为直邮广告和邮件注脚广告，直邮广告一般采用文本格式或 HTML 格式。文本格式的 E-mail，就是把一段广告性的文字放置在经许可邮件中间，也可以设置一个 URL，链接到广告主公司主页或提供的特定页面，发送给用户；HTML格式的电子邮件广告可以插入图片，它和网页上的网幅广告没什么区别，但兼容性没有文本格式好。邮件注脚广告是在邮件注脚处添加一条广告，链接到广告主公司主页或提供产品和服务的特定页面。电子邮件广告的优势很明显，如覆盖面广、功能全、成本低、速度快与针对性强。但其缺点也十分突出：如垃圾邮件泛滥、评价电子邮件的广告效果困难等。

网络广告是一种新兴的广告形式，起源于 1994 年。网络广告是确定的广告主以付费方式运用互联网媒体对公众进行劝说的一种信息传播活动。网络广告建立在计算机、通信等多种网络技术和多媒体技术之上，其具体操作方式包括注册独立域名，建立公司主页；在热门站点上做横幅广告（banner advertising）等及其链接，并登录各大搜索引擎；在知名 BBS（电子公告板）上发布广告信息，或开设专门论坛等。网络广告的优点：传播范围广、覆盖面大、信息发布及时；利用多媒体技术带来视听震撼效果，还可锁定目标用户进行广告投放；强大的可交互性，从而使消费者能亲身"体验"产品、服务与品牌；网络提供更便宜的市场解决方案；可跟踪性使客户获得完备可靠的数据报告等。缺点：效果难以测试、持续时间短、创意的局限性等。

2）选择广告媒体应考虑的因素

广告主在了解了各种媒体的特点之后，在选择使用时还要考虑以下因素。

（1）产品特点。即产品是工业品还是消费品。一般而言，消费品可选用报纸、广播、电视、广告牌等，易于接近广大消费者的媒体；而工业品则应侧重于专业性杂志、样本、目录等。

（2）目标市场接收媒体的习惯。不同的观众通常会接触特定的媒体。如：体育杂志上所宣传的商品，只有体育爱好者才能看到。宣传中老年用品、妇女用品，可选用中老年杂志、妇女期刊等。

（3）产品销售范围。如果企业的产品是销往全国的，宜在全国性报纸或中央广播电台、电视台做广告；如果产品是销往某一地区的或某一城市的，则可以使用地方性报纸、电台等传播渠道。总之，媒体的覆盖范围要与产品的销售范围相一致。

（4）媒体成本。广告是付费的宣传，因此在选择广告媒体时，必须考虑企业的经济支出能力。要认真分析各种媒体的成本费用情况，并应以广告费用与预计效果相比较。预计效果通常是收看收听广告的人数以及销售效果等。

（5）信息类型。如宣传的信息需要迅速传递，就必须选择电台或电视媒体；而如果广告信息中含有大量的技术资料，则须在专业杂志上做广告。

4. 广告费用预算

广告费用是广告管理的一项重要内容，企业制定广告预算通常采用以下方法。

1）量力而行法

这种方法是根据企业在某一时期能承担的财力来分配广告费用，这往往是新产品引入市场和处于困境的企业被迫采用的方法。这种方法比较简单易行，很多资金有限的中小企业往往采用这种方法。其缺点是广告开支可能受企业财力状况的影响而起伏过大，不利于企业制订长期的市场拓展计划。

2）销售百分比法

销售百分比法即企业按照销售额（销售实绩或预计销售额）或单位产品售价的一定百分比来计算和决定广告开支，这就是说，广告费用是按照一定的比率从销售额中提取的。

这种方法的优点如下。

（1）暗示广告费用将随着企业所能提供的资金量的大小而变化，这可以促使那些注重财务的高级管理人员认识到：企业所有类型的费用支出都与总收入的变动有密切关系。

（2）可促使企业管理人员根据单位广告成本、产品售价和销售利润之间的关系去考虑企业的经营管理问题。

（3）有利于保持竞争的相对稳定，因为只要各竞争企业都默契地同意让其广告预算随着销售额的某一百分比而变动，就可以避免广告战。

使用此方法的不利之处有以下方面。

（1）因果倒置。用已实现的销售额来约定未来销售的广告费用，未必合理。

（2）用此法确定广告预算，实际上是基于可用资金的多少，而不是基于"机会"的发现与利用，因而会失去有利的市场营销机会。

（3）用此法确定广告预算，将导致广告预算随每年的销售波动而增减，从而与广告长期方案相抵触。

（4）此法没能提供这一固定比率或成本的某一比率，而是随意确定一个比率。

（5）此法不是根据不同的产品或不同的地区确定不同的广告预算，而是所有的广告都按同一比率分配预算，造成了不合理的平均主义。

3）竞争均势法

竞争均势法即与竞争者保持大体相同的广告费用。这种方法的好处是：大家保持相近的广告费用，可以避免竞争者之间的"广告战"；同行业中多数竞争对手的广告费用预算是在长期实践中形成的，必有其合理性。缺点是：竞争对手的广告预算不一定合理、有效；本企业与竞争对手之间在市场环境、市场机会、营销目标、商誉等方面总有一定的差异，使用相同的广告预算不一定适合本企业。

采用竞争均势法的前提条件如下。

（1）企业必须能获悉竞争者确定广告预算的可靠信息，只有这样才能随着竞争者的广告预算的升降而调高或调低。

（2）竞争者的广告预算能代表企业所在行业的集体智慧。

（3）维持竞争均势能避免各企业之间的广告战。

但是，事实上上述条件很难具备。这是由于：

（1）企业没有理由相信竞争者所采用的广告预算确定方法比本企业的方法更科学。

（2）各企业的广告信誉、资源、机会与目标并不一定相同，可能会相差甚多，因此某一企业的广告预算不一定值得其他企业效仿。

（3）即使本企业的广告预算与竞争者势均力敌，也不一定能够稳定全行业的广告支出。

4）目标任务法

目标任务法即根据企业的营销目标和广告应承担的任务来规定广告预算。这种方法的优点是：企业首先在营销战略目标下确定广告目标，然后明确为实现目标必须开展的广告工作及所需费用开支。这种方法便于把广告费用与企业的营销目标直接联系起来，具有系统性和逻辑性。缺点是：在某些方面仍有一定的主观性，需要借助上述方法加以修正。

运用这种方法比较科学的程序步骤如下。

（1）明确地确定广告目标。

（2）决定为达到这种目标而必须报告的工作任务。

（3）估算执行工作任务所需的各种费用，这些费用的总和就是计划广告预算。

5. 广告效果的测定

由于广告是费用较高的促销活动，因此广告管理还应包括对广告的效果测试（copy testing）。对广告效果的评估主要有两个方面：一是对广告信息传递效果的评估；二是对广告对商品销售影响的评估。

1）对广告信息传递效果的评估

对广告信息传递效果的评估就是对广告在消费者或用户中造成影响的程度的测试，可分为广告前的评估和广告后的评估。

（1）广告前的信息传递效果评估。广告前的信息传递效果评估是对广告效果的预测，是指在正式做广告前，将制成的广告样本先在目标顾客及有关专家等人群中进行测试，收集和观察其反应，从而检验其效果。它可分为三种方法：

第一种方法是直接评估法。即邀请一些目标消费者或用户、有关专家，对几种制作好的广告方案评头论足，进行直接分析评价，评估的具体指标有广告吸引注意力的强度、易懂易理解的程度、情绪感染力等。通过评估来确定所要推出的广告方案。

第二种方法是样稿测试。就是邀请一些目标顾客、有关专家，发给他们广告的样稿，请他们阅读，然后，让他们回忆所看过的内容，选择回忆率高的方案推出。

第三种方法是实验室测试。就是通过被测对象的生理反应来评估一下广告的可能效果。如：利用各种仪器，测量被测对象接触广告后心跳、血压、眼神等方面的变化。但是，这种方法只能了解被测试对象对广告注意力和情绪反应的情况，并不能直接反映广告的效果。

（2）广告后的信息传递效果评估。广告后的信息传递效果评估是指对广告呈现于目标市场之后所产生的实际影响的评估。这种评估有两种方法：

第一种方法是回忆测试。即企业在实际发出某一广告后，邀请一些看过广告的人，请他们回忆能记忆的广告内容，从而得出该广告吸引人注意力的强度和使人记忆广告内容的难易程度等结果。

第二种方法是认识程度测试。就是先用抽样的方法抽取某一特定广告的接触者作为测试的对象，进行抽样测试，层层深入观察被测试对象对广告的认识程度。

2）对广告对商品销售影响的评估

即测定广告前后销售额变化的程度，具体方法有两种：

（1）相关统计分析法。即运用统计的方法观察广告前后销售额的变化情况，从而确定广告对商品销售的影响程度。

（2）实验法。通过改变广告在不同地区或同一地区不同时间的投入量来评价广告的效果，这种方法又可分为分组试验和间歇试验。

分组试验是将企业的市场分成若干个区域，在这些区域中，有的使用广告，有的不使用广告；有的多使用广告，有的少使用广告，从而找出广告与商品销售额之间的关系。

间歇试验是企业在市场的某个区域中进行试验，有时对试验区域使用广告，有时则不使用广告；有时多用广告，有时又少用广告。分析在该区域内广告对商品销售的影响，从而测定出广告对商品销售的作用。

（3）广告注意率调查法。即可邀请一些目标顾客，向他们了解是否见到或听到过这一广告，统计收看率和收听率，为调整广告的播放频率提供依据。

在我国，由于企业做广告必须通过广告公司进行代理，因此广告管理只进行三项内容的决策：一是确定广告任务和目标。二是选择广告代理商。衡量一个广告公司的素质和市场竞争能力可以从以下几方面入手：资信、人才、业务管理、责任感、媒介知识、职业道德、创造能力、行政管理能力。三是广告费用预算。

11.4　人　员　推　销

11.4.1　人员推销的概念和特点

1. 人员推销的概念

人员推销是指由企业派出推销人员（salesperson）或委派专职推销机构向目标市场的顾客介绍和销售商品的经营活动，是一种应用十分普遍而又十分古老的促销方式。

2. 人员推销的特点

（1）当面洽谈，方式灵活。推销人员可以和顾客直接接触当面洽谈，根据不同潜在顾客或用户的需求和购买心理，有针对性地进行推销；并可立刻获知顾客的反应，据此及时调整自己的推销策略和方法，解答顾客的疑问，使买主产生信任感，并可担负其他营销功能。如装配、维修、调查顾客反应。

（2）有的放矢，成功率高。在推销活动开始之前，可以选择具有较大购买可能的顾客进行推销，避免盲目、泛泛地进行推销；还可事先对未来顾客做一番研究，拟定具体的推销方法、推销策略等，以提高推销的成功率。

（3）建立友谊，培养关系。这是人员推销的一个突出特点。它可以把企业与用户的关系从纯粹的买卖关系培养成朋友关系，彼此建立友谊，相互信任、理解，这种感情有助于推销工作的展开，实际上起到了公共关系的作用。

（4）激发兴趣，促进成交。通过推销员良好的推销工作，可以激发顾客的购买兴趣，并促使其立即采取购买行为。从而缩短了了解信息与实际购买之间的距离。

正是由于人员推销具有上述特点，它与广告构成了互为补充的最重要的两大促销方式。

3. 采用条件

人员推销是一种极为昂贵的促销方式。据一些国外公司统计，人员推销的开支约占销售总额的 8%～15%，而广告费用平均只占 1%～3%。人员推销固然有效，但它又受到各种条件的限制。企业在决定是否采用人员推销方式时应考虑以下因素：

（1）市场密集度大小。人员推销对顾客高度集中的地区是很有效的，而对买主分散的市场，显然不宜采用这种方法。

（2）购买批量大小。通过人员推销能获得多大的购买量，是企业决定是否采用人员推销的经济可行性标准。

（3）产品类型。如果是工业用品，技术性强，需要详细地讲解、示范、签订购买合同，人员推销可扮演重要角色。消费品中属一般标准化的产品，如用人员推销，反而增加了费用开支。

（4）服务的必要性。工业品对商品的服务要求较多，某些高档耐用消费品也需要一定程度的服务，利用人员推销可解决这些问题。

（5）公开表演的必要性。有些产品，如果不公开表演，当场操作使用，展示效果，顾客就很难了解其特点及性能，不容易产生购买欲望，在这种情况下，应用人员推销是非常必要的。

11.4.2 人员推销的任务及工作程序

1. 人员推销的工作任务

（1）开拓市场。开拓市场是推销员担负的重要任务，推销员不仅要千方百计巩固和老用户的关系，还要善于发现和培养潜在用户，使企业的新用户能够源源不断地增加。

（2）传递信息。推销人员要把企业和产品等各方面的信息及时传达给顾客，与他们保持经常的联系，为推销产品打下基础。

（3）推销产品。这是推销员的最基本职责。推销员要善于接触消费者，运用灵活的推销技巧向顾客推荐产品，解答顾客的问题，以促进交易的实现。

（4）提供服务。向用户提供各方面的服务也是推销员义不容辞的责任。如向用户提供咨询和技术协助，帮助解决财务问题，并及时办理交货等。

（5）协调分配，推销员要协调好供需关系，特别是在货源不足的情况下，要尽可能合理安排有限的货源，并向用户做好解释工作，以巩固同交易方的业务往来和友好关系。

（6）收集信息。推销员要及时了解市场的变化和顾客对商品的反应，为管理者做出决策提供有价值的信息，因此，收集情报、信息反馈是推销员一项重要任务。有些企业还要求推销员定期写出市场情况的报告书。

2. 人员推销的工作程序

为了完成推销任务，推销人员必须遵循一定的工作程序，通常包括以下步骤（见图 11-4）。

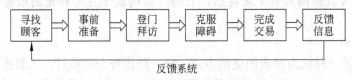

图 11-4　人员推销的工作程序

1）寻找顾客

推销人员首先要善于寻找产品的购买者，包括有支付能力的现实购买者及未来可能成为企业产品购买者的潜在消费者及用户。减少推销的盲目性，提高成交率。

推销人员寻找顾客可以采用逐户访问法、连锁介绍法、中心开花法、个人观察法、委托助手法、广告开拓法、竞争插足法、资料查阅法、参加会议法、市场咨询法等。

2）事前准备

推销人员在找到推销对象，着手进行推销工作之前，应进行充分的准备。包括针对买主的需求收集有关产品资料、各种信息情报，并编制销售计划方案，准备好样品、说明材料以及应变语言等。

3）登门拜访

这是推销员与潜在顾客正式接触的过程。在这一过程中，推销员在描述产品性质和特点时，必须使自己的表述充分吸引顾客的注意力，然后再针对产品本身的特点及能给顾客带来的利益进行说服与解释。还要特别注意倾听对方的发言，以判断买主的真实意图。

4）克服障碍

购买者在听取产品介绍后，可能提出一些异议，如怀疑产品的价值、不喜欢交易的条件或价格、对企业或产品缺乏信心等。推销员应有巧妙的语言能力并提供有说服力的论据，如产品详细介绍等，说服顾客，克服障碍，以达到预期的销售目标。

5）完成交易

人员推销工作的重要环节是促使顾客采取购买行动，这也是推销工作最困难的阶段。推销员在认为时机成熟时，应抓住有利时机，提出建议性问题，或者提供价格优惠，或者提供便利的服务，或者归纳销售的重点，以促使顾客做出购买决策。

6）反馈信息

产品销售后，并不意味着整个推销过程的终止，如果推销员希望确保顾客满意并重复购买，就必须对顾客进行"跟踪"，搜集顾客对于产品的改进意见，及时向有关部门反映，以调整营销措施，并帮助顾客解决使用中的问题。这些工作有利于树立企业信誉，密切双方关系，促成重复购买。

11.4.3 推销人员的管理

科特勒认为，销售人员管理（sales force management）可以定义为分析、计划、执行和控制销售人员的活动。主要包括策划销售队伍规模，以及招聘、选拔、激励、监督和评估销售人员，其中激励和评价被视做推销人员管理的核心。

1. 设计销售队伍规模

销售人员是企业生产效率最高也是成本最昂贵的资产，销售队伍规模的大小是设计销售组织结构的基本条件。然而，确定销售人员的数量却是一个两难的问题：扩大销售队伍的规模一方面可以创造更多的销售额；另一方面又会增加销售成本。在这两方面寻求平衡显得困难而且重要，因为它决定了销售利润水平。企业设计销售队伍规模通常有以下三种方法。

（1）销售百分比法。企业根据历史资料计算出销售队伍各种耗费占销售额的百分比以及销售人员的平均成本，然后对未来销售额进行预测，从而确定销售人员数量。

（2）分解法。这种方法是把每一位销售人员的产出水平进行分解，再同销售预测值相对比，就可判断销售队伍的规模。

（3）工作量法。上述两种方法虽然简单，却忽视了销售人员数量与销量之间的内在联系。工作量法则较为实用，共分为五个步骤：①按年销售量的大小将顾客分类；②确定每类顾客所需的访问次数；③每类顾客的数量乘以各自所需的访问次数就是整个地区的访问工作量；④确定一个销售代表每年可进行的平均访问次数；⑤将总访问次数除以每个销售代表的平均年访问次数，即得所需销售代表数。

2. 推销人员的挑选与培训

1）推销人员的挑选（choice of salesperson）

推销人员是推销活动的主体，推销人员的素质决定推销活动的水平。推销人员的素质包括心理素质、专业知识结构和推销能力等因素，企业在挑选时应综合考虑。

（1）心理素质。心理素质渗透在人们各种活动中，影响着人们的行为方式和活动质量。优秀的推销人员应具备的心理特征是：有浓厚的职业兴趣，它可以增强推销人员开拓进取的精神，使推销人员在奔波劳累之中乐此不疲，以持久的热情从事推销活动，探索推销的成功之路；推销人员要有充分的自信心，它是决定推销工作能否成功的内在力量。要相信自己的能力，相信自己所推销的产品和企业；推销人员还应具有坚强的意志力，它是克服推销障碍的有力武器；他还应具备强烈的事业心，这种事业心可以激励他在推销过程中不断开拓进取，顽强地进行创造性的活动。

（2）专业知识结构。推销人员应该要具备的知识包括两类：一类是一般基本知识，包括语文、历史、地理、外语、数学、自然、政治、哲学、法律知识；另一类是专业知识，包括商品、心理、市场、营销、管理、公关、广告、人际关系及财务、物价、维修、安装等知识。

（3）推销能力。推销人员应具备的能力包括观察能力、记忆能力、思维能力、交往能力、劝说能力、演示能力、核算能力、应变能力、反馈能力和自学能力。

除此之外推销人员还应具有良好的气质、风度和仪表。

2）推销人员的培训（training of salesperson）

推销人员的素质不是与生俱来的，而是通过不断的学习和实践逐渐积累起来的。现代社会知识发展速度飞快，也需要推销人员在工作中不断地学习和提高。提高推销人员的素质方法很多，要根据实际情况选定。

（1）短期集中培训。这种培训形式是抽调一定力量，在专门的时间内对推销人员进行集中培训。内容以理论讲座、模拟示范、现场操作为主。

（2）专项实习。专项实习的目的是提高推销人员某一方面的知识和技能，如为了使推销人员掌握某一产品的性能，安排他到设计部门学习或到装配车间跟班操作等。

（3）委托培训。即委托大专院校或其他学校全面培训推销人员，这样可以使推销人员系统地学习有关知识，吸取他人的经验。这种方法主要用于新手的培训和培养。

（4）自我学习。就是推销人员在工作之余不断学习和总结新的工作经验及专业技能。具体的方法有目标分解法、问题导向法、零星积累法、求师法、智囊辅助法、内外分储法、动态调节法等。

3. 推销人员的激励（salesperson incentives）

激励在管理学中被解释为一种精神力量或状态，起加强、激发和推动作用，并指导和引导行为指向目标。事实上，组织中的任何成员都需要激励，推销人员也不例外。由于工作性质、人的需要等原因，企业必须建立激励制度来促使销售人员努力工作。激励推销人员的方法主要如下。

（1）销售定额。订立销售定额是企业的普遍做法，它规定销售人员在一定期限中应销售多少数额并按产品加以确定，然后再把报酬与定额完成情况挂钩。

（2）佣金制度。企业为了使预期的销售额得以实现，还要采取相应的鼓励措施，如送礼、奖金、销售竞赛等，而其中最为常见的是佣金。佣金制度是指企业按销售额或利润额的大小给予销售人员固定的或根据情况而调整比率的报酬。佣金制度能鼓励销售人员尽最大的努力工作，并使销售费用与现期收益紧密相连，同时，企业还可根据不同产品、工作决策给予销售人员不同的佣金。但是佣金制度也有不少缺点，如管理费用过高导致销售人员短期行为等，所以它常常与薪金制度结合起来运用。

4. 推销人员的评价

推销人员的评价（evaluation of salesperson）是企业对推销人员工作业绩考核与评估的反馈过程。它不仅是分配报酬的依据，而且是企业调整市场营销战略、促使推销人员更好地为企业服务的基础。因此，加强对推销人员的评价是非常必要的。评价推销人员业绩的步骤包括以下几步。

1）要掌握和分析有关的情报资料

情报资料的最重要来源是销售报告，销售报告分为两类：一是销售人员的工作计划；二是访问报告记录。工作计划使管理部门能及时了解到销售人员的未来活动安排，为企业衡量他们的计划与成就提供依据，由此可以看出推销人员计划他们工作及执行计划的能力；访问报告则使管理部门及时掌握推销人员以往的活动、顾客账户状况，提供对以后的访问有用的情报。当然，情报资料的来源还有其他方面，如销售经理个人观察所得、顾客信件与抱怨、消费者调查及与其他销售人员交谈等。总之，企业管理部门应尽可能从多个方面了解推销人员的工作绩效。

2）建立评估指标

评估指标要基本上能反映推销人员的销售绩效。主要有销售量增长情况、每天平均访问次数及每次访问的平均时间、每次访问的平均费用、每百次访问收到订单的百分比、一定时期内新顾客的增加数及失去的顾客数目、销售费用占总成本的百分比、销售利润的多少。为了科学、客观地进行评估，在评估时还应注意一些客观条件，如销售区域的潜力、区域形状的差异、地理状况、交通条件等。这些条件都会不同程度地影响销售效果。

3）实施正式评估

企业在占有了足够的资料、确立了科学的标准之后，就可以正式评估。大体上，评估有两种方式。一种方式是将各个推销人员的绩效进行比较和排队。这种比较应当建立在各区域市场的销售潜力、工作量、竞争环境、企业促销组合等大体相同的基础上，否则，就显得不太公平。同时比较的内容也应该是多方面的，销售额并非是唯一的，销售人员的销售组合、销售费用以及对净利润所做的贡献也要纳入比较的范围。另一种方式是把推销人员目前的绩效同过去的绩效相比较。企业可从产品净销售额、定额百分比、毛利、销售费用及其占总销售额的百分比、访问次数、每次平均访问成本、平均客户数、新客户数、失去的客户数等方面进行比较。这种比较方式有利于推销人员对其长期以来的销售业绩有个完整的了解，督促和鼓励他努力改进下一步的工作。过程则由广告代理完成。

11.4.4 推销人员的组织结构

推销人员如何组织起来才能最有效率，这是人员推销策略中的一个重要问题。企业在设计推销队伍的组织结构（sales force structure）时，可在下述几种类型中选择。

1. 地区型结构（territorial structure）

这是一种最简单的组织结构，即每一个推销员分管一个地区，负责在该地区推销企业的所有产品。这种结构的优点是：①推销员的责任明确，可以对所管地区销售额的增减负责。②可鼓励推销员与当地企业的公关部门建立固定联系，加强协作往来，便于推销业务的连续进行。③差旅费用较少。

这种地区型结构适用于产品和市场都比较单纯的企业，如果企业的产品种类繁多、市场结构复杂，推销人员需要较长时间来适应，推销工作将会十分复杂和费力。

2. 产品结构（product structure）

这是按产品线来组织的推销结构，即推销员负责一种或一类产品的推销工作。当企业的产品种类繁多、技术要求复杂时，采用此种结构较合适。这种结构有利于推销员深入掌握某一种产品的专门知识和推销技巧，提高销售效率。

3. 顾客型结构（customer structure）

这是企业按顾客的类别分配推销人员。如按用户的不同行业、不同规模分别安排不同的推销员。顾客型结构的主要优点是：推销员更易于深入了解特定用户的需求，有利于在推销工作中有的放矢，提高工作效率。它的主要缺点是：如果用户分散在不同地区，不仅推销工作很不便利，还会增加推销费用。

4. 复合型组织结构（composite structure）

如果企业的市场分布在广泛的地区，经营的商品种类繁多，并且所服务的销售对象也各有特点，这时就可以采用将以上几种组织结构综合考虑的办法，建立复合型的组织结构。如地区与产品结合、产品与顾客结合、地区与顾客结合等。但这种组织结构上下关系较为复杂，职责交叉，会增加管理的难度。

11.5 销 售 促 进

11.5.1 销售促进的概念和特点

1. 销售促进的概念

销售促进是指在一个较大的目标市场中，为了刺激需求而采取的能够迅速产生激励作用的促销措施。由于它直接围绕着提高营业额（销售额）进行促进，所以又称为营业推广，常被视为促销的同义语。如海尔在奥运营销中，推出的买海尔投影机送海尔数码相机的大型促销活动，以及海尔整体厨房在全国发起了"奥运缤纷家"大型活动，以赠品、折扣、奥运礼金等多种形式回馈广大消费者等促销行为，都属于销售促进的范畴。

2. 销售促进的特点

（1）销售促进是一种短期性、非常规的促销方式，它以唤起短期需求为目的。

（2）销售促进具有强烈的刺激性，可获得顾客的快速反应。

11.5.2　销售促进的主要工具

1. 针对消费者经常使用的工具

（1）免费赠送（sample）。向消费者免费赠送样品或试用品，是介绍新产品最有效也是最为昂贵的方式。这些赠品可以上户赠送，也可以在商店里散发，或在其他商品中附送，也可公开广告赠送。

（2）折价券（coupon）。就是指给购买者一个凭证，在购买某种商品时可凭此证免付一定金额的货款。这是一种刺激成熟品牌商品销路的有效工具，也可以鼓励买主早期试用新品牌。专家们认为折价券至少要提供15%～20%折价才会有效。

（3）特价包（price pack）。就是向消费者标明低于常规价格的差额的销售商品的一种方法。其做法是在商品包装上或标签上加以附带标明，可以将商品单独包装减价销售，也可以采用组合包装的形式，即将相关商品合并包装。特价包在刺激短期销路方面甚至比折价券更有效。

（4）有奖销售（premium offer）。即在商品或发票上打上号码、定期开奖，凡中奖者可得到一定价值的商品。

（5）商店陈列和现场表演［point-of-purchase（POP）promotion］。即在商店里陈列某种商品或用示范表演的方法介绍产品的用途及使用方法，增加顾客对产品的了解，并刺激购买。如某商场销售蒸汽电熨斗，其方法是把各种不同质地的布料揉皱，再用熨斗演示，从而打开了销路。

（6）交易印花（stamps）。在营业过程的同时向顾客赠送印花，当购买者手中的印花积累到一定数量时，可兑换一定数量的商品。这种方式可吸引顾客长期购买本企业的产品。

（7）赠奖（premium）。就是以相当低的费用出售或免费赠送商品作为购买一特定产品的刺激。它有三种形式：①随附赠品。在顾客所购买商品包装内附送，可以给顾客一个惊喜。②免费邮寄赠品。消费者凭购买凭证就可得到商店免费寄去的奖品。③自偿赠奖。就是以低于通常零售的价格出售给需要此种商品的消费者。现在许多厂家和经销商给予消费者名目繁多的赠品，赠品上有些还印有公司的名字，既是赠奖又宣传了企业。

2. 针对中间商的促销工具

（1）购买折让（discount）。是指购货者在规定时期内购买某个商品，他每买一次就可以享受一定的小额购货折让。这种方法鼓励经销商去购买一定数量的商品或经营那些通常不愿主动进货的新产品。

（2）商品推广津贴（commodity promotion allowance）。制造商或代理商为了酬谢经销商所给予的一种奖励。

（3）广告津贴（advertising allowance）。由厂家制作广告，为经销商减少广告费用，以增加盈利。

（4）陈列津贴（display allowance）。制造商出资为经销商制作商品陈列。

（5）业务会议和贸易展览（business meetings and trade shows）。行业协会为其成员组织年会同时举办有典型性的贸易展览。向特定的行业推销其产品的厂商，在贸易展销会上陈列其产品并做示范操作。这种形式可以招揽新主顾、与老客户保持联系、介绍新产品、会见新客户以及推销更多的商品给现有客户。

3. 针对推销人员的促销工具

（1）营业额提成（turnover royalties）。鼓励推销人员多推销商品就可多得奖金。

（2）提供业务培训（business training）。以免费的方式传授推销技巧，以提高他们的工作业绩。

（3）销售竞赛（sales contest）。为了促使推销人员超额完成销售任务而进行的一种激励方法，优胜者将获得奖励。

11.5.3　制订销售促进方案

1. 方案的制订

营销人员必须制订一个完整的营销推广方案，才能使销售促进工作顺利进行，取得最佳效果。这个方案应包括以下几项内容。

（1）推广规模。营业推广的实质就是企业拿出一定的推广费用对消费者、中间商和推销员予以鼓励，推广费用大小与促销效果有直接联系，所以在制订营业推广方案时应首先决定奖励规模。规模太大，会增加推销费用，降低推销收入。规模太小，会使一部分受益者没有享受到应有的利益。

（2）推广对象的确定。一般来讲，应奖励那些现实或可能的长期顾客。

（3）推广期限。推广是一种高刺激性的促销活动，期限过长，会减少刺激；期限过短，可能会遗漏许多顾客。

（4）发奖途径。选择发奖途径时既要考虑各种途径的传播效果和范围，又要考虑成本。

（5）推广预算。确定推广预算的方法有两种：一是先确定销售促进的方式，据此来预计总成本；二是在一定时期的促销总预算中拨出一定比例用于销售促进。

2. 制定销售促进决策应注意的问题

（1）销售促进固然可以收到立竿见影的效果，但也有一定的负效应。即如果频繁地反复使用，会使顾客对商品的价值产生怀疑，最终会导致企业及商标声誉的下降，损害企业的长期利益。因此，企业应注意选择时机，掌握分寸，使其达到最佳效果。

（2）销售促进活动应在国家法律允许的范围内进行。1993年12月1日，我国正式颁布了《中华人民共和国反不正当竞争法》，其中对企业为促进商品销售而采用的种种手段给予了明确的法律规定，以限制种种不正当竞争行为，保障社会主义市场经济的正常秩序，以创造平等竞争的市场环境。对此，企业应熟知并自觉规范自己的市场经营行为，避免触犯国家法律。

11.6 公 共 关 系

11.6.1 公共关系的概念

1. 公共关系的概念

公共关系（public relations）是指企业为取得社会、公众的了解与信赖、树立企业及产品的良好形象而进行的各种活动。

从营销的角度看，公关的活动目标主要是提高企业的知名度，树立良好的企业形象。这种良好的企业形象是企业宝贵的无形资产，它有助于企业的产品和服务受到消费者的肯定与信任，获得社会舆论的理解与支持，从而有助于拓展产品市场，促进产品销售。总之，公关是塑造形象的艺术，并最终为促进销售服务。

2. 公共关系的职能

（1）信息监测（information monitoring）。对产品形象信息与企业形象信息进行监测，并反馈到决策层，以便进行相应的协调和控制，改进产品质量或管理水平。

（2）舆论宣传（media and publicity）。通过大众传媒的宣传，或通过策划相关的公共关系活动，来增进公众对企业或产品的正面了解，形成正面的评价。

（3）沟通协调（communication and coordination）。对内增强企业凝聚力，对外积极争取公众对企业的理解和信任。

（4）危机处理（crisis mamagement）。如果是公众误解和他人蓄意陷害，企业应以事实说话，帮助认清事实；如果是企业自身危害公众利益，则应主动承担责任，尽早将处理结果和改进措施公之于众。

11.6.2 公关活动的主要对象

企业公关活动的主要对象是社会公众（general public），社会公众又包括两部分。

1. 企业外部社会公众

企业外部社会公众一般指顾客公众、媒体公众、政府公众、社会组织和商业团体以及竞争者公众等。

（1）顾客公众（consumer publics），也称消费者公众或用户公众，是指购买与使用本企业提供的产品或服务的个人、团体或组织。顾客公众是企业经营活动中最重要的公众之一。在企业的公关活动中，各企业越来越重视争取顾客的注意力、影响顾客的消费选择和消费行为，如能在公关中理顺关系，消除障碍，联络感情，吸引公众，争取人心，为产品的销售营造一个良好的气氛与和谐的环境，必然会给企业带来直接的利益。

（2）媒体公众（media publics），又称新闻界公众，是指新闻传播机构及工作人员，如报社、杂志社、广播电台、电视台的编辑和记者。新闻媒介是企业与公众联系的最主要渠道，也是最敏感、最重要的公众之一。这是因为媒体作为大众沟通工具，可以决定更加广泛的公众将看到或听到什么，而且这种信息以新闻报道的形式呈现出来。有鉴于此，在企业的公关工作中，对媒体的工作是重中之重。

（3）政府公众（government publics），是指政府各行政机构及其官员和工作人员。任何社会组织都必须接受政府的管理和制约，都必须与政府有关部门打交道，包括工商、人事、财政、税务、市政、治安、法院、环保、卫检、海关等政府职能部门及其工作人员。对政府的公关也是一项十分重要的任务。有时候一些来自政府的管制很可能使企业受到极大的牵制，利用相应的沟通和游说可能在举手之间便改变某种不利形势。

（4）社会组织和商业团体（social organizations and business group），比如消费者权益保护协会、环境保护组织、少数民族组织等。这些社会组织和团体有时候虽然与企业没有直接关系，但是它们在信息传递中却拥有自己的优势，可以帮助企业在相关环境中获得优势。

（5）竞争者公众（competitor publics），主要是指同行业的其他公司。企业公共关系工作应该从积极的意义上去正确认识竞争者关系，彻底摒弃小生产狭隘、自私的经营观念和竞争行为，树立现代企业光明正大、勇于竞争、善于竞争的新形象。组织在协调同行竞争关系时应遵循以下原则：①应切实把握正确的竞争目的；②竞争的手段应光明正大；③竞争不忘协作交流。

2．企业内部社会公众

企业内部社会公众即企业决策部门与内部职工之间的公共关系。保持士气和展现员工工作业绩，通常是公关计划的一个主要目标。公司通常运用企业简报、公告通知、年度报告等形式与这些群体进行沟通。另外一些个人沟通方法也可以采用，比如设立专门的内部员工建议交流机制、部门联欢晚会、员工生日蛋糕等。

11.6.3　公关活动的主要方式

企业的公关和企业的规模、活动范围、产品类别、市场性质等密切相关，不可能有一个统一的模式，但概括起来，市场营销的公关活动有以下几种方式。

1．扩大企业影响

利用各种宣传机构和途径，宣传企业的经营方针、宗旨、所取得的成就及产品和服务等情况，以扩大企业的影响。这一活动的具体方式可采用创办定期刊物、印刷宣传品、散发提高企业与产品形象的各种纪念卡片或小礼品、举办展销会、展示新产品或名牌获奖产品等。

2．积极处理公众意见

听取和收集各种不同组织的公众对本企业产品及服务工作的意见，分析评估这些意见，并通过迅速处理意见消除导致公众抱怨的因素，改进企业的产品及服务。它的具体方式可通过组织各种座谈会、建立消费者来访接待室；派员直访不同的公众，参加企业的市场调研；同各级消费者协会保持密切的联系，并以公关的思想妥善处理公众意见，化解企业与消费者之间的纠纷。

3. 与社会公众保持良好关系

建立与消费者、有关民间团体、政府机构、新闻部门、供应商、中间商及社会有影响人士的公开的联系，向他们介绍企业的产品及服务情况，宣传企业对于国家、地方、社会可能做出的贡献，争取他们的支持，并通过他们扩大影响。具体方式是：经常向新闻媒介提供企业市场营销活动方面的信息，热情接待记者采访；企业举行各类庆祝活动，邀请上述人士参加；积极协助政府兴办各项公益事业，如出资赞助等。

4. 公司内部信息沟通

向企业内部职工宣传管理决策部门的经营宗旨、工作意图，取得职工的理解与支持，并及时将员工的反映、意见、要求反馈给决策部门，增强职工的责任感与荣誉感，提高企业凝聚力。其方式是：定期印发厂内刊物，宣传企业的方针、营销战略及目标；举办恳谈会，与职工进行心理沟通；关心职工福利，鼓励他们的工作热情；开展针对职工家属的公关活动，解决职工的实际困难等。

5. 信息透明和公开

公关部门要和广告、销售部门密切配合，向社会提供统一、诚实、有说服力的信息。

11.6.4　公关广告与商品广告的区别

广告与公关亲如手足，广告作为公关的工具之一，其一切活动都离不开对公关原理的运用；而公关部门又要借助广告开展各项活动，可见它们之间是有联系的。但公关广告与商品广告又存在着重大的区别，主要表现在以下几方面。

1. 目标不同

商品广告的目标性很明确，就是要在最短时间、在最大范围内直接推销某种产品或服务，使企业获利；而公关广告的目标一般来说不是推销某个具体的产品或某种具体服务，它的目标是要树立企业或组织的整体形象，增强企业内部、外部公众的了解，实现最佳舆论，营造良好的企业生态环境，从而使整个事业获得成功。

2. 传播方式不同

商品广告是站在广告主的立场上，采用电视、广播、各种刊物进行传播，而公关广告则是通过新闻方式进行传播。如采用新闻纪录片、新闻电视片、新闻发布会、记者招待会等。依靠信息的真实性、客观性及内在的新闻性来提高企业的知名度，进而影响和促进产品的销售。它更具有含蓄性，不是自我宣传、自我标榜，而是力图以一种美好的形象出现，让人心悦诚服。

3. 内容不同

商品广告直接以企业的产品或服务为宣传内容，通过传播媒体向公众传递商品或服务信息。而公关广告则不直接宣传产品和服务，而通过宣传与产品相关或完全不相关的事物，使大众了解企业的整体形象、经营理念、企业文化和企业精神。

4. 立足点不同

商品广告立足于企业的商业利益，而公关广告立足于公共利益。

5. 着眼点不同

商品广告更注重短期利益，而公关广告的基本方针则强调企业的长远利益。这是通过平时点点滴滴的努力，于坚持不懈中逐渐在公众中树立起自己的形象，这远比商品广告所建立起来的与公众带有很重交易目的的联系要深远长久得多。

11.6.5　运用公关广告的原则

企业在运用公关广告时，必须注意坚持如下原则。

1. 真实性

公关广告强调以真诚真实取信于公众，绝对不能虚拟夸张。

2. 创新性

设计公关广告贵在创新，它不像商品广告那样直接宣传产品，针对性不如商品广告强，如果公关广告立意不新、手法不新，是很难吸引公众关注并获得公众认同的。

3. 含蓄性

不论立意还是表现手法都应讲究含蓄。不能直接表现商品，否则就成了商品广告。它可以通过其他方式来表达商品给购买者所带来的利益。

4. 适时性

公关广告要十分注意发布的时间，一般要避免与某些强烈吸引公众注意力的事件同时进行。

5. 长期性

公关广告注重长期利益，因此在制订方案时切忌急功近利，更不能半途而废，要持之以恒地在公众心目中建立起牢固的形象。

11.7　直 接 营 销

11.7.1　直接营销的概念和特点

1. 直接营销的概念

直接营销，是指企业不通过中间商，而是通过与精心选定的个体目标顾客的直接接触，从而达到既能够获取目标顾客的快速反应，又能够培育长期顾客关系的营销方式。直接营销强调营销人员与顾客直接沟通，经常通过一对一的方式进行互动。采用精准的数据库资源，营销人员可为更狭窄的细分市场，甚至是个体消费者的需求来调整产品与沟通方式。

2. 直接营销的特点

1）补充或替代传统渠道

如果从渠道的角度来看，直接营销还有一个名称——直接分销渠道，即没有任何中间商的快速到达渠道。同时，也可把直接营销看作促销组合工具的一种——与消费者的直接沟通方式。因此，直接营销兼具渠道与促销沟通的功能。现今，对绝大多数公司而言，直接营销已成为传统渠道的有力补充。比如，雷克萨斯主要通过大规模媒体广告和高质量的经销商网络销售汽车，但同时也借力于直接营销：包括邮寄促销的 DVD 光盘与其他材料给顾客，或是通过官网（www.lexus.com）为顾客提供多种多样的车型信息、竞争对比、支付方式和经销商地址等。

此外，直接营销如今在很多公司眼中已不仅仅只是渠道或是沟通的补充方式了。对亚马逊、阿里巴巴等国内外电商企业而言，直接营销特别是借助互联网的在线营销早已是其商业模式的全部。基于互联网的直接营销方式将在一定程度上替代传统渠道，改变公司对顾客关系的思考模式。

2）顾客数据库为基础，互联网技术为核心

有效的直接营销方式源于强大的顾客数据库。一个顾客数据库是一个有关个体消费者群（包括现实顾客与潜在顾客）综合数据（如地理、人口、心理和行为数据）的组织集合。企业可以使用数据库来定位最有潜力的顾客，以创造销售峰值；可以进行数据挖掘，发现特定细分市场或个体消费者的偏好细节，以提供产品和沟通。总之，一个强大的顾客数据库就是一个长期的顾客关系维系工具。因此，对直接营销而言，顾客数据库是基础所在。

数字时代的互联网为直接营销创造了前所未有的机遇。网络营销方式已成为直接营销中增长最为迅速的一类。据统计，网络营销在直接营销驱动的销售额中占到 20% 左右，每年大约同比增长 16%。互联网技术把全球各类用户连接在一起，超过 5 亿人次接入互联网，并形成了令人难以置信的巨型信息库，既为买家创造了便利、快速、低价的购买环境，又为卖家打造了全新的构建顾客关系的空间。几乎所有企业都会进行网络营销，特别是传统企业，很难想象没有一个属于自己的网站。目前，在线网络营销与实体店铺结合的这种"全渠道"零售模式已经越来越占据统治地位，互联网技术的迅猛发展将成为传统企业转型的良好助力。四种网络营销模式占据主导，如图 11-5 所示。

	面向企业	面向消费者
企业发起	B2C	B2B
消费者发起	C2C	C2B

图 11-5 网络营销模式

3）打造企业品牌与维护顾客关系

对企业而言，直接营销是打造自身品牌和维护顾客关系的有力工具。采用精准的数据库资源，如今的营销人员完全可以通过私人沟通方式来定位更小的目标群体或是个体消费者，进而营销产品。基于直接营销方式一对一的本质，企业可通过电话或网络与消费者互动，更好地了解他们的需求，并根据特定顾客的品位来调整产品和服务。同时，顾客也可随时提问并得到及时反馈。在沟通的过程中，顾客能够准确和充分地了解品牌内涵，利于企业宣传推广。对比传统的、针对大众的沟通方式，如广告和销售促进，更加个性化的直接营销方式可节省成本，在提高品牌知名度方面效率更高、效果更佳。

4）高效、便捷、低成本和快速响应

直接营销对普通消费者而言，是非常方便、轻松和高效的。比如在网络上，虚拟店铺 24 小时开放，顾客不用担心交通、停车以及长途跋涉寻找产品等问题。只要时间允许，他们可以在家或办公室随时随地享受购物的乐趣。对于企业顾客，只要登录网站，就可以无须接触销售人员而了解产品信息。直接营销为顾客提供了非常便捷的掌握产品细节的途径，通过浏览网站，顾客可随时了解海量产品信息，并可选择多种购买方式，而这是实体店所难以做到的。同时，直接营销也为顾客提供了公司、产品和竞争对手之间的对比信息，传统的实体零售商难以和提供大数据的互联网相提并论。例如，电商巨头亚马孙，既可以提供销售前十产品的名单，又可以提供产品的描述，还可以将专家和使用者关于产品的评价与推荐进行展示，这些服务极大地提高了顾客购买产品的效率，是实体店铺很难想象的。

直接营销还能够让企业在到达目标市场的过程中享受更低的成本和更多的灵活性。直接营销方式在 B2B 商业模式中增长极为迅速，部分原因是节省了人力成本。如果采用传统销售人员面对面洽谈的方式，中小企业仅能担负那些重要客户的维护成本；但通过电子邮件、企业网站来进行洽谈，人力成本则可大为缩减；同时，由于互联网的发达，企业可在线进行订单处理、存货管理和运输的物流处理环节，这大规模地节省了成本，并提升了渠道运转的灵活性。例如，亚马逊这样的电商企业还避免了维护和租赁实体店铺的各项费用，从而让利给消费者。

此外，直接营销可以方便买家和卖家进行互动，建立顾客的快速响应。通常，顾客可通过电话、商家网站来准确了解他们所需的产品和服务信息，并通过互联网即时下单。更为重要的是，直接营销给予了顾客对产品更多的控制权和选择权。顾客可以自己来决定浏览哪个产品条目，或是哪个网站。

11.7.2 直接营销的主要方式

1. 直邮营销

直邮营销是指寄送相关产品的宣传和提示信息到达目标顾客地址（物理地址或是虚拟地址）的营销方式。寄送方式可包括信件、目录、广告、样品、宣传手册、CD 和 DVD等。目前，直邮营销是直接营销中应用最为广泛的方式。特别是借助互联网技术和信息技术的电子邮件营销、手机短信营销与其他在线通信营销，可通过设定程序选择那些真正想要接收信息的目标顾客，改变了传统邮件寄送的盲目性、延时性和不便性，还可为企业节省大量成本和时间。

2. 目录营销

目录营销是指通过印刷目录、视频目录或在线目录等手段，利用直邮渠道送达选定目标顾客的营销方式。严格意义上说，目录并不是一种独立的直接营销方式，它只是直邮营销的一种特有形式。互联网时代的目录营销以网络在线方式体现为主，消费者通过浏览网站产品目录直接选择所需商品，可达到快速、即时购物。不过由于传统印刷目录的精美和易保存性，很多纯粹的在线营销企业，如 eBay 等，也会利用发放印刷目录的方式来带动顾客的网络购买欲望。据统计，美国大约 13% 的网络新顾客来自线下目录的驱动，而大约 43% 的线下顾客同时也会线上购买。

3. 电话营销

电话营销是指使用电话向个体消费者和企业消费者直接销售产品的营销方式，这种营销方式在直接营销中占到接近 20% 的比例。其中企业对企业（B2B）的电话营销占到全部电话营销销售额的 55% 以上。越来越多企业的营销人员选择使用电话营销来与目标顾客进行沟通，同时接受顾客的订单。需要注意的是，电话营销能够有计划、有组织并且高效率地扩大顾客群，提高顾客满意度，维护老顾客，但因为其依赖于顾客数据库的准确使用，如果数据库的维护、数据的筛选等不尽如人意，那么电话营销难以达到预期的效果，反而会引发顾客的反感。

4. 电视营销

电视营销是指企业营销人员通过电视这个载体，包括电视直销广告（或专题广告片）和家庭电视购物频道进行营销的方式。电视直销广告（direct-response television advertising, DRTV），时长为 60～120 秒，劝诱性地描述一件产品并向消费者提供免费电话或是网站进行订购。专题广告片（infomercials）则时长为 30 分钟或更长，向消费者介绍一件单一产品。很多成功的电视直销广告都成了经典之作，如宝洁、戴尔、迪士尼、苹果等品牌，这非常有利于企业向消费者灌输品牌理念。而家庭电视购物频道（home shopping channels）则是纯粹的销售产品和服务的工具，一般都是 24 小时播出，主持人通过聊天向消费者提供珠宝、灯具、服装、家用电器等各式各样的产品信息，并同时告知免费电话或网站便于消费者订购。

5. 在线网络营销（online E-marketing）

在线网络营销（也称在线营销、网络营销），是指企业致力于通过因特网来营销产品和服务，并打造顾客关系的营销方式。主要包括网络营销（PC 端）、移动互联网营销（mobile phone marketing）、社会化媒体营销（social media marketing）、口碑营销（WOM marketing）等。

网络营销（PC 端）主要是指借助 PC 端网络，通过企业网站、搜索引擎广告、展示广告、电子邮件等网络营销传播方式进行产品和品牌信息的传播及销售。移动互联网营销则是借助于消费者的手机、智能电话或平板电脑进行营销传播，智能电话的普及使营销人员可以随时随地与目标顾客进行沟通。特别是借助于可以下载的移动应用（mobile App）程序，消费者的购物体验更加便利与富有乐趣。社会化媒体营销是指企业通过博客（包括微博）、社交网络、网络社区和论坛等网络平台，与消费者，以及消费者之间相互分享文字、图片、视频、音频等信息的营销方式。知名的社交媒体平台包括国外的 Twitter、Facebook，国内的微博、微信等。口碑营销是指利用顾客的口口相传来宣传企业品牌，在网络时代口碑营销也称"病毒营销"，意指顾客可通过各类社交媒体工具，如微博、微信、Youtube、优酷土豆网等传播平台，将企业产品或服务的信息通过网络向他人传播，由于互联网的快速复制功能，使信息的传播像病毒的感染一样迅猛，所以称为"病毒营销"。

本 章 小 结

促销是指营销者将有关企业及产品的信息通过各种方式传递给消费者和用户，促进其了解、信赖并购买本企业的产品，以达到扩大销售的目的。因此，促销的实质是营销者与现实购买者和潜在购买者之间的信息沟通。

企业的营销沟通组合（也称促销组合）是将广告、人员推销、销售促进、公共关系和直销工具组合在一起，与现有和潜在的顾客进行沟通，用来达成企业的营销目标。

影响促销组合策略的因素包括促销目标、市场特点、产品性质、产品市场生命周期、各种促销工具本身的特点和作用以及其他一些营销的因素。常见的促销组合策略有两种：拉引策略和推动策略。

随着大众化营销向目标市场营销的转变，加上信息技术的进步，对营销沟通产生了巨大影响。营销人员采用了更丰富和更有针对性的媒体和促销组合面对消费者，整合营销传播由此产生。它要求企业将所有沟通信息整合起来，向目标市场传达清晰一致的信息。

广告是指广告主以付费的方式，有计划地通过媒体所选定的消费对象宣传有关商品或劳务的优点和特色，唤起消费者注意，说服消费者购买使用的促销方式。

人员推销是指由企业派出推销人员或委派专职推销机构向目标市场的顾客介绍和销售商品的经营活动。

销售促进（营业推广）是指在一个较大的目标市场中，为了刺激需求而采取的能够迅速产生激励作用的促销措施。

公共关系是指企业为取得社会、公众的了解与信赖，树立企业及产品的良好形象而进行的各种活动。

直接营销是指企业不通过中间商，而是通过与精心选定的个体目标顾客的直接接触，从而达到既能够获取目标顾客的快速反应，又能够培育长期顾客关系的营销方式。

思 考 练 习

1. 常用的促销组合策略有哪些？各举例叙述。
2. 许多企业正在采用的整合营销传播观念与传统营销有哪些区别？
3. 制作图表比较五种促销工具的不同特征和形式。
4. 互联网技术对于直接营销的重要性体现在哪些方面？

案 例 讨 论

1. 在开篇案例中，海尔的奥运整合营销传播策略的主题是什么？围绕这一主题，海尔应用了哪些促销工具？

2. 在案例 11-1 中，你如何看待拉引策略和推动策略？你认为消费品公司应怎样选择？

推 荐 阅 读

1. 菲利普·科特勒，加里·阿姆斯特朗. 市场营销原理[M]. 11 版. 郭国庆,钱明辉,陈栋，等，译. 北京：清华大学出版社，2007.

2．http://www.haier.cn.

3．菲利普·科特勒，凯文·莱恩·凯勒. 营销管理[M]. 6 版. 王永贵，华迎，译. 北京：清华大学出版社，2017.

4．菲利普·科特勒，加里·阿姆斯特朗. 市场营销原理[M]. 13 版. 北京：清华大学出版社，2011.

第 12 章

市场营销组织与控制

本章提要

对于企业而言，必须建立营销部门来执行营销战略和计划。现代营销部门可以有数种组织形式，如职能型组织、产品型组织、市场型组织和地域型组织。营销组织进行营销控制，包括年度计划控制、盈利能力控制和效率控制。

本章将对现代营销部门的组织与控制进行探讨，主要介绍市场营销组织的含义和特征，以及市场营销部门的发展演变过程。并分析市场营销组织的设计问题；此外还将探讨市场营销控制的内容。

学习目标（重点与难点）

通过本章的学习，主要掌握以下内容：

1. 市场营销组织的主要类型。
2. 市场营销组织的设计方法。
3. 市场营销控制的内容。

框架结构（见图12-0）

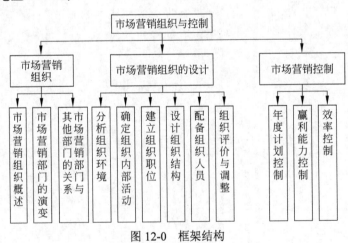

图 12-0　框架结构

营销组织结构的变迁——宝洁公司的组织再造

20 世纪 90 年代，全球日用消费品公司巨头宝洁逐渐陷入困境：多数顶级品牌的销售收入都在下滑；业务更为集中的竞争对手如金佰利在不断蚕食着宝洁的市场份额；与此同时，大型零售商如沃尔玛有了更强大的谈判能力，不断压低产品价格，使宝洁难以维持利润率；臃肿庞杂的组织结构更使宝洁行动迟缓、增长乏力……危情之下，1999 年 7 月，宝洁宣布了"2005 年组织"计划进行组织再造，试图通过改变营销组织结构来摆脱公司的低迷状况。

直到 1998 年，宝洁公司仍是以地理型组织为主，按照国家划分领地。1999 年 7 月，前述组织类型被废弃，新的组织结构被一些管理学者称为协作性多部门结构（见图 12-1）。从专业化组织角度而言，实际上是产品型、地理型和职能型组织结构的多元协作；从结构性组织角度而言，则是一种较为复杂的矩阵型组织。包括全球业务运作部（业务单元）：宝洁公司把原来按地理区域划分的业务单元改成了按产品线划分的全球业务单元，目的就是通过为所有宝洁的品牌制定战略来激发更大创新，其每个部门与每一个地区市场发展部进行合作。地区市场发

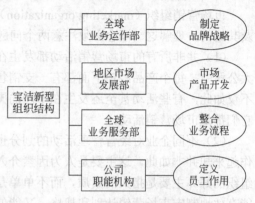

图 12-1　宝洁公司新型组织结构

展部（开发机构）：该机构职能是负责所在地区市场产品的开发，并制定针对所在市场的营销策略，其与全球商业服务公司之间是协作关系。全球业务服务部（商业服务公司）：负责公司每个全球机构的财会、人力资源系统、员工福利、订单管理和信息技术等，发挥着整合业务流程、为宝洁所有的业务单元提供优质服务的任务。全球业务服务部分别位于美洲、欧洲、中东、非洲和亚洲，由该部统一向各全球业务单元提供服务。以及公司的职能机构：宝洁重新定义了公司员工的作用，公司员工已经进入新的业务单元工作。

组织结构变迁后，宝洁的利润中心从一百多个减少到了仅七个。宝洁 CEO 雷富礼指出，宝洁的组织结构虽然比以前更加复杂，但反而更有利于其全球决策。10 年过去了，宝洁步入了良性发展的快车道，在增长最快的中、俄、印、巴西等新兴国家以及亚洲其他市场，宝洁的优势相当明显，特别是在 2006 年年初成功并购吉列之后，一举超越联合利华成为全球日化产品老大，销售收入年均增长 10%，营业收入已达到 800 亿美元，而其最大的竞争对手联合利华仅及其 67%左右。

资料来源：
（1）迈克尔·津科特，伊尔卡·郎凯恩. 国际市场营销学[M]. 6 版. 陈祝平译. 北京：电子工业出版社，2004：403-404.
（2）龚伟同. 宝洁 vs 联合利华：一对冤家同途殊归的十年[J]. 商务周刊，2008：80-83.
由编者加工整理.

12.1　市场营销组织

管理的实质在于使人们为了共同目标而有效地合作，因而它离不开组织。企业的市场营销活动是由组织中的人来完成的，市场营销管理自然离不开特定的组织结构。市场营销经理必须设计并维持某种组织结构，而这种组织结构又影响到每一位营销人员。他们自主权的大小、沟通程度、相互依赖性都与组织类型有关。所以，合理的市场营销组织有利于市场营销人员的协调和合作。

12.1.1　市场营销组织概述

1. 市场营销组织的含义

市场营销组织（marketing organization）是指企业内部涉及市场营销活动的各个职位及其结构。理解这一概念必须注意两个问题。

（1）并非所有的市场营销活动都发生在同一组织岗位。比如，在拥有很多产品线的大公司中，每个产品经理下面都有一支销售队伍，而运输则由一位生产经理集中管辖。不仅如此，有些活动甚至还发生在不同的国家或地区。但它们属于市场营销组织，因为它们都是市场营销活动。

（2）不同企业对经营管理活动的划分也是不同的。有的组织看起来完美无缺，但运作起来却并非如此，这主要是人为因素介入的缘故。正是在这种意义上，判断市场营销组织的好坏主要是指人的素质，而不单单是组织结构的设计。这就要求市场营销经理既能有效地制定市场营销计划和战略，又能使下级正确地贯彻执行这些计划和战略。

2. 市场营销组织的特征

有效的市场营销组织应具有灵活性、适应性和系统性。

1）灵活性和适应性（flexibility and adaptability）

灵活性和适应性即企业组织能够根据营销环境和营销目标、策略的变化，适应需要，迅速调整自己的组织与制度。因此，一个具有灵活性的组织应采用如图 12-2 所示的程序建立自己的组织结构和管理制度。

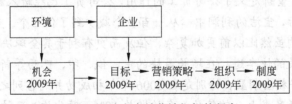

图 12-2　建立有效营销组织的程序

而不是反过来由组织结构、管理制度决定企业的目标和战略，甚至如图 12-3 所示，以 2006 年的企业组织结构和管理制度来面对 2009 年的市场机会，其结果必然是受落后的组织结构和管理制度束缚，无法有效地调整企业目标和战略，以至于坐失良机。

一般说来，越是成熟的组织，由于经验和惯性的作用，越容易丧失组织的灵活性和

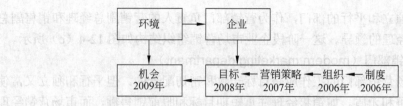

图 12-3 缺乏适应性的组织

适应性。为此，管理学家们也设计了种种模式，试图使营销组织成为具有适应调节功能的系统。

2）系统性（systematicness）

系统性即企业的各个部门——市场营销、研究与开发、生产、财务、人事及市场营销各所属部门，如市场调研、广告宣传、人员推销、实体分销等，都能相互配合，具有整体协调性，为一个共同的满足顾客需要的目标共同工作，获得整体大于部分之和的效果。

12.1.2 市场营销部门的演变

对于企业来说，必须设计一个市场营销部门来实施营销战略和计划。如果企业很小，或许只要一个人就可以做完所有市场营销工作，包括市场调研、销售、广告、顾客服务和其他活动。而当企业扩展时，仅凭个人力量难以想象，必须要设立专门的营销部门来策划和实施市场营销活动。现代企业的市场营销部门是随着市场营销管理哲学的不断发展长期演化而来的。从 20 世纪 30 年代前在西方企业中处于无足轻重地位的销售部门，发展到今天这样具有复杂功能并成为企业组织核心的市场营销部门，大致可划分为五个阶段。

1. 简单（单纯）的销售部门（simple sales department）

20 世纪 30 年代以前，西方企业将生产观念奉为指导思想，多数采用这种形式。一般来说，企业建立之初都是从财务、生产、销售、人事和会计五个基本职能部门开始发展的。在这个阶段，企业通常以生产作为经营管理的重点。生产什么、生产多少及产品价格主要由生产和财务部门制定。销售部门通常只有一位销售主管率领若干销售人员，销售经理的主要职责是管理推销员，促使他们卖出更多的产品。这一阶段企业市场营销组织结构如图 12-4（a）所示。

2. 销售部门兼营其他营销职能（combination of sales department and other marketing functions）

20 世纪 30 年代大萧条后，由于市场竞争日趋激烈，大多数西方企业将推销观念奉为指导思想。随着公司规模的扩大，它需要经常进行市场调查、广告宣传及顾客服务等方面的工作。此时，销售经理可聘用一位市场营销主管，计划、指挥、控制那些非推销职能。这一阶段企业市场营销组织结构如图 12-4（b）所示。

3. 独立的市场营销部门（independent marketing department）

公司继续扩大，其他市场营销功能相对于推销工作来说更重要了。最终，公司总经理看到了建立一个独立于销售部门的市场营销部门的必要。在这个阶段，市场营销和销售在公司中是两个独立和平行的部门，作为营销部门负责人的营销副总经理和销售副总经理一样直接受总经理的领导。这一阶段企业市场营销组织结构如图 12-4（c）所示。

4. 现代市场营销部门（modern marketing department）

虽然销售和市场营销部门的工作应是目标一致和密切配合的，但平行和独立又常使它们的关系充满竞争和矛盾。如销售经理注重短期目标和眼前销售额，而市场营销经理注重长期目标和开发满足消费者长远需要的产品。由于两者之间冲突太多，最终导致公司总经理将它们合并为一个部门，即由市场营销副总经理全面负责，下辖所有市场营销职能部门和销售部门。这一阶段企业市场营销组织结构如图 12-4（d）所示。

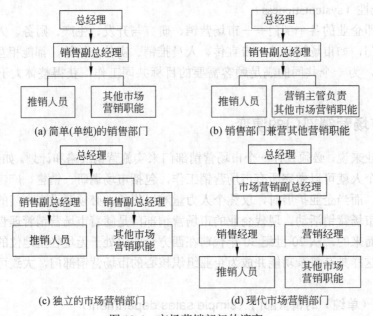

图 12-4　市场营销部门的演变

5. 现代市场营销公司（modern marketing company）

然而，一家企业即使设置了现代市场营销部门，也并不意味它就是以市场营销原理指导运行的公司。如果公司成员仍将市场营销等同于销售，那么它就还不是一家"现代市场营销公司"；只有公司成员认识到了企业所有部门的任务都是"为消费者服务"，"市场营销"不只是公司内某个部门的名称，而且是公司的哲学信条时，这家公司才能称为真正的"现代市场营销公司"。为保证市场营销哲学在公司内得以贯彻，在企业组织结构上应有如下一些安排。

（1）设置独立的市场营销调研部门，以确定消费者的需求及企业应提供什么样的产品或服务来满足这些需求。但是，目前大多数企业（包括西方国家的许多企业）都还没有设置市场调研部门或专职的市场调研人员。

（2）市场营销部门应参与新产品的开发，在企业内，市场营销部门对消费者的需求了解最多，而在现代市场上，新产品商业性开发成功的最重要因素在很多情况下不在于技术的先进程度，而在于是否符合消费者需要。因此，市场营销部门在决定开发产品的种类、功能结构、外形、规格、花色等方面均负有指导性甚至决定性的责任。

（3）应给市场营销经理以相当于副总经理的地位和权力，直接向总经理报告工作，参与决定企业经营总战略，而这些只有在市场营销哲学在企业里扎了根的情况下才能做到。

（4）市场营销部门应统一负责企业的全部市场营销职能，而不应将其中一部分职能分散到其他部门负责。

12.1.3　市场营销部门与其他部门的关系

在前面的环境章节和战略章节中，我们已经充分了解到，为了顺利完成企业既定的整体战略规划目标，企业的主要职能部门——营销、财务、会计、采购、制造、信息系统、人力资源等必须共同合作才能成功。也就是说，企业的每个部门都在执行某项创造顾客价值的活动来设计、生产、营销、运输和支持企业的产品。企业最终成功与否不仅取决于各个部门的本职工作完成得是否出色，还取决于不同部门间的合作是否顺畅。特别是对于营销部门而言，必须取得企业的微观环境之一——企业内部其他各部门的协助和理解，才能够更好地为消费者创造价值（见例 12-1）。

【例 12-1】

沃尔玛公司营销部门与其他各部门之间的关系

沃尔玛的口号是 "Always Low Prices"（天天低价），因为它的使命是 "降低全球的生活成本"。作为世界上最大的公司，沃尔玛为了以尽可能低的价格提供给顾客产品以创造顾客价值和满意，必须很好地协调公司内各个部门之间的关系，特别是营销部门和其他部门的关系。沃尔玛的营销人员具有重要的地位，他们了解顾客需求，按照这些需求来摆放顾客所期望的低价商品；同时负责广告的投放，以期指导顾客购买等。而所有这些活动的进行单靠营销部门是难以完成的，必须得到公司其他部门的大力协助。试想一下，如果沃尔玛的采购部门不能以最低的价格从供应商处进货，那么营销部门如何定出 "天天低价"？而公司的物流部门如果不能保证极低的分销成本，营销部门同样只能把公司使命变为空话。

资料来源：菲利普·科特勒，加里·阿姆斯特朗.市场营销原理[M]. 11 版. 郭国庆，钱明辉，陈栋，等，译. 北京：清华大学出版社，2007：348-350.

但在现实中，部门之间充满了冲突和误会。比如营销部门站在消费者的视角上考虑问题，当营销部门努力提高顾客满意度时（长远利益），在其他部门看来，却认为这会增加采购成本、打乱生产计划、增加库存或者给预算添麻烦等（短期利益）。因此，其他部门很可能不愿意全力支持营销部门的计划。这时，对于营销经理而言，首要任务就是必须使所有部门认识到 "满足消费者的需求" 不仅是营销部门的使命，也是公司所有部门的使命所在。这可以通过努力理解公司其他部门所追求的目标与利益的行为，使营销管理层更好地为其实现顾客满意的目标获取支持。营销经理需要与其他部门经理密切合作来开发一个整体的职能计划系统，以便在一个系统的指导下，不同部门能够共同合作来完成公司的整体战略目标。

12.2　市场营销组织的设计

随着企业自身的不断发展和外部环境的变化，原有的市场营销组织将会慢慢缺乏活力，逐渐变得僵化和迟钝，不再适应营销管理的需要。对于营销经理而言，要及时捕捉环境的变化讯息带给企业自身发展的机会与威胁，不断对已不能适应环境的原有组织结构进行调整甚至变革，为企业的发展提供持续的动力和保证。近年来，越来越多的公司改变了它们营销组织的原有形式，目的正是为了公司更好地生存和发展（参见开篇案例）。

12.2.1　分析组织环境

任何一个市场营销组织都是在不断变化的社会经济环境中运行的，并受到这些环境因素的制约。环境因素包含很多，如宏观环境和微观环境（详见第 3 章"市场营销环境"）。市场营销组织作为企业的一部分，对其影响最为明显的主要是市场状况和竞争者状况。

1. 市场状况

市场状况包括市场的稳定程度、产品生命周期的不同阶段以及购买行为类型对营销组织的影响。

（1）市场稳定程度。市场越不稳定，如市场需求、技术等变化越快，营销组织也就越需要改变。

（2）产品生命周期的不同阶段。产品的生命周期影响着营销组织的结构，当产品在介绍期时，灵活的销售小组往往起到抗风险的能力；进入成长期，当需求上升、竞争激烈时，市场导向型的组织更易确立企业的地位；在成熟期，利润下滑时，高效的职能型组织能帮助企业获取更大利润；而到了产品的衰退期，组织机构就要随之精简了。

（3）购买行为类型。不同类型的购买行为对企业的产品和服务有着不同的需求，企业必须根据不同类型建立相适应的组织类型。

2. 竞争者状况

市场营销组织必须从两方面来对付竞争者：一是确认竞争者有哪些；二是针对竞争者行为做出反应（详见第 3 章"市场营销环境的竞争者分析"）。

12.2.2　确定组织内部活动

1. 职能性活动

职能性活动涉及营销组织的各个部门，企业在制定战略时必须明确各职能部门在组织中的地位，以便展开有效的竞争。

2. 管理性活动

管理性活动涉及管理任务中的计划、协调和控制各个方面。

12.2.3　建立组织职位

企业建立组织职位时要考虑三个要素：即职位类型、职位层次和职位数量，以弄清各个职位的权力、责任及其在组织中的相互关系。

1. 职位类型

通常对职位类型的划分有三种方法。

（1）直线型和参谋型。处于直线职位的人员行使指挥权，能领导、监督、指挥和管理下属人员；而处于参谋职位的人员则拥有辅助性职权，提供咨询和建议等。但事实是，直线和参谋间的界限往往很模糊，一个主管人员可能既处于直线职位，也处于参谋职位，这取决于他所起的作用及行使的职权。

（2）专业型和协调型。职位的专业化使其无法起到协调作用，因此专门的协调型职位产生了，它对各个专业化职位进行整体上的协调和平衡。

（3）临时型和永久型。相对于组织的发展，有的职位从长期看比较稳定，属于永久型职位，而有些职位则由于短期特殊任务而设，就属于临时型职位。

2. 职位层次

职位层次是指每个职位在组织中地位的高低，这主要取决于职位所体现的市场营销活动与职能在不同企业中整体战略上的重要程度。

3. 职位数量

职位数量是指企业建立组织职位的合理数量。同职位层次密切相关，一般而言，职位层次越高，辅助性职位数量也就越多。

12.2.4 设计组织结构

为了实现企业目标，市场营销经理必须选择合适的市场营销组织。大体上，市场营销组织的类型可分为专业化组织（specialized groupings）和结构性组织（structural groupings）两种。

1. 专业化组织

专业化组织包括以下四种类型。

1）职能型组织（functional groupings）

这是最古老也是最常见的市场营销组织形式。它强调市场营销各种职能如销售、广告和市场研究等的重要性，如图 12-5 所示。

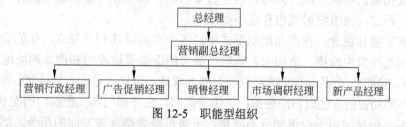

图 12-5 职能型组织

从图 12-5 可以看出，该组织把销售职能当成市场营销的重点，而广告、产品管理和研究职能则处于次要地位。当企业只有一种或很少几种产品，或者企业产品的市场营销方式大体相同时，按照市场营销职能设置组织结构比较有效。但随着产品品种的增多和市场的扩大，这种组织形式就暴露出发展不平衡和难以协调的问题。既然没有一个部门能对某产品的整个市场营销活动负全部责任，那么各部门就强调各自的重要性，以便争取到更多的预算和决策权力，致使市场营销总经理无法进行协调。

2）产品型组织（product line groupings）

产品型组织是指在企业内部建立产品经理组织制度，以协调职能型组织中的部门冲突。在企业所生产的各类产品差异很大、产品种类太多，以致按职能设置的市场营销组织无法处理的情况下，建立产品经理组织制度是适宜的。其基本做法是，由一名产品市场营销经理负责，下设几个产品线经理，产品线经理之下再设几个具体产品经理去负责各具体产品，如图12-6所示。

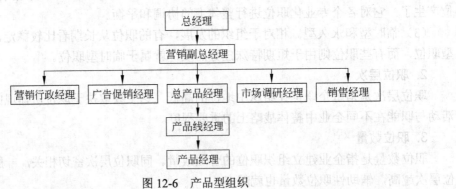

图12-6 产品型组织

产品市场营销经理的职责是制订产品开发计划并付诸实施，监测其结果和采取改进措施。具体可分为以下六个方面。

（1）发展产品的长期经营和竞争战略。

（2）编制年度市场营销计划和进行销售预测。

（3）与广告代理商和经销代理商一起研究广告的文稿设计、节目方案和宣传活动。

（4）激励推销人员和经销商经营该产品的兴趣。

（5）搜集产品、市场情报，进行统计分析。

（6）倡导新产品开发。

产品型组织形式的优点在于产品市场营销经理能够有效地协调各种市场营销职能，并对市场变化做出积极反应。同时，由于有专门的产品经理，那些较小品牌产品可能不会被忽视。不过，该组织形式也存在不少缺陷。

（1）缺乏整体观念。在产品组织形式中，各个产品经理相互独立，他们会为保持各自产品的利益而发生摩擦，事实上，有些产品可能面临着被收缩和淘汰的境地。

（2）部门冲突。产品经理们未必获得足够的权威，以保证他们有效地履行职责。这就要求他们得靠劝说的方法取得广告部门、销售部门、生产部门和其他部门的配合与支持。

（3）多头领导。由于权责划分不清楚，下级可能会得到多方面的指令。例如，产品广告经理在制定广告战略时接受产品市场营销经理的指导，而在预算和媒体选择上则受制于广告协调者，这就有可能产生不协调。

3）市场型组织（market-based groupings）

当企业面临如下情况时，建立市场型组织是可行的：拥有单一的产品线、市场各种各样（不同偏好和消费群体）、不同的分销渠道。许多企业都在按照市场系统安排其市场营销机构，使市场成为企业各部门为之服务的中心，如图 12-7 所示。

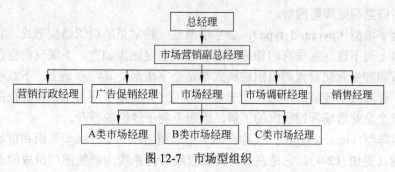

图 12-7　市场型组织

在图 12-7 中，一名市场主管经理管理几名市场经理（市场经理又称市场开发经理、市场专家和行业专家）。市场经理开展工作所需要的职能性服务由其他职能性组织提供并保证。其职责是负责制订所辖市场的长期计划和年度计划，分析市场动向及企业应该为市场提供什么新产品等。他们的工作成绩用市场占有率的增加状况来判断，而不是看其市场现有盈利状况。市场组织型的优点在于：企业的市场营销活动是按照满足各类不同顾客的需求来组织和安排的，这有利于企业加强销售和市场开拓。其缺点是：存在权责不清和多头领导的矛盾，这和产品组织型类似。

4）地域型组织（geographical groupings）

如果一家企业的市场营销活动面向全国，那么它会按照地理区域设置其市场营销机构。该机构包括一名负责全国销售业务的销售经理，若干名区域销售经理、地区销售经理和地方销售经理。为了使整个市场营销活动更为有效，地域型组织通常都是与其他类型的组织结合起来使用的，如图 12-8 所示。

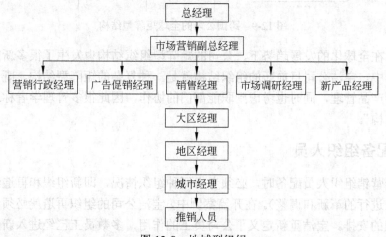

图 12-8　地域型组织

2. 结构性组织

专业化组织只是从不同角度确立了市场营销组织中各个职位的形态，至于如何安排这些职位，还要分析组织结构及职位间的相互关系。企业设计组织结构不是最终目的，而只是实现市场营销目标的一种手段。既然各个企业有着不同的目标、战略、目标市场、竞争环境和资源条件，那么它们就建立起不同类型的组织结构以适应环境。结构性组织主要有金字塔型和矩阵型两种。

（1）金字塔型（pyramid type）。金字塔型是一种常见的组织结构形式。它由经理至一般员工自上而下建立起垂直的领导关系，管理幅度逐步加宽，下级只向自己的上级直接负责。按职能专业化设置的组织结构大都是金字塔形。其特点是上、下级权责明确，沟通迅速，管理效率较高。不过，由于每个员工（尤其是下层员工）权责范围有限，往往缺乏对整个企业市场营销状况的了解，因而不利于他们的晋升。

（2）矩阵型（matrix type）。又称产品／市场型组织，是产品型组织和市场型组织的有机结合物（见图 12-9），它是在原有的按直线指挥系统为职能部门组成的垂直领导系统的基础上，又建立一种横向的领导系统。产品经理负责产品的销售利润和计划，为产品寻找更广泛的用途；市场经理则负责开发现有和潜在的市场，着眼于市场的长期需要，而不只是推销眼前的某种产品。这种组织形式适用于多角化经营的企业，具有更大的灵活性；不足之处是费用较大，而且由于权力和责任界限比较模糊，易产生矛盾，冲突较多。

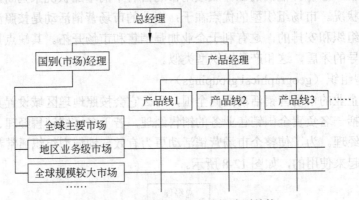

图 12-9　跨国公司的全球矩阵型结构

此外，在全球化的发展趋势下，公司的矩阵型组织结构也发生了很多新的变化。如在开篇案例中，宝洁公司目前新的组织结构就是一种复杂的矩阵型结构，既包括地理管理，又包括产品管理，同时也考虑到职能部门的协作，因此很多管理学者称之为"协作型多部门结构"。

12.2.5　配备组织人员

在分析营销组织人员配备时，必须考虑两种组织情况，即新组织和再造组织（在原组织基础上进行的革新和调整）。在开篇案例中，宝洁公司的组织再造就必须为人员的配备进行合理的安排。宝洁重新定义了公司员工的作用，多数员工已经进入新的业务单元工作，其余的员工得重新努力学习最前沿、最新的知识，随时服从公司的需要。例如，公司解散了拥有 3 600 个员工的信息技术部，该部门原有的 97% 的员工如今工作在宝洁的各个产品小组、市场小组和业务小组中，或是成为了全球商业服务公司的员工，只有 3% 留在了原部门。

12.2.6　组织评价与调整

营销组织自成立时就会存在着不同程度的摩擦和冲突，营销经理必须对组织进行持续的检查、评价与调整，从而使营销组织不断得以发展。

12.3　市场营销控制

执行和控制市场营销计划，是市场营销管理过程的重要步骤。由于在市场营销计划的执行中会出现许多意外情况，所以必须连续不断地控制各项市场营销活动。所谓市场营销控制（marketing control），是指市场营销管理者经常检查市场营销计划的执行情况，看看计划与实际是否一致，如果不一致或没有完成计划，就要找出原因所在，并采取适当措施和正确行动，以保证市场营销计划的完成。市场营销控制有三种主要类型，即年度计划控制（annual plan control）、盈利能力控制（profitability control）和效率控制（efficiency control）。

12.3.1　年度计划控制

任何企业都要制订年度计划，然而年度市场营销计划的执行能否取得理想的成效，还需要看控制工作进行得如何。所谓年度计划控制，是指企业在本年度内采取控制步骤，检查实际绩效与计划之间是否有偏差，并采取改进措施，以确保市场营销计划的实现与完成。许多企业每年都制订有相当周密的计划，但执行的结果却往往与之有一定的差距。事实上，计划的结果不仅取决于计划制订得是否正确，还有赖于计划执行与控制的效率如何。可见，年度计划制订并付诸实施之后，搞好控制工作也是一项极其重要的任务。

1. 年度计划控制的主要目的

（1）促使年度计划产生连续不断的推动力。

（2）控制的结果可以作为年终绩效评估的依据。

（3）发现企业潜在问题并及时予以妥善解决。

（4）高层管理人员可借此有效地监督各部门的工作。

2. 年度计划控制系统的四个主要步骤

（1）制定标准，即确定本年度各个季度（或月）的目标，如销售目标、利润目标等。

（2）绩效测量，即将实际成果与预期成果相比较。

（3）因果分析，即研究发生偏差的原因。

（4）改正行动，即采取最佳的改正措施，努力使成果与计划相一致。

3. 核对年度计划目标的实现程度

企业经理人员可运用五种绩效工具以核对年度计划目标的实现程度，即销售分析、市场占有率分析、市场销售费用对销售额比率分析、财务分析和顾客态度追踪。

1）销售分析

销售分析主要用于衡量和评估经理人员所制订的计划销售目标与实际销售之间的关系。这种关系的衡量和评估有两种主要方法。

（1）销售差异分析。销售差异分析用于决定各个不同的因素对销售绩效的不同作用。例如，假设年度计划要求第一季度销售 4 000 件产品，每件 1 元，即销售额 4 000 元。在该季结束时，只销售了 3 000 件，每件 0.8 元，即实际销售额 2 400 元。那么，这个销售业绩差异为－1 600 元或预期销售额的－40%。问题是，绩效的降低有多少归因于价格下降？有多少归因于销售数量的下降？我们可用如下计算来回答：

因价格下降的差异＝（1－0.8）×3 000＝600，占 37.5%；

因数量下降的差异＝1×（4 000－3 000）＝1 000，占 62.5%。

可见，约有 2/3 的销售差异归因于未能实现预期的销售数量。由于销售数量通常较价格容易控制，企业应该仔细检查为什么不能达到预期的销售量。

（2）微观销售分析。微观销售分析可以决定未能实现预期销售额的特定产品、地区等。假设企业在三个地区销售，其预期销售额分别为 1 500 元、500 元和 2 000 元，总额 4 000 元。实际销售额分别是 1 400 元、525 元和 1 075 元。就预期销售额而言，第一个地区有 7%的未完成额，第二个地区有 5%的超出额，第三个地区有 46%的未完成额，主要问题显然在第三个地区。造成第三个地区不良绩效的原因有如下可能：a.该地区的销售代表工作不努力或有个人问题；b.有主要竞争者进入该地区；c.该地区居民收入下降。

2）市场占有率分析

企业的销售绩效并未反映出相对于其竞争者，企业的经营状况如何。如果企业销售额增加了，可能是由于企业所处的整个经济环境的发展，或可能是因为其市场营销工作较之其竞争者有相对改善。市场占有率正是剔除了一般的环境影响来考察企业本身的经营工作状况。如果企业的市场占有率升高，表明它较其竞争者的情况更好；如果下降，则说明相对于竞争者其绩效较差。衡量市场占有率的第一个步骤是清楚地定义使用何种度量方法，一般地说，有四种不同的度量方法。

（1）全部市场占有率。以企业的销售额占全行业销售额的百分比来表示。使用这种测量方法必须做两项决策：a.要以单位销售量或以销售额来表示市场占有率；b.正确认定行业的范围，即明确本行业所应包括的产品、市场等。

（2）可达市场占有率。以其销售额占企业所服务市场的百分比来表示。所谓可达市场，一是企业产品最适合的市场；二是企业市场营销努力所及的市场。企业可能有近 100%的可达市场占有率，却只有相对较小百分比的全部市场占有率。

（3）相对市场占有率（相对于三个最大竞争者）。以企业销售额对最大的三个竞争者的销售额总和的百分比来表示。如某企业有 30%的市场占有率，其最大的三个竞争者的市场占有率分别为 20%、10%、10%，则该企业的相对市场占有率是 30/40＝75%。一般情况下，相对市场占有率高于 33%即被认为是强势力。

（4）相对市场占有率（相对于市场领导竞争者）。以企业销售额相对市场领导竞争者的销售额的百分比来表示。相对市场占有率超过 100%，表明该企业是市场领导者；相对市场占有率等于 100%，表明企业与市场领导竞争者同为市场领导者；相对市场占有率的增加表明企业正接近市场领导竞争者。

了解企业市场占有率之后，尚需正确解释市场占有率变动的原因。企业可从产品大类、顾客类型、地区以及其他方面来考察市场占有率的变动情况。一种有效的分析方法

是从顾客渗透率 C_p、顾客忠诚度 C_1、顾客选择性 C_s 以及价格选择性 P_s 四个因素分析。所谓顾客渗透率，是指从本企业购买某产品的顾客占该产品所有顾客的百分比。所谓顾客忠诚度，是指顾客出于对本企业或品牌的偏好而经常性重复购买商品的数量相对于市场中所有品牌购买数量的百分比。所谓顾客选择性，是指本企业一般顾客的购买量相对其他企业一般顾客的购买量的百分比。这样，全部市场占有率 T_{ms} 就可表述为：

$$T_{ms} = C_p \cdot C_1 \cdot C_s \cdot P_s \qquad (12\text{-}1)$$

3）市场营销费用对销售额比率分析

年度计划控制也需要检查与销售有关的市场营销费用，以确定企业在达到销售目标时的费用支出。市场营销费用对销售额比率是一种主要的检查方法。市场营销管理人员的工作就是密切注意这些比率，以发现是否有任何比例失去控制。当一项费用对销售额比率失去控制时，必须认真查找问题的原因。

4）财务分析

市场营销管理人员应就不同的费用对销售额的比率和其他的比率进行全面的财务分析，以决定企业如何以及在何处展开活动，获得盈利。尤其是利用财务分析来判别影响企业资本净值收益率的各种因素。

5）顾客态度追踪

如上所述的年度计划控制所采用的衡量标准大多是以财务分析和数量分析为特征的，即它们基本上是定量分析。定量分析虽然重要但并不充分，因为它们没有对市场营销的发展变化进行定性分析和描述。为此，企业需要建立一套系统来追踪其顾客、经销商以及其他市场营销系统参与者的态度。如果发现顾客对本企业和产品的态度发生了变化，企业管理者就能较早地采取行动，争取主动。企业一般主要利用以下系统来追踪顾客的态度。

（1）抱怨和建议系统。企业对顾客的书面或口头抱怨应该进行记录、分析，并做出适当的反应。对不同的抱怨应该分析归类做成卡片，较严重和经常发生的抱怨应及早予以注意。企业应该鼓励顾客提出批评和建议，使顾客经常有机会发表意见，才有可能收集到顾客对其产品和服务反映的完整资料。

（2）固定顾客样本。有些企业建立由一定代表性的顾客组成的固定顾客样本，定期地由企业通过电话访问或邮寄问卷了解其态度。这种做法有时比抱怨和建议系统更能代表顾客态度的变化及其分布范围。

（3）顾客调查。企业定期让一组随机顾客回答一组标准化的调查问卷，其中问题包括职员态度、服务质量等。通过对这些问卷的分析，企业可及时发现问题，并及时予以纠正。

通过上述分析，企业在发现实际绩效与年度计划发生较大偏差时，可考虑采取如下措施：削减产量、降低价格、对销售队伍施加更大的压力、削减杂项支出、裁减员工、调整企业簿记（book keeping）、削减投资、出售企业财产、出售整个企业。

12.3.2　盈利能力控制

除了年度计划控制外，企业还需要运用盈利能力控制来测定不同产品、不同销售区域、不同顾客群体、不同渠道以及不同订货规模的盈利能力。由盈利能力控制所获取的信息，有助于管理人员决定各种产品或市场营销活动是扩展、减少还是取消。下面拟就市场营销成本以及盈利能力的考察指标等做一阐述。

1. 市场营销成本

市场营销成本直接影响企业利润，它由如下项目构成。

（1）直接推销费用，包括直销人员的工资、奖金、差旅费、培训费、交际费等。

（2）促销费用，包括广告媒体成本、产品说明书印刷费用、赠奖费用、展览会费用、促销人员工资等。

（3）仓储费用，包括租金、维护费折旧、保险、包装费、存货成本等。

（4）运输费用（包括托运费用等），如果是自有运输工具，则要计算折旧、维护费、燃料费、牌照税、保险费、司机工资等。

（5）其他市场营销费用，包括市场营销管理人员工资、办公费用等。上述成本连同企业的生产成本构成了企业的总成本，直接影响到企业经济效益。其中，有些与销售额直接相关，称为直接费用；有些与销售额并无直接关系，称为间接费用。有时两者也很难划分。

2. 盈利能力的考察指标

取得利润是任何企业的最重要的目标之一。企业盈利能力历来为市场营销管理人员所高度重视，因而盈利能力控制在市场营销管理中占有十分重要的地位。在对市场营销成本进行分析之后，我们特提出如下盈利能力考察指标。

1）销售利润率

一般来说，企业将销售利润率作为评估企业获得能力的主要指标之一。销售利润率是指利润与销售额之间的比率，表示每销售一百元以使企业获得的利润，其公式为

$$销售利润率 = \frac{本期利润}{销售额} \times 100\%$$

但是，在同一行业各个企业间的负债比率往往大小相同，而对销售利润率的评价又常需通过与同行业平均水平来进行对比。所以，在评估企业获利能力时最好将利息支出加上税后利润，这样将能大体消除由于举债经营而支付的利息对利润水平产生的不同影响。因此，销售利润率的计算公式应该是：

$$销售利润率 = \frac{税后息前利润}{产品销售收入净额} \times 100\%$$

这样的计算方法，在同行业间衡量经营水平时才有可比性，才能比较正确地评价市场营销效率。

2）资产收益率

资产收益率指企业所创造的总利润与企业全部资产的比率。其公式为

$$资产收益率 = \frac{本期利润}{资产平均总额} \times 100\%$$

与销售利润率的理由一样，为了在同行业间有可比性，资产收益率可以用如下公式计算：

$$资产收益率=\frac{税后息前利润}{资产平均总额}\times100\%$$

其分母之所以用资产平均总额，是因为年初和年末余额相差很大，如果仅用年末余额作为总额显然不合理。

3）净资产收益率

净资产收益率指税后利润与净资产所得的比率。净资产是指总资产减去负债总额后的净值，这是衡量企业偿债后的剩余资产的收益率。其计算公式是：

$$净资产收益率=\frac{税后利润}{净资产平均余额}\times100\%$$

其分子之所以不包含利息支出，是因为净资产已不包括负债。

4）资产管理效率

资产管理效率可通过以下比率来分析。

（1）资产周转率。该指标是指一家企业以资产平均总额去除产品销售收入净额而得出的全部资产周转率。其计算公式如下：

$$资产周转率=\frac{产品销售收入净额}{资产平均占用额}\times100\%$$

该指标可以衡量企业全部投资的利用效率，资产周转率高说明投资的利用效率高。

（2）存货周转率。该指标是指产品销售成本与存货（指产品）平均余额之比。其计算公式如下：

$$存货周转率=\frac{产品销售成本}{存货平均余额}\times100\%$$

这项指标说明某一时期内存货周转的次数，从而考核存货的流动性。存货平均余额一般取年初和年末余额的平均数。一般说来，存货周转率次数越高，说明存货水准越低、周转快、资金使用效率高。

资产管理效率与获利能力密切相关。资产管理效率高，获利能力相应也较高。这可以从资产收益率与资产周转率及销售利润率的关系上表现出来。资产收益率实际上是资产周转率和销售利润率的乘积：

$$资产收益率=\frac{产品销售收入净额}{资产平均占用额}\times\frac{税后息前利润}{产品销售收入净额}$$
$$=资产周转率\times销售利润率$$

12.3.3　效率控制

假如盈利能力分析显示出企业关于某一产品、地区或市场所得的利润很差，那么紧接着下一个问题便是有没有高效率的方式来管理销售人员、广告、销售促进及分销。

1. 销售人员效率

企业的各地区的销售经理要记录本地区内销售人员效率的几项主要指标，这些指标如下。

（1）每个销售人员每天平均的销售访问次数。

（2）每次会晤的平均访问时间。

（3）每次销售访问的平均收益。

（4）每次销售访问的平均成本。

（5）每次销售访问的执行成本。

（6）每百次销售访问而订购的百分比。

（7）每期间的新顾客数。

（8）每期间丧失的顾客数。

（9）销售成本对总销售额的百分比。

企业可以从以上分析中发现一些非常重要的问题，例如，销售代表每天的访问次数是否太少，每次访问所花时间是否太多，是否在招待上花费太多，每百次访问中是否签订了足够的订单，是否增加了足够的新顾客并且保留住了原有的顾客。当企业开始正视销售人员效率的改善后，通常会取得很多实质性的改进。

2. 广告效率

企业应该至少做好如下统计。

（1）每一媒体类型、每一媒体工具接触每千名购买者所花费的广告成本。

（2）顾客对每一媒体工具注意、联想和阅读的百分比。

（3）顾客对广告内容和效果的意见。

（4）广告前后对产品态度的衡量。

（5）受广告刺激而引起的询问次数。

企业高层管理可以采取若干步骤来改进广告效率，包括进行更加有效的产品定位、确定广告目标、利用计算机来指导广告媒体的选择、寻找较佳的媒体，以及进行广告后效果测定等。

3. 促销效率

为了改善销售促进的效率，企业管理阶层应该对每一销售促进的成本和对销售的影响做记录，注意做好如下统计。

（1）由于优惠而销售的百分比。

（2）每一销售额的陈列成本。

（3）赠券收回的百分比。

（4）因示范而引起询问的次数。

企业还应观察不同销售促进手段的效果，并使用最有效果的促销手段。

4. 分销效率

分销效率主要是对仓库位置及运输方式进行分析和改进，以达到最佳配置并寻找最佳运输方式和途径。例如。面包批发商遭到了来自连锁面包店的激烈竞争，它们在面包的实体分配方面尤其处境不妙，面包批发商必须做多次停留，而每停留一次只送少量面包。不仅如此，开车司机一般还要将面包送到每家商店的货架上，而连锁面包商则将面包放在连锁店的卸货平台上，然后由商店工作人员将面包陈列到货架上，这种物流方式促使美国面包商协会提出：是否可以利用更有效的面包处理程序为题进行调查。该协会进行了一次系统工程研究，他们以一分钟为单位具体计算面包装上卡车到陈列在货架上所需要的时间；通过跟随司机送货和观察送货过程，这些管理人员提出了若干变革措施，使经济效益的获得来自更科学的程序。不久，他们在卡车上设置特写面包陈列架，只需司机按动电钮，面包陈列架就会在车子后部自动开卸，这种改进措施既受到进货商店的欢迎，又提高了工作效率。不过，人们通常要等到竞争压力增强到非改不可的时候才开始行动。

效率控制的目的在于提高人员推销、广告、销售促进和分销等市场营销活动的效率，市场营销经理必须重视若干关键比率，这些比率表明上述市场营销组合因素的功能执行的有效性以及应该如何引进某些资料以改进执行情况。

本 章 小 结

营销组织在实施企业营销战略方面具有重要意义。有效的营销组织应具有灵活性、适应性和系统性的特点。现代市场营销组织曾经历了一个长期的演变过程，大致分为五个阶段：简单（单纯）的销售部门、销售部门兼营其他营销职能、独立的市场营销部门、现代市场营销部门和现代市场营销公司。

一个公司最终成功与否不仅取决于各个部门的本职工作完成得是否出色，还取决于不同部门间的合作是否顺畅。虽然在现实中部门之间充满了冲突和误会，但市场营销经理必须能够使所有部门认识到以顾客需求为中心是整个公司的使命所在。

市场营销组织的设计要及时跟上营销管理的需要。现代市场营销组织类型大体上可分为专业化组织和结构性组织两种。专业化组织又包括职能型组织、产品型组织、市场型组织和地域型组织。结构性组织又包括金字塔形组织和矩阵型组织。

市场营销控制是市场营销管理者用以跟踪企业营销活动过程的每一个环节、确保其按预期目标运行而实施的一套工作程序或工作制度，以及为使实际结果与预期目标一致而采取的必要措施。

年度计划控制、盈利能力控制和效率控制是三种基本的控制方式。

思 考 练 习

1. 现代市场营销组织大致经历了怎样的一个演变过程？
2. 即使是同一行业的公司，其组织结构也常常会大相径庭，是什么原因导致了这些不同？
3. 市场营销控制的基本方式有哪几种？分析每一种控制方式的基本内容。

案 例 讨 论

在开篇案例中，宝洁公司为什么要变更自己原有的营销组织结构？

推 荐 阅 读

1. 菲利普·科特勒，加里·阿姆斯特朗. 市场营销原理[M]. 11 版. 郭国庆，钱明辉，陈栋，等，译. 北京：清华大学出版社，2007.

2. 罗杰·凯林，等. 市场营销（双语教学版）[M]. 8 版. 王成慧，等，译. 北京：人民邮电出版社，2009.

3. 郭国庆. 市场营销学通论[M]. 3 版. 北京：中国人民大学出版社，2007.

4. 迈克尔·津科特，伊尔卡·郎凯恩. 国际市场营销学[M]. 6 版. 陈祝平，译. 北京：电子工业出版社，2004.

第13章

国际市场营销

本章提要

　　国际市场营销学是在市场营销学的基础上产生的，是将普通市场营销学的理论应用于国际市场营销后形成和发展起来的，诞生于20世纪60年代。作为一门独立的学科，国际市场营销以企业的国际市场营销行为作为研究对象，研究的核心是企业如何策划与实施跨越国界的市场营销活动。

　　本章将把基本的营销原理扩展到一个重要领域——国际市场上，主要探讨作为市场营销学分支学科的国际市场营销学的概念、企业进行国际营销所面临的各种环境、企业进入国际市场的方式以及企业在国际市场上运用的营销策略等。

学习目标（重点与难点）

　　通过本章的学习，主要掌握以下内容：

1. 国际市场营销的含义，以及与国际贸易、市场营销的区别。
2. 国际市场营销的环境分析。
3. 企业进入国际市场的方式。
4. 国际市场营销策略分析。

框架结构（见图13-0）

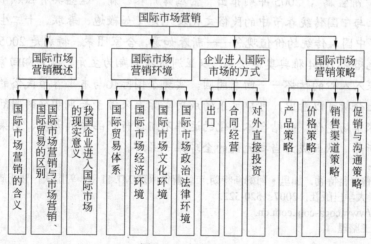

图 13-0　框架结构

可口可乐的国际市场营销

2009年9月，"全球最佳品牌"（The Best Global Brands）百强排行榜评选中，可口可乐以687亿美元的品牌价值连续第九年独占鳌头。这项由创办于1929年的全球权威商业媒体机构《商业周刊》与全球领先的品牌咨询公司Interbrand合作评选的殊荣，可口可乐一直稳居榜首，2009年比2008年品牌价值上升3%，比第二名IBM高出85亿美元之多。在全球，可口可乐是世界上最大的汽水、果汁、果味饮料、即饮茶和即饮咖啡的生产商。通过全球最大的分销系统，二百多个国家的消费者每日享用超过15亿杯可口可乐产品。因此，可口可乐是当之无愧的世界最著名、最受人赞誉的品牌，在中国也是最家喻户晓的国际品牌之一，在中国软饮料市场占据主导地位。

可口可乐在世界范围如此成功，归因于其全球化的国际市场营销策略，即全球化和本土化的紧密结合策略。首先，可口可乐投入巨资——一年大概12亿美元在全球的可乐广告上，目的是在其全球市场上获得统一的品牌定位，如从品牌建立初期的定位"请喝可口可乐"，到20世纪中后期的"挡不住的感觉"，再到1996年亚特兰大奥运会的"尽情尽畅，永远是可口可乐"，直到21世纪"每刻尽可乐，可口可乐"等品牌定位的变迁，无一不是让全世界同步接收可口可乐的统一定位和内涵。此外，可口可乐的口味和包装也跟随其定位是全球统一的。因此，全球化的营销指导思想造就了一个全球领导品牌。而在具体的不同国家，可口可乐的营销策略却又是非常本土化的。公司根据每个市场的顾客及其偏好仔细开展产品和品牌、价格、渠道以及广告等的运作。例如，可口可乐公司除全球最有价值品牌可口可乐外，开发了超过450个不同的饮料品牌，目的就是满足不同国家、不同地区人们的不同口味。此外，公司还根据不同国家的市场特点来设计广告。比如在中国春节的电视广告中，可口可乐连续四年配合春节促销活动分别推出了小阿福、小阿娇拜年的系列品牌运动——2002年推出"春联篇"，2003年推出"剪纸篇"，2004年推出"滑雪篇"，2005年则推出"金鸡舞新春"篇。这些具有强烈中国色彩的广告把可口可乐与中国传统春节中的民俗文化及元素（如鞭炮、春联、十二生肖等）结合起来，传递了中国人传统的价值观念——新春如意，合家团聚。特别是2005年，可口可乐更是成功地搭乘2004雅典奥运快车，以亚洲飞人刘翔为主角，以刘翔回家为主题，传递一个更为深入人心的情怀——回家团圆，实现了国际化与本土春节民俗的完美结合。

通过以上分析可以看出，可口可乐的成功实际上来源于长期明确的国际营销策略，包括统一全球市场定位，并结合本土化的运作不断进行产品系列开发、新渠道的建立以及广告的创新等，从而成为当之无愧的全球第一品牌。

资料来源：
（1）菲利普·科特勒，加里·阿姆斯特朗.市场营销原理[M]. 11版. 郭国庆，钱明辉，陈栋，等，译. 北京：清华大学出版社，2007：520-522.
（2）http://www.coca-cola.com.cn.
由编者加工整理。

从20世纪60年代开始，随着世界经济的高速发展，发达国家工商企业的市场营销活动不断跨越国界，日益向国际化方向发展，特别是跨国公司在世界市场上的营销活动更是发展迅速，规模和范围日益扩大，可口可乐、微软、通用电气、IBM、诺基亚等众多企业都把全球作为其市场。这一趋势向人们提出了一系列关于营销的新问题，要求人们在新形势下运用新的概念、新的理论、新的原则和新的方法来解决，因此原有的国内营销理论已出现局限性，亟待扩展。

在这样的背景下，在原有的市场营销学原理的基础上，结合现代国际贸易学、国际经济学和国际金融学等学科，国际市场营销学应运而生，并成为市场营销学的一个分支学科。国际市场营销与国内市场营销的理论、方式和方法有着密切的联系，但它们毕竟属于两个学科范畴，在面临的环境、经营方式、营销策略、营销系统和营销风险等许多方面存在明显的区别。国际市场营销在国内营销的基础上，超越国界的延伸大大增加了其复杂性、多样性、多变性和不稳定性。为适应经济国际化的大趋势，指导企业参与国际市场营销活动并取得成效，就必须专门研究国际市场营销方面的问题，从理论和实践的结合上来阐述国际营销的原理、策略和方法，特别是在企业面临全球金融危机之时，探索国际市场营销活动的规律性，可以把握机遇，消除威胁，提高企业经营的效益。

在改革开放日益深化的今天，在我国已成功加入 WTO 以后，我国企业进入国际市场，不仅有利于我国企业牢固地树立起国际市场导向的营销观念、拓宽营销的视野、了解国际市场行情、提高企业的国际应变能力，而且有利于我国企业积极参与部门内的国际分工，扩大知名度，建立完善的国际分销网络，全面提升国际市场竞争力。

13.1　国际市场营销概述

13.1.1　国际市场营销的含义

1. 含义

国际市场营销（international marketing），简单地说，是指在一个以上国家（跨越国界）进行的把企业的产品或劳务引导到消费者或用户中去的各种经营活动。美国著名的国际市场营销学家菲利普·凯特奥拉指出："国际营销是指对商品和劳务流入一个以上国家的消费者或用户手中的过程进行计划、定价、促销和引导以便获取利润的活动。与国内营销唯一差别在于范围扩展至一个以上的国家。"

2. 国际市场营销的活动特征

（1）国际市场营销是超越国界进行的经营活动，这和一般的市场营销着重考察基于本国市场的营销战略有着显著的区别。

（2）国际市场的营销环境复杂多变，企业的不可控因素很多。

（3）企业国际市场营销所满足的对象是国际市场上的消费者或用户，其特点多样，水平参差不齐。

（4）企业进行国际市场营销的最终目的也是为了盈利。

因此，国际市场营销是从事国际经营活动的企业为向国际市场上的消费者或用户提供其需要的产品和劳务而从事的计划、促销、分销、定价和服务活动。

3. 研究对象

从一门学科的角度讲，国际市场营销学是以企业的国际市场营销行为作为研究对象的一门应用学科，是研究跨越国界的营销活动的一门新兴的学科领域。它研究的核心是企业如何策划与实施跨国界的市场营销活动，通过对国际营销活动实际经验的总结和概括，找到国际市场营销的一般规律和方法，以指导从事国际营销活动企业的跨国经营，达到其利润最大化的目的。

13.1.2　国际市场营销与市场营销、国际贸易的区别

1. 国际市场营销与市场营销的区别

国际市场营销是在一般市场营销的基础上发展起来的，与一般市场营销的理论、方式和方法有着密切的联系，但它们之间也存在明显的区别，主要表现在以下几个方面。

1）面临的环境和背景不同

国际市场营销的环境和背景与国内市场营销不同。国内市场营销是在一个国家的疆界范围内部进行的，而国际市场营销则必须跨越国家的界限，不同国家间的经济发展水平、社会文化、政治法律等众多方面都有很大的差别，而这种差别必然会对企业的营销活动产生重大的影响。因此，当一家企业进入两个以上国家的时候，其国际营销战略、方式、方法也要因环境变化而变化。显然，这会增加调整的难度和成本（见例13-1）

【例13-1】

针对国际市场特点从事国际市场营销活动

比如出口商品的商标图案，要注意一些国家的民族风俗和忌讳。例如，土耳其人把绿三角作为"免费赠送"的标志；捷克人把红三角作为有毒的标志；日本人喜欢樱花，却忌讳用荷花做商标图案，认为荷花是不吉祥之物，只在祭奠时用；意大利人最忌讳用菊花作为商品的商标；法国人认为核桃是不吉祥之物；英国人忌讳用人像作为商品的装潢；北非一些国家忌讳用狗作为商品的商标；国际上都把"三角形"作为警告性的标志。

资料来源：菲利普·R. 凯特奥拉，约翰·L. 格雷厄姆. 国际市场营销学[M]. 12版. 周祖城，等，译. 北京：机械工业出版社，2006：56.

2）运用的经营方式不同

企业从事国内市场营销通常是利用本国资源，在本国生产，并在国内市场上销售。国际市场营销一般是在国内营销的基础上发展起来的，国内市场营销往往是国际市场营销的先导。在国际市场营销中，由于资本、资源、技术服务的广泛流动，生产一个产品可以是一国的资源，第二国的资本，第三国的技术，第四国的劳动力，这种组合国际上各种要素的方式可以提高效益，降低成本，获得比较优势。

3）营销策略和手段不同

国际市场营销环境较之国内营销环境更复杂、多样和多变，给企业营销策略的制定和实施会带来强烈的影响。因此，企业必须根据不同国家、不同民族、不同目标市场的营销环境，采用不同的营销策略。例如，产品的延伸策略、改良策略；定价策略中的转移价格、倾销和反倾销、国际市场汇率变化的影响问题；销售渠道的长短、宽窄和国外

中间商的介入等更为复杂；促销活动因各国经济发展的水平不同和文化差异而有所不同等。

4）市场营销管理的难度不同

与国内市场营销系统相比，国际市场营销系统显然比较复杂。从市场营销系统的参加者来看，国际市场营销的参加者不仅包括国内市场营销渠道的企业、国内的竞争者和公众，而且还包括国外的市场营销渠道的企业、国外的竞争者和公众。从系统涉及的市场来看，与国际市场营销相关的市场，不仅包括国内的市场体系，而且包括国外的市场体系，两种市场交织在一起。从流程看，国际市场营销包含的资源流程、货物流程和劳务流程，都可以是跨越国界的，是一种国际流程。

总之，国际市场营销管理包括决策、计划、组织、控制等相关的管理过程，都比国内市场营销管理难度大。国际市场营销环境复杂，不可控因素较多，预测难度大，直接或间接影响了营销的决策、计划和调控；由于跨国家、跨地区经营，文化、社会、政治方面的各种不稳定因素很多，使企业各种营销策略的协调困难加大，尤其全球营销中母公司与子公司或分支机构为实现公司全球范围战略目标的组织协调工作，难度会更大。

5）营销过程的风险性程度不同

环境的差异性和系统的复杂性必然给国际营销过程带来许多不确定因素，使之比国内营销更具风险性。市场营销概念同样适用于国际市场营销，但后者的不确定性几乎在每一个步骤中都明显地表现出来。环境的差异使各国人们的需要有很大的不同，甚至令出口企业迷惑不解。系统的复杂性也可能降低营销活动对目标国家需要的影响力。与此相联系，需要的不确定性可能会导致产品无所适从，不知道设计和生产什么产品或服务，如何去满足目标国家的需要。在不同的文化背景和经济发展水平条件下，人们对产品效用的主观判断和选择也存在不确定性。如果再考虑汇率对产品价格，从而对产品效用的影响，这种不确定性就更大了。买卖双方讨价还价的谈判十分艰苦，交易成功率降低；编织国际市场营销的关系网络也因涉及各种不确定因素而困难重重。

在国际市场中，生产者的各种经济关系也复杂多变，市场往往变幻莫测，所有这一切都使国际市场营销充满着风险。对国际营销风险性的认识有助于我们加强风险管理，进行合理冒险，以期达到风险和报酬的最佳结合。

总之，国际市场营销是国内营销超越国界的延伸，这种超越国界的延伸大大增加了其复杂性、多样性、多变性和不稳定性。为适应经济国际化的大趋势，指导企业参与国际市场营销活动并取得成效，就必须专门研究国际市场营销方面的问题，从理论和实践结合上来阐述国际营销的原理、策略和方法，探索国际市场营销活动的规律性，把握机遇，消除威胁，提高企业经营的效益。

2. 国际市场营销与国际贸易的区别

国际贸易（internatioanl trade）是指世界各国相互之间的产品和服务的交换，由世界各国的对外贸易构成；为一定时期世界贸易的总和，其目的是追求合理分工和比较优势。国际贸易与国际市场营销都是以获得利润收入为目的而进行的超越国界的经济活动，但它们之间又存在着明显的差异，这些差异主要表现在以下几方面。

1）业务范围不同

国际贸易由世界各国的对外贸易构成，而每一个国家的对外贸易又都有进口贸易和出口贸易，因此，国际贸易包括购进和售出两个主要方面。而国际市场营销则主要是销售方面，即通过了解国际市场需求，向国际市场销售适销对路的产品或劳务，从而获得收益。

2）交易的主体不同

国际贸易是国家之间的产品和劳务的交换，是站在国家立场上进行的活动。而国际市场营销则是企业的产品和劳务等内容与国际市场需求的不断适应的过程，卖主是企业（或其海外子公司），买主可能是国家，也可能是这个国家的企业或个人，还可能是本企业在海外的子公司或附属机构。因此，国际市场营销一般是站在企业的立场上，由企业组织实施的。

3）跨越国界的方式不同

在国际贸易中，产品和劳务的交换必须是跨越国界的，即参加交换的产品和劳务必须真正从一个国家转到另一个国家。而在国际市场营销中，所谓超越国界的市场营销活动，是指这些活动跨越国界，而不是指产品和劳务跨越国界。企业在进行国际营销活动时，产品和劳务可以跨越国界，也可以不超越国界。例如，某企业在若干个国家分别设有生产厂，生产出的产品满足东道国的市场需要。这样，尽管企业产品并未发生超越国界的交换，仅仅是当地生产、当地销售，但企业所进行的市场营销活动却是超越国界的。这是因为企业要对国外生产厂进行整体规划与协调，制定各自的发展和经营战略。

4）实施的过程不同

国际市场营销要涉及整个市场营销过程与企业发展战略等问题，所有相关的市场营销手段都要根据市场营销观念和市场营销目标加以调整配合，进行最佳运用。而国际贸易与之不同，尽管国际贸易也要涉及某些市场营销活动，如产品购销、定价等，但在进行这些活动时往往缺乏整体计划、组织和控制，一般也无产品的研发，无须构建国际分销网络，基本上也不需开展国际促销活动。

13.1.3　我国企业进入国际市场的现实意义

当今世界是经济国际化、全球化的世界，是相互依存的世界。随着科学技术和经济的发展，世界各国需要进行越来越密切的交流和合作。新科技革命的发展给20世纪80年代以来的国际经济环境带来了很多新的变化。国际竞争呈现出许多新的特点和新的趋势，它从各个方面影响着世界各国的经济发展进程。对于我国企业来说，开展国际市场营销可谓是机会和挑战同时并存。如何抓住这一时机，拓展参与国际分工和协作的新领域，提高经济国际化程度，从而充分吸收和利用国际上的先进技术，缩短与发达国家的距离，成了摆在我国企业面前的一个重要战略任务。

2008年开始的金融风暴席卷全球，我国各地、各行业企业也受到不同程度的冲击。2009年上半年，珠三角等地有不少中小企业倒闭，而就行业来看，主要是玩具行业，接下来是纺织服装出口行业，全球金融风暴对实体经济的影响日益严重。出口方面，由于美国是中国贸易顺差的主要来源国，美国经济减速不仅降低了中国的出口增速，而且减少了中国的贸易顺差规模。此外，欧洲、日本和新兴市场经济体的经济增长也都受到金融危机的影响，进口需求开始呈现下降趋势。更为严重的是，因为资金链难以支撑和国际市场需求萎缩的延后效应，鉴于国内经济的外向度较高，国内企业近两年恐怕真正要走向"严冬"。

然而危机中仍可看到希望。全球金融风暴对实体经济的影响呈现出明显的结构性特点：产品低附加值、低成本扩张的外向型企业前路艰难，这也是我国许多中小企业的固有问题；自有品牌、注重科技创新、不断提升管理水平的行业和企业却在逆境中显示出较强的抗风险能力。一些眼光更长远的企业则把目光瞄准国际市场，着手实施一系列的国际市场营销活动：一方面加速填补海外同类公司留下的市场空白，并研究通过参股、收购等形式并购大幅缩水的海外优质资产；另一方面招募行业内高技术人才和高级管理人才，协商购买先进技术，为企业的发展储备强大动力。还有一些大型外贸企业，通过向海外延伸产业链，加强对原料的控制力和对终端市场的影响力。例如中纺集团和山东新华锦集团分别通过加速进入巴西大豆原产地和收购海外核心零售商，实现经营模式从低利润区向高利润区的转变，在国际产业分工链条上占据更为有利的位置。

因此可以说，如今的全球经济发展形势对我国企业可谓是挑战与机遇并存，如果能够抓住机遇，正是缩短与发达国家距离的大好机会。为此，我国企业必须积极加入国际经济的竞争行列，努力开拓国际市场，为吸收和引进先进的科学技术打下良好的基础。正是基于这样一个大前提，开拓国际市场就显得尤为重要，其重大意义体现在以下几个方面。

1. 有利于我国企业牢固地树立起国际市场导向的营销观念

进入 21 世纪以来，我国虽然已进入产品出口大国的行列，但从整体上看，我国企业的产品和服务在适应国际市场要求方面做得还很不够。一些企业往往把国内市场需求和国际市场需求一视同仁，甚至在产品出口时不做任何改动。归根结底是陈旧的营销观念造成了国内企业产品更新速度慢、不了解国际市场消费者需求以及产品附加价值低等。如在这次金融风暴下，倒闭的国内企业主要集中在纺织服装、五金塑料、电子产品、陶瓷建材等传统型、低技术、高耗能行业，而顺应国际市场需求生产高科技产品的企业受影响最小。

2. 有利于我国企业拓宽营销视野，了解国际市场行情

我国从事出口活动的企业，不论是生产型还是贸易型企业，往往对国际市场调研重视不足。这就使企业不能迅速把握住国际市场的动态，也不能使企业的对外经济活动真正按国际市场的需求来组织实施，使得出口带有很大的盲目性，同时也丧失了很多市场机会。例如，美国著名内陆城市、有享誉全球"赌城"称号和"世界会展之都"美誉的拉斯维加斯，是世界上最大的会展中心之一（拉斯会展），其中全美最大的 200 个展会中的 40 个是在拉斯维加斯定期举办，约有 500 多万家厂商参展，聚集了全球主要的专业商家和客源。近年来，在美国其他城市举办了多年的会展也纷纷落户拉斯维加斯，使拉斯会展业的发展势头更为强劲，展览项目持续增长，展会数量明显上升。2006 年拉斯参加会展人数达到 630 万人次，比 2001 年的 450 万人次增长了 14%，会展及会展相关收入逾 82 亿美元，比 2001 年的 60 亿美元增长了 13.7%。这样一个广阔的市场机会确实给我

国企业带来了实实在在的利益，每年在拉斯会展亮相的中国企业越来越多，成为我国企业与世界各国专业客商交流和建立关系的有利平台，对国内企业进一步了解国际市场需求和扩大企业知名度有重要意义。然而，对拉斯会展信息的获取和了解不足却成为国内企业进军海外的一大障碍。这主要源于企业并不重视国际市场调研，因而也不了解国际市场发展行情。如美国职业高尔夫协会高尔夫用品展、国家城市展、建筑玻璃和门窗展等展会是有潜力的展会市场，我国企业却很少涉足，多集中在纺织、家电、电子、五金、鞋和服装等传统类参展商品上。如果国内组展单位能够鼓励厂家加强对拉斯会展市场的调研，开发和培育新的展会市场，组织企业进入新的产品销售渠道，势必带来国内企业向拉斯会展业的纵深发展。同时各参展企业如能进一步深入研究其客户的采购情况，并制定相关的营销策略，将大大提高本企业产品在国际市场的受关注度。[1]

3. 有利于我国企业找到适宜的国际市场营销渠道

国际营销渠道畅通与否，对企业开拓国际市场至关重要。目前国内很多企业的国际营销渠道策略趋于单调化，往往委托出口中间商销售产品。实际上，这种方式仅是国际营销渠道的一种，企业要根据自身情况，选择适宜的国际市场营销渠道。当企业初入国际市场，由于缺乏对海外市场的经验，一般要经过代理商。在进入国际市场之前，一般要对国外文化做充分调研，找到最能反映出目标市场文化、道德等方面的渠道成员。这一点应尽量选取关系面广、财力雄厚的专业化代理商。一个成功的实例是，青岛啤酒出口美国售价不菲，销量却丝毫不逊色于美国和德国的一些名牌啤酒，其关键是有出色的代理商。

当国内企业一旦打开国外市场后，就可进行直接投资了。这时须注意，我国企业在对外直接投资中应尽量避免与大型、成熟的跨国公司进行市场争夺。聪明的办法是选择那些被跨国公司所忽视而又具有一定竞争优势的区域。如格力空调就是通过几十个代理商远销巴西的 14 个州，巴西主要城市的高档家电公司和大型超市都有格力专柜。有鉴于此，格力又在巴西投资 2 000 万元建厂，并获得良好的经济效益。[2]

4. 有利于我国企业积极参与部门内的国际分工

传统的国际分工（international specialization）形式主要有垂直国际分工（vertical international specialization）和水平国际分工（horizontal international specialization）两大类。垂直国际分工是指发展中国家与工业发达国家之间的贸易往来，发展中国家向发达国家出口资源或初级产品，发达国家把这些资源或初级产品加工成制成品再向发展中国家出口。水平国际分工一般指的是工业发达国家之间的贸易往来，是处于同一技术水准上的工业制成品的相互补充性的进出口交易。现在，水平国际分工不仅在发达国家之间进行，在工业发达国家与发展中国家之间，甚至在发展中国家之间也正在进行。水平国际分工已逐渐演变成部门内的国际分工。比如通用汽车公司早在 20 世纪 60 年代中期就开始酝酿"全球汽车"的计划，以便只要什么地方可以获得利润，就在该地方装配汽车。事实上，它们的 J 平台系列车（中国：别克凯越）就是这样一种汽车——由联邦德国制

---

1 中国商品网: http://ccn.mofcom.gov.cn/spbg/show.php?id=7642&ids=.

2 天工网: http://g.tgnet.cn/marketing/BBS/Detail/2007020551183418783/.

造车壳、澳大利亚制造车厢、美国制造悬置、日本制造变速器、巴西制造引擎，之后再组装而成，你很难说清它究竟是由哪国生产的。

因此，适应当代国际分工交换的发展趋势，树立国际分工的观念，运用国际市场营销的战略和战术，有计划地开展国际专业化生产和技术合作，扩大零部件和"国际综合性产品"的生产和出口，这是我国扩大出口、发展经济的重要途径之一。

13.2　国际市场营销环境

从事国际市场营销的人员面对的是全新的环境因素、制约条件和许多来自法律、文化和社会方面的冲突，而且，国际市场营销所面临的经营风险和环境的不确定性比国内市场要大得多。企业开展国际市场营销的前提就是首先要分析国际市场上所有不可控制因素的现状和发展趋势，识别和发现对企业有利的市场机会，规避不利的潜在威胁。

13.2.1　国际贸易体系

国内企业想要向海外发展，必须先对国际贸易体系有所了解。国际贸易体系（international trade system）是由发达国家和发展中国家构成的二元结构体系，发达国家控制技术密集型产业，放开劳动密集型产业，通过价格剪刀差，获取占本国 GDP15% 以上的贸易收益。自 1948 年关贸总协定订立以来（后改为世界贸易组织），确立了国际自由贸易体制，形成了以美国为中心的国际贸易体系。

1. 保护主义

企业走向海外必须面对充满着关税、配额和非关税壁垒的现实世界。这些壁垒都属于保护主义（protectionism）措施，旨在保护一国市场，防止国外公司的入侵，阻止不想要的商品进入本国市场（见例 13-2）。

1）关税

关税（tariff）即一国政府对进入该国国境的货物征收的一种税收。关税可能用来增加税收，或者抑制商品的进口，或者两者兼而有之（见例 13-2）。关税常常被用作报复贸易伙伴的保护主义行为的手段。如 2009 年 7 月，美国能源部部长朱棣文在就职后不久公开表示，如果其他国家没有实施温室气体强制减排措施，那么美国将征收"碳关税"，因为这有助于避免使美国制造业处于不公平的竞争状态。此提法一出台，即遭到中国警告，商务部发言人姚坚表示，"碳关税"政策的实施将有损发展中国家的利益，实际上发展中国家在承担环境保护方面已经做出了巨大的努力。如果"碳关税"政策出台，将可能引起连锁的贸易报复，不利于克服当前金融危机的影响，共同振兴当前经济，美国恐怕也会因此而谨慎行事。

2）非关税贸易壁垒

非关税贸易壁垒（nontariff trade barrier）指一国政府采取除关税以外的各种办法来对本国的对外贸易活动进行调节、管理和控制的一切政策与手段的总和，其目的就是试图在一定程度上限制进口，以保护国内市场和国内产业的发展。非关税贸易壁垒手段多种多样，主要包括配额、抵制和禁运、外汇管制、各种标准等。在实践中，还存在着种种很难归类于以上各类贸易壁垒的其他壁垒（见例13-2）。

（1）配额（quota）：是对特定种类的商品所实施的一定进口数量或进口金额的限制。如英国对进口电视剧实行限制，美国对糖、纺织品以及花生的进口实施配额等。与关税一样，配额往往使进口品的价格上升。据估计，美国对纺织品的配额使服装的批发价格增加了50%。

（2）抵制（boycott）和禁运（embargo）：这是最强硬的配额形式，完全禁止某些产品项目的进口或出口。政府抵制是指完全限制从其他国家购买和进口某种商品。禁运则是指禁止向特定国家进行出口。如美国仍然对与之有争议的国家如古巴、伊朗和伊拉克实施制裁；此外，除了政府抵制，还有公众抵制，即由一国公民抵制其他国家货物，这种情况并不少见，如支持国货运动等。

（3）外汇管制（exchange control）或货币壁垒（currency barrier）：一国政府可以通过各种形式的外汇管制措施对该国的国际贸易状况进行有效管理，为了维护国际收支状况或者特定行业的利益，一国政府可能实施这些限制措施。即限制外汇数量以及与其他货币兑换的汇率。货币壁垒有三种形式：冻结货币（blocked currency）、差别化汇率（discriminatory exchange rates）以及确保外汇安全的政府审批（examination and approval of government）。货币的冻结或封锁通过完全限制外汇的可获得性削减了进口，即禁止进口商用本国货币兑换卖方国货币，实际上进口被封锁。这种壁垒通常用于在政治上对立的一个或多个国家。差别化汇率壁垒的目的是鼓励进口政府认可的商品，而限制进口政府不认可的商品。该机制主要要求进口商在购买用于进口不同种类的商品的外汇时，按不同汇率支付本国货币。例如，对认可商品的汇率可能是1单位的本国货币兑换1单位的某一外国货币，而对不认可商品的汇率可能就是3单位的本国货币兑换1单位的外国货币。因此，与进口认可商品的进口商相比，买同样多的外汇，进口不认可商品的进口商需多支付2倍的本国货币，因而限制了进口。外汇取得需经政府审批主要发生在外汇严重短缺的国家。很多发展中国家如拉美地区和东欧都严格要求进口商品必须通过政府审批。因此需购买外国货物的进口商必须申请外汇许可证，即获准以一定数量的当地货币兑换成外汇。而只有经过各种各样的障碍和令人头疼的官方程序后，政府才会勉强批准。不用说，这些货币兑换比率严重限制了贸易的发展。

（4）标准（standard）。此类非关税壁垒包括健康标准、安全标准和产品质量标准。如标准差异（standard difference），即对进口产品执行比国内产品更高的标准；检验方法的政府间接受（government-to-government acception），即用比国内产品检验更严格的方法来决定产品的安全性；以及用严厉和歧视性（discrimination）的方式对进口产品执行该国的包装、标签以及市场营销标准（见例13-2）。

【例13-2】

日本的各种贸易壁垒

日本人视大米为神圣之物，这一观念深深扎根于日本的社会文化甚至政治生活之中。因此在日本人眼中，大米甚至根本不能被列入考虑进口的范围。1986年，当美国要求日本开放其大米市场时，日本人自然而然视其为对本土文化的一种威胁。直到1994年，随着关贸总协定通过日期的日益临近，日本迫于加拿大、欧盟和美国的压力终于不再抵制大米进口。尽管如此，日本消费者所付出的价格却因为令人瞠目的 490%的进口关税居高不下。

另外，日本人很聪明地使用"独特性"这一词汇来阻止国外产品进入本国市场。如宣称日本人的皮肤与欧美人不同，因此欧美的化妆品公司在日本销售产品之前必须先进行测试；再如通过说明日本人胃很小，仅容得下当地产的 Mikan 橘子，所以进口橘子受到限制；直到最近，日本人又提出一种与众不同的说法：他们的雪与众不同，所以滑雪设备也要有所不同。

此外，在产品标准的制定方面，日本不仅标准制定程序让外国人看不懂，还不接受外国的检测数据，对全世界普遍认为安全的产品成分不审批，特别是不接受在日本之外对某些产品如药品进行的某些检验和认证程序的结果。

资料来源：
（1）菲利普·R. 凯特奥拉，约翰·L. 格雷厄姆. 国际市场营销学[M]. 12 版. 周祖城，等，译. 北京：机械工业出版社，2006：32.
（2）菲利普·科特勒，加里·阿姆斯特朗. 市场营销原理[M]. 11 版. 郭国庆，钱明辉，陈栋，等，译. 北京：清华大学出版社，2007：524.
（3）苏比哈什 C. 国际市场营销[M]. 6 版. 贾殷，吕一林，雷丽华主译. 北京：中国人民大学出版社，2004：39.
由编者加工整理.

2. 放松贸易限制的各种力量

各类保护主义极大地阻碍了自由贸易，不利于世界经济的发展，严重限制了国家间的经贸往来。关税和其他保护性措施的代价不仅将由消费者最后承担，而且忽视了国际贸易的根本性经济利益，即比较优势和合理分工。因此，随着市场全球化的发展，进行国际贸易的国家都已把精力集中在消除关税、配额和其他贸易壁垒的方式上。关税与贸易总协定（简称关贸总协定）、世界贸易组织、国际货币基金组织和世界银行等国际性组织或机构一直在为推动国际贸易的增长而努力，此外，各种区域性自由贸易区也发挥着重要的作用。

1）世界贸易组织（World Trade Organization，WTO）和关贸总协定（General Agreement on Tariff and Trade，GATT）

1948 年，美国和其他 22 国签署了关贸总协定。该协定致力于通过降低关税和其他国家贸易壁垒来促进世界贸易，同时也起到监督世界贸易的作用。成员国自关贸总协定缔结以来，进行了八个回合的政府间关税谈判，前七轮谈判把制成品的平均世界关税水平从 45%降低到 5%。第八轮谈判称为乌拉圭谈判，其谈判的意义会延续很多年，因为新的协议必将促进长期的全球贸易。它降低了世界其余商品 30%的关税，这将使全球商品贸易上升 10%。1994 年乌拉圭回合创立了作为 GATT 继任者的世界贸易组织来执行GATT 的规则。

世界贸易组织（WTO）不仅包含了原来的关贸总协定体制，而且将它扩展到新的领域。关贸总协定只是一个协定，而世贸组织则是一个机构。1995 年 1 月世贸组织正式替代了关贸总协定，监督关贸总协定的实施，解决国际纠纷，并施加贸易制裁，而以前的

GATT 则没有这些权力。WTO 体制对促进贸易和投资在全球的流动做出了很大贡献，中国于 2001 年正式加入世贸组织。

2）国际货币基金组织（International Monetary Fund，IMF）

IMF 于 1944 年成立，旨在保持国际货币体系的稳定，从其成员国募集资金。成员国根据期望的贸易方式自愿认购配额，以黄金和美元支付 25% 的配额，以本国货币支付其余的部分。这些基金用于保证成员国免受币值随机波动的影响。一般来说，成员国认缴份额越大，其在全球经济中所占比重越大，在国际货币基金组织中的投票权也就越大。中国是该组织创始国之一，当前认购配额是 3.72%，排名第六位。预计 2009 年国际货币基金组织新一轮改革完成后，中国在该组织中的地位将会大大提升，中国认缴的份额将会与经济规模相当，其获得的投票权也会因此大大增加，可能提升到第二位，仅次于美国。

IMF 的目标是稳定外汇汇率，协助建立多边支付制度，加强国际货币合作，并通过提供短期贷款缓解成员国国际收支不平衡。如 1997 年，韩国爆发金融危机，韩元贬值一半以上，韩国政府向国际货币基金组织申请紧急贷款，得到了其提供的 195 亿美元的巨额贷款，并按其方案进行了改革。经过短短的两年，韩国经济迅速恢复。经过半个多世纪的发展，IMF 的价值得到了肯定，特别是从 2008 年开始的全球金融风暴中，IMF 将起到减少危机影响、使世界经济恢复到稳定和持续增长的重要作用。

3）世界银行（World Bank）

世界银行的官方名称是"国际复兴开发银行"，成立于 1944 年，旨在通过促进持续增长和投资来减少贫困，提高人们的生活水平。尤其是近年来世界银行与 IMF 一道积极地解决发展中国家的债务问题，通过向成员国提供（长期）贷款，以推动该国经济的恢复与发展。中国是成员国之一，如 2009 年 5 月，世界银行批准给中国两笔新贷款共计 1.5 亿美元，用于文化与自然遗产保护和改善水资源环境，并批准一笔全球环境基金赠款 1 970 万美元，以提高火电厂的效率。

IMF 和世界银行都是全球性机构，创建的目的都是为了帮助各国实现经济发展并维持经济活力。通过帮助各国维持金融市场的稳定及对寻求经济发展和重整的国家进行援助，两者在国际贸易中都发挥着重要作用。不同的是，IMF 的运行是宏观层面的，而世界银行则是在微观层面上运行。

4）区域市场协定（regional market agreement）

世界贸易组织、国际货币基金组织和世界银行在全球范围内运行，在国际层面上努力维护全球的自由贸易；与此同时，区域也发生了变化，区域层面上的经济合作也发展起来了，结果就形成了不同形式的市场协定。对国际贸易影响较为突出的区域市场协定包括以下几种。

（1）欧洲：欧盟（European Union，EU）。成立于 1957 年，当时叫"共同市场"。1992 年改为"欧盟"，是一个集政治实体和经济实体于一身，在世界上具有重要影响的区域一体化组织。欧盟代表着真正意义的关税同盟，在团体内部取消了所有对工业产品的关税和贸易限制，同时对外征收相同的关税，并支持劳动力和资本在其内部的自由流动。如今的欧盟在规模上与美国相当，特别是 1999 年实行统一货币——欧元以来，已成为有力的世界经济力量。

（2）北美：北美自由贸易协定（North America Free Trade Agreement，NAFTA）。成立于 1994 年，美国、墨西哥和加拿大建立自由贸易区，即 NAFTA。随着该协定在 15 年内逐步实施，NAFTA 将在三个国家间消除所有贸易壁垒和投资限制。迄今为止，协定使各国间贸易非常兴旺，创造了世界上最大的市场。

（3）拉丁美洲：南方共同市场（Sonth American Common Market，MERCOSUR）起源于 1991 年，于 1995 年正式实施，是仅次于 NAFTA 和欧盟的世界最大的贸易集团。该协定允许成员国的产品和服务以及生产要素在它们之间自由移动，并针对第三方国家制定了共同的对外关税。对多数进口产品征收的最高共同对外关税税率是 20%。

（4）亚洲：中国—东盟自由贸易区（China-ASEAN Free Trade Area）和亚太经合组织（Asia-Pacific Economic Cooperation，APEC）。1992 年，东盟自由贸易区（ASEAN Free Trade Area，AFTA）的构想被提出，经过 10 年的构建，于 2002 年正式启动自由贸易区。为加强贸易和投资联系，2002 年 11 月，中国与东盟 10 国领导人共同签署了《中国与东盟全面经济合作框架协议》，正式启动建立中国——东盟自由贸易区进程，将于 2010 年全面建成。"中国—东盟自由贸易区"是新一代的自由贸易区，其内容不仅仅是取消货物贸易关税，还包括服务贸易和投资自由化以及经济技术合作等内容，涉及经济生活的方方面面。"中国—东盟自由贸易区"的建立有着重大的经济、政治意义，在当前世界各地自由贸易区林立，特别是欧洲和美洲不断扩大各自自由贸易区版图的情况下，中国和东盟建立自己的自由贸易区无疑将增强双方应对世界经济区域一体化、集团化挑战的能力。亚太经济合作组织（简称亚太经合组织）于 1989 年成立，中国是成员国之一。经过十几年的发展，已逐渐演变为亚太地区重要的经济合作论坛，也是亚太地区最高级别的政府间经济合作机制。它在推动区域贸易投资自由化、加强成员间经济技术合作等方面发挥了不可替代的作用。亚太经合组织总人口达 26 亿人，约占世界人口的 40%；国内生产总值之和超过 19 万亿美元，约占世界的 56%；贸易额约占世界总量的 48%。这一组织在全球经济活动中具有举足轻重的地位。

（5）非洲：非洲经济共同体（African Economic Community，AEC）成立于 1991 年，是非洲联盟各成员国为促进非洲大多数国家的经济发展和一体化而成立的国际组织。该组织的定期目标包括建立一系列的自由贸易区和关税联盟、同一个单一市场、中央银行和货币同盟，因此才成立了这个经济和货币同盟。除此之外，当前非洲还存在多个区域性集团，被称为区域性经济共同体（Regional Economic Communities，RECs），主要由各贸易集团组成，大部分区域经济共同体组成了非洲经济共同体的支柱。

13.2.2 国际市场经济环境

经济环境（economic enviroment）是企业在国际市场营销中，确定目标市场、制定营销决策首先要考虑的环境因素。各国经济发展状况的不同，往往成为不同国际市场营销决策之间差异性的最重要的因素。分析国际市场营销环境中的经济环境，一般可以从经济发展水平（level of economic development）、经济结构（economic structure）和经济特征（economic features）等方面入手。

1. 经济发展水平

在 1960 年出版的《经济成长的阶段》一书中，罗斯托认为，从经济发展过程来看，世界各国的经济发展水平可以归纳为传统社会（the traditional society）、起飞前夕（the pre-condition for take-off）、起飞阶段（the take-off）、趋向成熟阶段（the drive to maturity）和高度消费时期（the age of high mass consumption）五个阶段，即经济发展阶段（stage of economic development）。其中，最重要的阶段是起飞阶段。大致而言，凡属前三阶段的国家可称为发展中国家，而后两个阶段则可视为发达国家。

一般而言，在欠发达的国家，市场发育程度较低，非货币化的生产活动占的比重较大；在处于经济起飞阶段的发展中国家，则往往走工业化道路，第二产业发展迅速，第三产业也逐渐得到孕育、发展；在发达国家，以第三产业为主，物质产业大量转移海外，产业"空心化"明显。此外，农村人口与城市人口比重的进一步变化、教育水平的提高，也体现出一国从不发达向发达转变的进程，这一切无疑也对市场产生深刻的影响。总之，一个国家的经济发展所处的阶段不同，居民收入水平的高低不同，消费者对产品的需求也就不一样，从而会直接或间接地影响到企业的国际市场营销。

2. 经济结构

经济结构直接决定需求结构，它也是选择目标市场的首要依据之一。从目前情况看，各国的经济结构大致可以划分为生存经济类型（subsistence economy）、原材料或能源出口经济类型（raw material or energy sources exporting economy）、新兴工业化经济类型（industrializing economy）和发达工业经济类型（industrial economy）四种主要的类型。

一般来说，生存经济类型的国家，人民基本以农牧业为主，生产的产品大部分自己消费，如有剩余，则通过物物交换的方式取得自己所需要的产品或劳务。因此，外向型企业或是以出口创汇为目的的企业，这类国家不是理想的目标市场。除非这家企业本身需要从这类国家得到某种商品，或通过易货贸易得来的商品能在其他国家的市场上转手获利，否则企业不应花费力量去开拓这些国家的市场。

原材料或能源出口经济类型的国家都拥有一种以上丰富的天然资源，其收入大部分来自资源的出口，因此外汇充裕。例如，智利出口锡、铜；刚果出口橡胶；沙特阿拉伯、伊拉克等出口石油等。这类国家大量从国外进口轻纺产品、日用消费品、耐用消费品及开发本国资源所需的机电产品、大型成套技术设备、运输工具等。对我国轻纺产品、机电设备产品的生产企业来说，这类国家是潜力极大的市场。

新兴工业化经济类型的国家，由于加工制造业的快速发展，其产成品出口迅速增加，目前已经成为国际市场上纺织品、纸制品、汽车制成品、家用电器等最终产品的主要供应国；与此同时，这些国家对加工制造业所需的原材料、初级产品如纺织原料、钢铁等的需求越来越多，进口数量不断增加。

发达工业经济类型的国家是目前国际市场上资本、技术密集型产品及知识、信息产品的主要输出国；同时，需要进口大量的原材料或能源及劳动密集型产品。因为，这些国家的技术、信息等新兴高科技产业对本国经济发展的贡献率均在 50% 以上，国内的消费市场庞大，消费水平高，因此是国际市场营销的主要场所。

3. 经济特征

1）人口（population）

人的需求是生产的出发点和归宿，而且人作为生产者是有条件的，但作为消费者则是无条件的，这使人口成为现代市场构成三要素中最基本的要素。各国人口数量的差异造成了各国市场的规模及发展潜力的巨大差异。日本企业之所以不断地开拓国际市场，包括美国、中国等众多国家的市场，主要的原因是日本科技发达、生产率很高、制成品的数量巨大，而国内市场受人口要素制约，规模很小，只有广泛地开辟海外市场才能为国内产品找到销路，获得一定的利润。人口密度与进入市场的难易有关。市场越集中，企业的后勤供应和通信越方便，企业的平均销售费用相对较低，为企业降低成本、提高竞争力创造了较好的条件。人口的年龄分布会直接影响各国的商品需求结构及消费模式，成为影响国际市场营销的重要因素之一。

2）收入（income）

收入是一个综合的概念。各国一般都用国内生产总值（gross domestic product，GDP）、国民生产净值（net national product，NNP）、国民收入（national income，NI）、个人收入（personal income，PI）和个人可支配收入（disposable personal income，DPI）等指标来统计、核算一国的收入状况。体现一国经济力量总和的指标是国内生产总值或国民生产净值、国民收入等，它们是衡量工业品市场潜力的重要指标。而对于消费品生产企业，则应把注意力集中在人均收入水平上去。因为许多国家的 GDP 很高，但由于人口众多，其人均收入水平却很低，因此消费能力、消费水平相应也较低。所以，个人可支配收入水平的高低直接影响一个国家的生活消费水平、结构及方式，它才是衡量一国消费品市场规模，确定进入商品种类、结构、档次，甚至销售价格的重要依据，即只有个人可支配收入才真正体现了一国市场的自由购买力。

3）基础设施（infrastructure）

任何一个国际经营者都非常依赖当地市场的交通、通信、能源以及具有销售辅助功能的情报、财务、销售网络等机构或部门。因此，基础设施的可获性与质量是衡量国外市场营销条件的重点，也是分析国际经济环境的重要因素。

一般来说，经济发展水平越高的国家，基础设施越完善；相反，在经济欠发达的国家，基础设施发展比较落后，甚至有些方面十分短缺。因此，国际营销人员在进入不同的目标市场国时，必须对其基础设施加以研究和分析。

4）自然条件（natural condition）

各种自然因素，如气候、地形、自然资源等都会对市场营销活动产生直接或间接的影响。如气候炎热、风沙大的地区或国家推销空调器与向温带地区或海边城市推销空调器的策略显然就不一样。各国的地理条件不同，有的是山区，有的是平原。前者对运输车辆性能、设备等的要求较高；后者就略低一些。在山区的运输成本一般也比平原要高一些，可通航的河流与不可通航的河流的经济价值差别很大。

5）城市化程度（urbanization level）

由于城市与乡村在经济、文化等方面的巨大差异，城市消费者与农村消费者在生活方式、消费观念、消费行为上有很大的不同。一般而言，农村居民在食物、住房、服装等方面的需求较少，大部分都是自给自足。而城市居民则主要是通过货币交换，在市场上购买各种食品、服装、住房等，以满足自身生存和发展的各种需要。因此，市场规模较大，需要的商品品种、款式较多。此外，城市的文化教育设施比较发达，现代化信息传播比较快捷，因此人们的思想比较开放，文化水平比较高，劳动技能、价值观念等都比较新潮，对新产品、新技术接受也较快。而相对来说，农村消费者由于与外界接触较少，现代信息不够灵通，所以思想上要保守、落后一些。

13.2.3　国际市场文化环境

文化环境（culture enviroment）作为一种适合本民族、本地区、本阶层的是非观念影响着消费者的行为，进而影响到这一市场的消费结构、消费方式，并使生活在同一文化范围里的人们的个性具有相同的方面。各国社会文化之间的差异很大，且错综复杂。对此，可从以下几个方面去分析。

1. 教育水平（educational level）

一国教育水平的高低一般与一国的经济发展水平是基本一致的，而且教育水平的高低直接影响一国的经济发展水平。对教育的发达程度可以用识字率或文盲率、普教水平等指标来衡量。

教育水平高低直接影响消费者的生活态度、购买行为特点、具体的消费方式以及对商品的价值取向、对广告促销的反应等众多方面，因此，教育水平是构成一个社会生活方式的决定因素。不同的教育文化素养表现出不同的审美观念，购买商品时的选择原则和选择方式就不一样，因而教育水平不但影响一个社会的生活习惯，而且还影响着对商品的需求倾向。

2. 语言（language）

世界各国的语言文字非常复杂。据统计，世界上的语言大约有 3 000 多种，超过 5 000 万人口使用的文字有 13 种之多。有些国家还流行几种语言文字，像加拿大，有英法两种语言；瑞士有三种语言；南美国家虽通行西班牙语，但土著语言不下十几种。英语应当是世界流行的商业文字了，但法国、西德却提倡使用法文和德文，以示民族尊严。日本商人不喜欢用日语草拟合同，因为日语太含混，太不能精确表达了，他们宁可用英语草拟合同，因为英语词汇具有具体确切的意义。

语言是国际市场营销中人们相互沟通的主要工具，语言又是一个国家或地区社会文化的缩影，它是人们思想、观念的直接体现。此外，任何一种产品都有品名、商标、内包装和外包装，也都必须附有最基本的产品说明，即通过一种或一种以上的语言，将产品的品名、规格、性能（用途）、质量（成分）、操作规范、使用方法、注意事项等内容做必要的注释。因此，语言无疑还是产品的一个完整的组成部分。

3. 宗教（religion）

不同的宗教有不同的文化倾向和戒律，从而影响到人们认识事物的方式、行为准则和价值观念，影响着人们的消费行为。例如，在印度教徒的心目中，等级观念、家庭观念以及因循守旧观念等都是根深蒂固的，因此，他们对新产品接受慢，需要耐心宣传。天主教要求教徒们绝对依从教会、传教士以及教物。因此，在天主教盛行的国家里进行营销活动，要把握住教民绝对依从教会、传教士的特殊观念，首先与当地教会、传教士取得联系，建立良好关系，取得他们的支持和信任，这样，这一地区的其他消费者就会支持和信任这家企业及它的产品，营销效果就可事半功倍。信奉基督教的新教徒的伦理主张努力工作、节俭、储蓄，认为工作是值得尊敬的，是一种美德。因此，他们的生活、消费不奢侈，选择商品讲究物美价廉，适用性强，经久耐用。伊斯兰教的信徒禁食猪肉，禁止饮酒，所以猪肉食品和烈性酒的制造厂家在开拓国际市场时不应选择伊斯兰教的国家。总之，宗教是企业开拓他国市场时必须绝对尊重的文化因素。企业必须要针对不同宗教信仰地区的国家和人民的不同观念来调整和制定自己的营销策略。

4. 风俗习惯（custom）

一个社会、一个民族的饮食起居、婚丧仪式、劳动分工、社团活动等都与人们的风俗习惯分不开，对其消费嗜好、消费方式起着决定性的作用。例如，平均每个法国男子所使用的化妆品数量几乎是其妻子的两倍；法国人受其传统文化中人们的价值观念和习俗的影响而大量饮酒，使法国成为世界上人均酒的消费量最高的国家。这一点与我国人民生活中的吸烟有相近之处。目前，中国市场年消费香烟 15 000 亿支，占世界香烟消费的 30%。日本人喜欢的饮料是葡萄汽水和柠檬酸汽水。哥伦比亚人则喜欢奶油苏打水。中国人习惯饮茶，很少喝咖啡，这使茶叶成为世界三大饮料之一。

一个国家的社会文化因素，还影响并形成了各国不同的商业习俗和商业惯例。即受各国不同文化背景的影响，在漫长的历史发展过程中，各国在商业方面形成了许多各自不同的习俗和惯例，这些商业习俗和惯例又成为一国文化的重要组成部分。对国外商业惯例的无知、缺乏感情投入，是世界贸易的大忌。任何一家企业，要想顺利地进入他国市场，必须首先学会适应和遵循他国的商业惯例和愿望。即期望获得最大成功的国际营销商，必须准备以外国经理人员能接受的方式与之周旋。（见例 13-3）

【例 13-3】

不同国家的送礼习俗

由于不同的文化背景，不同国家有着不同的送礼习俗。在国际交往的场合当中，若不注意这些习俗和禁忌，可能会弄巧成拙，以下建议仅供参考：

中国——无论是公开还是私下场合，都不便提及送礼。除了宴会上或演讲后的集体礼物外，送礼都应该在私下进行。

美国——太夸张的礼物会引起问题。

欧洲——不要赠送红玫瑰和白花，不要用双数或 13，也不能用纸包扎鲜花。不要送贵重的礼物，以免有行贿之嫌。

日本——除非得到送礼者的请求，否则不能当面打开礼物；日本人一般不会当面打开你所送的礼物。

拉丁美洲——除了是为了表达对主人好客的谢意，否则送礼应当在有了私人交往后才能进行。送礼应在社交场合进行，而不要在工作场合。不要送黑色或紫色的礼物，因为这些颜色与天主教斋季有关。

阿拉伯世界——初次谋面，一般不要送礼物，否则有行贿之嫌。除非熟知对方，否则不要让别人觉得你想私下向对方送礼，以免留下不良的印象；只要不是私交，都应当众送礼。

马来西亚——马来西亚人视左手为不洁，因此见面握手时，一定要用右手。平时接递东西时，也必须用右手而不能随便用左手。

资料来源：刘志超，罗凤翔. 国际市场营销实训教程[M]. 北京：中国商务出版社，2008：62.

5. 态度与价值观念（attitude and values）

在时间观念上，高度工业化的发达国家生活节奏较快，人们的时间价值观念浓厚，因此对于节省劳动、节省时间的商品和服务的需求强烈，如邮购、网上购物、快餐、家务劳动社会化和机械化等。欧洲的时间观念认为，按时是一种美德，也是必须做到的（见例 13-4）。

【例 13-4】

时间观念——中西方的差异

虽然时间已经成为人类社会共有的认知概念，但分属不同文化的人们由于各自形成的价值观、世界观、人生观不同，对时间的重视意义和利用时间的方式也就千差万别。当跨文化交易的双方时间概念彼此不同时，就可能导致严重的沮丧和摩擦。关于时间，中西方的认知和理解各不相同。

在我国，由于长期受农耕社会较为缓慢的生活方式影响，对时间的处置较为宽松。如人际交往中常常流行"不见不散"，守约并不严格，对时间多持宽容的态度。而对比大洋彼岸的美国，则流行"时间就是金钱"的说法，与其高度的工业化密切相关。所以美国人珍惜时间，重视效率，如果国内企业想同美国人谈生意，必须严格时间观念，以免出师不利。

而与美国人形成鲜明对比的则是非洲人，除了上下班时间和节假日休息时间严格遵守外，其他的事能拖则拖，完全不顾及基本的时间观念。信奉的说法是"Slowing But Sure"（你慢一点一定会成功），但南非和尼日利亚等经济实力较强的国家除外。

资料来源：韩银燕，钱鑫. 跨文化交际中的中西方时间观念差异对比[J]. 辽宁师范大学学报（社会科学版），2006，29（4）：15-17.

在对待财富的观念上，有的民族崇尚俭朴，有的则习惯于高消费；有的喜欢张扬个人拥有的财富，有的则喜欢深藏不露，这直接影响到消费潮流的更替速度、一次性消费品的流行程度、高档名牌商品的销售规模等方面。在美国和其他一些工业国家，成绩与胜利的标志是获得更多的财富。跨国营销的动机就是取得最大限度的利润，因此竞争、利润便是它们商业活动的宗旨。

在传统文化和现代文化方面，虽然存在着两者交融的趋势，但毕竟在不同的国家中还存在不同的民族特色。例如，欧洲一些国家十分强调维护民族文化，甚至民间有人提出要抵御来自美国的商业文化（如可口可乐、米老鼠、麦当劳等）的侵略。日本民族对自己的民族文化一直较为重视，人们在许多消费行为中都体现着一种以消费国产产品为荣的观念。法国提出要维护法语的纯洁，避免被英语外来词汇所混杂。此外，在一些行业的经营中，许多经营者都提出了"越有民族性便越有世界性"的口号，强调依托民族文化发展特色产品和服务。

各个国家的消费者因受其特定传统、环境等的影响，对冒险所持的态度明显存在差异。有些国家如美国的消费者冒险精神较强，表现在消费行为上，敢于接受新产品，接受新事物。有些国家如印度的消费者则相反，因循守旧，对所使用的商品感情深厚，对新的升级或替代产品排斥心理较重，不愿冒险更新或尝试使用。因此，企业对于这些国家的消费者的促销宣传重点是建立消费者的购买信心，增强顾客对其产品的安全感，并且对此要有耐心。

6. 社会阶层和社会组织（stratum and social organization）

不同的社会阶层和社会组织必然会有不同的消费需求、消费模式和购买习惯等。这些直接影响企业的产品定位、销售渠道的选择、广告媒体和广告诉求的选择等诸多方面的决策。如处于上层社会的人士，往往对高档耐用消费品、奢侈品、豪华用品、时尚新奇商品、名牌商品、旅游、健身、美容、休闲娱乐等有较强烈的需求，品质、服务、方便、知名度、形象等因素是他们追求和关注的；而处于社会下层的人们，则对一般消费品、低档商品、廉价服饰、普通食品等有较大的需求，而且价格是他们最为关注的因素。

13.2.4　国际市场政治法律环境

政治法律环境（political and legal enviroment）是国际市场营销环境的重要方面，有些时候政治环境能够对营销活动发生直接影响，法律和规章则起到鼓励或限制企业营销活动的作用。

1. 国际政治环境（international political environment）

政治是经济的集中体现，又对经济产生巨大影响。当代社会，任何经济活动都不可能独立于政治因素之外。

1）政府对外商投资的态度

东道国政府与外国企业之间的关系是：政府是外国企业中一个几乎可以支配一切的隐名合伙人，是企业每一项国外经营活动的组成部分。而且，政府对外商的政策和态度，反映出其根据资源和政治主张改善国家利益的想法。

由于一国政府用以实现国家目标的方针不同，对外商的基本政策和态度会有很大差别。有些国家很愿意接受而且实际上很欢迎外国企业，有些国家却十分反对，有些国家则是有条件地允许进入等。总之，各国对国际投资和国际贸易的态度，依各国的经济发展水平等具体情况不同而各异，具体表现为鼓励（欢迎）、限制、禁止等。

虽然政府的政策可能会改变市场潜力，但只要有长期的稳定性和预见性，国外企业就可以在任何类型的政府统管的国家中获利。比如，美国百事可乐饮料公司就曾经在政治制度比较极端的苏联获得了满意的利润回报。但是，在政府政策急剧变化和不可预测的情况下，就不能投资。国外众多成功的国际营销人员从长期的实践中得出如下结论：一个不可预测的，对政策实行重大改革的政权上台后，其对投资气候的影响程度较之政府腐败和对某些国外企业的敌意所造成的后果更糟。

2）企业国外经营的政治风险

政治风险是指从事国际市场营销的企业由于受东道国各种政治因素的影响而遭受损

失的可能性。政治风险产生的直接根源在于东道国政体的改变、社会动荡与混乱、当地工业引起的新限制、政治上的独立、武装冲突与战争、国际政治同盟关系的形成等。政治风险的种类多种多样，但其中最严重的是国有化，此外，还有一些常见的外汇管制、贸易壁垒、价格控制、雇工问题等。

企业若想减少海外政治风险，就必须设法消除东道国对外国企业的担心、恐惧心理，避免产生敌意情绪，努力使其成为东道国的"好公民"、很好的合作者。为此，企业必须要善于应用一些减少海外政治风险的措施和策略。

2. 国际法律环境（international legal environment）

法律是国际市场营销环境中一个重要而又复杂的因素。迄今为止，世界范围内还没有一个能够解决国际商事争端的统一的国际司法机关，也没有一个适用于解决一切争端的超国家的法律制度。因此，国际营销企业进入多少个国家，就要面临多少种不同的法律环境。国际市场营销的法律环境是由国际经济法律，市场营销目标国法律以及国际营销企业母国法律相互作用形成的。

1）国际经济法律（international economic law）

国际经济法是指约束国际之间经济关系的法律规范的总和，它包括国际私法、国际公约或条约、国际惯例等。

国际私法（private international law）又称法律冲突法、法律适用法或国际民法。它是调整涉外民事法律关系的规范的总称。它指出具体涉外民事法律关系中应当适用哪一国的实体法，选定一种法律程序作为解决案件的准绳。一般地讲，目前国际上主要运用以下四种原则来确定国际商事争端的司法管辖权，即属地管辖原则、属人管辖原则、协议管辖原则和专属管辖原则等。

国际条约、公约（international convention）或协定一般是指两个或两个以上的主权国家为确定彼此间的经济、贸易关系所缔结的书面协议。签订了国际条约、公约或协定的国家，彼此间的贸易就要按有关条约、公约或协定进行。即企业的国际营销还必须符合当事人所在国缔约或参加的有关国家或国际经济贸易组织所作出的有关国际经济问题的决议。

作为国际经济法主要渊源之一的国际惯例（international practice），也是调整和约束企业国际营销行为的重要法律规范。国际惯例是通过各国的反复实践逐渐形成的某种特定行为和习惯。它虽然不是法律，不具有普遍的约束力，但是按照各国的法律，在国际经济交往中一般都允许双方当事人有选择使用的权利。一旦当事人在合同中采用了某项惯例，该惯例对双方当事人就具有约束力。随着现代市场经济的发展，国际惯例的作用也显得越来越重要。在现行的国际惯例中，有些内容已被国际条约所采用，即出现惯例条约化的趋势。

2）目标市场国法律（law of target country）

影响国际市场营销活动最经常、最直接的因素，是目标市场国即东道国有关国外企业在该国活动的法律规范，它涉及的范围十分广泛，包括企业在产品开发、商标运用、定价、促销、分销渠道等所有的商业活动。如：用于规范国际贸易活动的买卖法、合同法；用于国际间货款结算的票据法；用于规范广告宣传活动的广告法；用于处理远洋运输问题的海商法、海上保险法；用于商品注册的商标法；用于处理国际技术转让、许可证贸易、国际工程承包、国际租赁等方面的单行法规等。这些法律、法规由于受各国不同国情的影响，同一法律的具体内容不尽相同。

从世界范围看，尽管世界各国的法律制度各不相同，但基本上可以归结为大陆法系和普通法系两大法律体系，而且各国具体法律、法规的制定也主要取决于本国所采用的法律体系。

大陆法系（code law）是指以法国、德国、意大利、奥地利、比利时等为代表的欧洲大陆各国及受其影响的其他一些国家的法律体系。它普遍采用成文法，在结构上强调系统化、条理化、法典化和逻辑化。同时，法律的实施以法律条文为依据，由法官加以引证和解释。成文法即以全部成文法规为依据，一般分为三种法典：商法、民法与刑法。它主要起源于罗马法。

普通法系（common law）又称英美法系，是指以英美两国为代表并包括受其法律传统影响的一些国家的法律体系。它起源于英国法。它采用判例法，实行"先例约束力原则"。此外，它重视程序法。判例法即普通法的基础是传统、过去的惯例，法院解释的法令、法规和过去的判决所做出的判例。在普通法系的国家中，过去的习惯做法和传统对判决有很大的影响，即严格按照先例约束力原则判决。

根据普通法，工业产权的所有权是按照使用在先的原则认定的，而大陆法系则是按照注册在先的原则认定的。对于协议的法律效力的认定，在大陆法系国家，某些协议必须以适宜的方式经过公证或注册后方能具有强制执行力；而在普通法系的国家，只要能够提出证据证明其存在，就可以认为是有约束力的。

3）母国法律（law of home country）

各个国家出于自身的政治利益或经济利益，对于本国企业参与海外经济贸易活动、卷入涉外民事活动所形成的国际民事法律关系，都制定出明确的法律规定加以规范。

从全球范围看，母国法律对国际市场营销行为的影响主要可以归结为进口贸易立法管制、出口贸易立法管制、技术贸易立法管制和投资立法管制四个方面。

13.3　企业进入国际市场的方式

企业开展国际市场营销面临的两个最基本的问题是：在哪里生产和在哪里销售？对这两个问题的不同回答，形成了企业进入国际市场的多种多样的不同方式。归纳起来，主要分为出口、合同经营和对外直接投资三大类。

13.3.1　出口

相对而言，出口（exporting）是一种最普遍、最简单，也是最传统的方式，是企业将所拥有的生产要素留在国内，在本国制造产品，再通过一定的渠道销往目标市场国。它包括间接出口和直接出口两种不同形式。前者是众多企业对国际市场进行探索、实验并逐步获得国际市场营销经验的重要步骤，也是企业国际化经营的初步准备阶段。而后者往往是企业开始走向国际市场的标志。

1. 间接出口

1）间接出口的定义

间接出口（indirect exporting）是指企业将国内生产的商品卖给本国的出口中间商，或请本国的出口中间商做自己产品的外销代理，由它们负责向国外市场销售。间接出口的特点是经营国际化与企业国际化的分离，即企业的产品走出了国界，而企业的营销活动却几乎完全是在国内进行的，从这一意义上说，企业本身并没有直接参与该产品的国际营销活动。

间接出口是所有进入国际市场方式中风险最低的一种。它既不要求新增投资，也不牵涉国际市场营销的其他活动、外汇和政治风险等。从很多方面来看，间接出口与向国内其他用户销售没有什么不同，这种出口只是国内经营在量上的简单扩大，不要求特殊的管理知识，企业的管理并不因此发生质的改变。利用得当，间接出口可以使企业以很低的投入有效地增加企业的产出。但是，企业通过间接出口方式来学习了解国际市场的潜力也很低，企业控制海外营销活动的能力也极为有限。间接出口的关键是寻找理想的国内出口中间商。

2）间接出口的优点

站在企业的立场上，间接出口的优点主要如下。

（1）企业可以方便、迅速地依靠国内出口商在人才、经验、信息、渠道等方面的优势开展产品的外销业务。

（2）企业不必为产品外销做额外投资，不必再办理出口业务，因此可以节省大量开支，减少企业承担的经营风险。

3）间接出口的局限性

间接出口的局限性也是十分明显的，主要表现在以下几方面。

（1）企业与国际市场的联系被切断，企业对国际市场的了解不够深入，信息不足，导致企业缺乏随国际市场变化而迅速调整营销对策的灵活性。

（2）企业的产品外销缺乏长久性、稳定性，对国际市场的控制能力较差。

（3）企业无法在国际市场上锻炼培养自己的营销队伍，积累国际市场营销经验，无法扩大企业的声誉和知名度，因此不利于企业的长远发展和国际竞争实力的提高。

总之，间接出口可以作为企业走向国际市场的跳板，作为一种摸索学习、逐步发展的方式，适用于刚刚起步走向国际市场的企业。有经验的企业也可以利用间接出口投资少、管理容易的特点，作为覆盖大面积次要市场的手段，或者作为推销企业次要产品的一种辅助手段。

2. 直接出口

1）直接出口的定义

直接出口（direct exporting）是指企业绕过国内中间商，直接将国内生产的产品销售给国外的中间商或客户。它可分为两个层次：一是企业把国内生产的产品直接卖给国外进口商或批发商；二是企业把国内生产的产品直接卖给国外零售商。直接出口与间接出口的区别在于，直接出口时，企业要独立地完成产品的出口管理任务。因此，直接出口往往是企业开始真正进入国际市场的标志。

直接出口时，企业与国外企业直接接触，不同程度地直接参与其产品的国际市场营销活动，如发展和建立海外客户、国际市场调查研究、产品分销和定价、出口文件处理等都由出口企业自身的部门或机构完成，这样，企业对出口产品的经营管理就拥有了较高的控制权。直接出口的关键是寻找和发展自己的海外经销商，即建立自己的产品国外销售网络。

2）直接出口的优点

站住企业的立场上，相对于间接出口，直接出口的优点如下。

（1）可以缩短商品流通过程，减少流通环节，降低流通费用，提高获利水平。

（2）企业与国外客户直接接触，可以及时掌握国外市场的动向，增强应变能力，提高企业的国际市场竞争力。

（3）有利于企业迅速培养起自己的国际市场营销队伍，建立自己的国际市场营销网络。

（4）提高了企业对国际市场营销活动的控制力，有利于企业在国际市场上的长期发展。

3）直接出口的局限性

直接出口的局限性主要表现如下。

（1）直接出口对于企业的要求很高，即企业必须具备开拓国际市场的资源和能力。国际市场竞争的四大战略资源是资金、人才、信息、技术，这并不是一般企业所能够轻易具备的。

（2）企业要承担国内出口商的功能和作用以及由此而产生的经营风险。

（3）企业要增加较多的费用开支，占用大量的资金，因此可能会影响企业资金的周转。

13.3.2　合同经营

合同经营（management contracting）又称契约经营或非股权经营，是指企业与东道国企业之间不涉及股权，而是通过签订有关技术、管理、销售、工程承包等方面的合约，获得对东道国企业的某种控制权，以实现跨国营销。主要有许可证合同、国际特许经营、国际战略联盟、管理合约、合同制造和交钥匙合同等。合同经营不仅具有较大的灵活性和实用性，而且正在不断创新，并日益引起企业的重视。

1. 许可证合同

许可证合同（license contract）是指企业作为许可方，与东道国企业（被许可方）签订合同，允许东道国企业使用其所独有的专利、商标和技术诀窍等。许可证合同的适用对象是专利、商标、版权、技术秘密、特殊营销技能和管理方式等，也可统称为知识财产。

在许可证合同中，企业出售的并不是它所拥有的专利权或商标权，而只是在一定条件下允许买方使用其专利或商标等；东道国企业所购买的也不是专利权或商标权本身，而只是取得这种知识财产的使用权。无形资产的转移是许可证合同的核心，也是许可证合同区别于其他各种合同经营的根本所在。

许可证合同是通过代理进行的国际市场营销活动。因为在许可证合同中，许可方给予被许可方在该国市场生产和销售其产品的权利，收取销售额提成作为报酬；而被许可方是在其本国进行市场营销，产品也未跨越国界，所以基本上未涉及国际市场营销，但它是企业大面积快速渗透尽可能多的市场的一种理想手段。因为其不需要企业本身大量投资，管理也相应简单，只是帮助被许可方掌握技术，协助组织初始生产，帮助选购合适的设备、原料，协助指导安装调试、工业流程设计等。因此，企业可以用这种方式快速占领大面积市场，保护技术专利不受侵犯，并形成先入为主的技术标准优势，为开发下一代或相关产品打下基础。

所以，对被许可方而言，许可证合同是其获取新技术的有效方式；对许可方来说，许可证合同是其迅速大面积占领国外市场的有效方式，但是所获得的回报较低，有时还容易培植未来的竞争对手。

2. 国际特许经营

国际特许经营（international franchising）是指企业作为特许人（或称特许母公司）将自己的整个经济体系，包括企业商号、商标、企业标志、经营观念以及经营管理方法和经验，特许给国外目标市场上的某个独立的企业或个人（或称被特许经营人、特许子公司）使用。被特许经营人有权在特许人的名义下，按照特许经营协议规定的程序、规则从事经营活动，被特许经营人向特许人支付经营提成费和其他补偿，而特许人则对被特许经营人的经营活动给予实际、连续性的帮助和支持。

国际特许经营的本质在于控制（control）、思想沟通（communication）、自主性（autonomy or independence）和连续关系（continuing relationship）。特许母公司对特许子公司既有控制力，又尊重对方的自主性，相互关系融洽，通力协作，各获好处。

从世界范围看，一般认为国际特许经营的风险较低。如美国普通企业最初一年的破产率达35%，五年后的破产率达92%。而加入特许经营体系中的企业，第一年的破产率是4%～6%，五年后只有12%，与普通企业相差80%。

一般来说，特许经营是一种根据合同进行的营销活动，是一种互利的合作关系。国际特许经营与许可证合同的不同之处是：前者是整个经营体系的转让；而后者只是单个的经营资源，如某种无形资产的转让。目前，西方企业，特别是美国、欧洲国家的一些企业，既运用这种方式在国内市场开拓业务，发展分支机构，也采用这种方式开拓国外市场（见例13-5）。

【例13-5】

麦当劳的国际特许经营

麦当劳是善于运用特许经营方式来积极开拓国内外市场的典范，它在全球的特许加盟店有28 000多家，约占其总店铺数的70%，并且仍在以每年约2 000家的速度增长，其全球收入构成中特许经营占到2/3。无论是自营还是特许经营餐厅，均统一使用麦当劳的商标和服务标志，统一餐厅外观、内部设计和布置构思，统一食品配方和标准，并实行统一的经营思想和市场营销策略。特别是麦当劳公司建立了一套严格的以"QSCV"为核心的统一运营系统。Q即Quality，食品质佳味美，营养全面；S即Service，服务快捷，热情周到；C即Clean，店堂清洁卫生，环境宜人；V即Value，价格经济合理，优质方便。

资料来源：寇小萱，王永萍. 国际市场营销学[M]. 北京：首都经济贸易大学出版社，2005：48.

3. 国际战略联盟

国际战略联盟（international strategic alliances）就是指两个或两个以上的跨国公司，出于对整个世界市场的预期和本公司总体经营战略目标的考虑而建立的互相协作、互为补充的合作关系，所以又称跨国公司战略联盟。这种战略联盟是通过外部合伙关系而非通过内部增值来提高企业的经营价值。这种联盟试图跨国利用与整合各成员的可供资源和经济实力，加强它们的竞争优势，以便对新出现的技术变革和市场机遇做出反应。

在这种联合过程中，合作是自愿的、非强制的，联合各方仍然保持着本公司经营管理的独立性和完全自主的经营权。合作各方自身的经营战略目标必须是全球化的，而对其国籍并无具体要求，它们可以是同一国家的跨国公司，也可以是不同国家的跨国公司。国际战略联盟概念最先是由美国 DEC 公司总裁简·霍普兰德和管理学家罗杰·奈格尔提出的。

4. 其他合同经营方式

1）管理合约（management agreement）

管理合约是指企业向国外目标市场国的某一企业提供管理技术，在合同规定期限内（一般为 3～5 年）负责该企业的经营管理，借以进入目标市场的一种方式。管理合约的特点是只管理不投资，这就是说，管理合约仅仅是管理技术的转让，转让方并不拥有接受方的主权，仅仅拥有接受方的经营管理权。从接受方的角度说，订立了管理合约意味着授权技术公司管理企业，但企业的重大问题仍由董事会批准。管理合约有两种具体形式：一是对整个企业（接受方）的全面经营管理，它涉及企业经营活动的全过程，即不仅包括技术管理、商业管理，还包括行政管理；另一种是对接受方的某一方面或某一部门的单独经营管理。

采用管理合约方式开拓国外市场，不需要投入资金，风险低，易于掌握目标市场国企业产品的生产工艺，也便于了解当地市场的需求情况，但收益仅限于合约规定期限内的报酬。

近年来，发展中国家的采矿、石油、旅游等行业，采用这种方式从国外引进先进管理技术的情况较多。

2）合同制造（contract manufacture）

合同制造是介于许可证贸易和对外直接投资两者之间的一种方式。企业为了开拓国外目标市场，与当地制造商签订合作制造产品的协议，向其转让技术，提供技术援助或制造设备，对所制造的协议产品可拥有直接参与销售的权利。

国际间合同制造方式仅仅是一种正式的长期合同。通过合同双方达成协议，分属两个不同国家的合同双方共同完成产品的生产与组装。合同制造的基本点是：它超越了国内生产产品、国外销售的阶段，而是把生产机构转移到了目标市场国，当地制造，就地销售，与国外目标市场有了进一步的结合。因此，当目标市场潜在销售量不大，不宜采取直接投资进入方式，而出口方式又受到种种限制或成本明显加大时，合同制造才是可行的进入方式。

　　3）交钥匙合同（turn-key contract）

　　交钥匙合同，也称包建项目合同。它是由跨国公司与东道国企业签订协定，由跨国公司建造一个整体项目，也就是跨国公司为东道国建设一个工程项目，如工厂体系等。跨国公司承担全部设计、建造、安装及试车等，试车成功后，才将整个工厂体系移交当地管理。交钥匙合同的新形式还规定，不仅承包方要对项目的建设负责，而且应保证工厂在初期阶段能顺利运转。在一般情况下，合同还要求承包方保证产品符合一定的质量标准，转让广泛的有效技术（包括工厂设计和培训专门人才），以使东道国能在合同项目全部完工后，具备独立经营和管理该厂的能力。

　　对发展中国家来说，交钥匙合同不仅代价高昂，而且还要警惕跨国公司转移的可能是即将淘汰的技术或环境污染严重的产业。对跨国公司来说，交钥匙合同不仅可以获得一大笔工程承包费用，而且还可以为以后本公司进入该国做免费广告。如由于苏联、东欧国家禁止发达国家跨国公司对其进行股权参与式投资，所以意大利菲亚特公司（Fiat Spa）为苏联兴建托里亚地汽车厂（Togliatti），就采用了交钥匙合同方式。菲亚特公司从中赚取了 5 000 万美元的工程承包合同费用，而且大大增加了菲亚特汽车对苏联、东欧国家的出口。

13.3.3　对外直接投资

　　对外直接投资（foreign direct investment）是指企业将自己拥有的资源，包括资金、技术、人员、管理经验等生产要素直接转移到国外目标市场，建立企业自己所有、自己控制的海外分支机构，实现当地生产、就近销售、占领市场的目的。它是一种高层次的进入方式，尤其是在目标市场国规模或潜力较大、劳动力及原材料成本低；国际运输成本高；产品进口的关税、配额等条件苛刻的情况下，无疑是一种最佳的选择。对外直接投资的具体形式包括国外装配、合资企业和独资企业等。

　　1. 国外装配

　　国外装配（foreign assembling）就是企业在国外投资，开设装配制造的分厂，将国内总厂生产的零部件、主机等出口运抵国外的装配分厂组装、调试成最终产成品，再进行出售或交货。国外装配一般需要国内总厂提供装配所需的设备、技术和有关的元件、零件等方面的支持。国外装配的优点如下。

　　（1）它比国外全部生产的投资要少得多而且较为简单。

　　（2）相对于整机或最终产品的出口而言，还可以节省运输成本、关税及其他费用支出。

　　（3）能够更好地满足当地政府及市场的某些要求。

　　（4）可以使大部分生产、增值、技术等留在本国，因此能够得到更好的控制。

　　因此，许多企业在国外全部生产与装配业务之间进行决策时，更倾向于装配业务。

　　2. 合资企业

　　合资企业（joint venture）是指两个或两个以上不同国籍的投资者，在选定的国家或地区（一般在投资者中一方的所在国或地区）投资，并按照该投资国或地区的有关法令组织起来的以营利为目的的企业。

合资企业的通常做法是"四共"。即共同投资、共同经营、共担风险、共负盈亏。一般是合资企业所在国的一方,主要是以场地、厂房、设备、现金等作为投资股份联合经营,外方则以设备、工业产权、资金等作为投资股份。合资经营各方按注册资本比例分享利润和分担风险及亏损。

无论对投资者还是对东道国来说,合资企业都有自己的优势。

1)合资企业对于海外直接投资者的优势

海外投资者投资的目的显然在于获得利润的最大化、安全化。它们既从获得利润的角度考虑,又从企业的全球战略角度考虑,而合资企业可以较好地满足投资者的这些要求。

(1)合资企业由于有东道国企业参与,而易于获得东道国政府和人民的合作,减少东道国政策变化所产生的政治风险。

(2)同当地伙伴合作,更易于取得当地原材料和资源,打开东道国市场销售渠道。

(3)合资经营由于有东道国伙伴参与,可以享有包括对外商投资和对本国企业的双重优惠待遇,提高企业的经济效益。

(4)容易通过当地伙伴迅速熟悉当地法令、商业惯例、文化习俗等,从而有利于企业的顺利经营。

(5)如果跨国公司以机器设备、工业产权、专有技术、管理知识等作为资本投资,则既输出了资本,又销售了产品,一举两得。如果合资企业生产中使用的原材料或零部件需要进口的话,跨国公司还可以得到这些商品的优先供应权。

(6)合资企业的产品有些是当地市场的紧俏商品,有时容易被东道国人民看作本国产品,因此可减少商品进入东道国市场的阻力,有利于迅速占领市场。

2)合资企业对于东道国的优势

(1)合资经营是利用外资,弥补本国建设资金不足的一种较好的办法。合资经营的外资投入是资本投入,不是借款,无须还本付息,不增加国家的债务负担,而且吸引外资的期限较长。

(2)可以引进先进的技术设备,填补东道国国内的技术空白,发展短线产业部门,促进企业的技术改造和产品的更新换代。

(3)合资企业的产品可以通过跨国公司在海外的销售渠道打入国际市场,扩大出口。一般来说,合资企业产品的生产成本要低于跨国公司母国企业的产品生产成本,从而使其产品在国际市场上有一定的竞争能力,跨国公司也愿意利用这一成本优势进行国际竞争。

(4)可以获得科学的管理方法,提高现有劳动力的技术水平和劳动生产率,增加企业利润。

(5)可以扩大本国居民的就业渠道,并增加税收。

3)合资企业的弊端

(1)双方背景、兴趣、动机等不同,对合资企业的经营目标的选择不同,双方因文化和习惯等方面的差异在管理方法上也容易产生分歧,这些都会给双方的合作带来心理和实际的障碍。

（2）对跨国公司来说，其全球战略难以得到很好的落实，所习惯的经营管理方法也难以全面贯彻实施。

（3）对东道国来说，由于经验和技术水平方面均与跨国公司有较大的差距，因而容易受到跨国公司的控制，有时甚至是欺骗，遭受意外的损失。

由此可见，合资经营的好处往往是比较直接、明显，而且近在眼前；而合资经营的困难和问题却往往比较间接、隐蔽，开始时常常不易发现。有关调查发现，发达国家之间的合资经营企业的失败率高达50%以上，在工业国与发展中国家之间，这一比例更高，因此必须慎重从事。

3. 独资企业

独资企业（solely-invested enterprise）就是企业在国外单独投资，建立拥有全部股权的子公司，并独立经营，自担风险，自负盈亏。站在东道国的立场上，独资企业属于一家外国企业。即外商提供全部资金，开办子公司或分公司，独立经营，并获得全部利润。

从世界范围看，独资企业的数量很大，特别是在西方发达的市场经济国家，由外国投资者建立的中小企业中，独资企业占较大比重。独资企业之所以为投资者和东道国所普遍接受，是因为它具有其他对外直接投资方式所没有的相对优势。

1）独资企业的优势

（1）投资者对子公司的经营活动有着完全的决定权和控制权，在经营管理上能够排除各种外界干扰，完全按照自己的意志和目标进行经营管理。

（2）有利于独资企业尤其是跨国公司的集中管理与决策，以及技术及经营方针的保密。

（3）有利于保证产品的质量和信誉。

（4）可独享全部经营利润。

2）对于东道国的好处

只要东道国对外来独资企业管理得法，也可以从中获得很多好处。

（1）有利于东道国汲取先进技术，迅速提高国内劳动生产率水平。

（2）有利于东道国培养人才，尤其是技术、管理方面的高层次的人才。

（3）可以带动同行业企业、配套原材料工业、相关工业及服务业的发展。

当然，在实践中，独资企业也有可能同东道国在市场占有、税收、管理等方面产生一些矛盾，这就要求投资者积极主动同东道国合作，遵守东道国的法律、规章，了解并适应东道国的社会文化环境，以取得较好的外部营销环境。

3）独资企业的局限性

独资企业的局限性具体表现如下。

（1）所需投资规模较大，费用太高。

（2）海外经营的政治风险和经济风险都较高。

因为多数情况下，独资企业不受发展中国家政府和人民的欢迎。原因是跨国公司控制下的子公司在东道国的商业活动主要反映了跨国公司总部的，而不是东道国国内经济发展的愿望、要求和利益。东道国政府惧怕独资企业给其国内经济发展带来消极影响，因此常常采取较严格的政策，或施加政治压力给外国投资者，从而使独资企业的开办和营销面临较大的政治风险和经济风险。但尽管如此，近年来，独资企业这一对外直接投资形式还是越来越受到外国投资者的重视。其主要原因是，由于合资企业的许多问题难以解决，比如双方在经营管理方法、市场目标选择等方面的不协调；此外，合资企业的建立在某种意义上塑造了一个未来市场的竞争者。所以，从全球竞争战略的角度来看，许多跨国公司宁愿冒风险，不惜大量投资在国外建造自己的专有设施（生产基地、研究开发中心和销售网络等），而不愿与当地企业合资。

总之，以上各种进入方式各有其利弊，也各有其不同的风险，所要求的资本投入和管理能力等也各不相同。对于各种进入方式的长短优劣，只有在给定的具体条件下才能比较。因此，企业开拓国际市场时，到底选择何种进入方式，必须结合本企业的全球发展战略以及企业拥有的资源条件，针对不同的目标市场国环境综合考虑，科学决策。

13.4　国际市场营销策略

13.4.1　产品策略

产品策略（product strategy）是国际营销组合的首要部分，也是营销计划中最关键的因素，因为它是制定国际市场营销价格策略、分销渠道策略和促销策略的基础。一个公司的产品或服务在很大程度上表明了公司的业务范围，企业能否在异国市场上立足和站稳脚跟，在很大程度上取决于它提供的产品或服务能否得到目标市场顾客的首肯[1]。

每一家企业的市场营销计划中，都包含着这样一个问题："我们应该向国际市场销售什么样的产品？"对于许多企业来说，答案差不多总是相同的："销售那些我们正在国内（本国）销售的产品。"对此，有些人认为这是一个行之有效的生产方针；而另一些人则认为，这一方针导致人们从事不恰当的国际市场营销工作，错误地选择目标市场，销售不对路的产品，最终得不偿失。从现实的实践来看，随着企业在国外市场营销活动的复杂性的日益增加、国际营销企业间竞争的日益加剧以及各国消费者需求变化的速度加快，"销售那些我们正在本国销售的产品"的方针已变得越来越不适应。

对于任何一家企业而言，在产品自身方面至少有三种可行的方案供选择：一是销售目前在国内或其他国家（地区）正在销售的产品；二是赋予产品以新的特征、特性，通过改良以适应新的国家的独特的需求；三是为国际市场开发全新的产品。这样，就形成了产品进入国际市场的三种最基本的策略。

1）产品延伸策略（product extension strategy）

产品延伸策略即将现有产品只做地域上的延伸。这是一种最简单、投入也较少的产品进入国际市场策略。但是，实施这一策略时应注意以下两点。

首先，从产品本身方面说，主要适用于具有独特风格的产品和在国际市场上通用的产品。具有独特风格的产品主要是指依据特殊的生产条件、技术工艺和原材料生产的产

1　李永平. 国际市场营销管理[M]. 北京：中国人民大学出版社，2004: 164.

品，它往往被看作一个国家特有的产品，因此一般有较高的国际声誉，早已为国外消费者所仰慕，比如，中国的"茅台酒"、清凉油、景泰蓝等；法国的香水、白兰地、葡萄酒；美国的香烟、可口可乐、百事可乐；瑞士的雀巢咖啡等。这些产品经常与一国的形象联系在一起，而且，国家的形象有助于这些产品在国际市场上的行销。通用产品是指那些用途、规格、使用方法等在各国基本相同，市场对其需求也相似的产品。如瑞士手表、派克金笔、索尼录音盒式磁带、柯达和富士胶卷、吉列刀片等，或是一些通用机械、标准件、工具、矿产品、农产品等基础原料等。

其次，从目标市场国的情况看，只要目标市场国的需求与本国有较大的相似性，就可以采取产品延伸策略，把国内正在销售的现有产品直接做地域上的延伸。如我国家电企业、纺织生产企业、机电企业等对东南亚市场相邻国家或地区的出口。所以采用这种策略，其基本前提是现有产品即可满足国际市场上各国消费者的共同需要，或可满足一些国家消费者的共同需求。

2）产品改良策略（product adaptation strategy）

改良的方面很多，如就产品的技术标准方面、结构方面进行更改；或在外观设计上，造型、款式、颜色、图案等方面进行更改；或对商标、品牌名称等进行更改等，以便突出产品的特色，增强吸引力；或更符合当地文化、法律等方面的要求；或更适合消费者的偏好、风俗习惯、宗教信仰；或更适合国际间的长途运输等。如宝洁公司在世界各地的维达·沙宣洗发水都包含一种独有的香料，但不同国家中香料的含量有差别。日本更喜欢微香，所有少一些，而欧洲则多一些。总之，产品方面的改良主要包括两个方面：实体上的适应性变化和文化上的适应性变化。深入调查并仔细观察产品的使用方式、经济和其他有关的文化因素，尤其是针对预期目标市场进行的研究和分析，就能为企业产品的改良提供科学依据。

追求产品改良的过程应当是持续进行、永不间断的。产品改良需要付出成本，而这个成本需要同未来的利润相匹配，也就是说，对于产品改良的投资要求带来相应的收益。但是经验告诉我们，为了真正赢得消费者，即使多花费一些成本也值得，特别是当这种投资能够使企业区别于竞争对手的时候。

3）产品创新策略（product invention strategy）

产品创新策略是一种致力于开发新产品，力求在国际市场上占据主动的抢先策略。在当今世界，谁能在某一行业或某一产品领域中率先推出新产品、开发出新技术，谁就能领导世界的新潮流，占领世界市场。早在20世纪80年代，西方就有人提出"Innovation or die"，意思是："非创新，即死亡。"创新的目的就是为企业创造市场，创造顾客。创新产品既是满足消费者的需要，又是应付竞争的手段，还可以更有效地利用企业的资源、设备、技术和劳动力等生产要素，增强企业抵御市场风险的能力。

2008年全球最有价值品牌第五位就是来自斯堪的纳维亚的巨人——品牌价值达359.42亿美元的诺基亚。在美国品牌的包围圈中能够一枝独秀，源于诺基亚是一个不折不扣的创新者。在新产品开发上，诺基亚是一个加速前进者，公司每年的新产品开发预算是30亿美元，40%的员工在进行研发工作。这样做的原因是，在快速变化、竞争激烈的手机行业里，持续向顾客销售老产品是行不通的。诺基亚必须要保证持续的新品供应，这就意味着这个公司真正从事的不是生产而是创新，如世界上第一个可由用户更换的手机外壳、世界上第一个手机预置文本等。诺基亚创造了一种把革新精神带进公司每一个角落的企业文化。

13.4.2　价格策略

国际市场环境变化多端，企业自身的经营状况也在不断变化。因此，企业在国际营销活动中还需掌握一定的定价策略（price strategy）。在国际市场营销中，企业常用的定价策略仍然是新产品定价策略、折扣定价策略和心理定价策略等（参见第 9 章的"定价策略"）。但是，在此需要特别指出的是，根据各个出口国家的实力和国际市场的特点，企业的国际市场定价策略又可分为以下几种情况。

1. 出口定价策略

根据各个出口国家的实力，出口定价策略（export pricing strategy）还可以分为两大类。

（1）发达国家的出口定价策略（export pricing strategy of developed country）。发达国家的企业出口定价一般较多地采用高价厚利的策略。因为发达国家的企业出口的产品以加工制成品为主，其中新产品或高技术产品占很大的比重，而且出口产品大都进入进口国收入水平较高的家庭。因此，即使维持较高的价格水平，也不会降低国际营销企业的竞争力和市场占有率。

（2）发展中国家的出口定价策略（export pricing strategy of developing country）。发展中国家的企业出口定价一般较多地采用低价薄利的策略。因为发展中国家的企业出口的产品以基础原材料、农副产品和劳动密集型产品为主，综合质量较低，因此它们大都以成本为定价的主要依据，国内价格是重要的经济参数。此外，许多发展中国家的企业出口是以创汇为目的，是为了购买外国的先进技术和设备，提高劳动生产率和经济效益；也有许多企业是为了通过出口积累国际市场营销的经验，拓宽生产经营的视野，提高素质，培养人才，因此发展中国家的企业有时主动采取低价的定价策略，即使企业微利或亏损，也尽量争取出口。

2. 国际市场上的提价策略

在国际市场上，企业之所以要采用提价策略（price increase strategy），主要是为了适应以下三种情况的变化。

（1）成本上升，降低了出口创汇的水平及利润水平。

（2）预料将发生进一步的通货膨胀或国外政府将实施价格管制。

（3）商品在国际市场上供不应求。

善于把握提价时机、成功地实施提价策略是企业国际市场营销成功的关键。虽然一般情况下，提价总会引起国外中间商、销售者甚至企业销售人员的不满，但是只要企业能够稳定或进一步提高商品质量，并辅之以其他的促销手段或方法，积极地向客户做好宣传解释工作，就能够取得提价的成功。

3. 国际市场上的降价策略

在国际市场上，企业主动采取降价策略（price cut strategy）可能会影响整个行业市场的原有结构，也可能会导致一场价格竞争战。因此，众多企业在国际市场价格的制定上都是以供求关系为基础，依据竞争对手的商品价格来确定自己商品的价格。一般情况下，是使本企业商品的价格水平等于或略低于竞争商品的价格水平，并随着竞争性商品价格的变动而调整。但在下列情况下，企业不得不主动调低价格。

（1）面临强有力的价格竞争，市场占有份额逐渐下降。

（2）生产过剩或生产成本大幅度下降，企业试图拓宽市场。

（3）商品已进入成熟后期或衰退期，或商品在市场上供过于求，而其他促销手段又成效甚微。

企业采取降价策略，关键是要掌握好降价的时机和降价的幅度，同时要使客户感到价格降低并非商品质量的问题。

4. 国际市场定价中的几个特殊问题

1）统一价格（uniform price）与差别价格（differential prices）

许多企业在国际市场营销活动中，在价格方面常常会遇到这样一个问题：究竟应使同一种产品的价格在世界各国市场上保持一致，还是针对各国的不同情况分别制定不同的价格？从众多企业的营销实践来看，大多数公司都采用差别定价决策。但是，也有少数企业认为，在国际市场上保持统一的价格有利于公司和产品在各国市场上形成一致的形象，而且统一的市场定价策略有利于节约营销成本，同时便于公司总部对整个营销活动的控制。由此可见，不同的企业有不同的选择。

2）公司总部定价（headquarters pricing）与子公司定价（subsidiary pricing）

许多规模较大的企业在国际营销的价格管理方面面临这样一个问题：应由总公司统一制定商品在世界各地的价格，还是应由在各国的子公司独立地定价？对这个问题的回答有三个：一是由公司总部定价；二是由子公司单独定价；三是由公司总部与子公司共同定价。一般而言，由总公司为各国的子公司统一定价的情况还不多见，比较常见的方法是由总公司和子公司联合定价，即由总公司确定一个基价和浮动幅度，子公司可以根据所在国的具体情况，在总公司规定的浮动范围以内，灵活地制定本地区的商品价格。这样，既能使总公司对子公司的定价保持一定的控制，又能使子公司有一定的自主权，使价格适应当地市场的具体情况。

3）本国货币（domestic currency）与外国货币（foreign currency）

企业在出口商品时，是使用本国货币还是使用外国货币？这是摆在每一家企业面前的又一个重要问题。商品在国际市场上的成交价格，一般都选择可兑换的货币和较为稳定的货币。可兑换货币一般是指在国际外汇市场上可自由进行买卖的货币。目前，国际上主要的可兑换货币有美元（USD）、港币（HKD）、日元（JPY）、新加坡元（SGD）、欧元（EUR）、英镑（GBP）、瑞士法郎（CHF）、加拿大元（CAD）、澳大利亚元（AUD）、新西兰元（NZD）等。由于各国汇率不同，而且汇率波动很大，所以出口商品价格选择什么样的货币就显得十分重要。用本国货币报价的优点是易于管理，便于计算。但是，对于本国货币不能自由兑换的国家的企业来说，就只能采用外币报价。无论使用何种货币报价，都难以避免货币币值波动的风险。因为自 1973 年实行浮动汇率制以来，世界主要货币的币值都在经常地处于波动之中。

企业选择进出口商品报价货币时，要特别考虑外汇汇率波动的情况，以采用对自己有利的货币来报价。为此，企业应及时了解影响外币汇率变动的因素，如相对汇率、相对通货膨胀率、国际贸易状况等，从而把握外币汇率的变动趋势，正确地选择商品报价货币。

4）倾销（dumping）与反倾销（antidumping）

近年来，随着全球经济一体化趋势的逐渐加快和国际市场竞争的激化，倾销与反倾销已成为国际市场营销的焦点之一。所谓倾销，是指某一组织机构以低于国内市场的价格，甚至低于商品生产成本的价格向国外大量抛售商品，以期达到打垮竞争对手、垄断整个市场的目的。一般说来，倾销可分为偶然性倾销、间歇性倾销和持续性倾销等几种。

所谓反倾销，是指进口国政府为了维护正常的国际贸易秩序，通过立法以及对倾销产品征收高额反倾销税等措施来遏制倾销的一种手段，以此保护本国工业的发展（见例 13-6）。《世界贸易组织规则》规定：如果因倾销而使进口国领土内已建立的某项工业造成实质性损害或产生实质性威胁，或者对某一国内工业的新建产生实质性阻碍，这种倾销应该受到谴责。对倾销产品征收数量不超过这一产品的倾销差额的反倾销税。若不能断定倾销或补贴的后果会对国内某项已建的工业造成实质性损害或产生实质性威胁，或者实质性阻碍国内某一工业的新建，不得征收反倾销税或反补贴税。

由此可见，要认定倾销必须符合三个条件：一是产品出口价格低于正常价值；二是产品对进口国确实造成了实质性的损害；三是倾销与实质性损害存在着无法分割的因果关系。其中，价格低于正常价值是三个条件中的关键。出口价格低于其正常价值的判别依据，一是低于相同产品在出口国用于国内消费时，在正常情况下的可比价格；二是如果没有这种国内价格，低于相同产品在正常贸易情况下，向第三国出口的最高可比价格；三是或者产品在原产国的生产成本加合理的推销费用和利润，但对具体销售的条件差异、税负差异以及影响价格可比的其他差异，必须予以适当考虑。

作为世界上反倾销最大的受害国，中国于 1997 年 3 月 25 日终于有了自己的反倾销法律——《中华人民共和国反倾销和反补贴条例》。这样，中国企业彻底改变了自己在反倾销中始终处于被告地位的局面，即在反倾销诉讼中，中国企业也有了当原告的机会。

【例 13-6】

中国政府和企业如何应对反倾销诉讼

近年来，世界反倾销浪潮不断高涨，尤以中国产品在国外遭受反倾销的案件为多，而且还呈逐年上升的态势。由于我国在国际贸易中长期"低价"和被视为"非市场经济国家"的形象，贸易交往中反倾销投诉居多。尤其是从 20 世纪 90 年代开始，美国与欧盟这两个在 WTO 举足轻重的贸易体，更是将中国作为反倾销诉讼的重要对象国。

2006 年，欧盟又对中国产的皮鞋确定反倾销裁决，征收 16.5% 的反倾销税，为期两年。中国企业奋起抗争，以奥康集团为首的九家鞋业向欧盟法院提起了反倾销申诉。然而在上千家的鞋企中，向欧盟法院提起上诉的企业仅九家，所占的比重是如此之低。原因也很简单，高达数百万元的诉讼费用是大多数中小企业难以承受的。有鉴于此，我国政府显然在反倾销诉讼中应承担更多的责任。如建立起反贸易壁垒的政府反应机制、组织相关行业协会代理所有企业出面完成诉讼活动以及设立专项资金支持企业反倾销应诉等。如此一来，就可使我国许许多多的外贸企业免受国际上不公正的判决和高额反倾销税的制裁，避免中国贸易形象被破坏，从而有利于对外贸易的发展进程。

2009年9月11日美国总统奥巴马做出决定，从9月26日起，美国将对从中国进口的所有小轿车和轻型卡车轮胎实施为期三年的惩罚性关税。税率第一年为35%；第二年为30%；第三年为25%。这迅速引发整个中国社会的不满甚至愤怒。2009年9月13日，中国商务部毅然做出决定，对美国部分进口汽车产品和肉鸡产品启动反倾销和反补贴立案审查程序。这一反制措施涉及的销售金额大约有20亿美元，与中国轮胎案受限制的金额差不多。

中国政府一贯认为，美国调查机关在不承认中国市场经济地位的情况下对中国产品进行反倾销反补贴合并调查，不符合世贸组织和美国内法相关规定，构成了对中国企业的不公平待遇，损害了中国企业正当的出口利益。在美国对中国输美非公路用轮胎裁决同时征收反倾销反补贴税后，涉案企业河北兴茂轮胎有限公司就美方这一错误做法将美国商务部诉至美国国际贸易法院。2009年9月24日法院在经过审理后，认可了中国企业的抗辩主张，裁定美国商务部的做法不合理。尽管该判决还需美国商务部采取行动加以执行，美国商务部也可能上诉至二审法院，但这无疑标志着中国政府及企业在反对美贸易保护主义、争取公平待遇上取得了突破。

资料来源：
（1）http://finance.qq.com/zt/2006/omfqx/.
（2）中美轮胎特保案，http://baike.baidu.com/view/2739414.htm.
由编者加工整理.

5）国际转移定价（international transfer pricing）

国际转移定价是指在一个公司体系内部处于不同主权国家中的分支机构之间，或分支机构与总公司之间有关商品、劳务或技术交易时所采用的价格。转移定价的根本目标是获取公司整体长期利润的最大化。它可分为两个方面：对于公司内部管理，是为了实现公司资源配置的最优化，同时是为了给公司内部各分支机构经营业绩的评估提供一个衡量标准；在国际营销方面，是为了提高市场竞争力，灵活调动资金，减轻税负和克服政府管制，从而获得最大利润。

实际上，转移定价是跨国集团公司内部财务管理的重要环节和实现其经营战略目标的重要工具，也是其经常采用的最为重要的避税手段。例如，美国发现，外国跨国公司在20世纪80年代利用转移价格至少少付给美国政府350亿美元，日本公司被指证为主要违法嫌疑对象，丰田汽车、东芝、索尼、松下等都存在这类问题。例如，日本摩托车制造商雅马哈（Yamaha）公司一年向美国支付税款仅123美元，而美国国内收入局认为其应支付2 700万美元以上的税款。

转移价格不受市场机制的调节，它主要取决于以下一些影响因素：东道国的所得税税率、母国的所得税税率、东道国的关税税率、东道国对外汇的控制状况、东道国对企业利润汇出的具体规定、母国的贸易政策、母国总公司的信用情况、东道国子公司的信用状况、东道国对外资企业的政策、总公司的市场营销战略等。

13.4.3 销售渠道策略

国际市场营销的销售渠道策略（distribution channel strategy）是企业的国际市场营销整体策略的一个重要组成部分，一家企业的国际市场销售渠道是指产品由一个国家的生产者手中流向国外的消费者和用户手中所经历的路径。它涉及的范围很广，不但包括母国的销售网络，还包括目标市场国的销售渠道。因而，国际市场营销的销售渠道由所有参与企业国际营销的中间机构和组织构成。在渠道的设计中要考虑国内外的社会制度、经济、法律、文化等多方面因素的影响情况，还要分析渠道的构成，最后国际市场营销的实体分配也是国际市场营销渠道的一个重要方面。

1. 国际市场销售渠道结构

由于社会分工的存在，产品在由生产者手中向消费者和用户手中转移的过程中要经过各种各样的中间过程。产品的特性、企业的指导思想等方面的差异，造成了产品的流通路径不同，设计销售渠道的结构（distribution structure），要从其长度、宽度和渠道成员的权利和义务等方面的设计入手。在国际市场营销中，销售渠道不仅包括出口国的销售渠道，而且还包括进口国的销售渠道。综合起来，主要分为三种类型，构成一个完整的渠道系统。第一个类型是出口国国内的销售渠道，它由生产者和国内的批发商组成；第二个类型是出口国的出口商和进口国的进口商之间的销售渠道；第三个类型是进口国国内的销售渠道。这样，就构成了形式各异的国际市场销售渠道，见图 13-1。

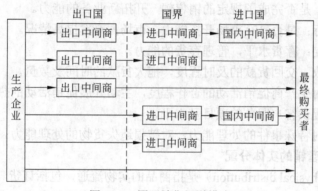

图 13-1 国际销售渠道模式

2. 国际中间商

国际中间商（international middleman）的任务主要是产品实体移动、调节生产与消费的矛盾、资金融通、分担风险及信息反馈和促销等。

1）国际中间商的类型（type of international middleman）

国际中间商分出口中间商和进口中间商。

出口中间商（exporting middleman）按照其是否具有商品的所有权，分为出口商和出口代理商两类。出口商拥有对商品的所有权，主要包括出口公司、出口直运批发商、出口转卖商、外国进口商和国际贸易公司五种类型。出口代理商与出口商的不同点是不以自己的名义向本国卖主购买商品，而只是接受卖主的委托，以委托人的名义，在规定的条件下，代理委托人开展出口业务，本身并不拥有商品所有权，市场交易成功后，由委托人付给一定的佣金。在国际市场上，出口代理商主要有销售代理商、厂商出口代理商、国际经纪人和出口佣金商等。这些代理商既可以是一个组织机构，也可以是一个人。

进口中间商（importing middleman）指从事进口业务的中间商和销售进口商品的中间商，主要有进口公司、进口批发商和国外零售商等。进口商拥有商品所有权，它通过进口业务来赚取利润，当然它要承担商品进口到卖出的一切风险。进口商的职能与国内批发商相似，不同之处在于进口商的进货对象是国外企业。进口商的经营方式主要有两种：一种是根据国内市场要求先进口商品，然后再转售给国内的批发商、零售商或工业用户；另一种是先根据样品与国内买主成交，然后再向国外进货，负责办理一切运输、保险及报关等事务。

生产商在进行国际销售渠道设计时，只有准确选择负责、合适的国际中间商，才能为今后的渠道建设工作打下良好基础，中间商选择是否合适，直接关系着生产企业在国际市场的经营效果。国际中间商的选择应建立在对国外市场的考察和了解的基础上，选择的依据一般包括目标市场的状况、所处的地理位置、经营的条件、业务能力、信誉、合作态度等几个方面。

2）国际中间商的评估（evaluation of international middleman）

在对国际中间商的评估过程中，建立有效的评估标准是十分必要的，评估的标准主要有以下几个方面。

（1）销售量：是否完成了规定的销售额，开拓新业务的能力。

（2）市场目标：是否具有市场开拓能力，市场占有率提高情况。

（3）存货控制：存货水平，管理存货的能力。

（4）货款回收：交回货款的及时程度，拖欠货款的时间及数量。

（5）促销：对生产商促销活动的合作程度，主动开展促销活动的热情与能力。

（6）服务：提供客户服务的项目及水平。

（7）其他：对特殊事件的处理能力，对破损遗失货物的处理能力。

3. 国际市场营销的实体分配

实体分配（physical distribution）是指商品的实物流通，包括订货、仓储和运输等不同的环节，它反映的是商品在时间和空间上的变化。在激烈的市场竞争中，实体分配环节越来越引起人们的重视，日益成为企业降低成本、扩大销售、提高竞争力的关键性环节。国际市场上，产品的最终价格的高低受到实体分配合理与否的影响，因为储存、运输都需要企业的投入，都会增加产品的成本。

实体分配的最理想目标是"以最低的成本，将适当的产品，在适当的时间，运送至适当的地点"。然而，在现实生活中，很难达到这一目标。例如，一个销售渠道系统，不可能同时达到顾客服务的最优化和分销成本的最低化。因为顾客服务最优化意味着公司必须大量存货、运送迅速、建立许多个仓储地点等。而相反，要使分销成本最小化，企业必须采用较便宜的运输方式，降低存货的数量，减少仓储地点。因而，实体分配应分别设立投入和产出目标，要经过分析和权衡，在投入和产出目标之间寻找到一个较好的组合。

实体分配是企业市场营销工作的一项重要内容，需要进行系统化的协调。建立实体分配的专门机构，由专人负责，并且制定一套系统的规划是十分必要的。

13.4.4　促销与沟通策略

促销与沟通策略（promotion and communication strategy）是营销组合的最后一项决策，促销的实质就是与顾客之间的沟通。因为国际营销环境的不同和国际市场的不同情况，实现海外市场促销与营销策略的其他方面的协调通常很难。整合营销传播（integrated marketing communications，IMC）旨在利用相互促进的促销组合，包括广告、销售促进、贸易展览会、人员推销、直销和公共关系等手段，传播一个共同的目标（见 11.2 节"整合营销传播"）。对大多数公司来说，国际广告、国际人员推销和国际公共关系是 IMC 的主要组成部分。

1. 国际广告策略（international advertising strategy）

在营销组合的所有因素中，有关广告的决策极易受不同国家市场之间文化差异的影响。消费者的反应受其文化、风格、情感、价值观、态度、信仰和理解力的制约。因为广告的功能是用消费者的需求、欲望等来诠释产品和服务满足需求的特性，广告要想成功，情感诉求、象征符号、说服方法以及其他广告特点必须和文化规范一致。

1）广告的标准化（advertising strandardization）或个性化（advertising localization）策略

国际广告活动究竟应采取有差异的个性广告，还是无差异的标准化广告，应根据产品或服务的性质、各国市场的同质或异质性、各国政府的限制和社会文化差异大小等来决定，绝对的标准化广告策略或绝对的个性化广告策略都是不正确的。所谓标准化广告策略，是指把同样的广告信息和宣传主题传递给各国市场。这种策略要求撇开各国市场的差异性，突出基本需求的一致性。其特点是节约广告费用，有利于保持企业和产品在国际市场上的统一性。随着经济国际化的发展，越来越多的广告信息趋于标准化。如 IBM 正在逐步推行其泛欧广告促销战略，并且从中获益。它的一则个人计算机泛欧广告与针对欧洲各个国家制作广告就可节省约 200 万美元。据预测，实现完全、一致的泛欧广告将会使 IBM 对欧洲的广告预算减少 15%~20%。

所谓个性化广告策略，是指同一产品在不同的国家和地区传递不同的广告信息，突出各国市场的差异性。其依据是不同的国家和地区在政治制度、法律、自然地理、经济发展状况和社会文化等方面存在着巨大的差异，广告信息的传递应针对这些差异性做出调整。这一策略的特点是广告成本高，但是针对性强，广告促销效果较强。如 P&G 就是一个运用大量细分市场战略的企业，它对不同的细分市场设计了不同的品牌及不同的广告概念。

2）广告媒体选择策略（choice of advertising media strategy）

国际广告媒体种类繁多，如印刷媒体、电视、广播、电影广告、直邮、互联网和户外广告等，各有其特点和不同效果。国际市场营销应根据产品的性质和各国市场的特殊性，选择不同的广告媒体传递商品信息。

3）国际广告控制策略（international advertising control strategy）

随着广告费用的增加，对国外分销商或子公司的广告活动进行评估和控制，在广告促销中日趋重要。国际广告的控制策略主要采用以下三种方法。

（1）高度集中管理国际广告，控制市场营销成本。

（2）分散管理广告，国外分销商或子公司按销售额的一定比例提取广告费，开展个性化广告促销。

（3）按广告职能的不同，分别采取分散或集中的国际广告管理。

2. 国际人员推销策略（international personal selling strategy）

国际市场营销中，人员推销策略最受目标市场国家的社会、文化和语言等因素的制约。人员推销在缺乏广告媒体的外国市场或工资水平较低的发展中国家作用较大，特别是在生产资料的销售中。

1）销售人才来源策略（source of sales talents strategy）

首先，选择目标市场国家中能驾驭两种特定外语的当地人，特别是那些具有销售经验的人才，这样既可利用他们在当地的社会关系资源，又能减弱国际企业在当地的外来形象。其次，选择母公司东道国移居到目标市场的人才。他们懂得两国的语言和文化，只需学习推销技术和公司的政策就可能成为优秀的销售人员。最后，选择母公司东道国具有外语基础并愿意在国外工作和生活者。他们最好能具有销售技能和懂得目标市场国家的社会文化、政治法律等环境因素。这类人才易与母公司沟通，忠诚度较高，会在新市场上加强公司的外来形象。

2）销售人员培训策略（sales personnel training strategy）

人非生而知之，理想的销售人员都是培训出来的。企业在招聘不到理想的销售人才时，必须靠在母国和东道国选择基本素质较好的人员进行培训。如社会文化和语言培训，或者市场营销技能培训。各跨国公司开拓国际市场成功的经验表明，培训效益十分高。

3）销售人员激励策略（sales personnel incentives strategy）

这是促销管理的重要环节，常用的激励方法有以下三种。

（1）固定薪金加奖励。推销人员实行固定薪金，完成任务较好则发给一定的奖金。其优点是有利于企业控制推销人员的活动，但不利于调动推销人员的积极性。美国有28%的企业采用此方法。

（2）佣金制。根据推销人员完成的销售额或利润额的大小支付一定比例的报酬。国际上一般规定，完成基本任务可按5%提取佣金，超额部分按7%计酬。其优点是最大限度地刺激推销员的积极性，但企业不易控制推销员的活动。

（3）薪金与佣金混合制。即对推销员实行部分固定工资，另一部分酬金则按完成任务好坏提取佣金。此法虽好，但难以确定薪金与佣金各占多大比例最佳。

3. 国际公共关系策略（international public relations strategy）

在国际市场营销中，公共关系策略的地位越来越高。现代跨国企业为了进入目标市场国家，特别是一些封闭性较强的市场，应用各种公关策略，如与政府官员、当地名人、工会、社团、教育界人士等交往，为其产品进入市场领取钥匙，并采用各种公共关系活动在东道国树立良好的形象。公共关系部门的活动主要有以下几种方式：

（1）尊重和支持当地政府目标，与当地政府保持良好的关系，让当地政府认识到国际企业的经营活动有利于当地经济的发展。

（2）利用各种宣传媒体，以第三者身份正面宣传企业的经营活动，使当地人对国际企业产生好感。

（3）听取和收集各种不同层次的公民对本企业的各种意见，迅速消除相互间的各种误解和矛盾。

（4）要与国际企业业务活动有关的各重要部门和关键人物保持良好关系。

（5）积极参加东道国的各种社交活动，对当地教育事业、文化活动、慈善机构等定期捐款，并积极组织国际教育和文化交流。

（6）协调企业内部的劳资关系，尊重当地雇员的社会文化偏好、习惯和宗教信仰，调动当地雇员的积极性。

4. 国际促销的特殊形式（special shapes of international promotion）

（1）争取政府支持开拓国际市场。许多国家的政府都帮助本国企业在国际市场上开展促销活动。各国驻外使馆一般都为本国企业提供一般性的当地市场信息；积极参加政府组织的贸易代表团，参加并赞助有关的国际研讨会，参与组建海外贸易中心或出口开发办事处等。积极争取政府制定有利于本国企业开拓国际市场的外交和外贸政策。

（2）积极参加本国企业有关的综合性和专业性国际博览会。国际博览会是一种很好的促销方式，它的主要作用是：把产品介绍给国际市场，宣传和树立企业和产品的良好国际形象；利用各种机会，就地开展交易活动。

（3）积极参加或主办国际巡回展览。向目标市场国家的消费者介绍企业的情况和产品信息，这是当今跨国公司常用的促销策略之一。

本 章 小 结

国际市场营销是研究企业如何策划与实施跨国界的经营活动，以实现营利目的的一门新兴的学科领域。它是在一般市场营销的基础上发展起来的，与国内市场营销的理论、方式和方法有着密切的联系。但是，国际市场营销与国内市场营销相比，由于所面临的环境和背景不同，它们在经营方式、营销策略与手段、营销管理的难度及营销过程的风险性程度等许多方面存在差异。在全球经济一体化趋势越来越快，我国已经成功地加入WTO 的今天，积极开拓国际市场对中国企业具有重大的现实意义。

企业开展国际市场营销的前提就是首先要分析国际市场上所有不可控制因素的现状和发展趋势，识别和发现对企业有利的市场机会，规避不利的潜在威胁。国际市场的营销环境包括国际贸易体系、国际经济、文化、政治和法律等诸多方面。其中，国际贸易体系包括各类保护主义（关税与非关税壁垒）以及与之相反的各类放松贸易限制的力量（世界性贸易组织与区域性贸易协定），它们是企业进军海外所不可避免的环境因素。此外，企业经济环境是企业确定国外目标市场、制定国际市场营销决策的环境因素之一。文化作为一种适合本民族、本地区、本阶层的是非观念影响着消费者的行为，进而影响到这一市场的消费结构、消费方式，并使生活在同一文化范围里的人们的个性具有相同的方面。政治是经济的集中体现，又对经济产生巨大影响。当代社会，任何经济活动都不可能独立于政治因素之外。法律更是企业国际市场营销必须全面了解并慎重对待的一个重要而又复杂的因素。

企业进入国际市场的方式多种多样。归纳起来，主要分为出口、合同经营和对外直接投资三大类。相对而言，出口是一种最普遍、最简单，也是最传统的方式。而合同经营不仅具有较大的灵活性和实用性，而且正在不断创新，并日益引起重视。能够给企业以较大限度的控制和"战略自由度"的是对外直接投资，特别是独资企业。

国际市场营销策略中，产品进入国际市场的策略主要有产品延伸策略、产品改良策略和产品创新策略。发达国家的企业出口定价一般较多地采用高价厚利的策略，发展中国家的企业则相反，出口定价一般较多地采用低价薄利的策略。此外，国际市场定价中还应注意统一价格与差别价格、公司总部定价与子公司定价、本国货币与外国货币、倾销与反倾销以及国际转移定价的几个特殊问题。国际市场营销的销售渠道是由所有参与企业国际营销的中间机构和组织所构成的。在国际销售渠道的设计中，要考虑国内外的社会制度、经济、政治、法律、文化等多方面因素的影响，另外，国际市场营销的实体分配也是国际市场营销渠道的一个重要方面。国际促销与沟通策略是营销组合的最后一项决策。整合营销传播将广告、销售促进、贸易展览会、人员推销、直销和公共关系等手段组合在一起，传播一个共同的目标。其中国际广告策略主要有广告的标准化或个性化策略、广告媒体选择策略、国际广告控制策略等。在人员促销、公共关系以及销售促进等方面，也应充分考虑企业的国际市场营销战略和国际市场特定的环境等，灵活选择，科学决策。

思 考 练 习

1. 在席卷全球的金融风暴中，我国企业如何借助国际营销手段来抓住机遇，规避风险？

2. 作为世界贸易职能机构，国际贸易组织的出现如何改变了旧有的国际商业活动？

3. 在国外市场直接投资有哪些好处和坏处？试以国内企业为例说明。

4. 产品进入国际市场的策略有哪几种？

5. 国际转移定价的概念和实质是什么？

6. 企业在进行国际市场营销时，该如何设计国际营销渠道？

7. 在国际广告策略中，试举出企业实行广告标准化和个性化的例子。

案 例 讨 论

1. 在开篇案例中，你认为可口可乐公司跨国营销的成功何在？

2. 仔细阅读例 13-2，你如何看待日本的各种贸易壁垒？

3. 仔细阅读例 13-3 和例 13-4，如果让你开拓海外市场，你认为应如何更好地适应目标国当地的文化环境？

4. 在例 13-6 中，面对世界性的反倾销浪潮，我国政府和企业该如何应对？

推 荐 阅 读

1. 菲利普·R. 凯特奥拉，约翰·L. 格雷厄姆. 国际市场营销学[M]. 12 版. 周祖城，等，译. 北京：机械工业出版社，2006.

2. 菲利普·科特勒，加里·阿姆斯特朗. 市场营销原理[M]. 11 版. 郭国庆，等，译. 北京：清华大学出版社，2007.

3. 寇小萱，王永萍. 国际市场营销学[M]. 北京：首都经济贸易大学出版社，2005.

4. 刘志超，罗凤翔. 国际市场营销实训教程[M]. 北京：中国商务出版社，2008.

参 考 文 献

[1] 黄聚河，陈可，李国林. 市场营销学[M]. 北京：工商出版社，2002.

[2] 郭国庆. 市场营销学通论[M]. 2 版. 北京：中国人民大学出版社，2003.

[3] 惠碧仙，王军旗. 市场营销——基本理论与案例分析[M]. 北京：中国人民大学出版社，2004.

[4] 甘碧群. 市场营销学[M]. 武汉：武汉大学出版社，2004.

[5] 文腊梅，冯和平，江劲松. 市场营销实务[M]. 长沙：湖南大学出版社，2005.

[6] 寇小萱，王永萍. 国际市场营销学[M]. 北京：首都经济贸易大学出版社，2005.

[7] 兰苓. 现代市场营销学[M]. 北京：首都经济贸易大学出版社，2005.

[8] 何永棋，傅汉章. 市场学原理[M]. 3 版. 广州：中山大学出版社，2006.

[9] 黄聚河. 营销策划操作实务[M]. 天津：天津科学技术出版社，2006.

[10] 郭国庆. 市场营销学通论[M]. 3 版. 北京：中国人民大学出版社，2007.

[11] 彭本红，等. 营销管理创新[M]. 武汉：武汉理工大学出版社，2008.

[12] 肯尼思·E. 巴洛，唐纳德·巴克. 广告、促销与整合营销传播[M]. 3 版. 北京：清华大学出版社，2008.

[13] [美]迈克尔·波特. 竞争战略[M]. 北京：华夏出版社，1997.

[14] [美]里斯，特劳特. 定位[M]. 王恩冕，余少蔚，译. 北京：中国财政经济出版社，2002.

[15] [美]约翰·A. 昆奇. 市场营销管理——教程与案例[M]. 吕一林，译. 北京：北京大学出版社，2000.

[16] [美]诺埃尔·凯普，等. 21 世纪的营销管理[M]. 上海：上海人民出版社，2003.

[17] [美]菲利普·科特勒. Marketing: An Introduction[M]. 北京：华夏出版社，2003.

[18] 苏比哈什·C 贾殷. 国际市场营销[M]. 6 版. 吕一林，雷丽华，译. 北京：中国人民大学出版社，2004.

[19] [美]所罗门，等. 市场营销学原理[M]. 4 版. 何伟祥，熊荣生，等，译. 北京：经济科学出版社，2005.

[20] 菲利普·科特勒. 营销管理[M]. 11 版. 梅清豪，译. 北京：清华大学出版社，2005.

[21] [英]罗斯玛丽·菲普斯. 营销客户管理[M]. 北京：经济管理出版社，2005.

[22] 菲利普·R. 凯特奥拉，约翰·L. 格雷厄姆. 国际市场营销学[M]. 12 版. 周祖城，赵银德，张璘，译. 北京：机械工业出版社，2006.

[23] 菲利普·科特勒，加里·阿姆斯特朗. 市场营销原理[M]. 11 版. 郭国庆，钱明辉，陈栋，等，译. 北京：清华大学出版社，2007.

[24] 罗杰·凯林，等. 市场营销（双语教学版）[M]. 8 版. 王成慧，等，译. 北京：人民邮电出版社，2009.

[25] 菲利普·科特勒，凯文·莱恩·凯勒，卢泰宏著. 市场营销原理[M]. 13 版. 北京：中国人民大学出版社，2009.

[26] Nirmalya. Marketing as strategy: The CEO'S agenda for driuing growth and innovation[M]. Boston：Harvard Business School Press, 2004.

[27] Michaed Tsiros, Vikas Mittal, William T Ross Jr. The role of attributions in customer satisfaction：AReexamination[J]. Journal of Consumer Research, 2004, 31(9): 476-483.

[28] R W Jackson, R D Hisrich. Sales and sales management[M]. New Jersey：Prentice-Hall, Inc. , 1996.

[29] W D Perreault, D J McCarthy. Basic marketing[M]. 13th ed. New Jersey：McGrawHill, 1999.

[30] 祁天极. 海尔奥运营销经典战始末[EB/OL]. [2008-07]. http://www.haier.cn/.

[31] 天工网：http://g.tgnet.cn/marketing/BBS/Detail/200702051183418783/.

[32] 中国商品网：http://ccn.mofcom.gov.cn/spbg/show.php?id=7642&ids=.

教师服务

感谢您选用清华大学出版社的教材！为了更好地服务教学，我们为授课教师提供本书的教学辅助资源，以及本学科重点教材信息。请您扫码获取。

》教辅获取

本书教辅资源，授课教师扫码获取

》样书赠送

市场营销类重点教材，教师扫码获取样书

 清华大学出版社

E-mail: tupfuwu@163.com
电话: 010-83470332 / 83470142
地址: 北京市海淀区双清路学研大厦 B 座 509

网址: http://www.tup.com.cn/
传真: 8610-83470107
邮编: 100084